Hartmut Häußermann / Dieter Läpple / Walter Siebel

Stadtpolitik

Schriftenreihe Band 721

Hartmut Häußermann / Dieter Läpple /
Walter Siebel

Stadtpolitik

bpb:
Bundeszentrale für politische Bildung

Hartmut Häußermann ist Professor für Stadt- und Regionalsoziologie an der Humboldt-Universität Berlin.

Dieter Läpple ist Professor für Stadt- und Regionalökonomie an der Technischen Universität Hamburg-Harburg.

Walter Siebel ist Professor für Soziologie an der Carl-von-Ossietzky-Universität Oldenburg.

Bonn 2008
Lizenzausgabe für die Bundeszentrale für politische Bildung
Adenauerallee 86, 53113 Bonn

Umschlaggestaltung: Michael Rechl, Kassel
Umschlagmotiv: © picture-alliance / dpa-Fotoreport / ZB.
Stadtmodell von Frankfurt / Oder in der Dauerausstellung zur Stadt- und Regionalgeschichte.

Satz: Hümmer GmbH, Waldbüttelbrunn

Druck: Druckhaus Nomos, Sinzheim

ISBN 978-3-89331-890-2

www.bpb.de

Inhalt

Detaillierte Inhaltsübersicht am Schluß des Bandes

Vorbemerkung

Wir haben bei der Arbeit an diesem Buch die Hilfe von Nicole Schwindeler, Merle Rietschel und Sebastian Kröger in Anspruch nehmen können. Wir bedanken uns herzlich bei ihnen.

Unser besonderer Dank gilt auch dem Hanse-Wissenschaftskolleg in Delmenhorst, das uns durch Fellowships die Gelegenheit zur Arbeit an den Themen und zur gemeinsamen Diskussion gab.

Berlin/Hamburg/Oldenburg, Mai 2007

1. Wandel der Stadtentwicklung

In den ersten beiden Jahrzehnten nach dem Ende des Zweiten Weltkrieges, den goldenen Jahren des Kapitalismus, schien die Bundesrepublik auf dem Weg in eine ökonomisch prosperierende, sozial gerechte und auch kulturell integrierte Gesellschaft zu sein. Die Wachstumsraten waren hoch, es herrschte Vollbeschäftigung und die sozialstaatlichen Sicherungen wurden ausgebaut. Die zwölf Millionen Flüchtlinge, die in dieser Zeit integriert wurden, besaßen die deutsche Staatsbürgerschaft, verfügten über nachgefragte Qualifikationen und ähnelten in ihren normativen Orientierungen den Einheimischen. Vor diesem Hintergrund ging man davon aus, daß sich auch die zukünftige Entwicklung der Städte ohne größere Probleme vollziehen würde.

Aber dieser »kurze Traum immerwährender Prosperität« (Lutz 1984) wurde schon in den siebziger Jahren von einer anderen Realität eingeholt – und am Ende des 20. Jahrhunderts gab es ein böses Erwachen. Verantwortlich dafür sind vier Entwicklungen: die Globalisierung, der Wandel von der Industrie- zur Dienstleistungsgesellschaft, der demographische Wandel, die Wiedervereinigung bzw. die Transformation der DDR. Die Städte sind eingebettet in diese Entwicklung – die lange Wachstumsperiode wurde von ökonomischer Stagnation und Integrationsproblemen abgelöst, denen die herkömmlichen Politikkonzepte nicht gewachsen sind.

1.1 Globalisierung

Globalisierung bedeutet, daß die Rahmenbedingungen lokalen Handelns nur noch in eingeschränktem Maße lokal kontrollierbar und gestaltbar sind. Die globalisierten Finanzmärkte machen die Finanzierungsbedingungen der lokalen Akteure unkalkulierbar, und die Investitionsstrategien der Global Players bestimmen über Arbeitsmarktentwicklung und Gewerbesteueraufkommen der Kommunen. Global agierende Investoren drängen auch auf den deutschen Immobilienmarkt. Die Kommunen verlieren mit zunehmender Privatisierung wichtige Partner ihrer Stadtentwicklungspolitik.

Der Wettbewerb unter den Kommunen wird räumlich und inhaltlich erweitert: Städte und Stadtregionen konkurrieren in einem internationalen Rahmen um Investitionen und um Arbeitskräfte. Diese erweiterte Konkurrenz wird mit allen Mitteln der Stadtpolitik geführt. Dadurch werden bislang eigenständige Themen der Kommunalpolitik, wie die Wohnungs- und die Kulturpolitik, als sogenannte »weiche Standortfaktoren« in den Dienst der Wirtschaftsförderung gestellt.

Schließlich – als das sichtbarste Zeichen der Globalisierung – tragen die globalen Wanderungsbewegungen die Armut, aber auch die politischen Konflikte und die kulturellen Differenzen der Zweiten und Dritten Welt in die Städte der Ersten. Die Städte werden multinational und multikulturell.

1.2 Sozioökonomischer Strukturwandel

Mit dem Wandel von der Industrie- zur Dienstleistungsgesellschaft ist die Arbeitslosigkeit für die großen Städte inzwischen zu einem festen Wesensmerkmal geworden. Sie verhärtet sich vor allem bei niedrig qualifizierten Männern. Diese finden im expandierenden Dienstleistungssektor nur schwer Beschäftigung, weil dort entweder höhere oder »weibliche« Qualifikationen gefordert werden. Die hohen Hürden des Tarif- und Arbeitsrechts und die Bindung des Zugangs zu besseren Berufen an zertifizierte Qualifikationen, wie sie typisch sind für die deutschen Arbeitsbeziehungen, erschweren den Eintritt in den Arbeitsmarkt. Es entsteht eine Spaltung zwischen jenen, die in den Arbeitsmarkt integriert sind, und denen, die dauerhaft in die Arbeitslosigkeit ausgegrenzt werden. Auch innerhalb des Arbeitsmarktes vertiefen sich die Ungleichheiten nach Qualifikation, Arbeitsplatzsicherheit und Einkommen.

Da die neuen Arbeitsplätze der modernen Industrien und Dienstleistungen andere Standorte bevorzugen, entstehen auch neue räumliche Ungleichgewichte: Die altindustriellen Regionen wie das Ruhrgebiet und die Werftstandorte verlieren Arbeitsplätze und Bevölkerung, während die Rheinschiene und der Süden der Republik einen deutlichen Zuwachs verzeichnen können. Neben dieses sogenannte Nord-Süd-Gefälle ist das Ost-West-Gefälle getreten. Die Dienstleistungsgesellschaft wird auf absehbare Zeit eine ungerechtere Gesellschaft sein, als es die Industriegesellschaft, zumindest in jenen goldenen

Jahren nach dem Zweiten Weltkrieg, gewesen ist, sie wird aber auch neue Entwicklungsperspektiven für die Städte eröffnen.

1.3 Demographische Veränderungen

Die Zahl der Deutschen wird abnehmen. Ohne Zuwanderung würden – nach den Prognosen des Statistischen Bundesamtes – von den heute 82 Millionen im Jahr 2030 nur noch 71 Millionen Menschen in Deutschland leben, im Jahr 2050 würde sich die Einwohnerschaft rechnerisch um 24 Millionen verringert haben. Das ist der gegenwärtige Umfang der Bevölkerung der neuen Bundesländer plus ganz Norddeutschland. Bei der – optimistischen – Annahme einer jährlichen Nettozuwanderung von 200 000 Menschen würde sich die Einwohnerzahl der BRD bis zum Jahre 2050 immer noch mindestens um die Bevölkerungszahl Niedersachsens verringern. Der Bevölkerungsrückgang hat altersstrukturelle Konsequenzen: Der Anteil der über Sechzigjährigen steigt bis 2050 auf 37 Prozent, der der Hochbetagten auf 12 Prozent, gleichzeitig sinkt der Anteil der unter Zwanzigjährigen auf 16 Prozent.

Diese Veränderungen verlaufen nicht räumlich neutral. Sie werden überlagert von Wanderungsbewegungen. Als dominante Tendenz zeigt sich ein Rückzug aus der Fläche. Gleichwohl werden diese Entwicklungen auch für einen Teil der Städte dramatische Folgen haben, denn nicht alle werden ihre Bevölkerungsbasis sichern können. Bereits heute gibt es Städte, bei denen der Schrumpfungsprozeß unumkehrbar erscheint – in Ostdeutschland vor allem, aber auch in den altindustriellen Regionen Westdeutschlands.

Die durch den Zusammenbruch der ostdeutschen Industrie ausgelösten großräumigen Wanderungsbewegungen von Ost nach West treffen in den neuen Bundesländern zusammen mit Abwanderungen aus den Kernstädten ins Umland, mit der sogenannten Suburbanisierung. In den neuen Bundesländern läßt sich schon heute beobachten, was das für Städte bedeuten kann: Leipzig hat in den neunziger Jahren 90 000 Einwohner verloren, das sind 17 Prozent seiner Bevölkerung, Halle verlor im selben Zeitraum annähernd die gleiche Zahl; da Halle nur 320 000 Einwohner hatte, bedeutet das einen Verlust von fast einem Drittel seiner Einwohnerschaft.

Zum demographischen Wandel gehört die immer stärkere Internationalisierung der Bewohnerschaft der deutschen Städte. Etwa 20 Prozent aller Einwohner in Deutschland haben einen »Migrationshintergrund«, entweder die Eltern oder sie selbst sind also zugewandert; in Stuttgart oder Frankfurt am Main liegt dieser Anteil bei 40 Prozent. Die kulturelle und ethnische Heterogenität wächst von Tag zu Tag, der Anteil der Bevölkerung »mit Migrationshintergrund« erreicht in den größten Städten bei den Jugendlichen unter 18 Jahren bald die 50-Prozent-Grenze. Wegen der generellen Abnahme der Zahl der Jugendlichen werden die Städte bald verstärkt um Zuwanderer werben – und auf den großstädtischen Arbeitsmärkten werden verstärkt qualifizierte Arbeitskräfte nachgefragt. Noch haben sich die Städte sehr unzureichend auf ihre multikulturelle Zukunft eingestellt, dies aber wird ein herausragendes Thema der Stadtpolitik werden.

1.4 Wiedervereinigung

Die Wiedervereinigung und die Probleme der Transformation in den neuen Bundesländern belasten nicht nur den Staatshaushalt der Bundesrepublik. Zwischen Ost und West haben sich auch sehr viel schärfere soziale und räumliche Disparitäten entwickelt, als wir es vom Nord-Süd-Gefälle bisher gewohnt waren. Die neuen Bundesländer haben bereits über eine Million Einwohner an den Westen verloren, und da vor allem Jüngere und besser Qualifizierte, insbesondere junge Frauen (und damit die künftigen Mütter) abwandern, können solche Regionen nicht mehr auf eine Zukunft in gewohnten Bahnen hoffen.

Im globalen Kontext zeigt sich ein gänzlich anderes Bild. Der Prozeß der Verstädterung ist im Weltmaßstab keineswegs abgeschlossen. 1900 lebten 86,4 Prozent der Weltbevölkerung in ländlichen Gebieten und nur 13,6 Prozent in Städten. Im Jahre 2025 werden laut einer UN-Prognose 60 Prozent der Weltbevölkerung in urbanisierten Gebieten leben. Weltweit drängt die Bevölkerung in die Städte. Am stärksten ist dieser Drang in den Ländern, in denen die Möglichkeit, als Städter sein Brot mit formeller Erwerbsarbeit zu verdienen, am wenigsten entwickelt ist. Hier wird die Verstädterung weniger durch die Attraktivität der Stadt als durch die Unmöglichkeit, auf dem Land zu überleben, vorangetrieben. Eigentumsverhältnisse, korrupte Eliten, das Klima und rückständige Formen der Landbestellung verhindern, daß die wachsende Bevölkerung auf dem Land und in ihrer traditionellen Lebensweise ein Auskommen findet. In der Hoffnung auf Arbeit wandern sie in die Städte, wo die meisten von ihnen in ungeplanten Spontansiedlungen, die in der Regel weder über Kanalisation noch Wasserversorgung verfügen, um ihr tägliches Überleben kämpfen. So entstehen in den Entwicklungsländern sozial und räumlich tief gespaltene Megastädte mit zehn und mehr Millionen Einwohnern, wie z. B. Lagos und Bombay mit über 18 Millionen, in denen sich vor allem die Armutsquartiere rapide ausdehnen. Im Jahr 2005 gab es nach UN-Angaben 40 Megastädte mit jeweils mindestens zehn Millionen Einwohnern, im Jahr 2015 wird es bereits 600 Millionen Bewohner von Megastädten geben.

In Europa dagegen schien die Verstädterung noch vor einigen Jahren an ihr Ende gelangt zu sein. Hier verlief der Urbanisierungsprozeß in vier Phasen:

Vormoderne Urbanisierung: Im Zuge agrartechnischer Neuerungen im elften und zwölften Jahrhundert wuchs der Nahrungsspielraum, die europäische Bevölkerung vermehrte sich nahezu um das Zehnfache, und ein beträchtlicher Teil dieses Zuwachses konnte auf Dauer von landwirtschaftlicher Arbeit freigestellt werden, das heißt als Städter leben. Ab dieser Zeit entwickelten sich in Europa die Städte zu spezialisierten Zentren des produzierenden Gewerbes und der wirtschaftlichen Dienstleistungen. Die polyzentrische, differenzierte Struktur dieses neuen städtischen Systems erwies sich ökonomisch und politisch als überaus vorteilhaft. Sie ermöglichte vor allem die Herausbildung vielfältiger Formen der Selbstorganisation, die eine wesentliche Basis für die Vitalität der europäischen Städte wurde (Benevolo 1999, 45).

Ab 1700, im Zeitalter des Absolutismus, ergab sich ein zweiter Schub der Stadtbildung. Neben Neugründungen wie Rastatt (1700), Ludwigsburg (1706), Karlsruhe (1715) und Neustrelitz (1733) sind auch die umfangreichen Um- und Ausbauten bestehender Städte wie Dresden, Salzburg, Stuttgart und Hannover dazuzurechnen. Sie wurden im Zuge der Zentralisierung der Verwaltung der neu entstehenden Territorialstaaten zu Residenz- und Garnisonsstädten ausgebaut. Damit trat ein neuer Typus von Stadt auf die europäische Bühne: nicht die autonome Gemeinde von Handwerkern und Kaufleuten, sondern die Residenz- und Garnisonsstadt als das Herrschaftszentrum eines zentralistisch organisierten Territorialstaates, in dem der fürstliche Hof, Beamte und Soldaten den Ton angaben (Gerlach 1990, 9f.).

Industrielle Urbanisierung: Die zweite Phase begann in Deutschland Mitte des 19. Jahrhunderts mit der industriellen Urbanisierung. Dieser primär ökonomisch geprägte Prozeß, mit dem sich der Übergang von der traditionellen zur modernen Stadt vollzog, setzte in Europa am Ende des 18. Jahrhunderts, in Deutschland erst zu Beginn der zweiten Hälfte des 19. Jahrhunderts ein. »Der Kernbegriff, der den wichtigsten Entwicklungsimpuls jener Zeit bezeichnet, ist der der Mobilisierung« (Reulecke 1985, 14). Die Aufhebung einer Fülle traditioneller Beschränkungen der räumlichen und der sozialen Mobilität eröffnete eine Modernisierungsdynamik, deren äußeres Kennzeichen die »Entfestigung« der Städte, also das Schleifen der Stadtmauern und das Auffüllen der Gräben war. In diesem historischen Kontext kam es zur Wechselwirkung, zur gegenseitigen Durchdringung und Verstärkung der beiden dominanten Tendenzen der Moderne: der Industrialisierung und der Verstädterung. Durch die industrielle Urbanisierung vollzog sich in Europa eine gewaltige Umschichtung der Bevölkerung zugunsten der Städte. Als Ursache dieser sich in nur wenigen Jahrzehnten vollziehenden tiefgreifenden ökonomischen, sozialen und siedlungsstrukturellen Strukturwandlung »gilt die Verknüpfung von Bevölkerungswachstum, Industrialisierung und Binnenwanderung« (Reulecke 1985, 68).

Um 1800 lebten noch 80 Prozent der deutschen Bevölkerung auf dem Land, danach wuchs die Bevölkerung nahezu explosionsartig. Es entstand ein ländlicher »Pauperismus«, der die Menschen in die Städte trieb, wenn nicht sogar weiter bis z. B. nach Amerika. Diese Phase, die im wesentlichen auf die erste Hälfte des 19. Jahrhunderts beschränkt war, ähnelte am ehesten den Prozessen, wie sie heute in Entwicklungsländern beobachtet werden. Im Zeitraum der schnellsten Verstädterung in Deutschland, zwischen 1870 und 1910, wuchs der Anteil der Großstadtbevölkerung (über 100 000 Einwohner) an der gesamten Bevölkerung des Deutschen Reiches von 4,8 Prozent auf 21,3 Prozent (Krabbe 1989, 71). Binnen weniger Jahre entstanden Großstädte mit mehr als 100 000 Einwohnern. Das Ruhrgebiet, Anfang des 19. Jahrhunderts noch eine dünnbesiedelte, sumpfige Niederung mit nur wenigen Kleinstädten von etwa 3000 Einwohnern entlang der alten Handelsstraße Hellweg, wurde innerhalb eines halben Jahrhunderts zur größten industriellen Agglomeration des Kontinents mit über fünf Millionen Einwohnern. Und Berlin benötigte nur drei Jahrzehnte, um von einer Provinzstadt zur Metropole des Deutschen Reiches aufzusteigen.

Seit der Industrialisierung galten Städte uneingeschränkt als Zentren ökonomischer und gesellschaftlicher Dynamik, die im historischen Verlauf zwar ständig ihre Form veränderten und sich dabei immer mehr ausdehnten, denen es jedoch durch ihre Attraktions- und Innovationskraft immer wieder gelang, ihre zentrale Position im allgemeinen Siedlungsgefüge zu erhalten und zu erneuern.

Tertiäre Urbanisierung und Deindustrialisierung: Der Siegeszug der städtischen Industrie schuf gleichzeitig die Voraussetzungen für die Transformation und Selbstaufhebung der damit verbundenen spezifischen Form der Urbanisierung. Als Folge der stürmischen Entwicklung der Produktivkräfte und eines steigenden Lebensstandards setzten sich die säkularen Tendenzen einer Tertiarisierung und Deindustrialisierung durch. Die Industriegesellschaften transformierten sich durch ihre interne Logik in Dienstleistungsgesellschaften (vgl. Häußermann/Siebel 1995). Die Wohlstandsentwicklung und zahlreiche Innovationen führten dazu, daß die zentripetalen Kräfte der Verstädterung zunehmend von zentrifugalen Kräften überlagert wurden. Der großräumigen Verstädterung stand eine kleinräumige Dekonzentration gegenüber.

Historisch ermöglichten erst Städte mit ihrem großen Pool an Arbeitskräften und durch ihre räumlich konzentrierte Nachfrage die Massenproduktion. Im Verlauf des 20. Jahrhunderts wurde es jedoch zunehmend weniger vorteilhaft – und durch die großen Fortschritte der Transporttechnologien auch immer weniger notwendig –, Fabriken in Städten anzusiedeln. Gleichzeitig gestatteten es der zunehmende Wohlstand und die damit einhergehende Motorisierung den meisten Haushalten, sich den »Zumutungen« der räumlichen Dichte durch den Umzug an suburbane Wohnstandorte mehr oder weniger zu entziehen.

Die Städte hatten bereits mit der Durchsetzung des Fordismus – also der Durchsetzung eines Regimes der Massenproduktion, verbunden mit einem entsprechenden Konsummodell sowie den Arrangements eines entwickelten Wohlfahrtsstaates und einer keynesianischen Wirtschaftspolitik – ökonomisch und sozial an Bedeutung verloren. Durch die Entwicklung neuer Verkehrs-, Kommunikations- und Versorgungsnetzwerke wurden die besonderen Vorteile der zentralen Stadt unterminiert. Die alten Kommunikations- und Versorgungsnetze (vor allem die Eisenbahn mit ihrer hierarchischen Organisations- und Versorgungsstruktur), die alle Vorteile auf den alten Stadtkern konzentrierten, wurden durch neue Infrastrukturen und Kommunikationsnetzwerke ersetzt, die diese Vorteile immer stärker auf eine ganze Region verteilten. Von entscheidender Bedeutung war zunächst die Herausbildung eines weitgehend ubiquitären Straßennetzes im Zusammenhang mit der Massenautomobilisierung. »Aber Straßen und Autos hätten ihre revolutionierende Wirkung nicht entfalten können ohne die Schaffung weiterer bedeutender neuer Netzwerke der Dezentralisierung: Stromversorgung, Telekommunikation, Einkaufszentren für den Massenabsatz und neue Methoden der Unternehmensführung« (Fishman 1991, 77).

Heute haben die Städte in den entwickelten kapitalistischen Ländern ihre Rolle als privilegierte Zentren der industriellen Produktion weitgehend verloren. Dieser Verlust, der vor allem die Folge des wirtschaftlichen Strukturwandels und neuer Formen der internationalen Arbeitsteilung ist, manifestierte sich in den Städten als ausgeprägter Deindustrialisierungsprozeß, d. h. als Abbau von Arbeitsplätzen in der Fertigung, und ist eine der wesentlichen Ursachen für die in den Städten konzentrierte und seit Jahren anhaltende Massenarbeitslosigkeit mit ihren vielfältigen sozialen und sozialräumlichen Folgeproblemen (vgl. dazu Häußermann 2000).

Die Phase des durch Bevölkerungswachstum und industrielle Expansion getragenen Wachstums der Städte endete in den siebziger Jahren des 20. Jahrhunderts. Die Bedingungen städtischer Entwicklung haben sich seitdem grundlegend geändert. Industrielle Arbeitsplätze sind weitgehend aus den Städten verschwunden. Die Zahl der Deutschen sinkt, und deshalb sinkt auch die Einwohnerzahl vieler deutscher Städte, was unter den Bedingungen der kommunalen Finanzverfassung schwerwiegende Folgen hat. Wachsende oder auch nur stabile Einwohnerzahlen sind nur auf Kosten weiterer Abwanderung aus ländlichen Regionen oder zu Lasten anderer Städte und durch Zuwanderung aus dem Ausland aufrechtzuerhalten. Viele Städte stehen vor der Wahl, entweder zu schrumpfen oder aber größere Probleme der Integration bewältigen zu müssen. In der interkommunalen Konkurrenz wird es zukünftig nicht mehr nur um Arbeitsplätze und Investitionen gehen, sondern ebenso um Menschen. Gleiches zeichnet sich in anderen europäischen Ländern ab. Stagnation oder Schrumpfen, nicht aber Wachstum, werden auf absehbare Zeit die Entwicklung vieler Städte in Europa bestimmen. Eine rückläufige Bevölkerungszahl muß jedoch nicht zwangsläufig eine Katastrophe für die Städte und ihre Bewohner bedeuten.

Reurbanisierung: Bevölkerungsverluste und ein Rückgang der Arbeitsplätze sind nicht notwendig mit einem Bedeutungsverlust der Städte verbunden. Im Gegenteil: Bei rückläufiger Gesamtbevölkerung wird sich diese wahrscheinlich sogar stärker auf die Städte konzentrieren, weil nur dort ein attraktives Angebot an öffentlichen und privaten Gütern und Dienstleistungen aufrechterhalten werden kann. So können Städte zwar absolut schrumpfen, aber relativ an Bedeutung gewinnen zu Lasten dünner besiedelter Gebiete.

Ähnliches gilt für den Arbeitsmarkt. Der tiefgreifende Wandel der entwickelten kapitalistischen Ökonomien führte in den Städten nicht nur zu einem dramatischen Rückgang industrieller Arbeitsplätze, sondern aus diesem Strukturwandel resultieren auch neue Entwicklungschancen für die Städte. Mit der Transformation des traditionellen Industriesystems, basierend auf den Massenproduktionsvorteilen der großen Fabrikanlagen und Großraumbüros, haben sich inzwischen neue Formen einer Wissensökonomie herausgebildet, die sich vor allem auf intellektuelle Arbeit, menschliche Kreativität, soziale Interaktion und Vernetzung stützen und die die ökonomische Basis für eine mögliche Renaissance der Städte bilden. Tatsächlich gibt es signifikante Gründe für die Annahme, daß gerade in Zeiten von Globalisierung und Digitalisierung auch die deutschen Städte und insbesondere deren Zentren zu privilegierten Innovationsfeldern der Wissens- und Kulturproduktion werden können (vgl. dazu Läpple 2004c).

Hier nur einige Stichworte für den möglichen Bedeutungsgewinn der Stadt:

- die neuen Anforderungen der Wissensökonomie,
- die vielfältigen Formen der Entgrenzung tradierter gesellschaftlicher Institutionen,
- die Vermischung von Wohnen und Arbeiten,
- die Entstandardisierung des Normalarbeitsverhältnisses,
- die Erosion des männlichen Ernährermodells durch die zunehmende Doppelerwerbstätigkeit von Mann und Frau sowie eine Tendenz zu egalitären Karrieremustern und die damit abnehmende Attraktivität von suburbanen Wohnformen,

– die Zunahme von Einpersonenhaushalten und eine Intensivierung von Individualisierungsprozessen,
– die Erosion des gesellschaftlichen Zeitgefüges, verbunden mit immer schwierigeren Balancen zwischen Arbeiten und Leben innerhalb von Lebensgemeinschaften,
– die Auflösung der tradierten wohlfahrtsstaatlichen Arrangements,
– die abnehmende Fähigkeit der privaten Haushalte zur langfristigen Planung,
– das Ende des Traums von der Aufstiegsgesellschaft,
– der tiefgreifende demographische Wandel,
– die Grenzen funktionaler Spezialisierung; z. B. in der Form infrastruktureller Großsysteme wie Klärwerken, Kraftwerken oder Großkrankenhäusern,
– die absehbaren Grenzen »fossiler Mobilität« sowie
– die Rezentralisierung des Siedlungssystems bei rückläufiger Bevölkerung.

Die Wirkungsweise dieser sich teilweise überlappenden und gegenseitig verstärkenden Tendenzen darf nicht so interpretiert werden, als daß die Entwicklung wieder zurück zur traditionellen Stadt weisen würde. Es gibt keinen Weg mehr zurück zur monozentrischen Stadt. Die Auflösungstendenzen der tradierten städtischen Strukturen werden durch die neuen Entwicklungstrends zwar gedämpft, aber die industriell geprägten städtischen Strukturen werden auf Dauer keinen Bestand haben. Eine dauerhafte Renaissance der Stadt ist nicht das Resultat einer Rückkehr, sondern der Herausbildung neuer städtischer Arbeits- und Lebensformen sowie neuer Governance- und Politikformen im stadtregionalen Kontext.

Die These einer Neubewertung der Stadt für die Wissens- und Kulturproduktion darf auch nicht mißverstanden werden im Sinne einer Entproblematisierung der Stadtentwicklung. Die ökonomischen und sozialen Probleme der Städte werden sich nicht »von alleine« lösen. Und vom möglichen Bedeutungsgewinn werden sicherlich nicht alle Städte gleichermaßen profitieren können. Es ist im Gegenteil davon auszugehen, daß sich die Polarisierung zwischen schrumpfenden und dynamischen Städten verstärken und die inneren Spaltungen der Stadt noch vertiefen werden.

Unter dem einen Begriff Stadt werden also gänzlich unterschiedliche Realitäten zusammengefaßt: explosionsartig wachsende Megastädte in Afrika, Asien und Südamerika, schrumpfende in den neuen Bundesländern, Städte, deren Bevölkerung wächst, weil sie wie München oder New York attraktive Arbeitsmärkte bieten, und solche, deren Wachstum durch das Elend auf dem Land bedingt ist wie Lagos, Flüchtlingsstädte wie Saigon, alte Industriestädte wie Gelsenkirchen, Universitätsstädte wie Göttingen, Rentierstädte wie Baden-Baden, Hafenstädte wie Rotterdam, reine Industriegründungen wie Wolfsburg oder politische Neugründungen, deren Existenz auf der geplanten Konzentration von politischen und administrativen Funktionen beruht wie früher einmal Karlsruhe und heute Brasilia und Chandigarh. Man kann nicht über all diese hinsichtlich Größe, ökonomischer Basis und Entwicklungsperspektive so gänzlich unterschiedlichen Städte eine einheitliche Theorie der Stadtentwicklung stülpen. Wir stellen deshalb bei unseren folgenden Überlegungen die europäische Stadt ins Zentrum, einen Stadttyp, der in der jüngeren planungspolitischen und sozialwissenschaftlichen Diskussion eine – zuweilen etwas unreflektierte – Renaissance erlebt. Empirisch diskutieren wir überwiegend die Stadtentwicklung in Deutschland.

Dieser Typus der europäischen Stadt ist angesichts der angesprochenen Veränderungen – so unsere zentrale These – in eine schwere Krise geraten. Die Bedingungen, unter denen die Städte sich seit Beginn der industriellen Urbanisierung in Europa entwickelten, haben sich tiefgreifend verändert. Waren über 150 Jahre lang Stadtentwicklung und Wachstum identisch, so werden in Zukunft schrumpfende, stagnierende und weiterhin wachsende Städte nebeneinander existieren. Innerhalb der Städte wird es ein Nebeneinander von Prosperität und Niedergang geben. Die Integration von Zuwanderern ist unter Bedingungen der ökonomischen Stagnation sehr viel schwieriger, als es noch zur Zeit der Massenproduktion in den sechziger Jahren der Fall war.

So werden sich die sozialen und räumlichen Spaltungen vertiefen: Unter den Bedingungen des Schrumpfens vollzieht sich die Konzentration von benachteiligten Gruppen in bestimmten Quartieren der Städte sehr viel schneller, und diese Form der Segregation ist politisch fast nicht mehr steuerbar. Bei rückläufigen Einwohnerzahlen können sich die Wohnungsmärkte so entspannen, daß für Mittelschichtshaushalte breite Wahlmöglichkeiten entstehen, die nicht nur Preis und Qualität der Wohnung umfassen, sondern auch das soziale Umfeld: Man kann sich die Nachbarschaft nun aussuchen. Das verändert die Bedingungen von Segregationsprozessen. Wurde Segregation früher vorwiegend durch Belegungspolitik, Diskriminierung und Marktmechanismen erzwungen, so ergibt sich heute die Konzentration benachteiligter Haushalte in den unattraktivsten Beständen auch durch den Fortzug von Haushalten der Mittelschicht aus Gebieten mit schlechtem Image und vielen sozialen Problemlagen, während die nicht mobilitätsfähigen Haushalte zurückbleiben. Die Konzentration benachteiligter Gruppen in benachteiligten Gebieten durch freiwillige Umzugsentscheidungen derer, die Wahlmöglichkeiten haben, vollzieht sich außerordentlich schnell, und sie ist faktisch nicht steuer- oder gar umkehrbar. Dadurch können aus den Wohnvierteln der Benachteiligten benachteiligende Quartiere werden. Die Stadt droht zu einem Ort der Ausgrenzung zu werden. Damit aber verlöre die europäische Stadt eine ihrer wesentlichen Funktionen, nämlich die der Integration.

Schrumpfungsprozesse werden sich kaum auf die suburbanen Gebiete beschränken, so daß eine kleiner gewordene Stadtbürgerschaft sich am Ende wieder in der kompakten, gegen das Land deutlich abgegrenzten Stadt des 19. Jahrhunderts wiederfinden könnte. Ganz abgesehen davon, daß es diese Stadtbürgerschaft nicht mehr gibt, treten Schrumpfungsprozesse selektiv über das ganze Gebiet einer Stadtregion auf, in der dichtbebauten Kernstadt ebenso wie in den Umlandgemeinden. Im Verlauf dieses Prozesses wird die geschlossene Gestalt der europäischen Stadt durchlöchert. Die Struktur der Peripherie dringt in die Kernstädte ein. Diese Veränderungen der Gestalt der europäischen Stadt entziehen sich ebenfalls weitgehend der politischen Steuerung, denn Schrumpfungsprozesse verlaufen sehr viel weniger sichtbar als solche des Wachstums: Wenn jemand ein neues Gebäude errichten oder auch nur ein vorhandenes modernisieren will, muß er entsprechende Anträge stellen. Wenn aber ein Eigentümer Instandhaltungsinvestitionen unterläßt, weil ihm die Mieter davonlaufen, so braucht er dazu keine behördlichen Genehmigungen, und die Folgen werden erst sehr spät von außen sichtbar. Hinzu kommt, daß Schrumpfen keine Win-win-Situation beinhaltet wie Wachstum, bei dem für jeden etwas abfallen kann. Schrumpfen heißt, daß Verluste verteilt werden müssen, und das ist ein konfliktreicher Prozeß.

All diese Veränderungen finden in Städten statt, deren Steuerungsfähigkeit zur Disposition steht. Es gibt starke Tendenzen, den Einfluß der öffentlichen Planung zurückzudrängen, teils direkt aus neoliberalen Überzeugungen, wonach der Markt das bessere Steuerungssystem sei, teils indirekt durch die Wirkungen zunehmender öffentlicher Armut und einer inhaltlich und räumlich erweiterten Konkurrenz oder auch, weil die herkömmlichen Verfahren und Methoden einer staatszentrierten Politik nicht mehr hinreichend sind. Die Probleme sind zu komplex geworden, um noch von einem Zentrum aus in hierarchischer Koordination bewältigt werden zu können.

Am Ende des 20. Jahrhunderts stehen wir möglicherweise an einem Wendepunkt in der Entwicklung der europäischen Stadt. Es gibt Anzeichen für eine neue, sowohl ökonomische wie kulturelle Attraktivität urbaner Räume, und gleichzeitig stehen die Integrationsleistungen, die die Städte vor und während der Industrialisierung erbracht haben, auf dem Spiel. Einige Parameter der Großstadtentwicklung haben sich grundlegend verändert.

Im Zusammenwirken von ökonomischem Wachstum und stadtpolitischer Regulierung haben sich die Städte sowohl im Zuge der Landflucht während des 19. Jahrhunderts als auch während der Zeit des großstädtischen Proletariats während der Weimarer Republik sowie für die großen Bevölkerungsbewegungen am Ende des Zweiten Weltkrieges als Integrationsmaschinen erwiesen: Unglaubliche Mengen von Zuwanderern sind in die Stadtgesellschaften integriert worden. Die inhumanen Formen der Klassenspaltung des 19. Jahrhunderts wurde überwunden, die Lebens- und Wohnbedingungen für alle Städter haben sich im Laufe dieses Jahrhunderts erstaunlich verbessert. Bewohner einer Stadt zu sein hieß bis in die siebziger Jahre hinein für alle, teilzuhaben an einem Prozeß des sozialen Aufstiegs und an der Zivilisierung und Verfeinerung des Lebens. Aus den Unterschichten sind Stadtbürger geworden, die Flüchtlinge und Vertriebenen aus der Zeit nach dem Zweiten Weltkrieg sind vollkommen integriert und ihre Fremdheit ist nur noch als folkloristischer Erinnerungsverband lebendig. Im Vergleich zur Stadt des 19. Jahrhunderts – und im Vergleich zur Stadtentwicklung in den USA – haben sich unter den sozialstaatlichen Bedingungen in der Bundesrepublik relativ homogene Stadtgesellschaften entwickelt. Tiefgreifende Fragmentierungen konnten, wenn nicht überwunden, dann doch so weit abgemildert werden, daß alle damit einigermaßen gut leben konnten. Daß dies von Ungleichheit und Ungleichzeitigkeit begleitet war, gab oft Anlaß für politische Kämpfe, die sich in den Städten manifestierten.

Dies scheint sich nun am Beginn des 21. Jahrhunderts zu ändern. Die soziale Formation der europäischen Stadt steht auf dem Spiel, und es droht tatsächlich die Rückkehr des 19. Jahrhunderts – zwar in anderer Form und aus anderen Gründen, aber es gibt doch starke Tendenzen zu einer neuen sozialräumlichen Fragmentierung der Städte. Die Renaissance der Städte, auf die wir am Ende des Buches zu sprechen kommen, bedeutet also nicht unbedingt das mögliche Ende einer langen Krise der Großstädte, sondern wirft neue Fragen für die Stadtpolitik auf.

Nicht nur, weil es ein herausragendes Merkmal der europäischen Stadt, wie sie Max Weber beschrieben hat, war, daß sie sich als Genossenschaft organisiert hatte und die Stadtbürger selbst über die Regeln von Ökonomie und Politik bestimmten (vgl. Häußermann 2001), sondern auch, weil die Fähigkeit der Nationalstaaten, die Probleme der Städte zu lösen, offenkundig begrenzt ist, stellt sich die Frage nach den Formen und Möglichkeiten der Stadtpolitik. Welche Entwicklung nimmt die Stadtpolitik? Welche Steuerungsmöglichkeiten haben die Stadtgesellschaften? Das ist eine der Grundfragen dieses Buches, das zugleich eine Einführung in die Analyse lokaler Politik sein soll.

Das Buch verfolgt drei eng miteinander verflochtene Ziele: einmal die Darstellung der Geschichte der Stadtentwicklung seit Beginn der industriellen Urbanisierung in Deutschland, um die Aufgaben stadtpolitischer Steuerung zu erkennen. Der zweite Strang der Argumentation zeichnet die Wandlungen der Stadtpolitik nach. Dabei legen wir besonderes Gewicht auf die heute aktuellen Probleme und Erscheinungsformen städtischer Politik. Drittens wird, ausgehend von einzelnen Problemstellungen wie z. B. der Stadtsanierung oder der kommunalen Machtstruktur, das begriffliche Instrumentarium der Sozialwissenschaften zur Analyse von Stadtentwicklung und Stadtpolitik erläutert.

2. Verstädterung und Urbanisierung in der Industriegesellschaft

Der Prozeß der Verstädterung beschreibt eine Entwicklung, in dessen Verlauf ein immer größerer Anteil der Bevölkerung in Städten wohnt, während der Anteil der ländlichen Bevölkerung sinkt. Verstädterung bezeichnet somit eine Verschiebung der Bevölkerungsverteilung und einen Wandel der Siedlungsstruktur eines Landes. Urbanisierung dagegen drückt einen Wandel der Mentalitäten und der Lebensweise aus, also einen Wandel der Kultur. Verstädterung ist ein quantitativer Prozeß, während als Urbanisierung die qualitativen Veränderungen im Zusammenleben, in der Lebensweise und in der Vergesellschaftung – oder allgemeiner: in der gesellschaftlichen Reproduktion – beschrieben werden. Verstädterung und Urbanisierung stellen zentrale Dimensionen des tiefgreifenden gesellschaftlichen Modernisierungsprozesses dar, der Staaten und Gesellschaften in ganz Europa im 19. Jahrhundert geprägt hat (vgl. Kaelble 1987).

2.1 Verstädterung

Der Begriff Verstädterung hat verschiedene Bedeutungsgehalte: erstens die Konzentration der Bevölkerung in Städten. Im 19. Jahrhundert geschah dies vorwiegend durch Wanderungen vom Land in die Städte, wodurch das rasche Wachstum der Landbevölkerung absorbiert wurde. In den meisten entwickelten Ländern, so auch in Deutschland, ist der Prozeß der großräumigen Verstädterung so weit fortgeschritten, daß sich sein Ende bereits ankündigt (vgl. Häußermann/Siebel 1987). Gegenwärtig leben drei Viertel der Bevölkerung der entwickelten Länder in Städten, nach einer Schätzung der Vereinten Nationen werden es im Jahre 2030 fünf Sechstel sein (Champion 2001, 144).

Von Verstädterung ist in einem zweiten Sinn die Rede, wenn eine Konzentration innerhalb des Städtesystems bezeichnet werden soll: die der urbanisierten Bevölkerung in den größten Städten, in der Regel in der Hauptstadt, wofür Wien, Paris und London in Europa und die Megastädte in einigen Entwicklungsländern stehen, die in der

Geographie als Primatstädte bezeichnet werden (vgl. Heineberg 2000), aber auch die Konzentration der Bevölkerung einer Stadtregion auf die Kernstadt.

Verstädterung setzt voraus, daß nicht alle erwerbsfähigen Bewohner eines Landes als Arbeitskräfte in der Landwirtschaft zur Sicherung der Ernährungsgrundlagen gebraucht werden, das heißt, daß die in der Landwirtschaft tätige Bevölkerung mehr Lebensmittel produziert, als sie selbst verbraucht. Dann können Menschen in die Städte abwandern, wo sie sich mit etwas anderem als dem Landbau beschäftigen. Ein erster Schub der Verstädterung in Mitteleuropa fand im 11. und 12. Jahrhundert statt, als die landwirtschaftliche Produktivität so gesteigert wurde, daß mehr Stadtbewohner ernährt werden konnten. Ein ungleich stärkerer Verstädterungsprozeß vollzog sich in Deutschland in der zweiten Hälfte des 19. Jahrhunderts. Ursachen dafür waren zum einen das explosionsartige Bevölkerungswachstum, das auf hygienische Verbesserungen, die die Sterblichkeit verringerten, und auf die Aufhebung der Heiratsvorschriften (Bauernbefreiung) zurückzuführen ist. Zum anderen beschleunigte sich die Industrialisierung in der zweiten Hälfte des 19. Jahrhunderts, die die Zuwanderer vom Land geradezu aufsog, enorm. Es waren zunächst vor allem die jungen Männer, die vom Land in die Städte zogen – und die oft auch wieder (vorübergehend) zurückkehrten. Das rasche Bevölkerungswachstum der Städte wurde jedenfalls von jungen Menschen getragen, die Großstadtbevölkerung um die Jahrhundertwende war daher erheblich jünger als die heutige.

Während in der ersten Hälfte des 19. Jahrhunderts die Stadtbevölkerung nur entsprechend dem Zuwachs der Gesamtbevölkerung zunahm, also das Verhältnis zwischen Land- und Stadtbevölkerung annähernd gleichblieb, setzte im letzten Drittel des 19. Jahrhunderts ein massiver Verstädterungsprozeß ein: Die Städte absorbierten den gesamten Zuwachs der Bevölkerung in Höhe von 12 Millionen. Die Bevölkerung des Deutschen Reiches wuchs in diesem Zeitraum insgesamt um 58 Prozent, die der Bewohner von Gemeinden mit mehr als 5000 Einwohnern aber um 229 Prozent. Der Anteil der Bewohner von Großstädten (über 100 000 Einwohner) stieg von 4,8 Prozent im Jahr 1871 auf 21,3 Prozent im Jahre 1910 (vgl. Tabelle 2.1).

Tabelle 2.1: Verstädterung in Deutschland

<table>
<tr><th rowspan="2"></th><th colspan="2">Städte</th><th colspan="2">Ländliche Gemeinden</th></tr>
<tr><th>1871</th><th>1910</th><th>1871</th><th>1910</th></tr>
<tr><td>Einwohnerzahl (Mio.)</td><td>2</td><td>14</td><td>26</td><td>26</td></tr>
<tr><td>Zahl der Großstädte (≥100 000 Einwohner)</td><td>8</td><td>48</td><td>–</td><td>–</td></tr>
<tr><td rowspan="4">Anteil an der Reichsbevölkerung</td><td colspan="2">Großstädte</td><td colspan="2">Ländliche Gemeinden</td></tr>
<tr><td>4,8 %</td><td>21,3 %</td><td rowspan="3">63,9 %</td><td rowspan="3">40 %</td></tr>
<tr><td colspan="2">Städte (≥ 2 000 E.)</td></tr>
<tr><td>36,1 %</td><td>60 %</td></tr>
</table>

Quelle: nach Reulecke 1985, 68

Am stärksten war das Wachstum im Ruhrgebiet, wo zwischen 1871 und 1910 die Zahl der Stadtbewohner jährlich um fünf Prozent zunahm (Marschalck 1984, 51), und in Berlin, wo sie im gleichen Zeitraum um etwa zehn Prozent wuchs (vgl. Tabelle 2.2).

Tabelle 2.2: Bevölkerungsentwicklung in Großberlin 1860-1939

Jahr	Einwohnerzahl	Zunahme absolut	Wachstumsindex 1860 = 100
1860	563 900		
1871	932 000	369 000	165,3
1890	1 953 800	1 021 800	346,5
1900	2 705 900	752 100	479,9
1910	3 734 300	1 028 400	662,2
1919	4 024 300	290 000	713,7
1939	4 338 800	31 450	769,4

Quelle: Berlin Handbuch, S. 239; eigene Berechnungen

In den Städten entstanden zunächst Manufakturen, die dann zu Fabriken wurden, als sich mit der Dampfmaschine die menschliche

Energieproduktion ersetzen ließ. Die Fabriken wurden auf freien Grundstücken in den Städten und auf Hinterhöfen gebaut – ergänzt durch Wohnungen für die Arbeiter. Stadtplanung gab es bis in die siebziger Jahre des 18. Jahrhunderts hinein nicht, alle Wege mußten in der Regel zu Fuß zurückgelegt werden, so daß sich auf engstem Raum die unterschiedlichsten Nutzungsmöglichkeiten ergaben. Nach dieser »inneren Verdichtung« folgte – insbesondere in den Gründerjahren nach 1870 – die Expansion der Städte, bei der bereits Gebiete entstanden, die vorwiegend dem Wohnen dienten, weil die großen Fabriken zuviel Fläche benötigten und sehr viel Schmutz und Lärm verursachten (vgl. den Überblick zur Verstädterung bei Reulecke 1985). Aufgrund des Flächenbedarfs wanderte die Industrie aus den innerstädtischen Quartieren an den Rand der Großstädte, wo sie aufgrund des raschen Wachstums bald durch neue Bebauung eingeholt wurde.

Zwischen 1900 und 1910 überschritt der Verstädterungsprozeß seinen Zenit. Bis zum Ende des 20. Jahrhunderts setzte er sich erheblich langsamer fort. Die übervollen und hochverdichteten Städte dehnten sich in die Umgebung aus, und mit dieser Suburbanisierung nahm auch die ungeheuer hohe Einwohnerdichte der Städte, die im Zuge der raschen Industrialisierung entstanden war, langsam wieder ab. Der Verstädterungsprozeß nahm in der zweiten Hälfte des 20. Jahrhunderts die Form einer »dekonzentrierten Konzentration« an, was bedeutet, daß die Anteile der Landbevölkerung zugunsten der verstädterten Regionen abnahmen, daß aber innerhalb der Agglomerationen die Bewohnerzahlen vor allem in den Umlandgemeinden, in den suburbanen Gebieten also, wuchsen, wie die seit den sechziger Jahren von der Bundesregierung alle zwei Jahre veröffentlichten Raumordnungsberichte dokumentieren. Die räumliche Entwicklung lief lange Zeit darauf hinaus, daß die großen Städte bei der räumlichen Verteilung von Arbeitsplätzen und von Bewohnern Anteile verloren, so daß sich am Horizont bereits eine Desurbanisierung abzuzeichnen schien. In jüngerer Zeit gibt es allerdings wieder größere Zuwächse bei den Städten – darauf werden wir im Kapitel 19 zurückkommen. Geographen versuchten, diesen räumlichen Verschiebungen mit der – an amerikanischen Verhältnissen gewonnenen – Sequenz von Urbanisierung/Suburbanisierung/Desurbanisierung/Reurbanisierung eine Art Gesetzmäßigkeit zu unterstellen.

Seit den siebziger Jahren ist ein gänzlich neuer Typus von Stadtentwicklung sichtbar geworden, bei dem alle Tendenzen der letzten 150 Jahre ins Gegenteil verkehrt sind: die schrumpfende Stadt (vgl. Häußermann/Siebel 1987), die zunächst in den Industriestädten des Ruhrgebietes, seit 1990 vor allem in den neuen Bundesländern zu beobachten ist. Als solche werden Städte bezeichnet, bei denen für die Zahl der Arbeitsplätze und der Einwohner ein stabiler Rückgang prognostiziert wird (vgl. dazu Kapitel 12).

2.2 Urbanisierung

Mit dem wachsenden Anteil von Stadtbewohnern änderte sich auch die Lebensweise (vgl. Häußermann/Siebel 2001). Der Lebensstil der ländlichen Bevölkerung mußte sich den städtischen Bedingungen anpassen. Urban nennt man ein »gesittetes« Verhalten, das gekennzeichnet ist durch Weltoffenheit, Toleranz, Distanz und eine zivilisierte, gewandte Art des Umgangs unter Menschen. Der Begriff der Urbanisierung verweist aber auch auf die weitreichenden Veränderungen im Alltagsleben, die mit dem Wandel von einer ländlich-agrarisch geprägten zur städtischen Lebensweise verbunden waren.

Das vorindustrielle »ganze Haus« (Brunner 1956) vereinte Arbeiten und Wohnen, Produktion und Konsumtion unter einem Dach – und zwar für alle, die zur Familie gehörten, und das waren neben der Verwandtschaft auch die Knechte und Mägde, die Dienstleute und die Gesellen. Im Zuge der industriellen Urbanisierung wurde die Erwerbsarbeit aus dem Haushalt herausgelöst und an einem gesonderten Ort, im Betrieb, organisiert. Arbeiten und Wohnen wurden damit räumlich und zeitlich getrennt. So entstanden Freizeit und Wohnen als Gegenüber von Arbeit und Betrieb. Mit der Arbeit verließen auch die entfernteren Verwandten, die Knechte und Mägde die Wohnung. Zurück blieben die Eltern mit ihren leiblichen Kindern, die Kernfamilie.

Dadurch entwickelte sich der moderne Vergabe- oder Konsumentenhaushalt, der einen Großteil seines Bedarfs durch den Kauf von Gütern und Dienstleistungen oder durch die Inanspruchnahme der öffentlichen Infrastruktur deckt. Der private Haushalt wird damit teilweise von Arbeit und Verpflichtungen entlastet, aber er wird auch abhängig von gesellschaftlich organisierten Versorgungsapparaten, die entweder nur über Geldzahlungen oder über Versorgungsanrechte zugänglich sind, was wiederum die Einbindung in das System der beruflichen Arbeit und des Sozialstaates voraussetzt.

Erst jetzt kann die Privatheit der Wohnung kultiviert werden. Sie wird zum Ort der Intimität, der Körperlichkeit und einer emotional aufgeladenen privaten Sphäre, die sich um die Kernfamilie aufbaut und von beruflicher Arbeit weitgehend entlastet ist. Diese Entwicklung zeigt sich zunächst beim städtischen Bürgertum. Für die mittleren Schichten der Bevölkerung wird diese Lebensweise allenfalls nach dem Ersten Weltkrieg, für die Massen erst nach dem Zweiten Weltkrieg allmählich zur Normalität. Vorher ließen die heute kaum noch vorstellbare Wohnungsknappheit und die ausgedehnten Arbeitszeiten des großstädtischen Proletariats keine Wohnung als Ort geschützter Privatheit und Freizeit zu. Der Ort, an dem die Trennungen von Arbeit und Freizeit, Wohnung und Betrieb, Öffentlichkeit und Privatheit auftreten, ist nicht das Land, sondern die Stadt, denn hier entstehen die Fabriken und Büros, die Angebote auf Güter- und Dienstleistungsmärkten sowie die Infrastruktureinrichtungen – und nach und nach wachsen auch die Einkommen für die Anmietung solcher Wohnungen, aus denen Fremde und berufliche Tätigkeiten ferngehalten werden können. Das Gegenüber einer intimisierten privaten Sphäre in der Wohnung und einer öffentlichen Sphäre auf dem städtischen Markt ist von Hans-Paul Bahrdt (1998) daher zum Definitionsmerkmal des Städtischen gemacht worden. Stadt sei zu definieren als ein Ort, an dem sich das Alltagsleben zwischen Öffentlichkeit und Privatheit polarisiert.

Ein weiteres Kennzeichen der Urbanisierung ist die Individualisierung, d. h. die Möglichkeit, ein selbst bestimmtes Leben unabhängig von den Zwängen und Anforderungen der Nachbarschaft oder Familie zu führen: die Emanzipation aus der Gemeinschaft, die der Bauernhof oder das Dorf darstellten. In der ländlichen Gesellschaft war der Ort identisch mit dem sozialen Setting, in das man eingebunden und in dem man aufgehoben war. Diese Identität löst sich mit der Urbanisierung auf. Unter städtischen Lebensbedingungen übernehmen verschiedene soziale Netze und Institutionen spezielle Funktionen; z. B. verbringt man seine Freizeit im Sportverein oder geht zur Zerstreuung ins Kino, im Laden oder in der Gaststätte besorgt man sich seine Nahrung und im Krankheitsfall gibt es den Arzt und das Krankenhaus. Die Kinder gehen in Kindergarten und Schule, die Großeltern kommen ins Altenheim, wenn sie sich nicht mehr selbst versorgen können. Im voll entfalteten Sozialstaat, wie er nach dem Zweiten Weltkrieg entwickelt wurde, sorgen Versicherungssysteme und staatliche Einrichtungen dafür, daß man auch in prekären Lebenslagen fürsorglich aufgefangen wird. In den Städten werden all diese Dienstleistungen, die zuvor allein von den Familien gewährleistet wurden, kollektiv angeboten und die dafür notwendigen Einrichtungen gegründet. In der Stadt kann man also theoretisch ein vollkommen anonymes und individualisiertes Leben führen. Eine der großen stadtpolitischen Herausforderungen von Verstädterung und Urbanisierung war es, die entsprechenden Institutionen für diese urbane Lebensweise zu entwickeln. Eine kollektive Infrastruktur mußte aufgebaut werden (vgl. Kapitel 4).

Mit der Urbanisierung vollzieht sich auch ein Wandel des Verhaltens und der Mentalitäten (vgl. auch Korff 1993). Die Polarität von Öffentlichkeit und Privatheit beginnt das Alltagsleben der Städter zu prägen: Der öffentliche Raum der Straßen und Plätze wird zum Ort eines stilisierten, streng regulierten Verhaltens, bei dem jeder nur einen kleinen Ausschnitt seiner Persönlichkeit darstellt. Georg Simmel (1903) hat darüber hinaus auf die Bedeutung der Zusammenballung großer Menschenmassen auf engem Raum in den Städten für die Herausbildung einer spezifisch großstädtischen Mentalität und Verhaltensweise aufmerksam gemacht. In der Großstadt sei der Mensch unwillkürlich so vielen und so unterschiedlichen Eindrücken und Begegnungen ausgesetzt, daß es ihn förmlich zerreißen müßte, wollte er auf all das mit der gleichen Aufmerksamkeit reagieren wie der Landbewohner, der auf seinem vertrauten Dorfplatz einem Fremden begegnet. Vielmehr müsse sich der Großstädter gleichsam »panzern«, um nicht von der Fülle der Eindrücke, die in der großen Stadt auf ihn einstürmen, überwältigt zu werden. Deshalb sind nach Simmel Blasiertheit, Distanziertheit, Gleichgültigkeit und Intellektualität typische Eigenschaften des Großstadtbewohners. Aber diese urbane Indifferenz des gelernten Großstädters wird von Simmel nicht nur als Reaktion auf Dichte, Größe und Heterogenität der Großstadt erklärt, sondern auch als Reflex der endgültig durchgesetzten Geldwirtschaft. Für Simmel war die Großstadt am Beginn des 20. Jahrhunderts der Ort der Moderne. Dort zeigten sich die Lebensformen, die sich später im Zuge der Modernisierung auf das gesamte Territorium ausbreiten sollten. Trennung von Arbeit und Freizeit, das Leben in der Zwei-Generationen-Familie, die Wohnung als

Ort der Privatheit, die urbane Mentalität und die Integration des einzelnen als Produzent und Konsument in Arbeits- und Gütermärkte kennzeichnen heute das Leben weit über die Grenzen der Städte hinaus. Die Urbanisierung hat längst das Land erreicht. Doch ist es dann überhaupt noch sinnvoll, vom »Land« zu sprechen?

3. Stadt und Land

Die Städte waren im Mittelalter in Europa zu Orten einer ganz eigenen politischen und gesellschaftlichen Formation geworden. Sie standen rechtlich, ökonomisch und politisch im Gegensatz zum Land. Sie waren Genossenschaften, die einen kollektiven Besitz an Boden und Produktionsmitteln besaßen und gemeinschaftlich verwalteten und die über ein eigenes Rechtssystem verfügten, das privates Eigentum garantierte und Tauschverhältnisse regulierte. Die europäische Stadt war ein Stadt*staat* (vgl. Häußermann 2001, Siebel 2004).

Die sozialwissenschaftliche Diskussion über Stadt und Land begann mit einer deutlichen Abgrenzung beider Welten. Marx und Engels sahen in der Trennung zwischen Stadt und Land einen fundamentalen, die gesellschaftliche Entwicklung prägenden Gegensatz: »Die größte Teilung der materiellen und geistigen Arbeit ist die Trennung zwischen Stadt und Land«, sie beruhe auf einer »Teilung der Bevölkerung in zwei Klassen, die direkt auf der Teilung zwischen der Arbeit und den Produktionsinstrumenten beruht« (Marx/Engels 1960, 49). Die befreite, kommunistische Gesellschaft werde daher erst dann verwirklicht sein, wenn nicht nur der Gegensatz von Arbeit und Kapital, sondern auch der von Stadt und Land aufgehoben sei.

Max Weber, der die Stadt auch in einem grundsätzlichen gesellschaftlichen Gegensatz zum Land sah, hatte dabei die mittelalterliche Stadt im Sinn. Anders als Marx und Engels, die eine Herrschaft der Stadt über das Land unterstellten, analysierte Weber die mittelalterliche europäische Stadt als Gegenbild zum Land, als einen revolutionären Ort, an dem sich eine andere Organisation der Ökonomie, der Markt, und eine andere Organisation von Herrschaft, die Selbstverwaltung der Stadtbürgerschaft, im Gegensatz zur Selbstversorgung des ganzen Hauses und zum Feudalismus auf dem Land durchsetzten. Die europäische Stadt wurde von Weber als eigenständiges ökonomisches und politisches Subjekt beschrieben. In dieser Besonderheit fand Weber – neben dem Protestantismus – die Antwort auf seine zentrale Frage, weshalb sich gerade in dem damals – im Vergleich etwa zu China – rückständigen Europa Elemente der modernen Gesellschaft, kapitalistische Produktion und rationale, bürokratische Verwaltung, entwickeln konnten.

Europa war die Zivilisation mit der schärfsten Polarität zwischen

Stadt und Land (vgl. Kaelble 2001). Bis zum Beginn der Moderne war diese Grenze durch Mauern markiert, die die Grenze zwischen verschiedenen Gesellschaften bezeichneten. In der scharfen Abgrenzung vom umgebenden feudalen Land konnte sich innerhalb der Mauern jene ökonomische und politische Dynamik entwickeln, die zur Grundlage der okzidentalen Modernität wurde. In der Stadt war man frei von der Leibeigenschaft, durch die der großen Mehrheit der ländlichen Bevölkerung die Anerkennung als menschliche Subjekte verweigert wurde. Die schlichte Zugehörigkeit zur städtischen Population bedeutete demgegenüber einen großen sozialen Aufstieg, denn hier waren die Menschen frei. Auch dadurch waren die Städte die Orte von sozialer und kultureller Innovation.

Im Mittelalter standen Stadt und Land für unterschiedliche Rechts-, Politik- und Wirtschaftssysteme, in denen auch die Sozialbeziehungen höchst unterschiedliche Gestalt angenommen hatten. Das änderte sich mit dem Aufkommen zentralistisch regierter Territorialstaaten. Im Zeitalter des Absolutismus verloren die meisten Städte ihre rechtliche und politische Eigenständigkeit, und auch ihre Wirtschaft wurde in die entstehenden Nationalökonomien integriert. Die ökonomischen und sozialen Strukturen der Städte unterschieden sich jedoch weiterhin von jenen auf dem Land, insbesondere dadurch, daß auf dem Lande die Agrarwirtschaft mit dem bäuerlichen Familienbetrieb und die Gutsherrschaft mit Leibeigenen und abhängigen Pächtern dominierten, während in den Städten Erwerbstätigkeit vornehmlich in den Bereichen Handel, Handwerk und staatliche Verwaltung stattfand. Lohnarbeit war hier die häufigste Erwerbsform.

Im 19. Jahrhundert, so schien es vielen, auch sozialwissenschaftlichen Beobachtern, spitzten sich diese Unterschiede weiter zu – die Urbanisierung wurde vorwiegend als Verlustgeschichte geschrieben. Dafür setzte Ferdinand Tönnies mit seiner Kontrastierung von Gemeinschaft und Gesellschaft den Grundtenor, auch weil er selbst diese unterschiedlichen Vergesellschaftungsformen mit Dorf und Stadt in Verbindung gebracht hatte. Die Untersuchung der Frage, ob auf dem Lande tatsächlich eher gemeinschaftliche Sozialbeziehungen zu finden und ob diese in der Stadt gänzlich verlorengegangen seien, hat die Stadt- und Gemeindesoziologie bis in die jüngste Vergangenheit stark beschäftigt (vgl. Häußermann/Siebel 2004). Insbesondere in Deutschland wurden die Begriffe Gemeinschaft und Gesellschaft, Stadt und Land mit Wertungen aufgeladen, die in der Romantik entwickelt, in der kulturpessimistischen Literatur vor und nach 1900 verallgemeinert wurden und in der Blut-und-Boden-Ideologie des Nationalsozialismus eine propagandistische Zuspitzung fanden. Land und Gemeinschaft standen dabei für die natürliche, traditionsverhaftete und seßhafte Existenz, während der Stadt und der Gesellschaft Künstlichkeit, Sittenverfall und Degeneration zugeschrieben wurden. Heimat fand der Mensch nur im Dorf, während die Stadtbewohner mit heimatlosen Nomaden gleichgesetzt wurden.

In der Hochperiode der Verstädterung wurden zahlreiche Theorien zum demographischen *Untergang des Abendlandes* (Spengler 1950) entwickelt (vgl. Bergmann 1970), der mit der Verstädterung verbunden sei, weil das Geburtenverhalten der Großstadtbevölkerung deren Reproduktion nicht mehr gewährleistete. Zumindest aber wurde eine Zunahme von Debilität erwartet, verursacht durch Alkoholismus und andere Ausschweifungen. Die konservative Großstadtkritik sah eine Rettung nur in der Auflösung der Großstädte und in der Rückkehr zum naturverbundenen Landleben.

Tönnies hielt die Urbanisierung für eine grundlegende Tendenz der modernen Zeit. Er bedauerte diese Entwicklung, da er glaubte, daß der Verlust von Gemeinschaft soziale Desintegration bedeute und die Menschen voneinander isoliere: Das Zusammenleben wird nicht mehr durch Sitten und gemeinsame Normen geregelt, sondern durch abstraktes Recht. In diesem Prozeß verändern sich auch die Charaktere der Menschen. »Sie verlieren den Halt, den sie an der Sitte und an der Überzeugung von ihrer Gültigkeit gehabt haben« (Tönnies 1987, 229). Äußerlich wird dies sichtbar an zunehmender Mobilität und wachsender Flüchtigkeit in den sozialen Beziehungen:

»Vereinzelte Personen oder Familien stehen einander gegenüber und haben ihren gemeinsamen Ort nur als zufällige und gewählte Wohnstätte. [...] Je allgemeiner der gesellschaftliche Zustand in einer Nation [...] wird, desto mehr tendiert dieses gesamte Land [...] dahin, einer einzigen Großstadt ähnlich zu werden« (ebd., 230).

Damit hat Tönnies bereits die Möglichkeit einer Urbanisierung des Landes angedeutet und die Frage, welche Lebensformen vorherrschen, im Prinzip von ihrer lokalen Verankerung getrennt. Seine Dichotomie zwischen Gemeinschaft und Gesellschaft hat ihm sehr hellsichtige Aussagen zur Auflösung der traditionellen Vergesellschaftungsformen ermöglicht, aber da er diese Entwicklung sehr einseitig nur als Verlust beschrieb, wurde er zu einer Leitfigur der antimodernen Großstadtkritik. Mit seinem Bemühen, gemeinschaftliche Formen des Zusammenlebens zu bewahren bzw. (etwa als Genossenschaften) neu zu schaffen, hat er vielen sozialen Bewegungen um die Wende vom 19. zum 20. Jahrhundert – später auch postmodernen – eine theoretische Legitimation gegeben.

Im Gegensatz zu landläufigen Vorstellungen einer stärkeren Trennung von gottloser Stadt und gottgefälligem Land nahm die funktionale Verflechtung von Stadt und Land durch die Industrialisierung zu. Statt von einem Gegensatz zwischen Stadt und Land kann man eher von einer intensiveren Arbeitsteilung sprechen. Je mehr sich diese entfaltete, desto mehr näherten sich auch die Lebensweisen einander wieder an. In der sozialwissenschaftlichen Literatur spiegelt sich diese Entwicklung theoretisch im Übergang vom Konzept eines »Stadt-Land-Gegensatzes« zur Vorstellung von einem »Stadt-Land-Kontinuum« (vgl. Pahl 1968).

Detlev Ipsen (1991) hat in den Beziehungen zwischen Stadt und Land seit Beginn der Industrialisierung zwei Phasen unterschieden:

Erstens könne man für die Zeit von der Mitte des 19. Jahrhunderts bis zum Ersten Weltkrieg von einem »Strukturdualismus« sprechen:

»Der traditionelle Sektor und der moderne, industrielle Sektor existierten nebeneinander. Der traditionelle Sektor, die Landwirtschaft, das Handwerk und Teile des Handels, findet sich nicht nur im ›ländlichen Raum‹, aber er ist doch hier am festesten verankert. In dieser Phase ist der ländliche Raum zwar vornehmlich Ressource für den industriell-städtischen Raum: Ressource an Menschen, an Nahrungsmitteln, an natürlichen Rohstoffen bis hin zum Raum der ›Sommerfrische‹. Im Kern, in seinen konstitutiven Merkmalen, bleibt der ländliche Raum dabei jedoch sich selbst überlassen« (ebd., 119).

Die Stadtwanderer hielten enge Beziehungen zu ihrer ländlichen Verwandtschaft aufrecht, die sich in täglichem Pendeln oder saisonaler Wanderung bzw. in einer Rückkehr aufs Land nach einer längeren Periode der Industriearbeit zeigten. Die Familie blieb bis zum Beginn des 20. Jahrhunderts der zentrale Bezugspunkt der Existenz vieler Angehöriger des Industrieproletariats, und das lokale Zentrum der Familie blieb im Dorf (vgl. Häußermann 1984).

Nach dem Ersten Weltkrieg veränderte sich diese Beziehung in

Richtung einer »Kolonisierung« des Landes durch die Stadt (vgl. Lutz 1984). Im Zuge der fordistischen Durchdringung von Produktion und Alltag wurde ein einheitliches Organisationsprinzip der Gesellschaft dominant, das auf technischer Rationalisierung und extremer Arbeitsteilung beruhte. Ihm wurden nach und nach auch die ländlichen Regionen unterworfen. Das Land wurde ein »Raum für Prozesse der Marktintegration. Städtische Lebensweisen, städtische Institutionen, städtische Bauformen werden in den ländlichen Raum hineingetragen« (Ipsen 1991, 119f.). Das Land begann zu »verstädtern«.

Die empirischen Beschreibungen der Stadt-Land-Unterschiede folgen generell dem Muster schwindender Bedeutung und wachsender Anpassung. Übereinstimmung besteht darin, daß Stadt und Land keine dichotomen Begriffe (mehr) darstellen, sondern »daß viele der Merkmale, die zur Charakterisierung des Stadt-Land-*Gegensatzes* verwendet worden sind, eher im Sinn eines *Kontinuum*-Modells variieren. [...] Stadt und Dorf sind damit keine kategorialen Gegensätze, sondern *graduell* voneinander verschieden« (Hamm 1982, 17). In den fünfziger und sechziger Jahren verwischten durch die Industrialisierung der Landwirtschaft, die Ausbreitung der modernen Massenmedien (Radio und Fernsehen), die massenhafte Verbreitung des Automobils als Verkehrsmittel sowie durch das Telefon als Kommunikationsmittel zunehmend die früher so eindeutigen Grenzen. Suburbanisierungsprozesse, die Dekonzentration ökonomischer Standorte und der Wandel der ländlichen Gebiete selbst haben die Begriffe »Stadt« und »Land« unscharf werden lassen.

Die grundsätzlichen politischen und ökonomischen Systemunterschiede, die im Mittelalter den Gegensatz von Stadt und Land bestimmt hatten, sind aufgehoben. Marktwirtschaft und Demokratie definieren längst nicht mehr die Besonderheit der Stadt. Auch die beruflichen Tätigkeiten gleichen sich mehr und mehr einander an, selbst auf dem Land arbeitet nur noch eine kleine Minderheit im landwirtschaftlichen Sektor. Damit – und mit der Industrialisierung der Landwirtschaft selbst – schwindet die objektive Basis für eine Differenzierung der Lebensweisen. Ländliche Lebensweisen konnten nach der Marktintegration im Westen kaum noch und nach der Kollektivierung im Osten überhaupt nicht mehr als »bäuerlich« beschrieben werden. In der Bundesrepublik sind nur noch 2,4 Prozent aller Erwerbstätigen in Landwirtschaft, Fischerei und Forsten beschäftigt, und die Organisationsform der Lohnarbeit breitet sich auch auf dem Lande aus.

Besonders rasch und nachhaltig wurde dieser Prozeß in der DDR vom Zentralstaat durchgesetzt, indem das Bodeneigentum verstaatlicht und die bäuerlichen Betriebe zwangskollektiviert und in landwirtschaftlichen Produktionsgenossenschaften (LPGs) zusammengeschlossen wurden. Das Land wurde auch äußerlich der Stadt angeglichen: Derselbe Typus von Wohngebäuden, mit dem die Großsiedlungen in den Städten errichtet wurden, wurde auch in den Dörfern gebaut: »die Platte« (vgl. Hannemann 2000). Damit entstanden zum ersten Mal in diesen Dörfern mehrgeschossige Mietshäuser.

Die frühe Soziologie hatte eine sehr ambivalente Haltung gegenüber der Urbanisierung. Auch Simmel hat wie Tönnies die Verluste von gemeinschaftlichen Sozialformen in der Großstadt beschrieben. Aber er hebt doch auch nachdrücklich die Gewinne an Freiheit hervor, die mit dem Verschwinden der dichten Kontrollen dörflicher Gemeinschaften in der Großstadt verbunden sind. Demgegenüber konnten die Soziologen der Chicagoer Schule in ihren empirischen Studien aber auch die Neubildung von Gemeinschaften in der Großstadt nachweisen. Sie entstehen dort, wo Menschen mit ähnlicher Herkunft, ähnlichen Einstellungen, Werten und Sitten in räumlicher Nachbarschaft leben. Solche räumlich abgegrenzten sozialen Gebilde bilden gleichsam »Dörfer in der Stadt«. Die ganze Stadt setzt sich nach den Vorstellungen der Chicagoer Schule aus solchen Gemeinschaften zusammen, d. h., sie ist ein »Mosaik sozialer Welten«, die sich berühren, aber nicht vermischen (vgl. auch Kapitel 17).

In der Folge ist die These, wonach auch in großen, modernen Städten traditionelle gemeinschaftliche Bindungen existieren, durch zahlreiche empirische Studien untermauert worden. Viele städtische Nachbarschaften ähneln nach Beobachtungen von Gemeindesoziologen den kleinen Städten – sowohl hinsichtlich der Sozialstruktur als auch der Interaktionsmuster. Herbert Gans' Studie *The Urban Villagers* (1962) ist paradigmatisch für diese Forschungen. Das Westend, ein innerstädtisches Mietshausgebiet von Boston, galt den Stadtplanern als sozial desintegrierter und verfallender Slum und sollte im Zuge einer Sanierung abgerissen werden. Gans entdeckte – ganz im Gegenteil zur Vorstellung der Desintegration – eine gut integrierte »Gemeinschaft« mit engen, dauerhaften Beziehungen und Netzwerken gegenseitiger Unterstützung. Die persönlichen Beziehungen der Bewohner untereinander machten für Gans das Westend zu einem »städtischen Dorf«.

Besonders ausgeprägt sind solche Strukturen in den Vierteln, in denen Zuwanderer aus fremden Kulturen zusammenleben – nicht nur, weil diese häufig aus ländlichen Regionen kommen und einen dementsprechend traditionellen Lebensstil mitbringen, sondern auch, weil sie für die Orientierung und die Integration in der fremden Umwelt zunächst noch besonders stark auf die Solidarität ihrer Familien und ihrer ethnisch-kulturellen Netzwerke angewiesen sind. Besonders verbreitet ist die Gleichzeitigkeit von traditionellen Sozialbeziehungen und räumlicher Verstädterung in den Großstädten der Dritten Welt, weil dort viele Menschen zwar in die Städte abwandern, aber nicht in eine urbanisierte Gesellschaft integriert werden. Die Zugänge zum Arbeitsmarkt und damit in der Regel auch zu höherwertigen Gütern und Dienstleistungen bleiben ihnen versperrt, und damit wird jene Individualisierung unmöglich, die Simmel als typisch für die Großstadtbewohner angesehen hatte: Es kommt zu einer Verstädterung ohne Urbanisierung.

Wenn sich die ökonomischen Indikatoren angleichen, wenn also Stadt und Land nicht mehr anhand der Wirtschaftsstruktur eindeutig unterschieden werden können, wenn Informationen und Konsumgüter durch die Verbesserung der Transportmöglichkeiten und die Ausbreitung von Medien der Massenkommunikation ubiquitär verfügbar geworden und wenn »ländliche« gemeinschaftliche Sozialformen auch in der Stadt anzutreffen sind, dann stellt sich die Frage, inwieweit es überhaupt noch relevante Unterschiede zwischen Stadt und Land gibt. Nach aller Erfahrung macht es immer noch einen Unterschied, ob man »auf dem Land« oder in der Großstadt wohnt – aber welchen?

Nimmt man die soziologische Diagnose von Georg Simmel zur Großstadt als Ausgangspunkt, wonach sich die »Verkehrskreise« der Großstadtbewohner stärker differenzieren und sich weniger überschneiden als in kleinen Orten, hat man ein methodisches Instrumentarium zur Hand, um städtische und ländliche Lebensformen voneinander zu unterscheiden. Methodisch geeignet ist dafür die Netzwerkanalyse, mit der die Struktur und Reichweite solcher »Verkehrskreise« untersucht werden kann. In Netzwerkuntersuchungen wird danach gefragt, mit wem der Interviewpartner wie häufig und wie intensiv Kontakt hat. Unterschieden werden »geschlossene« bzw. »primäre« Netzwerke, in denen sich alle Kontaktpartner auch untereinander kennen, und »offene« bzw. »sekundäre Netzwerke«, bei denen die Kontaktpersonen unterschiedlichen sozialen Kreisen angehören. Primäre Netzwerke mit häufigen Kontakten sind in der Regel sozial homogener als offene Netzwerke, in denen Kontakte seltener sind und auch mit sozial weiter entfernten Personen stattfinden.

Planck und Ziche haben die ländlichen Netzwerke hypothetisch als »geschlossene« beschrieben:

»Auf dem Lande sind die sozialen Netzwerke im allgemeinen eng geknüpft und fest geknotet. [...] Je vollständiger alle Kontaktpersonen eines Aktors untereinander Beziehungen aufrechterhalten, desto mehr steht er unter Kontrolle. Ein enges soziales Netzwerk schränkt daher die Handlungsfreiheit einer Person ein, während ein weites soziales Netzwerk ihr mehr Spielraum läßt. Die Netzwerkdichte, d. h. das Verhältnis tatsächlicher Kontakte zu den möglichen Kontakten, erreicht innerhalb eines Haushalts einen maximalen Wert, ist aber auch innerhalb dörflicher Nachbarschaften außerordentlich hoch. [...] Die meisten Beziehungen innerhalb ländlicher sozialer Netzwerke sind lokal, dauerhaft und ständig aktiviert. [...] Die Beziehungen [...] sind relativ intensiv. Mit Intensität ist der Grad gemeint, zu dem Personen bereit sind, Verpflichtungen zu erfüllen und Rechte wahrzunehmen, die in ihrer Beziehung zu anderen Personen inbegriffen sind. Ein weiteres Kennzeichen ländlicher sozialer Netzwerke ist die Häufigkeit der Kontakte zwischen den beteiligten Aktoren« (Planck/Ziche 1979, 114).

Illien und Jeggle haben in einer Dorfstudie herausgefunden, daß sich zwar die ökonomischen Strukturen und die Bedeutung der Landwirtschaft für das Dorfleben radikal verändert hatten, daß aber die sozialen Unterschiede zwischen städtischem und ländlichem Leben damit keineswegs verschwunden waren: Das

»Sozialgefüge, das ›Dorf‹, [hat sich] nachdem sein alter Hauptprägefaktor, die bäuerliche Wirtschaftsweise nämlich, in eine Nebenrolle gedrängt wurde, von seiner eigenen Basis gelöst; es existiert heute scheinbar selbständig und sich selbst tragend. Doch zeigt sich gerade in dieser Selbständigkeit das Weiterwirken alter, heute nicht mehr sinnvoll erscheinender Zwänge« (Illien/Jeggle 1978, 184f.).

Ein Überbau von Normen, Regeln und Mentalitäten existiert demnach weiter, obwohl seine materielle Basis verschwunden ist – ein typischer Fall eines *cultural lag*.

Brüggemeier und Riehle sind bei ihrer Analyse eines Dorfes im Schwarzwald zu ganz ähnlichen Ergebnissen gelangt:

»Das Land zeigt beispielhaft, daß Verhalten und Bewußtsein von Menschen im Hinblick auf die Veränderung ihrer äußeren Lebensbedingungen eine andere ›historische Zerfallszeit‹ haben, als die Entwicklung der materiellen Lebensverhältnisse suggerieren mag« (Brüggemann/Riehle 1986, 10).

Die noch feststellbaren Unterschiede werden aus der Beharrlichkeit einmal entstandener sozialer Beziehungsmuster erklärt, die auch dann noch fortdauern, wenn ihre objektiven Grundlagen, etwa die Notwendigkeit gegenseitiger Hilfe angesichts einer noch nicht beherrschten Natur, verschwunden sind. Diese Ergebnisse haben für kleine Gemeinden im Umland der großen Städte keine Gültigkeit, weil deren Einwohnerschaft sich überwiegend aus Städtern zusammensetzt, die aus den verschiedensten Gründen – meist in der Familienphase – aus der Stadt gezogen sind.

Ein weiterer landläufiger Topos hinsichtlich der Unterschiede zwischen Stadt und Land betrifft die Familie. Danach geht in der Stadt der Anteil der »normalen« Familienhaushalte mit Eltern und Kindern zurück, Ehen werden häufiger geschieden und die Zahl derer, die ihr Leben lang kinderlos und/oder unverheiratet bleiben, wächst. Empirische Studien bestätigen diese Vorstellungen: In Hamburg und Berlin leben von den Männern und Frauen in der Altersgruppe zwischen 33 und 42 Jahren, also in dem Alter, in dem normalerweise die Familienbildung abgeschlossen wird, nur 35 Prozent in Familienhaushalten, in den ländlichen Regionen Bayerns, Thüringens und Mecklenburg-Vorpommerns dagegen 50-60 Prozent. Wohngemeinschaften und unverheiratet zusammenlebende Paare sind in dieser Altersgruppe in den Großstädten nach den kinderlosen Ehepaaren bereits der dritthäufigste Haushaltstypus mit 18-20 Prozent, in ländlichen Regionen dagegen mit 6-7 Prozent eher selten. Ebenfalls korreliert der Anteil der Geschiedenen positiv mit der Stadtgröße (Bertram 1998, 118f.). Auf dem Land sind also die Lebens- und Familienformen noch überwiegend traditionell.

Neben den beschriebenen Differenzen in den Lebensstilen ist danach zu fragen, inwieweit sich die Lebensbedingungen, die Voraussetzung für eine selbstbestimmte Lebensführung und für die Lebenschancen sind, angeglichen haben. Diese Frage spielt im Kontext der Regional- und Raumordnungspolitik wegen des Postulats der Herstellung gleichwertiger Lebensverhältnisse eine gewichtige Rolle. Zu den Determinanten der Lebenschancen gehören die Ausstattung mit kultureller und gesundheitsbezogener Infrastruktur ebenso wie Schulen und Universitäten. Das sind vorwiegend Einrichtungen der öffentlichen Infrastruktur, aber auch private Güter- und Dienstleistungsangebote, Arbeits- und Erwerbsmöglichkeiten etc. Angesichts enorm verbesserter Mobilitäts- und Kommunikationsmöglichkeiten spielt zwar die räumliche Nähe von Infrastruktureinrichtungen und anderen Angeboten heute eine geringere Rolle, aber ihre Dichte in den großen Städten bietet doch erhebliche Vorteile, weil sie Differenzierungen und Spezialisierungen ermöglicht. Insbesondere für Kinder und Jugendliche sowie für alte Menschen ist die Erreichbarkeit nach wie vor ein Faktor, der nicht nur die Wahlfreiheit, sondern auch die Wahrnehmung solcher Angebote beeinflußt.

Zwischen Stadt und Land zeigen sich erhebliche Unterschiede in der Bevölkerungsdichte, beim Wanderungssaldo, beim Ausländeranteil und bei der Sozialhilfedichte.[1] Auf dem Land bestätigt sich das Bild einer vergleichsweise homogenen Bevölkerung in aufgelockerter Siedlungsstruktur; in der Großstadt wohnen zwanzigmal mehr Menschen auf gleicher Fläche, die Sozialhilfedichte ist mehr als zweimal, der Ausländeranteil dreimal so hoch – und in den Schulen sogar viermal. Auch unter den Arbeitslosen ist der Ausländeranteil viermal so hoch wie auf dem Land.

Die höhere Sozialhilfedichte in den Großstädten hat drei Ursachen: Zum ersten spielen verwandtschaftliche Netze auf dem Lande eine größere Rolle als in den Städten; wer auf dem Land aufwächst und seinen familiären Umkreis nie verlassen hat, wird auch, wenn er in Not gerät, eher von der Familie aufgefangen als in der Großstadt. Zum zweiten ist die Hemmschwelle, sich aufs Rathaus zu begeben und Sozialhilfe zu beantragen, auf dem Land größer, weil damit die ganze Familie »stigmatisiert« würde. Zum dritten wandern dieje-

1 Diesen Aussagen liegen Daten der Laufenden Raumbeobachtung des Bundesamtes für Bauwesen und Raumforschung aus den Jahren 1999/2000 zum Vergleich zwischen den Großstädten und ländlichen Regionen in der Bundesrepublik Deutschland zugrunde. Mit diesen beiden Regionstypen werden die Großstädte den ländlichen Kreisen in verstädterten Regionen gegenübergestellt. Die peripher gelegenen, dünnbesiedelten Landkreise bleiben außer acht. 1998 lebten in den Großstädten ca. 24 Mio. Einwohner, das sind etwa 32 Prozent der Gesamtbevölkerung, in den ländlichen Kreisen insgesamt 19 Mio. (23 Prozent der Bevölkerung).

nigen, die in Not geraten sind und sich daher schämen, vom Land ab und suchen einen Ausweg oder einen Rückzugsort in der anonymen Großstadt. Dadurch wird individuelle Not gleichsam in die Stadt exportiert.

Die höhere Beschäftigtendichte in den Großstädten geht einher mit einem dreimal so hohen Anteil von Beschäftigten mit höherer Qualifikation. Fertigungsberufe, also die klassischen Arbeitertätigkeiten, sind dagegen auf dem Land deutlich häufiger. Damit ist auch zu erklären, daß im Durchschnitt in der Großstadt etwa 25 Prozent mehr verdient wird als auf dem Land.

Bei der Versorgung mit kultureller und gesundheitsbezogener Infrastruktur zeigen sich ebenfalls deutliche Unterschiede, wobei die höhere Versorgungsdichte in den Großstädten mit einer größeren Spezialisierung und Diversifizierung des Angebots verbunden ist. Die schlechtere Infrastruktur und die niedrige Einwohnerdichte in den Landkreisen zwingen zur häufigen PKW-Benutzung, denn die Verbindungen mit dem öffentlichen Nahverkehr weisen nur sehr geringe Frequenzen auf. In vielen kleinen Landgemeinden gibt es nicht einmal mehr Geschäfte zur Versorgung mit Gütern des täglichen Bedarfs, so daß auch das Einkaufen regelmäßig eine Fahrt mit dem PKW erfordert. Die PKW-Dichte ist daher auf dem Land deutlich höher, allerdings lebt man dadurch dort auch gefährlicher, die Zahl der Unfälle ist höher, auf dem Land sterben fünfmal mehr Menschen auf der Straße.

Faßt man diese Ergebnisse zusammen, so bleiben von dem früheren gesellschaftsstrukturellen Gegensatz vor allem Differenzen in den Lebensstilen und Disparitäten in der infrastrukturellen Versorgung. Das Wohnen in der Kleinfamilie, die Trennung von Arbeit und Freizeit, der Konsumentenhaushalt und die urbane Mentalität kennzeichnen das Leben weit über die Grenzen der Städte hinaus. Auch das Land ist zunehmend physisch verstädtert und kulturell urbanisiert. Verantwortlich dafür ist einerseits die allmähliche Angleichung der Lebensweisen an die der Städter, andererseits der Export von urbanen Lebensweisen durch Städter, die aufs Land ziehen (Suburbanisierung). Auf der anderen Seite entspricht das Leben in der Stadt nicht durchgängig dem urbanen Verhaltenstypus, wie ihn Simmel idealtypisch beschrieben hat. Auch die Großstadt beherbergt sehr unterschiedliche Sozialformen, und auch hier gibt es die »Dörfer in der Stadt«. »Stadt« und »Land« zeigen zwar noch unterschiedliche, aber keineswegs grundsätzlich andere Lebensweisen: Der Unterschied erscheint als ein Mehr oder Weniger des gleichen.

Besonders deutlich und gesellschaftspolitisch gewollt war diese Annäherung in der DDR. Während dort das städtische Leben durch die Beseitigung des privaten Handels und die strikte Regulierung der Öffentlichkeit gleichsam *ent*-urbanisiert wurde, erlebten ländliche Regionen eine völlige Urbanisierung der Lebensstile. Für die marxistisch-leninistische Orthodoxie war die Beseitigung des Stadt-Land-Gegensatzes – wie bereits erwähnt – eine der wesentlichen Aufgaben des Staatssozialismus. Die Kollektivierung der Landwirtschaft hatte die Beseitigung der Subsistenzwirtschaft und die Industrialisierung der Pflanzen- und Tierproduktion zur Folge. Die bäuerlichen Strukturen waren beseitigt, es gab nur noch Angestellte der landwirtschaftlichen Produktionsgenossenschaften. Diese dominierten das ökonomische und kulturelle Leben – ähnlich wie die volkseigenen Betriebe in der Stadt. Vor allem in den ländlichen Regionen der neuen Bundesländer treffen jedoch aktuell die Folgen des ökonomischen Strukturwandels und die Transformationsfolgen mit einem demographisch bedingten Rückgang der Bevölkerung und selektiven Abwanderungen der Jüngeren und Qualifizierten zusammen. Da auch der Anteil der Frauen (und damit der der künftigen Mütter) unter den Abwandernden höher ist, wird dort in Zukunft die Geburtenrate noch schneller zurückgehen, als es der allgemeine Rückgang der Bevölkerung erwarten läßt. Wir werden auf diese Problematik in Kapitel 14.2 ausführlich zurückkommen.

Georg Simmel und im Anschluß an ihn die amerikanische Stadtsoziologie haben das Städtische definiert durch die Merkmale Größe, Dichte und Heterogenität. Der augenfälligste Unterschied – bei aller Annäherung – zu ländlichen Umwelten betrifft nach wie vor die Bevölkerungsdichte, die in der Großstadt im Durchschnitt zwanzigmal so hoch ist wie in ländlichen Gebieten. Und die Bevölkerung ist heterogener hinsichtlich der Berufe, der Bildungswege und der ethnischen Zugehörigkeit. Zuwanderer wohnen vornehmlich in den großen Städten, auch die Ökonomie der Städte ist ungleich differenzierter.

An diesem Unterschied hat sich grundsätzlich auch durch die Tatsache nichts geändert, daß die Bevölkerungsdichte in den Großstädten seit der Wende vom 19. zum 20. Jahrhundert kontinuierlich abgenommen hat, in den Innenstadtbezirken von Berlin z. B. um über

50 Prozent seit der Zeit vor dem Zweiten Weltkrieg (vgl. Häußermann/Kapphan 2002, 124f.). Berlin hatte und hat unter den Städten in Deutschland die größte Einwohnerdichte, die im Vergleich zu Paris, New York oder Tokio allerdings noch nicht einmal die Hälfte der dortigen Werte erreicht.

Die hohe Dichte war für Simmel der Stoff, aus dem er die spezifische Produktivität der Großstadt herleitete. Sein Argument lautete: Wenn viele Menschen auf engem Raum mit ihren Angeboten konkurrieren, dann müssen sie sich zwangsläufig stärker spezialisieren, um sich voneinander zu unterscheiden. Dichte fördert also Arbeitsteilung und Heterogenisierung. Und dies gilt seiner Ansicht nach für das kulturelle Leben wie für die Ökonomie: Die Heterogenität der Lebensstile und der kulturellen Äußerungen wird verstärkt durch räumliche Dichte – in der Großstadt wird die Abweichung belohnt, auf dem Land wird sie eher sanktioniert. Die Großstadt ist also der Ort einer speziellen ökonomischen und kulturellen Produktivität – wir werden darauf in Kapitel 12 zurückkommen.

4. Steuerungsversuche – die Entstehung der Stadtplanung

Während des Absolutismus konnte Stadtentwicklung gleichsam befohlen werden. Hegemann (1976) gibt davon in seiner Schilderung der Planung Berlins ein eindrucksvolles Bild. Das änderte sich zu Beginn des 19. Jahrhunderts radikal. Die feudale Bodenordnung wurde in den meisten deutschen Staaten aufgelöst. Der Boden wurde 1807 in Preußen und 1808 in Bayern formell zur Ware auf einem Markt (vgl. Fisch 1988, 100f.). Er war nun ohne jede ständische Beschränkung jederzeit veräußerbar. Die individuellen Rechte erlangten Dominanz gegenüber staatlichen Regulierungen. Nach dem liberalen Credo sollte sich aus der Summe der Einzelinteressen das Beste für die Stadt insgesamt ergeben. Die Städte waren fachlich und personell auf die neue Aufgabe der Regulierung oder gar einer vorausschauenden Planung der sehr dynamischen räumlichen und baulichen Entwicklung nicht vorbereitet.

Mit dem raschen Bevölkerungswachstum und der Landflucht wuchs die Nachfrage nach Wohnungen in den Städten innerhalb kurzer Zeit sehr stark. Die Masse der Menschen – und die expandierenden Industriebetriebe – waren nicht in den kleinen vorindustriellen Städten unterzubringen. Die Erweiterung der Stadt war die erste planerische Aufgabe in der Hochzeit der Verstädterung. Da die privaten Investoren aber nur an der Entwicklung vermietbarer Flächen interessiert waren, also an den Gebäuden, vernachlässigten sie die Erschließung. Diese Aufgabe fiel zwangsläufig der Stadt zu. Sie plante die Erschließungsstraßen für neue Baugebiete, auf deren Grundstükken dann die private Entscheidungsbefugnis der Eigentümer für die Bebauung ausschlaggebend war.

4.1 Das Beispiel Berlin

Am Berliner Beispiel kann die Entwicklung des Instrumentariums nachvollzogen werden, mit dem die ungeplante und unkontrollierte Stadterweiterung allmählich öffentlicher Kontrolle unterworfen werden sollte. Zu Beginn der Industrialisierung war für die Bauordnungen in Berlin – wie überall – der Polizeipräsident zuständig (vgl. Kieß 1991). Die private Bautätigkeit wurde nur unter dem Gesichtspunkt der Feuersicherheit überwacht. In der ersten Bauordnung von 1853 wurde bestimmt, daß das Polizeipräsidium die Fluchtlinien für neu zu bebauende Straßen und Plätze festlegt und daß Hintergebäude nur dann errichtet werden dürften, wenn eine etwa 2,5 Meter breite Zufahrt für die Löschfahrzeuge freigehalten werde. Eine einheitliche Höhe der Gebäude von 11,30 Metern wurde für Straßen unter 15 Metern Breite festgelegt, an breiteren Straßen durfte höher gebaut werden. Für die Hinterhäuser wurden minimale Abstände gefordert, was eine so dichte Bebauung zuließ, daß es in den unteren Stockwerken der Hinterhäuser auch tagsüber kaum hell wurde und die Luft kaum noch zirkulieren konnte. Weitere Beschränkungen gab es nicht. Wichtigster Gesichtspunkt war, wie die Feuerwehr zu einem möglichen Brand gelangen konnte. Gefahrenabwehr stellte also den Dreh- und Angelpunkt dar, sozial- oder gesellschaftspolitische Motive spielten keinerlei Rolle.

Im Hobrecht-Plan von 1863 wurde durch die Festlegung von Fluchtlinien der städtebauliche Rahmen für die grundstücksbezogene Bauordnung gesetzt, indem (nach Pariser Vorbild) Straßen mit einer Mindestbreite von 22 Metern geplant wurden. Der Abstand zwischen den Straßen wurde groß gehalten, so daß Baugrundstücke mit großer Tiefe entstanden, die von allen vier Seiten Platz für eine Hinterhofbebauung boten. Das Bauen ohne Straßenzugang ließ eine höhere Grundstücksausnutzung zu, und da Straßenland ohne Entschädigung an die Stadt abgegeben werden mußte, war ein möglichst weitmaschiges Straßenraster für alle Beteiligten von Vorteil: Die Eigentümer mußten weniger Flächen für aus ihrer Sicht unprofitable Straßen abgeben und die Stadt hatte weniger Straßen zu bauen.

Insgesamt wurden Bauordnung und Fluchtlinienplan als Einladung zur intensivsten Flächenausnutzung gesehen, die es je in deutschen Städten gegeben hatte (vgl. die entsprechende Kritik von Hegemann 1976). Diese Einladung wurde von einem neuen Investorentypus angenommen, der Wohnungs- und Städtebau als kapitalistische Verwertung betrieb, die »Terraingesellschaften«. Bis zur Mitte des 19. Jahrhunderts waren üblicherweise die Bodeneigentümer selbst die Bauherren gewesen, und sie bauten Häuser, in denen sie auch selbst wohnen wollten. Die Hausbesitzer waren die Bürger der Stadt, sie identifizierten sich mit ihrer politischen, sozialen und baulichen Entwicklung und dienten ihr in der kommunalen Selbstverwaltung. Das ist die soziale und politische Idee der europäischen Stadt. Die neuen Investoren, die von der Wachstumsdynamik angezogen waren und typischerweise in der Form anonymer Kapitalgesellschaften (Aktiengesellschaften) auftraten, waren reine Geschäftsleute, denen es auf einen raschen Umschlag ihres eingesetzten Kapitals und auf eine möglichst hohe Rendite ankam. Die bürgerschaftlich getragene und kontrollierte Stadtentwicklung wurde abgelöst vom kapitalistischen Städtebau – Städtebau wurde zum reinen Geschäft (vgl. Fehl 1983). Das Problem dabei war nicht in erster Linie, daß dieser Städtebau nach kapitalistischen Imperativen betrieben wurde, sondern die Tatsache, daß es der öffentlichen Planung nicht gelang, ihn zu zügeln. So entstanden Wohnungen, in denen das Elend ein ständiger Gast war.

4.2 Hygiene als Argument

Die neuen, hochverdichteten Wohnquartiere wurden zu Brutstätten von Seuchen. Die Zahl der Bewohner nahm erheblich schneller zu als die der Wohngelegenheiten. Die Grundeigentümer, die ungestört von staatlichen Regulierungen frei über die Nutzung des Bodens verfügen konnten, reagierten auf die steigende Nachfrage entsprechend ihren Gewinninteressen. Da die Rendite der Mietshäuser mit der Grundstücksausnutzung steigt, bebauten sie ihre Flächen so intensiv wie nur irgend möglich mit möglichst kleinen Wohnungen (vgl. Kantzow 1983). Eine enorme Erhöhung der Bevölkerungsdichte war die Folge. Sie ergab sich aus ökonomischem Kalkül, aber die Bebauung hätte auch nicht beliebig in die freie Landschaft ausgedehnt werden können, da Massenverkehrsmittel für den täglichen Transport der Arbeiter nicht vorhanden waren. Die Wege zur und von der Arbeit mußten zu Fuß zurückgelegt werden – bei einem Zehn-Stunden-Tag kam es auf jeden Kilometer an.

Größe und Qualität der Wohnungen entsprachen der Kaufkraft der Haushalte. Noch die schlechteste Wohnung in der miesesten Mietskaserne fand ihre Mieter, die in den kleinen Wohnungen ihrerseits einzelne Betten an Familienfremde, sogenannte Schlafgänger, vermieteten, um den Mietzins tragen zu können (vgl. Häußermann/Siebel 1995, 59f.). In solchem »Durcheinanderwohnen« sahen bürgerliche Kreise ein sittliches Problem und damit einen Anlaß für Überlegungen zur Wohnungsreform. Den entscheidenden Anstoß zu Eingriffen in die Entwicklung der Städte aber gaben die hygienischen Verhältnisse in den überfüllten Wohnquartieren des Proletariats. Es gab weder eine kontrollierte Wasserversorgung noch Abwässerkanäle, sondern lediglich Gemeinschaftstoiletten, die Ansteckungen erleichterten. Die Exkremente wurden durch das Fenster auf die unbefestigten Straßen gekippt, die sich dadurch regelmäßig in Kloaken verwandelten. Abwässer, Kot und Urin versickerten und kehrten über Bäche und Brunnen ins Trinkwasser zurück.

Cholera- und Typhusepidemien haben daher im Laufe des 19. Jahrhunderts alle europäischen Großstädte in gewissen Abständen heimgesucht, und die Todesspuren haben auch vor den Wohnungstüren der besitzenden Schichten nicht haltgemacht. Die furchtbaren Wirkungen dieser Seuchen, die Johannes Willms (1988) in seinem Buch über Paris schildert, stellten die Überlebensfähigkeit der Großstädte insgesamt in Frage. In den Städten muß sich damals eine regelrechte Existenzangst ausgebreitet haben. In Bayern bedeutete beispielsweise die Redensart »nach München reisen« soviel wie sein Testament machen (Fisch 1988, 168). Die ungeplante und unregulierte bauliche Entwicklung in den Arbeiterwohngebieten wurde als eine Gefahr für Gesundheit und Leben auch der übrigen Stadtbewohner erkannt (vgl. Hardy 2005, 245f.). Es entstand die Hygienebewegung, die Stadtentwicklung und Wohnungsbau bis heute grundlegend geprägt hat (vgl. dazu auch Rodenstein 1996).

Mit der Entwicklung wissenschaftlicher Theorien über die Entstehung der Seuchen konnten Bauvorschriften begründet werden, die das Leben aller zu schützen versprachen. Die erste »wissenschaftliche«, seit der Antike überlieferte Behauptung war die, daß die Ansteckung durch Miasmen erfolge, die mit verpesteter Luft eingeatmet würden. Der unglaubliche Gestank, der bis dahin in den Städten als normal ertragen worden war, wurde zu einem zentralen Problem der Stadtpolitik. In den größten Städten wurde (vor dem Bau von Wasserleitungen!) mit dem Bau von Abwassersystemen begonnen. Die wichtigste städtebauliche Konsequenz aber war die Forderung nach der »offenen Bauweise«, also die Einführung von Mindestabständen zwischen den einzelnen Gebäuden und damit eine Einschränkung der Ausnutzung der Grundstücke. Das hätte unmittelbar einen geringeren Ertrag bei Mietshäusern bedeutet, weshalb diese Forderungen bis 1918 auch nicht umfassend durchgesetzt wurden.

Die Miasmentheorie bildete auch die Grundlage für Forderungen nach minimalem Luftraum in Wohn- und Schlafräumen sowie nach einem Verbot von Zimmern ohne Fenster. Die Praxis, aus Mietwohnungen durch Überfüllung mehr Profit zu schlagen, wurde also naturwissenschaftlich kritisiert. Mit der Entdeckung der Bakterien als Träger der Ansteckung (um 1880) wurde die Benutzung von verdorbenem Wasser als die wirkliche Gefahrenquelle erkannt. Dies hatte weitreichende Folgen. Im letzten Drittel des 19. Jahrhunderts wurde in allen großen Städten mit dem Ausbau eines Wasser- und Kanalisationsnetzes begonnen, dessen Kosten über Steuern und höhere Mieten auf die gesamte Bevölkerung abgewälzt wurden. Eine Senkung der Einwohnerdichte und die Versorgung mit Frischluft und Sonnenlicht waren dagegen nur durch Eingriffe in die Baufreiheit der privaten Eigentümer möglich. Kontrolliert wurden entsprechende gesundheitspolizeiliche Vorschriften von Inspekteuren, die allerdings nicht die Besitzer zur Rechenschaft ziehen, sondern lediglich die Wohnung für unbewohnbar erklären konnten – was aber auch auf den Widerstand der Bewohner treffen mußte, die keine Alternative hatten. Es war erst nach 1918 möglich, gesundheitspolizeiliche Vorschriften schon bei der Baugenehmigung allgemein durchzusetzen, als die entsprechenden Mehrkosten im Massenwohnungsbau durch staatliche Subventionen aufgefangen wurden.

Der Aufbau eines Leitungsnetzes für die Zufuhr von trinkbarem Wasser und eines Kanalisationsnetzes für das Wegspülen der Abwässer und Exkremente war die zivilisatorische Leistung in der Stadtentwicklung des 19. Jahrhunderts, die erst in der zweiten Hälfte des 20. Jahrhunderts auch auf Wohnorte in peripheren Gebieten ausgedehnt wurde. Es waren technische Lösungen, die die Baufreiheit der Eigentümer nur unwesentlich tangierten, allerdings das Wohnen verteuerten und daher die Überfüllung der Wohnungen zusätzlich beförderten. Diese Aufgabe bot für die Entwicklung stadtplanerischer und wohnungspolitischer Konzeptionen jedoch den großen Vorteil, Eingriffe in die private Verfügungsfreiheit über den Boden aus einem unmittelbar einsichtigen allgemeinen Interesse zu legitimieren. Die Hygienebewegung konnte sozusagen aus der Todesangst auch der Grundbesitzer politische Durchsetzungskraft ziehen. Ihre Forderungen lieferten zusammen mit den feuerpolizeilichen Vorschriften und den Erfordernissen einer geordneten verkehrstechnischen Erschließung der rasant expandierenden Baugebiete politisch neutrale Argumente, mit denen die Profession der Bauingenieure, Architekten und Stadtplaner, die sich im Zuge dieser Aufgaben allmählich etablierte, ihre Forderungen nach mehr Regulierungen und dem Ausbau eines stadtplanerischen Instrumentariums gleichsam als Sachnotwendigkeit begründen konnte.

Aber es gab auch soziale und politische Begründungen für Einschränkungen der Baufreiheit. James Hobrecht hatte die großen Baublöcke, die seine Planungen ermöglichten, auch mit gesellschaftspolitischen Zielen verbunden. Er sah darin ein Mittel gegen die soziale Segregation (Strohmeyer 2000, 62).

In der vorindustriellen Stadt hatte es keine strikte räumliche Segregation nach sozialen Schichten gegeben. Zwar existierten standesgemäße Rangordnungen und funktionale Gliederung, aber innerhalb der einzelnen Häuser wohnten Gesinde und Herrschaft zusammen. Dies änderte sich seit dem Beginn des 19. Jahrhunderts mit der Landflucht und der Industrialisierung, Betrieb und Wohnung wurden nun räumlich getrennt. Das Proletariat war von Seuchen und Krankheiten stärker betroffen als die besitzenden Schichten. In vielen Untersuchungen über Epidemien sowohl in London als auch in Paris war die »soziale Ungleichheit vor dem Tod« überzeugend belegt worden. Aus bürgerlicher Sicht gab es zwei Therapien, die Hobrechts idyllischer Sicht auf die sozial durchmischten Baublöcke allerdings diametral entgegenliefen: die durchgreifende Sanierung der Armenviertel, gleichbedeutend mit ihrer Beseitigung, die von der Pariser Stadtpolitik unter Haussmann ab 1850 exemplarisch vorgeführt worden war, und die gezielte Separierung der Bevölkerung in den Neubaugebieten. Beides lief auf die räumliche Distanzierung der bürgerlichen Schichten von den Bevölkerungsteilen hinaus, denen die Seuchen offensichtlich an den Stiefeln klebten. In Bremen wurde sogar eine Bauordnung erlassen, die die Freiheit des Grundbesitzes mit dem Ziel einschränkte, proletarische Zuwanderer aus der Stadt fernzuhalten. Dazu verbot die Bauordnung eine allzu intensive Bebauung und verhinderte so den Bau von Wohnungen, die sich auch einkommensschwache Familien hätten leisten können.

4.3 Der Kompromiß mit den Grundeigentümern

Daß mit diesem Bedürfnis der Bürger nach Separierung planungsrechtliche Eingriffe in die private Verfügung über die Bodennutzung durchgesetzt werden konnten, zeigt auch Stefan Fisch am Beispiel einer Kontroverse vom Ende der siebziger Jahre des 19. Jahrhunderts zwischen Stadtplanern und Grundbesitzern über die Bebauung der Theresienwiese: Dadurch, daß über eine quartierspezifische Baubeschränkung (»offene Bauweise«) das »natürliche« Recht der Grundeigentümer auf maximale Ausnutzung und auf die Errichtung von Mietwohnungen beschnitten wurde, erlangten diese die Gewißheit, daß ein Villenviertel von sozialer Exklusivität entstehen würde, was den ökonomischen Wert des Grundstücks erhöhte und die Verluste kompensierte. Die Planer konnten sich die Durchsetzung eines »gesunden« Bauprinzips und zugleich »künstlerische« Gestaltung zugute halten, die Grundbesitzer hatten verzichtet und dennoch sozial, ästhetisch und dadurch letztlich auch ökonomisch gewonnen.

Schließlich gab es auch Appelle an das christliche Gewissen des Bürgertums, etwas gegen das schreiende Elend in den Wohnquartieren des Proletariats zu unternehmen. Sie verbanden sich mit Sozialreformern, die wie Gustav Schmoller (1890) in der Hebung des Wohnungsstandards der Arbeiter »eine Versicherung« gegen die drohende Gefahr eines kommunistischen Umsturzes sahen. So entwickelten die Stadtverwaltungen in den meisten Städten Ansätze für eine kommunale Wohnungspolitik »a) durch eine Normierung und Kontrolle des Wohnungswesens, b) durch Beeinflussung des Wohnungsmarktes, c) durch direkte Teilnahme am Wohnungsmarktgeschehen« (Krabbe 1989, 92). Ebenso wie bei der Flächennutzung und bei der Bebauungsdichte wurden die Kommunen also in einem Problembereich aktiv, der nach liberaler Überzeugung von staatlichem Einfluß eigentlich hätte freigehalten werden können und müssen. Wohnungsinspektionen und -statistik wurden eingeführt, um die Wohnungsnot zu dokumentieren. Bereits vor dem Ersten Weltkrieg gab es in einigen Städten wie Köln und Frankfurt am Main Ansätze für einen öffentlich geförderten Wohnungsbau. Die Förderung bestand in der preiswerten Vergabe von kommunalem Boden oder in der Übernahme von Bürgschaften. Insgesamt aber blieben diese Ansätze Ausnahmen bzw. Experimente, da sie auf den heftigen Widerstand des liberalen Besitzbürgertums stießen. Dieses lehnte nicht nur den »unlauteren Wettbewerb« seitens öffentlicher Institutionen ab, sondern wandte sich auch gegen einen Wohnungsbau für »Minderbemittelte«, da dieser Leute anziehen würde, die man in der Stadt gar nicht haben wollte.

Fisch hat den Prozeß der Herausbildung von Stadtplanung am Beispiel von München glänzend als das Kunststück analysiert, öffentliche Planungen auf privatem Grund zu realisieren. Die Situation war bis 1918 in allen deutschen Städten gleich. Josef Stübben, ein Stadtplaner im Rheinland des 19. Jahrhunderts, hat es zugespitzt so formuliert: »Die Wohnungsfrage ist [...] eine Bauordnungsfrage« (zitiert nach Teuteberg/Wischermann 1985, 165) – und, so müßte man hinzufügen, die Bauordnungsfrage war eine Machtfrage. Bauordnungen, die eine geringere Grundstücksnutzung vorschreiben und bessere Wohnbedingungen erzwingen wollten, mußten gegen die kurzfristigen Interessen der Grundbesitzer durchgesetzt werden, die in der maximalen Rendite der Bodenverwertung lagen. Aber die Gemeindeparlamente, von denen eine sozial orientierte Bauordnung erwartet wurde, waren »Hausbesitzerparlamente«, in denen zusätzlich zu den plutokratischen Bestimmungen des Dreiklassenwahlrechts mindestens die Hälfte der Mitglieder Grundeigentümer sein mußten. »Von den Gemeindeordnungen Bayerns, Württembergs und Badens abgesehen, schrieb das Kommunalverfassungsrecht aller anderen Bundesstaaten eine gewisse Quote an Hauseigentümern unter den Gemeindevertretern vor« (Krabbe 1989, 92). Das waren die politischen Rahmenbedingungen für die liberale Ordnung von Wohnungs- und Städtebau, die sich als die diffizile Aufgabe einer »öffentlichen Planung auf privatem Terrain« darstellte (vgl. Fisch 1988).

Aus christlichen Vereinen, Organisationen der Arbeiterbewegung und sozialpolitisch engagierten Wissenschaftlern, die im Verein für Sozialpolitik, im Bund der Bodenreformer oder im Deutschen Verein für öffentliche Gesundheitspflege organisiert waren (vgl. Teuteberg/Wischermann 1985), hatte sich im letzten Drittel des 19. Jahrhunderts eine politische Bewegung zugunsten staatlicher Eingriffe gebildet. Auf Reichsebene dominierten aber die konservativen und reaktionären Kräfte, so daß dort keine Instrumente für die Regulierung der Stadtentwicklung oder der Wohnungsversorgung entstanden (vgl. Niethammer 1988).

Anders auf der lokalen Ebene. Hier hatte sich im Zusammenhang mit der Organisation der Stadterweiterungen und der Stadthygiene eine Schicht von ingenieurwissenschaftlichen Experten gebildet, die sich zum Sprecher eines allgemeinen Wohls der Stadt mit politisch unangreifbaren Argumenten machte. Dieses öffentliche Interesse sollte gegen die partikularen Interessen der privaten Grundbesitzer zur Geltung gebracht werden. Zwischen den Interessen des Privateigentums und der Stadt »insgesamt« mußte eine Balance gefunden werden, und die Träger dieses Ausgleichs waren die neutralen Fachleute der kommunalen Administration. Hier liegen die Wurzeln des bis heute dominierenden Selbstbildes des Planers als dem neutralen Sachwalter des allgemeinen Wohls der Stadt, der über den parteipolitischen Gegensätzen agiert – ein Selbstverständnis, das später vielen Planern ohne große Probleme auch die Fortsetzung der Karriere im Nationalsozialismus erlaubte.

Zunächst mit technischen (feuerpolizeilichen, verkehrstechnischen), dann mit gesundheitspolitischen, schließlich auch mit sozialen und ästhetischen Argumenten versuchten die Experten der kommunalen Verwaltungen, Eingriffe in die private Verfügungsfreiheit des Grundeigentums durchzusetzen. Sie errangen nach und nach erheblichen Einfluß auf die Stadtentwicklung – zusammen mit den Oberbürgermeistern, die sich aus dem Bürgertum rekrutierten, das auf nationaler Ebene keinen Zugang zu politischen Leitungspositionen gefunden hatte. Die spezifische Konstruktion der kommunalen Selbstverwaltung in Deutschland, die sich auf die Autonomie der freien Reichsstädte zurückführen ließ, motivierte politische Unternehmer, die zu mächtigen Oberbürgermeistern wurden, sich der Professionalität eines fachlich geschulten Beamtenapparats bedienten und so ein städtisches Regime entstehen ließen, in dem weder politische Parteien noch andere Partikularinteressen eine dominante Stellung erreichen konnten. Sie repräsentierten die Stadt gegenüber den Partikularinteressen des Bürgertums, was letztlich in dessen eigenem Interesse war, aber nur gegen die unmittelbaren Interessen der Bodenbesitzer realisierbar. Damit ist das Grundprinzip der »öffentlichen Planung auf privatem Terrain« gekennzeichnet: Es besteht in der Kunst, einen Kompromiß zu finden, von dem beide Seiten profitieren, die Allgemeinheit und die Privateigentümer. Diese Anwendung eines »sanften, systemkonformen Zwangs« (Fisch 1988, 111) ist bis heute exemplarisch für das Städtebaurecht geblieben, und Fisch spricht schon für das 19. Jahrhundert wohl zu Recht von der »revolutionär zu nennenden Begründung eines modernen Verfahrens zur Stadtplanung« (ebd., 176).

4.4 Die Stadt als Unternehmer – der Munizipalsozialismus

Neben den Versuchen, die Entwicklung der Stadt und die Gestaltung der Wohnverhältnisse durch planerische Verordnungen zu regulieren, die den Aktivitäten der privaten Investoren eine räumliche Struktur vorgeben und die Minimalanforderungen an die gesundheitliche und soziale Verträglichkeit des kapitalistischen Städtebaus durchsetzen sollten, wurden die Städte im letzten Drittel des 19. Jahrhunderts auch selbst in größerem Umfang als Unternehmer aktiv.

»Der Wandel zur Leistungsverwaltung, jener Prozeß der Modernisierung, der die moderne Stadt geschaffen hat, setzte in den 1870er, spätestens in den 1880er Jahren ein« (Krabbe 1990, 134). Damit wurde die Phase einer liberalen Stadtpolitik, während der den Städten allenfalls die Funktion zugestanden worden war, Hemmnisse des wirtschaftlichen Wachstums zu beseitigen, beendet und durch die Orientierung an der Daseinsvorsorge als kommunale Aufgabe abgelöst. Wie auf Staatsebene die liberale Ära durch den Interventionsstaat (Zollpolitik, Sozialpolitik, Exportförderung etc.) abgelöst wurde, entstand die Leistungsverwaltung auf kommunaler Ebene – mit einem aus England stammenden Begriff als Munizipalsozialismus belegt. Mit Sozialismus hat die sich nun stark ausweitende Wirtschaftstätigkeit allerdings nichts zu tun – allenfalls durch den Grundsatz, daß die Leistungen der Eigenbetriebe für alle zugänglich sein mußten. Die Städte wurden zu Unternehmern. Sie verbanden damit aber nicht nur oder nicht vorwiegend Profitinteressen, sondern entwickelten eine gemeinnützige Orientierung, in der reformistische Sozialdemokraten, Kathedersozialisten, Nationalliberale und Konservative übereinstimmten: Unsoziale Konsequenzen des privatwirtschaftlichen Systems sollten durch eine öffentliche Wirtschaft auf kommunaler Ebene ausgeglichen werden (Krabbe 1990, 134). Liberale allerdings betrachteten (und betrachten) dies bereits als »sozialistisch«.

Die Städte hatten bis zum Ende des 18. Jahrhunderts als genossenschaftliche Verbände umfassende Vollmachten für die Wirtschafts- und Sozialordnung auf ihrem Gebiet, die sehr genaue Regulierungen der Wirtschaftstätigkeit und eigene wirtschaftliche Aktivitäten umfaßten. Erst im 19. Jahrhundert traten öffentlich-hoheitliche und privatrechtlich verfaßte Tätigkeiten auseinander. Eine klare und systematische Trennung hat sich jedoch nie durchsetzen können.

In der Hochzeit des Liberalismus hatte auch auf kommunaler Ebene die Privatinitiative Vorrang vor öffentlichem Engagement – und die Verbände der Privatwirtschaft sorgten zusammen mit den unternehmerfreundlichen Parteien für die Durchsetzung dieses Prinzips. Am Beispiel der Versorgungsbetriebe läßt sich die Geschichte nachzeichnen, in deren Verlauf es schließlich doch zum Aufbau einer umfangreichen Kommunalwirtschaft kam (vgl. Frotscher/Lange 1983; Krabbe 1985).

Die Städte hatten eine Tradition mit eigenen »Anstalten« im sozialpolitischen Bereich, öffentliche Erwerbsbetriebe gab es jedoch in der ersten Hälfte des 19. Jahrhunderts noch nicht. Das änderte sich, als die Wasserver- und -entsorgung zu einer öffentlichen Aufgabe wurde. Dazu gehörte auch die Straßenbeleuchtung, die nach der Entwicklung von Leuchtgas in England mit Gas betrieben werden konnte. Auf diesem Sektor wurden die Städte zunächst nicht selbst aktiv, da das unternehmerische Risiko unkalkulierbar schien und das technische Know-how in der Verwaltung noch nicht vorhanden war. Die Produktion von Gas für die Beleuchtung wurde englischen Firmen überlassen, die mit den Städten Verträge abschlossen, in denen das Netzmonopol festgeschrieben und den Städten als Gegenleistung meist freie Gaslieferung für die Straßenbeleuchtung zugestanden wurde, zu der sie ja verpflichtet waren. Die ersten Straßenbeleuchtungen mit Gas wurden 1825 in Berlin, Dresden, Leipzig und Hannover aufgebaut (vgl. Reulecke 1985, 56), in immer mehr Städten wurden danach Gasfabriken gegründet, die meisten mit lokalem Wirkungskreis. 1850 gab es in 35 Gemeinden eine Gasanstalt, 1910 bereits in 1200, also etwa der Hälfte aller Gemeinden (Krabbe 1990, 121).

Die wachsende Zahl von Konflikten zwischen den Städten und den privaten Unternehmern, die sich vor allem um die Preisgestaltung, das Investitionsverhalten und um die Modalitäten des Übergangs nach Ablauf eines Konzessionsvertrags drehten, führte dann zu einer Welle von Übernahmen der Gasfabriken in die öffentliche Hand – auch weil die Städte sahen, welche Möglichkeiten der Quersubvention für andere öffentliche Dienstleistungen sich aus den Gewinnen durch den Verkauf von Gas ergaben.

»Die ausschließlich auf Profite ausgerichtete Preispolitik der Gaswerke und die oft rücksichtslose Ausnutzung der ihnen von den Städten eingeräumten

Monopolstellung führten jedoch sehr schnell zu erheblichen Auseinandersetzungen, wobei die Stadtverwaltungen als Hauptkunden zunehmend Gegenmaßnahmen ins Auge faßten« (Reulecke 1985, 56f.).

Bereits Mitte der achtziger Jahre des 19. Jahrhunderts war die Mehrheit der lokalen Gasanstalten in den Status von Eigenbetrieben der Kommunen überführt worden. Sie hielten zunächst an den von den Privaten eingeführten hohen Preisen fest, um andere Dienstleistungen subventionieren zu können, erst in den zwanziger Jahren wurden dann kostendeckende Preise eingeführt, unter anderem aus dem »aus älteren Gemeinwohlvorstellungen abgeleitete[n] Pflichtgefühl, den rasant wachsenden Menschenmassen [...] lebensnotwendige Leistungen und Güter zur Verfügung stellen zu müssen« (Reulecke 1985, 62).

Nach den Gasanstalten entstanden die kommunalen Elektrizitätswerke, deren Energie zunächst vor allem für gewerbliche Zwecke (Antriebsmotoren) und für die Straßenbahnen genutzt wurde. 1903 gab es in jeder Stadt mit mehr als 50 000 Einwohnern bereits ein eigenes E-Werk. Nach den Erfahrungen mit den Gasproduzenten wurden in den Konzessionsverträgen nun häufig Ertragsbeteiligungen mit privaten Betreibern vereinbart. Aber auch auf diesem Feld gab es wachsende Konflikte zwischen den Gewinninteressen der Unternehmen und den Interessen an einer flächendeckenden Versorgung zu akzeptablen Preisen, und so wurde auch die Stromerzeugung nach und nach kommunalisiert.

5. Stadtentwicklung zwischen 1918 und 1933

Nach dem Ende des Ersten Weltkrieges änderten sich die politischen Verhältnisse grundlegend. Die im Kaiserreich von der politischen Macht weitgehend ausgeschlossenen Organisationen der bürgerlichen und der besitzlosen Klassen prägten die neue Verfassung. Diese führte das allgemeine und freie Wahlrecht ein, nun durften auch Frauen wählen und jede Stimme hatte gleiches Gewicht. Die Kommunalverwaltungen wurden demokratisiert, in die Stadtparlamente zogen sozialistische und kommunistische Abgeordnete ein.

Bis 1918 hatten Stadt- und Wohnungspolitik auf der nationalen Ebene keine Rolle gespielt, in der Reichsverfassung von 1871 kamen diese Themen gar nicht vor. Sie waren Sache des Marktes und der von den Grundeigentümern auch politisch beherrschten Städte. Das Ende des Ersten Weltkrieges bedeutete auch hier einen radikalen Bruch. Die vorher in reformerischen Zirkeln des Bürgertums und in der Arbeiterbewegung nur diskutierte »Lösung der Wohnungsfrage« wurde jetzt zur vordringlichen Aufgabe der Sozialpolitik auf allen Ebenen des Staates erklärt. Eine systematisch angelegte Wohnungspolitik entstand in Deutschland erst seit 1918.

Die Weimarer Republik war der erste Sozialstaat auf deutschem Boden. Nach Artikel 151 der Reichsverfassung mußte »die Ordnung des Wirtschaftslebens [...] den Grundsätzen der Gerechtigkeit mit dem Ziel der Gewährleistung eines menschenwürdigen Daseins für alle entsprechen«. Artikel 153 schuf den Grundsatz der Sozialbindung des Eigentums und Artikel 155 bestimmte:

> »Die Verteilung und Nutzung des Bodens wird von Staats wegen in einer Weise überwacht, die Mißbrauch verhütet und dem Ziele zustrebt, jedem Deutschen eine gesunde Wohnung und allen deutschen Familien [...] eine ihren Bedürfnissen entsprechende Wohn- und Wirtschaftsheimstätte zu sichern« (Weimarer Verfassung 1919, 106f.).

In der Weimarer Verfassung wurde also ein Recht auf Wohnung für alle postuliert, was die Basis für weitreichende Staatsinterventionen bot, mit denen die Wohnungsversorgung breiter Schichten der Bevölkerung wie auch die Stadtentwicklung erheblich beeinflußt werden konnten. Der Anteil der Sozialausgaben am BSP wuchs von 17,7 Prozent (1913) auf 36,6 Prozent (1932) (Saldern 1996a, 19). In der kurzen Zeit der Weimarer Republik wurden viele Reformideen, die jahrzehntelang diskutiert worden waren, in die Tat umgesetzt. Das zeigte sich besonders augenfällig in den umfangreichen planerischen, regulativen und finanziellen Interventionen in den Wohnungsmarkt.

Städtebau- und Wohnungsreform hatten, wie im vorherigen Kapitel gezeigt, einerseits die gesundheitsgefährdenden Eigenschaften der schlecht ausgestatteten Wohnungen in hochverdichteten Quartieren im Blick, andererseits die als unhaltbar angesehenen »sittlichen« Zustände, die sich vor allem aus der Überfüllung von Wohnungen, aus der hohen Mobilität und aus dem Fehlen von abgeschlossenen Wohnungen für Kleinfamilien zu ergeben schienen. Dies alles, zusammen mit der extremen Knappheit von Wohnungen, die relativ hohe Wohnkosten zur Folge hatte, machte »die Wohnungsfrage« aus.

5.1 Städtebauliche Konzepte

In Deutschland war insbesondere die Zeit nach dem Ersten Weltkrieg eine Zeit weitreichender Entwürfe zur Umgestaltung der Städte (vgl. Kähler 1996). Die Arbeiterparteien SPD, USPD und KPD konnten nun direkten Einfluß auf die bis dahin von den bürgerlichen Honoratioren und Immobilieneigentümern beherrschten Städte gewinnen. Zusammen mit der Kritik an den ungesunden Wohnverhältnissen und der teilweise chaotischen Verkehrssituation in den Großstädten war dies für eine Avantgarde von Architekten und Stadtplanern der Anlaß, weitreichende Gegenentwürfe zur bestehenden Stadt auszuarbeiten. Neben dem Leitbild der »Moderne« war die soziale Orientierung von Wohnungs- und Stadtpolitik die entscheidende Innovation dieser Zeit. Die »Masse«, von der Monarchie verachtet, wurde zu einem zentralen Bezugspunkt lokaler Politik: Kultur- und Bildungseinrichtungen ebenso wie Gesundheits- und Freizeitinfrastrukturen, die für alle Bewohner zugänglich sein sollten, wurden zu wichtigen Aufgabenbereichen der Stadtpolitik. Das Erlebnis des Ersten Weltkriegs und die Niederlage der aristokratisch-reaktionären Klasse hatte in vielen Zeitgenossen den tiefen Wunsch nach einem radikalen Neubeginn entstehen lassen – und dies wirkte auch in Architektur und Städtebau nach (vgl. Koschorke 1999). Walter Gropius z. B., der 1918 aus dem Kriegsgebiet in Frankreich zurückkam, glaubte sich bekehren zu müssen, um sich auf die neuen Verhältnisse einrichten zu können. In einem Brief von 1919 sprach er von der »inneren Reinigung durch den Krieg«, er habe sich dadurch »innerlich völlig umgewandelt und auf das Neue, was unheimlich stark heraufsteigt, umgestellt« (nach Koschorke 1999, 34). Solche Damaskuserlebnisse waren nicht selten, und Koschorke schließt daraus,

»die Pläne für ein radikal Neues Bauen, die Gropius, Taut und ihre Mitstreiter erst in der schwärmerisch-geistsozialistischen Diktion der unmittelbaren Nachkriegszeit, später mit dem kühlen Ethos des Funktionalen verkünden, [seien] ohne den langen Schatten der Kriegserfahrungen kaum zu denken. Die Architekturprogramme der Weimarer Republik schwelgen in Visionen des Klaren, Hellen, Kristallinen und in der Begeisterung für nicht organisches Material. Sie rufen zu einer Reform nicht nur der Bauweise, sondern auch der Wohnkultur und des Lebensstils auf. Letztlich betreiben sie, den Krieg im Rücken, ein anthropologisches Projekt« (ebd.).

Andere wollten, nach Ebenezer Howards Prinzipien, die Großstadt in ein Netz von Gartenstädten auflösen. Die kapitalistische Verstädterung mit ihrer beispiellosen baulichen Verdichtung im 19. Jahrhundert galt den Reformern als »widernatürlich«.[1] Deshalb war eines der Leitmotive der Städtebaureform die »Versöhnung von Stadt und Natur«. Nach Bollerey/Fehl/Hartmann (1990, 22f.) beinhaltete die Gartenstadtidee vier Verheißungen eines besseren Lebens:

– Die Befreiung von der Enge der alten Stadt, die Befreiung von Konventionen, Bevormundungen, von Bodenspekulation und Ausbeutung – eine soziale Befreiung.
– Die friedliche Lösung des Klassenkonflikts auf einem »dritten Weg« durch genossenschaftliche Organisation – eine politische Verheißung.
– Das Versprechen, die Wohnungsfrage durch Dezentralisierung und Einfamilienhausbau zu lösen – eine sozialpolitische Verheißung.
– Die organische Gliederung von Stadt und Land sollte ein gesun-

1 Extrem die Formulierungen von Le Corbusier, der allerdings kein Außenseiter war: »Die Städte [...] sind fruchtlose Gebilde: Sie verbrauchen den Körper, sie arbeiten dem Geist entgegen. Die Unordnung, die sich in ihnen vervielfältigt, wirkt verletzend: Ihre Entartung verwundet unsere Eigenliebe und kränkt unsere Würde. Sie sind des Zeitalters nicht würdig [...] [Die Stadt] ist eine Tat des Menschen wider die Natur [...] Die Stadt zerbröckelt, die Stadt kann nicht weiter bestehen, die Stadt ist eine Unmöglichkeit. Die Stadt ist zu alt.« (Le Corbusier 1925, 84f.; vgl. auch Lampugnani 1993)

des und naturnahes Leben ermöglichen – eine ökologische Verheißung.

Die Idee der Gartenstadt wurde gleichsam zur Mutter einer Vielzahl von städtebaulichen Konzepten, in denen sich sozialrevolutionäre Hoffnungen auf eine Stadt für die arbeitende Klasse mit Elementen der konservativen Stadtfeindschaft mischten (vgl. Zimmermann 1997 und 1999). Neben der Gartenstadtidee begeisterten sich die Architekten für die Prinzipien tayloristischer Rationalisierung, wie sie Henry Ford in seinen Automobilfabriken realisiert hatte (vgl. Kapitel 8), wobei sie allerdings übersahen, daß »die Stadt zwar ein Gegenstand kapitalistischer Investition und Ausbeutung ist, aber kein kapitalistischer Betrieb« (Böhme 1996, 86). Hinzu kamen Vorstellungen von scheinbar naturgegebenen Wohnbedürfnissen. In der Radikalität ihrer Entwürfe zeigen sich aber auch die Omnipotenzphantasien der Architekten als den berufenen Schöpfern einer neuen Welt (vgl. zu den präfaschistischen Dispositionen des bis heute von vielen Architekten verehrten Le Corbusier: Lampugnani 1993). Die Grundorientierung all dieser Planungen lief auf die Negation der Prinzipien der europäischen Stadt des 19. Jahrhunderts hinaus:

– Gegen die Mischung der Funktionen wurde die strikte Trennung in Areale für Wohnen, für Arbeiten, für Erholung und für Verkehr gesetzt; Trennung wurde zur Grundvoraussetzung für das Funktionieren der Stadt erklärt, öffentliche Räume, Orte des sozialen Zusammenlebens spielten keine Rolle mehr;
– gegen die Mischung der Verkehrsarten wurde die strikte Trennung von Autoverkehr und Fußgängern propagiert, wobei dem Auto ein »an allen Punkten störungsfreier und ununterbrochener Verkehrsfluß« (Giedion 1992, 489) gesichert werden sollte;
– gegen die städtische Korridorstraße wurde der von jeglicher Randbebauung befreite »Parkway« entworfen, der ohne Kreuzungen und ohne direkten Zugang für die Anlieger allein nach den Gesetzen flüssiger Bewegung durch die Stadt geführt ist;
– gegen die Blockbebauung die »Konzentrierung großer Wohneinheiten in Hochhäusern« (ebd. 1992, 493);
– gegen die dichtbebaute, steinerne Stadt freistehende Gebäudegruppen in einer »gegliederten« Stadtlandschaft, die entsprechend der Sonneneinstrahlung in großzügigen Grünflächen angeordnet sein sollte.

Die Stadt als räumlicher Ausdruck einer gesellschaftlichen Formation wurde durch einen Entwurf ersetzt, der die Stadt nach den Prinzipien industrieller Rationalisierung, optimaler Besonnung, Belichtung und Durchlüftung gestalten sollte.

5.2 Stadtpolitik

Von diesen Plänen ist in der Weimarer Republik wenig verwirklicht worden. Die sozialistischen Ideen mancher Planer zur Vergesellschaftung von Wohnfunktionen durch den Ausbau von Infrastruktureinrichtungen und Gemeinschaftshäusern trafen durchaus auf Sympathie bei linken Gemeinderäten, aber die mit den radikalen Plänen implizierte Vernichtung von gebauter Geschichte hätte kaum Akzeptanz in der Bevölkerung gefunden. Vor allem aber verfügten die Städte gar nicht über die notwendigen Handlungsspielräume für so weitreichende Pläne der Umgestaltung. Die gab es erst sehr viel später in den sozialistischen Ländern. In der Weimarer Republik fehlten die rechtlichen Voraussetzungen für die notwendigen Eingriffe in das private Immobilieneigentum, und erst recht fehlte das Geld.

Gleichzeitig begann die Aushöhlung der kommunalen Selbstverwaltung. Der Ausbau des Wohlfahrtsstaates bedeutete auch eine Zentralisierung kommunaler Zuständigkeiten zugunsten des Staates. Die Erzbergersche Reform der Reichsfinanzen von 1920 schränkte die Einnahmenautonomie der Gemeinden ein (vgl. Krabbe 1989, 155f.). Sie wurden abhängig von zentralen Finanzzuweisungen, einem System, das in der BRD mit Zweck- und Schlüsselzuweisungen weiter ausgebaut worden ist. Ebenfalls damals beginnt die Belastung der Kommunen mit den Kosten der Sozialpolitik. Wachsende Ausgabenverpflichtungen für Kultur, Freizeit und Sport, insbesondere aber im Bereich der Fürsorge, und sinkende Spielräume auf der Einnahmenseite zwangen zur Verschuldung der Gemeinden, wobei ein großer Teil der Kredite im Ausland aufgenommen werden mußte. In der Wirtschaftskrise ab 1929 trafen enorme Steigerungen der Sozialausgaben, hohe Kreditverpflichtungen und sinkende Zuweisungen des Zentralstaates auf eine Weise zusammen, daß allein in Preußen in den Jahren 1932/33 die Haushalte von 600 Gemeinden – u. a. Berlin – unter Zwangsverwaltung gestellt wurden (Saldern 1996b, 55).

Die Instrumente, die den Gemeinden zur Steuerung der Stadtentwicklung rechtlich überhaupt zu Gebote standen, bezogen sich vor allem auf den Wohnungsbau unter sozialhygienischen Gesichtspunkten. Noch im letzten Kriegsjahr war mit dem preußischen Wohnungsgesetz von 1918 das erste Gesetz zur Regelung des Wohnungsbaus erlassen worden. Es enthielt Vorschriften zur Baulanderschließung, Straßenführung, Aufteilung des Geländes und zur Errichtung von Wohngebäuden (Kornemann 1996, 605). Damit sollte den Gemeinden die Möglichkeit gegeben werden, mittels der Bauordnung die Errichtung von Mietskasernen, die für das soziale und gesundheitliche Elend der Arbeiter verantwortlich gemacht wurden, zu verhindern. Die »Leitwissenschaft« der Reformen war die Sozialhygiene (Rodenstein/Böhm-Ott 1996, 455), nach der die Volksgesundheit durch soziale wie natürliche Bedingungen beeinflußt werde.

In der Weimarer Republik gelang es nicht, ein einheitliches Baugesetz zu verabschieden, so daß die Stadtplanung auf die Bauordnungen der Länder angewiesen war. Diese waren in erster Linie Wohnungsbauordnungen, die Standards des Wohnungsbaus vorgaben: Mindestraumhöhen, die Möglichkeit der Querlüftung, Verbot von Wohnungen in Kellern, auf Dachböden und in Hinterhofgebäuden. Außer dem Verweis auf Prinzipien der Funktionstrennung von Arbeiten und Wohnen gab es kaum Ansätze zu einer Planung der ganzen Stadt. Eine nationale Städtebaupolitik gab es nicht. Das ließ den Städten allerdings auch weitgehende Freiheiten bei der Ausgestaltung ihrer Wohnungspolitik. So konnten die jeweiligen Stadtbauräte in Hamburg innerstädtischen Wohnungsbau betreiben, in Frankfurt am Main und Berlin jedoch Stadtrandsiedlungen bauen lassen.

Nur selten gab es ausdrückliche Korrekturen an der schicht- und klassenspezifischen Aufteilung des urbanen Raumes, die der privatwirtschaftliche Städtebau hervorgebracht hatte. So wurde in Berlin am Wannsee, in einer Gegend also, die bis dahin ausschließlich die Domäne der wirtschaftlich und politisch Einflußreichen gewesen war, ein Strandbad für die licht- und lufthungrigen Massen aus den Mietskasernenvierteln eingerichtet. Die Neubauquartiere, ob im Zentrum oder am Stadtrand, sollten explizit eine soziale Mischung ermöglichen, also zur Auflösung der proletarischen Parallelgesellschaften in den Arbeitervierteln beitragen.

5.3 Wohnungspolitik

In der Praxis spielten die städtebaulichen Phantasien der Architekturavantgarde nach dem Ersten Weltkrieg auch deshalb kaum eine Rolle, weil die Gemeinden vordringlichere Aufgaben hatten. Oberste Priorität genoß die Beseitigung der krassen Wohnungsnot. Stadtpolitik richtete sich in erster Linie gegen die Wohnungsnot, und Wohnungspolitik befaßte sich mit Neubauten. Eine Sanierung des Altbaubestandes fand kaum statt. Wenn überhaupt Sanierungsmaßnahmen in den Innenstädten durchgeführt wurden, wie in Köln und Berlin, dienten sie der Stärkung der Zentralität und nicht der Wohnungsversorgung (Rodenstein/Böhm-Ott 1996, 508f.).

Nach dem Ende des Ersten Weltkrieges herrschte in Deutschland extreme Wohnungsnot, da während des Krieges kaum gebaut worden war. Nach Kriegsende stieg die Nachfrage nach Wohnungen stark an, einerseits durch Kriegsheimkehrer, von denen viele endlich heiraten konnten und eine Wohnung benötigten, andererseits aber auch durch Flüchtlinge aus den abgetretenen bzw. besetzten Gebieten (ebd., 465). Später führten steigende Einkommen und der 1914 verhängte Mietpreisstopp ebenfalls zu einer erhöhten Nachfrage. Dies, zusammen mit Befürchtungen um die geistige und körperliche Gesundheit sowie um die Sittlichkeit der Bevölkerung, war Anlaß für systematische Interventionen in die Wohnungsversorgung.

Die Stadt- und Wohnungspolitik der Weimarer Republik kann in drei Phasen eingeteilt werden: Die erste dauerte von 1918 bis 1923 und war bestimmt von Hilfsmaßnahmen gegen die schlimmste Wohnungsnot. Zunächst dominierten Zwangsbewirtschaftungsmaßnahmen, der Mietpreisstopp und Zwangseinweisungen sowie Versuche, die Selbsthilfe zu mobilisieren. Später folgten umfangreiche Subventionen und Regulierungen (vgl. Kornemann 1996; Häußermann/Siebel 2001, 103f.). Die Zwangsverwaltung während des Krieges und die durch ihn verursachte Wohnungsnot schufen die Grundlage für staatliche Interventionen – die allerdings von Liberalen nur als Notmaßnahme interpretiert wurden, die so bald wie möglich wieder beendet werden müßte. Von den linken Parteien wurden sie dagegen als der Beginn einer sozial orientierten Wohnungspolitik verstanden. Konservative stützten die Eingriffe, insofern sie der Eigentumsbildung und Familienförderung dienten.

1920 wurde das Reichheimstättengesetz erlassen mit dem Ziel,

Eigentum und Selbsthilfe beim Bau sowie Selbstversorgung durch größere landwirtschaftlich nutzbare Grundstücke und kleinfamiliales Leben in der Unter- und unteren Mittelschicht zu fördern (Hafner 1996, 560f.). Die Kleinsiedlerstellen sollten in Siedlungen mit bis zu mehreren hundert Wohneinheiten errichtet werden. Der Heimstättenbau konzentrierte sich deshalb auf das Land, wo noch 1925 ein Drittel der deutschen Bevölkerung in großem Wohnungselend lebte. Der Bau von Heimstätten trug dadurch wenig zur Behebung der Wohnungsnot in den Städten bei. Auch quantitativ hatte die Heimstättenbewegung mit insgesamt 80 000 Kleinsiedlerstellen bis 1945 keinen großen Effekt.

Die zweite Phase dauerte von 1924 bis 1929, in diesem Jahr erreichte die jährliche Wohnungsproduktion nach dem Krieg ihren Höhepunkt, es wurden 318 000 Wohneinheiten fertiggestellt (ebd. 565). In dem kurzen Wirtschaftsaufschwung nach der Währungsreform erlebte die Weimarer Republik einen wahren Bauboom. Er wurde gestützt durch die 1924 eingeführte Hauszinssteuer.[2] Ab Mitte der zwanziger Jahre entstanden die berühmten Modellsiedlungen des Neuen Bauens in Berlin, Frankfurt am Main, Magdeburg, Kassel, Stuttgart usw. Hier spielte die Selbstversorgung nur eine geringe Rolle. Sie wurden mit öffentlichen Subventionen finanziert und boten moderne Wohnungen für die gehobene Arbeiter- und die Angestelltenschicht.

Die dritte Phase begann mit der schweren Wirtschaftskrise nach dem Schwarzen Freitag 1929. Die hochfliegenden Ziele des Reformwohnungsbaus mußten aufgegeben werden. Selbsthilfe und die Sicherung von Mindeststandards standen wieder im Mittelpunkt, nun aber waren die städtischen Arbeitslosen die Zielgruppe. Der im Rahmen des »Reichsprogramms zur Förderung der vorstädtischen Kleinsiedlung« forcierte Bau von Kleinhäusern in Stadtrandsiedlungen diente der Beseitigung der Wohnungsnot, insbesondere von Erwerbslosen, aber auch der Arbeitsbeschaffung und der Sicherung einer

2 Die Hauszinssteuer mußte von den Mietern der Altbauwohnungen bezahlt werden, die aufgrund des 1914 eingeführten Mietpreisstops vergleichsweise sehr günstig wohnten. Sie wurde anfangs ausschließlich für die Förderung von Neubauwohnungen verwendet, gegen Ende der Weimarer Republik floß sie in den allgemeinen Staatshaushalt. Eine noch stärker umverteilende Steuer- und Wohnungspolitik entwickelte in den 1920er Jahren die Stadt Wien, die zu einem Modell sozialistischer Stadtpolitik wurde (vgl. Weihsmann 1998).

Mindestversorgung: Die Siedlungen wurden soweit wie möglich in Selbsthilfe errichtet, und große Gartenflächen sollten die Selbstversorgung mit Lebensmitteln ermöglichen.

Die Siedlungen des öffentlich geförderten Wohnungsbaus folgten den Prinzipien des Funktionalismus, indem sie »reine Wohngebiete« waren, ergänzt durch Einkaufsgelegenheiten und soziale Einrichtungen. Die Bebauungs- und Bewohnerdichte war deutlich niedriger als in den Gründerzeitvierteln. In der Regel waren sie noch nicht durch den öffentlichen Nahverkehr an die Stadt angeschlossen, und die Architektur folgte den ästhetischen Anleitungen des Neuen Bauens. Es wurden Experimente mit kollektiver Infrastruktur durchgeführt, z. B. in Form von Waschhäusern mit elektrischen Maschinen oder durch die Einrichtung von Kultur- bzw. Bürgerhäusern.

Die Wohnungspolitik der Weimarer Republik war sozial in dem Sinne, als die Wohnungsversorgung »breiter Schichten des Volkes« den Marktkräften entzogen werden sollte (Schulz 1986, 142; Krätke 1990). Die Wohnung sollte keine Ware mehr darstellen, wie es im Kaiserreich der Fall war – aufgrund von Kapitalknappheit und anderen lukrativen Anlagemöglichkeiten gab es in diesem Bereich ohnehin nur wenig private Investitionen. Aber Wohnung wurde auch nicht als öffentliches Gut definiert, das durch den Staat für jeden, unabhängig von seiner Kaufkraft, zur Verfügung gestellt wird, wie es später in der DDR der Fall gewesen ist. Die Weimarer Politik suchte vielmehr nach einem Mittelweg zwischen Kapitalismus und Sozialismus: Durch die staatliche Teilfinanzierung sollte ein marktfernes Segment entstehen, in dem bezahlbare Wohnungen zu normativ definierten Standards für ein menschenwürdiges Wohnen bereitgestellt würden. Genossenschaften und kommunale Wohnungsbaugesellschaften wurden Partner dieser Politik – ein frühes Beispiel für ein Public Private Partnership (PPP).

Die öffentlich geförderten Wohnungen waren auch Instrumente für die Erziehung der Bewohner zu einem »modernen« Lebensstil. Allerdings wohnten schon damals die eigentlichen Adressaten solcher pädagogischen Bemühungen, die Arbeiter, nur selten in den »Vorzeigesiedlungen«. Trotz der Beschränkung auf die (subventionierte) Kostenmiete konnten die einfachen Arbeiter die Miete für diese Wohnräume nicht aufbringen. Deshalb, und auch wegen der insgesamt geringen quantitativen Bedeutung des Neubaus, wurde die soziale Segregation in den Großstädten durch die soziale Wohnungspolitik nicht grundsätzlich korrigiert. Die »soziale Mischung« wurde jedoch bereits damals als stadtpolitisches Ziel propagiert.

5.4 Was bleibt?

Mit der Weimarer Verfassung begann in Deutschland auch auf der kommunalen Ebene eine kurze Phase der Demokratie. Die Zeit der Weimarer Republik kann trotz ihrer kurzen Dauer als »goldenes Zeitalter der Wohnungspolitik« bezeichnet werden. Fünf Leistungen sind hervorzuheben:

1.) Zum ersten Mal wurde der systematische Versuch unternommen, Wohnungs- und Städtebau den Interessen der Arbeiter, der kleinen Angestellten und generell der nicht marktfähigen Haushalte dienstbar zu machen. Die Wohnungsversorgung wurde nicht mehr allein dem Markt überlassen. Mittels umfangreicher Subventionen, rechtlich festgelegter Mindeststandards, zwangswirtschaftlicher Eingriffe und umgesetzt durch eine Vielzahl genossenschaftlicher und gemeinnütziger Wohnungsbauträger wurden Standards für die Versorgung mit Wohnungen auch jener Bevölkerungsgruppen gesetzt, die diese unter Marktbedingungen nicht hätten bezahlen können. Der soziale Wohnungsbau in der BRD und der Wohnungsbau in der DDR haben an diese Tradition angeknüpft.

2.) Die zweite Innovation war die Siedlung: Am Rand der Stadt, errichtet als geschlossener Komplex, nur dem Wohnen dienend, also von anderen städtischen Funktionen getrennt und orientiert an Licht, Luft, Sonne und Grün, diente sie der Besserung der Wohnverhältnisse, allerdings auch der Erziehung der Bewohner zu einer Lebensweise, die den Reformern, aber nicht unbedingt den Bewohnern gesund und vernünftig schien (vgl. Beer 1994).

3.) Die Siedlungen wurden mit einer kollektiven Infrastruktur ausgestattet, der Wohnungsbau ergänzt durch Kindergärten, Freiflächen für Sport und Erholung, die zugleich als Luftschneisen dienten, um die ungesunde Enge der Stadt des 19. Jahrhunderts zu vermeiden. Es gab Mietergärten und als Reste sozialistischer Wohnvorstellungen in einzelnen Siedlungen auch zentrale Waschküchen. Gebaut wurden zweckmäßige Wohnmaschinen für die rationalisierte Produktion von privatem Glück.

4.) Zusammen mit einem umfangreichen marktfernen Segment der

Wohnungsversorgung – zwischen 80 Prozent und 90 Prozent der 2,5 Millionen Wohnungen, die zwischen 1920 und 1930 gebaut wurden, waren mit öffentlichen Subventionen errichtet worden (Saldern 1995 a, 121) – entstand ein differenziertes Netz von Genossenschaften und gemeinnützigen Wohnungsbaugesellschaften, die in der BRD, wenn auch sehr viel stärker zentralisiert, noch lange als Träger eines sozialen Wohnungsbaus und als Partner einer sozialen Stadtpolitik fungierten.

5.) Die in der Charta von Athen (vgl. Hilpert 1984) zusammengefaßten Grundsätze des modernen Städtebaus, insbesondere die Trennung der Funktionen Wohnen, Arbeiten, Erholung und Verkehr, sind sowohl in der BRD als auch in der DDR für Städte- und Wohnungsbau bestimmend geblieben. Über die öffentliche Förderung wurden sie und weitere Einzelheiten des funktionalistischen Stadt- und Wohnkonzepts zur Norm erhoben.

Wie sehr Stadt- und Wohnungspolitik Gesellschaftspolitik ist und wiederum von den gesellschaftlichen Rahmenbedingungen bestimmt wird, wurde in den neuen Konzepten der Zwischenkriegszeit offenkundig. Vor 1914 stützte sich die Stadtentwicklungspolitik auf eine technische bzw. gesundheitswissenschaftliche Neutralität, in der Weimarer Zeit hatten sich die Machtverhältnisse verändert, und von den demokratischen Parteien wurde eine soziale Orientierung der Wohnungs- und Stadtpolitik gefordert und auch praktiziert. Die Städte waren durch den Aufbau von zahlreichen kommunalen Wirtschaftsbetrieben, als Zentren des ökonomischen Wachstums und durch ihre stabilisierende Funktion am Ende des Ersten Weltkriegs zu starken politischen Akteuren geworden. Aber in der mit dem Börsenkrach 1929 beginnenden wirtschaftlichen Krise legten das Reich und die Länder den Städten wieder erhebliche Beschränkungen ihrer Handlungsspielräume auf.

6. Wohnungs- und Städtebau in der Zeit des Nationalsozialismus

Mit der Machtergreifung der Nationalsozialisten wurde ein radikaler Neuanfang auch in der Stadt- und Wohnungspolitik verkündet, allerdings wurde davon nur vergleichsweise wenig realisiert. Die Entwicklung blieb am Ende stark geprägt von den bis dahin entwickelten Konzepten, und für die angekündigten Neuerungen hatte das Dritte Reich glücklicherweise weder die Zeit noch die Mittel. In einem ganz anderen Sinne freilich trug die NS-Zeit zu Neuanfängen bei: Die Kriegszerstörungen in den deutschen Städten schufen in vielen Fällen die Situation für einen städtebaulichen Neuanfang.

Die Großstadt als »völkermordender Moloch« und »Vorposten bolschewistischen Niedergangs« oder auch als »jüdischer Blutsquell« (zitiert nach Schönborn 2002, 56) sollte verschwinden, und der Klassenkampf auf dem Gebiet der Wohnungsversorgung, der von Kommunisten und Liberalen geschürt worden sei, sowie die jüdische »Überfremdung« des Haus- und Grundeigentums, die aus Wohnungen und Boden Handelsobjekte gemacht habe, beendet werden. Die nationalsozialistische Ideologie schloß an die konservative und reaktionäre Großstadtkritik (etwa von Spengler) an und war eindeutig großstadtfeindlich. Die Kleinstädte, die kleinen Gemeinden und das Leben auf dem Land wurden romantisiert und idyllisiert – der Gegensatz zwischen Stadt und Land, den die reale Entwicklung gerade zu verringern begann, wurde herausgestellt und überhöht. Faktische Politik und Ideologie stimmten – wie in so vielen anderen Bereichen – auch in diesem Fall jedoch nicht überein.

6.1 Stadtpolitik

Schon in der Weimarer Republik hatte die Aushöhlung der kommunalen Selbstverwaltung durch stärkere Aufsicht und durch den Entzug eigener Einnahmequellen begonnen. Im Dritten Reich wurde sie mit der Deutschen Gemeindeordnung von 1935 ganz abgeschafft. Die Bürgermeister wurden fortan nicht mehr gewählt, sondern von der Landesregierung ernannt. Führerprinzip und Zentralisierung kommunaler Zuständigkeiten in der Wirtschafts-, Wohnungs-, Planungs- und Finanzpolitik beseitigten die Autonomie der Gemeinden. Die Kommunalpolitik wurde in den Dienst zentralstaatlicher Politik gestellt, wobei die neuere historische Forschung allerdings zeigt, daß sich die Städte auch aus eigenem Antrieb aktiv an der Umsetzung nationalsozialistischer Enteignungs- und Verfolgungspolitik beteiligt haben (vgl. Fleiter 2007).

In den stadt- und raumplanerischen Vorstellungen der Nationalsozialisten entfalteten sich unter der Oberfläche einer radikalen großstadtkritischen Rhetorik die Ziele einer Großraumplanung zur Unterwerfung der »Fremdvölker« nach militärischen Gesichtspunkten. Dazu gehörten z. B. die Bildung von »Brandinseln« in den Innenstädten und die Dezentralisierung der kriegswichtigen Industrien aus Gründen des Luftschutzes. Gottfried Feder entwarf dezentrale Kleinstädte mit bis zu 20 000 Einwohnern, die die Vorteile des Landes mit einer städtischen Infrastrukturausstattung verbinden sollten. Ihre interne Organisation in ihrer hierarchischen Struktur aus Straßengemeinschaften, Ortsgruppen und Zentrum ähnelte dem Aufbau der nationalsozialistischen Partei. Die ideale Stadt wurde als Addition gleicher Siedlungszellen verstanden (Teut 1967, 311), mit Gemeinschaftsbauten, die, um die alles Lokale überwölbende Reichsidee zu versinnbildlichen, auf einheitlichen Grundformen basieren sollten. Feder sah auch eine Aufteilung der Großindustrie in kleine Gewerbebetriebe vor, was wohl ein wesentlicher Grund dafür war, daß er als »Reichskommissar für das Siedlungswesen« nach neun Monaten Amtszeit abgesetzt wurde. Der Aufbau der Rüstungsindustrie und die nationalsozialistische Blut-und-Boden-Romantik vertrugen sich nicht. Die beiden großen Stadtgründungen des Dritten Reichs, die »Stadt des KdF-Wagens« (Wolfsburg) und die »Stadt der Hermann-Göring-Werke« (Salzgitter), hatten wenig mit Scholle und Kleinstadtidylle zu tun, es waren Industriestädte für 100 000 Einwohner (vgl. Walz 1979; Herlyn/Tessin 2000).

Die Prinzipien zur Auflockerung der Städte galten nach dem Ersten Weltkrieg als Maßnahmen der Sozialhygiene, unter den Nazis wurde daraus Rassenhygiene – und später eine Vorsorge gegen den Luftkrieg. Die Begründungen wurden gegenüber der Weimarer Zeit schärfer, aber die Inhalte veränderten sich nicht grundsätzlich (vgl. Kautt 1983). Die Nationalsozialisten konnten in ihrer Stadtpolitik an Topoi der konservativen Stadtkritik anschließen, wonach die Großstädte das Grab der Völker seien. Sie mußten diese Vorstellungen nur rassistisch wenden; so wurde die Vorstellung verbreitet, die Verstädterung lasse das nordische Erbgut verschwinden. Als zentralen Mechanismus dieses Prozesses identifizierten sie die Tatsache, daß in den Städten die Menschen mit hochwertigem Erbgut sich weniger schnell reproduzieren würden als die mit minderwertigem. Deshalb müsse eine Politik der Entstädterung betrieben werden.

Die zaghaften Ansätze zu Innenstadtsanierungen in der Weimarer Republik wurden im Dritten Reich nur bis 1936 mit vereinzelten Maßnahmen zur »Altstadtgesundung« fortgeführt, wobei mit der Gesundung der »Krankheitsherde im Stadtkörper« (zitiert nach Rodenstein/Böhm-Ott 1996, 511) vor allem politische Zielsetzungen verbunden waren: Die roten Hochburgen in Arbeiterquartieren sollten zerschlagen werden. Dabei war – wenn auch nur vereinzelt – die Soziologie hilfreich. Andreas Walther kartographierte die Stadtbevölkerung mit den Methoden der Chicagoer Schule nach Gesichtspunkten der »Gemeinschädlichkeit« (ebd., 514) und empfahl, »die nicht Verbesserungsfähigen unter Kontrolle [zu] nehmen« und »das Erbgut der biologisch hoffnungslos Defekten auszumerzen« (ebd.).

Zu Beginn des zunächst erfolgreich verlaufenden Krieges wurden megalomanische Pläne für die Neugestaltung einzelner Städte (Berlin, München, Nürnberg, später auch Wien) entworfen. Auch hier war nichts von Heimstätten und Schollenbindung zu sehen, statt dessen gigantische Wohnblocks und größenwahnsinnige Monumentalbauten wie die von Albert Speer entworfene »Halle des Volkes« für Berlin. Dazu wurden weitreichende Eingriffe in das Privateigentum ermöglicht – vereinfachte Enteignung, Beschränkungen der Baufreiheit und die Verpflichtung der Eigentümer, Verkaufserlöse und Enteignungsentschädigungen für Ersatzwohnungen für Mieter zu verwenden, die durch Sanierungen verdrängt wurden.

Die dritte Triebfeder der nationalsozialistischen Städtepolitik, neben Großstadtfeindschaft und Dezentralisierung der kriegswichtigen Industrie unter Gesichtspunkten des Luftschutzes, waren Überlegungen zur Kolonialisierung des Ostens als neuem deutschen Lebensraum (Schönborn 2002, 61).

6.2 Zerstörung der Selbstverwaltung

Obwohl die Nationalsozialisten Kommunalwahlen abgeschafft und die Bürgermeister zu abhängigen Gehilfen der staatlichen Verwaltung degradiert hatten, hielten sie bis 1945 am Begriff der kommunalen Selbstverwaltung fest (vgl. dazu ausführlich Matzerath 1970). Das war möglich, weil es in Deutschland keinen wissenschaftlichen, staatsrechtlichen oder politischen Konsens über die Stellung der Städte und Gemeinden im Staatsaufbau gab. Neben der Anknüpfung an die genossenschaftliche Tradition der europäischen Stadt durch Hugo Preuß stand die parteien- und modernisierungskritische Perspektive, die die Position der Kommunen aufteilte in einen juristisch eindeutig der staatlichen Verwaltung zuzuordnenden Bereich und in einen gemeindlichen, der im Gegensatz zum Staat stehen sollte. Die enorm gestiegene funktionale Bedeutung der Stadtverwaltungen für Wirtschaft und Gesellschaft in der Folge von Industrialisierung und Verstädterung und insbesondere die gewachsene wirtschaftliche Macht zogen Argwohn und Kritik von Ländern und Reich auf sich.

Die wirtschaftliche Krise hatte gegen Ende der Weimarer Republik die Einnahmequellen der Städte stark in Mitleidenschaft gezogen, während die dadurch wachsenden sozialen Aufgaben enorme Ausgabenerhöhungen verursachten. Die in Preußen vom Staat beschlossene Bürgersteuer, die zur Sanierung der Haushalte dienen sollte, wurde von den meisten Städten nicht erhoben, was die Einsetzung von Staatskommissaren nach sich zog. Die kommunale Selbstverwaltung war am Ende der Weimarer Republik in der politischen Theorie der Demokratie nicht fest verankert, bei den Staatsrechtlern umstritten oder wurde reaktionär interpretiert (vgl. z. B. Forsthoff 1932) und von den staatlichen Verwaltungen als Konkurrenz bekämpft.

Die Nationalsozialisten hatten daher keine große Mühe, die Rechte der Kommunen zugunsten von Reich und Ländern zu beschneiden, die Verwaltung personell und organisatorisch in die Form einer untersten Ebene der staatlichen Bürokratie zu bringen und den jeweiligen Bürgermeister als »Führer« einzusetzen, der sowohl den staatlichen Anweisungen wie denen der Partei unterworfen war. Was die Nationalsozialisten als Selbstverwaltung bezeichneten, hatte mit der Realität der Großstädte und mit der Wirklichkeit in der NS-Zeit nichts zu tun – damit war eine vormoderne, an kleine räumliche Gemeinschaften angelehnte Vorstellung von unpolitischer Selbstorganisation in einer harmonischen Volksgemeinschaft gemeint.

6.3 Wohnungspolitik

Die nationalsozialistische Wohnungspolitik war heterogen und widersprüchlich. Eine der ersten wohnungspolitischen Maßnahmen des Dritten Reiches diente dazu, die in der Weimarer Republik entstandene Vielfalt der Wohnungsbauträger zu beseitigen: 1934 wurden die gemeinnützigen Wohnungsunternehmen zu einem Einheitsverband zwangsvereinigt. 1939 tauchte dafür auch zum ersten Mal der Begriff der »Neuen Heimat« auf (vgl. Fuhrich u.a. 1983, 75). Im übrigen bewegte sich die NS-Wohnungspolitik zwischen Rüstungsorientierung und exemplarischem Heimbau.

Der Krieg bedeutete auch für die Wohnungspolitik einen tiefen Einschnitt. Nach der Umstellung auf Kriegswirtschaft ab 1940 blieben alle wohnungspolitischen Proklamationen Rhetorik. Wohnungspolitik bestand ab da nur noch aus einem Nebeneinander von Notmaßnahmen zur Bewältigung von Luftkriegsfolgen und megalomanischen Plänen für die Nachkriegszeit. Die Janusgesichtigkeit der nationalsozialistischen Baupolitik zeigte sich auch an einzelnen Bauten: Hinter romantisierenden Fassaden wurden die industrielle Rationalisierung und die Normierung des Bauens buchstäblich versteckt (Saldern 1996 a, 24).

Zunächst knüpfte man an die Weimarer Politik an. Von der Machtergreifung bis zum Vierjahresplan 1936 dominierte der Versuch, mittels Wohnungsbau sowohl die Wohnverhältnisse zu verbessern als auch die Arbeitslosigkeit zu verringern. Das »Gesetz zur Verminderung der Arbeitslosigkeit« sah die Instandsetzung von Altbauten und Neubauten in vorstädtischen Kleinsiedlungen und landwirtschaftlichen Siedlungen vor (Kornemann 1996, 647). Im Kern wurde damit der durch die Notverordnungen in der letzten Phase der Weimarer Republik in Gang gesetzte Siedlungsbau fortgeführt, allerdings verlagerte sich der Schwerpunkt weg von den Großstädten auf das Land und kleine bis mittlere Gemeinden. Dabei wurde das Konzept der Heimstätte mit Selbstversorgungsmöglichkeit durch Garten und Stall aus der Weimarer Zeit übernommen. In solchen, der Gartenstadt ähnlichen Kleinsiedlungen sollten die Verbundenheit mit der

Scholle, die Eigentumsbildung und die Kinderzahl gefördert werden. Bei der Auswahl der Siedler sollten »alle ehrbaren, minderbemittelten deutschen Volksgenossen [...], die [...] arischer Abstammung, national und politisch zuverlässig, rassisch wertvoll, gesund und erbgesund sind«, bevorzugt werden (zitiert nach Kornemann 1996, 664). Die Parzellen wurden verkleinert auf 400 bis 500 Quadratmeter. Mit der Übernahme einer Siedlerstelle hatte die Frau eine eventuelle Berufstätigkeit aufzugeben, um sich ganz auf ihre Rolle als Hausfrau und Mutter zu konzentrieren (Schönborn 2002, 52), während der Mann als Ernährer fungierte. Entsprechend dieser innerfamilialen Arbeitsteilung sollte auch die Kochküche an die Stelle der Wohnküche treten.

Am 1. April 1933 wurde die Wohnraumbewirtschaftung abgeschafft, Kündigungsschutz und Mietpreisbindung aber wurden beibehalten und ab 1936 wieder verschärft. Der Anteil öffentlicher Subventionen ging kontinuierlich zurück, von 20 Prozent 1933 auf zehn Prozent 1940 (ohne Reichsbürgschaften). Die niedrigeren Zinsen und die anziehende Konjunktur ermöglichten trotzdem eine durchschnittliche Neubauleistung von 300 000 Wohneinheiten pro Jahr. 1937 wurden mit 308 076 Wohneinheiten (Witt 1979, 400) fast so viele Wohnungen fertig gestellt wie 1929. Mit der Umstellung auf Kriegswirtschaft brach diese Entwicklung ab.

Bald wurde offenkundig, daß die Wohnungsversorgung mittels Kleinsiedlungen nicht effektiv zu verbessern war. Die Vorstellungen von der Auflösung der Städte und der Bindung an die Scholle erwiesen sich für eine Industrienation als irreal. Sie wurden deshalb unter dem »Primat der Wirtschaftlichkeit« (Teut 1967, 311) aufgegeben. Das »Gesetz zur Förderung des Wohnungsbaus« 1935 ermöglichte die Förderung auch von billigen Mietwohnungen in Zwei- und Mehrfamilienhäusern, sogenannten Volkswohnungen. Waren bis dahin die Landgemeinden und kleinen Städte schneller als die Großstädte gewachsen, so konzentrierte sich ab 1935 das Bevölkerungswachstum wieder auf die großen Städte (Schönborn 2002, 63). Mit den Volkswohnungen wird das Konzept der »Wohnung für das Existenzminimum« aus der letzten Phase der Weimarer Republik aufgegriffen. Volkswohnungen waren Wohnungen mit einer auf ein notwendiges Minimum beschränkten Größe und Ausstattung, um die Mieten bezahlbar zu halten. Sie sollten möglichst in Siedlungen mit »gesunder Mischung« errichtet werden.

Der 1936 beschlossene Vierjahresplan löste die Wohnungs- und Stadtpolitik von der Arbeitsbeschaffung, nun galt die »Bevorzugung derjenigen Siedlungsmaßnahmen, die im Interesse wehrwirtschaftswichtiger Betriebe« seien (zitiert nach Kornemann 1996, 648). Zielgruppe waren jetzt nicht mehr Erwerbslose, sondern beschäftigte Arbeiter, vor allem, wenn sie in der Rüstungsindustrie arbeiteten. Gleichzeitig wurden die staatlichen Kontrollen der Bautätigkeit intensiviert. »Großwohnungen und Luxuswohnungen« sollten nicht mehr genehmigt werden, der Mieterschutz und die Mietpreisbindung wurden wieder verschärft und ein Verbot der Zweckentfremdung von Wohnraum eingeführt.

Mit Beginn des Krieges kam der ohnehin schon kärgliche Wohnungsneubau völlig zum Erliegen. Statt dessen wurde – auf eine Idee Albert Speers hin – Wohnraum für »Volksgenossen« durch die Vertreibung jüdischer Bewohner beschafft. Von nun an ging es nur noch um Behelfswohnungen für Ausgebombte. Zunächst wurde der Wohnungsneubau jenseits der Erfordernisse der Rüstungsindustrie (Petsch 1993, 25), ab 1943 sogar jeglicher Neubau verboten (Weihsmann 1998, 74).

Während des Krieges wurde mit wenigen Ausnahmen (den Stadtgründungen Wolfsburg und Salzgitter und einigen Siedlungsprojekten) fast nichts gebaut, statt dessen wurden 4,8 Millionen Wohnungen in Deutschland zerstört und 13 Millionen Menschen obdachlos (Kähler 1996, 448). Nach Kornemann (1996, 655) gab »es im ›Dritten Reich‹ in keinem anderen existentiellen Bereich eine so große Diskrepanz zwischen Zielsetzung und Realisierung wie im Wohnungs-, Städtebau und im Siedlungswesen«.

6.4 Bruch oder Kontinuität?

Die nationalsozialistische Rhetorik des Bruchs mit der »Systemzeit« war insofern irreführend, als daß viele Maßnahmen der nationalsozialistischen Wohnungspolitik als Fortführung gerade der sozialpolitischen Elemente der Weimarer Wohnungspolitik, in der die Nationalsozialisten ein »systemstabilisierendes Werkzeug« (Weihsmann 1998, 62) erkannt hatten, beschrieben werden können:

– Die Wohnungspolitik diente gleichermaßen zur Behebung der Wohnungsnot wie zur Arbeitsbeschaffung und zur Konjunkturbelebung.

– Der Gedanke, mittels Wohnungsbau das Volk erziehen zu können und zu müssen, war den Wohnungspolitikern des Dritten Reiches ebenso selbstverständlich wie zuvor den Architekten des Neuen Bauens.

– Die Bindung an die Scholle und ans Eigentum galt in der Weimarer Republik wie im Dritten Reich als Mittel zur Entproletarisierung der Arbeiter.

– Industrielle Rationalisierung und Typenbildung des Neuen Bauens wurden in späteren Phasen des Dritten Reichs ebenfalls propagiert.

– Die Rassenhygiene konnte an Überlegungen der Sozialhygieniker anschließen. Die sozialhygienischen Begründungen der Wohnungspolitik mußten im Nationalsozialismus nur rassistisch gewendet werden.

– Kontinuität zeigt sich auch in der Fortsetzung der Kleinsiedlungspolitik durch die Nationalsozialisten, allerdings auch hier mit einer Wendung zu rassenhygienischen Zielen: »Und schließlich will das Reich nur solche Siedlungen fördern, die nicht nur siedlungspolitisch, sondern auch bevölkerungspolitisch im Interesse des Volksganzen liegen, insofern als künftig nur noch rassisch wertvolle und erbgesunde Familien angesetzt werden sollen.« (Gundel, zitiert nach Rodenstein/Böhm-Ott 1996, 533)

Zwischen »Siedlerauswahl« und »Siedlerauslese«, zwischen Fürsorge und Rassenhygiene, zwischen der Förderung des Familienlebens und der Bestrafung »bevölkerungspolitischer Blindgänger« (DAF-Leiter Ley) liegt allerdings ein Abgrund, dessen Tiefe weniger durch die Wortwahl als durch die mit ihr beschriebenen Sachverhalte erkennbar wird (Schönborn 2002, 4). Die Wohnungspolitik der Nationalsozialisten diente dazu, nach rassistischen und politischen Gesichtspunkten definierte Randgruppen aus dem Wohnungsmarkt zu verdrängen – als Vorstufe ihrer Verdrängung aus der Gesellschaft und schließlich ihrer physischen Vernichtung.

Die nach den ersten Luftangriffen forcierte »Entjudung« von Wohnungen sollte Wohnraum ohne Neubau verfügbar machen, aber die Wohnungsräumung war ebenso eine gezielte Maßnahme zur Deportation der Juden in Konzentrationslager. Kornemann (1996, 684) bezeichnet die Fülle der sukzessiv sich verschärfenden, gegen die Juden gerichteten Bestimmungen im Mietrecht, die Verbote wohnungswirtschaftlicher Betätigungen und »die weitgehend entschädigungslose

Enteignung von Vermögen an Haus und Grund einschließlich der mobilen Güter [...] als Vorstufe der systematisch geplanten [...] Vertreibung und physischen Auslöschung der Juden«.

Die Nationalsozialisten bezogen zwar fast alle wohnungspolitischen Ideen aus der Weimarer Zeit, dennoch gab es einen fundamentalen Unterschied: Die Weimarer Wohnungspolitik war eine Politik der offenen Inklusion, die Nazis betrieben eine Zwangsinklusion, verbunden mit einer systematischen und radikalen Exklusion bis hin zur physischen Vernichtung. Die äußerliche Kontinuität wird also von einem inhaltlichen Bruch dementiert. Auf eine andere, gleichsam systemneutrale Kontinuität muß man jedoch zu sprechen kommen, wenn man die Geschichte der Stadtplanungskonzepte in der ersten Hälfte des 20. Jahrhunderts betrachtet:

– Von den Utopisten des 19. Jahrhunderts über die Architektenavantgarde des frühen 20. Jahrhunderts und die Handlanger der Nationalsozialisten bis in die BRD hingen viele Planer dem Glauben an die Gestaltbarkeit der Gesellschaft durch den Bau der physischen Umwelt an, von der wiederum eine erzieherische Wirkung auf den Menschen ausgehen würde.

– Von den Avantgardisten über die Nazis bis zu den Flächensanierungen in der BRD und der DDR ist die gleiche Geschichtsvergessenheit zu beobachten, die auch noch Kriegszerstörungen als Chance begreift, sich endlich von dem Plunder der alten Stadt zu befreien – und die die übriggebliebenen Reste am liebsten auch noch abreißen möchte, um Platz zu schaffen für eine neue Ordnung.

– Von Tauts leuchtenden Stadtkronen über die Gauforen der Nazis und Albert Speers aberwitzigen Berlin-Plänen bis zu den städtebaulichen Dominanten der sechziger Jahre gehörte der gleiche autoritäre Gestus einer aufgesetzten Hierarchisierung der Stadt zur Grundausstattung stadtplanerischen Denkens.

– Und schließlich stößt man auf die gleiche aggressive Verleugnung von Einzigartigkeit, Differenz und Widersprüchlichkeit der Stadt in der Addition identischer Siedlungseinheiten, die Unterschiede und Zufälligkeiten durch Standardisierung oder Großformen ausschließt – egal, ob Phalanstère, Ortsgruppe oder Nachbarschaftseinheit das Label ist.

Durth und Gutschow (1988) haben die erschreckende personelle und konzeptionelle Kontinuität in der Stadtplanung über die »Brüche« von 1933 und 1945 hinweg nachgewiesen. Nach 1945 mußten

»nur einige Vokabeln ausgetauscht [...] werden, um die Konzepte sprachlich zu entnazifizieren« (Durth/Gutschow 1988, 194), die als »gegliederte und aufgelockerte Stadt« dann Karriere machten – sogar mit der Erinnerung an die Kriegszeit: »Die gegliederte und aufgelokkerte Stadt entspricht auch am ehesten den Anforderungen des städtebaulichen Luftschutzes« (Göderitz/Rainer/Hoffmann 1957, 4).

Zur Begründung verweisen Durth/Gutschow auf die personellen Kontinuitäten einer »technokratischen Funktionselite« (ebd., 9) zwischen Speers »Arbeitsstab Wiederaufbauplanung« und jenen, die nach dem Krieg den Wiederaufbau in leitender Stellung in den Städten planten. Daß so viele Planer zusammen mit ihren während des Kriegs verfaßten Plänen so lautlos aus dem Dritten Reich wieder in wichtige Positionen der Stadtplanung gleiten konnten, hat tieferliegende Ursachen als nur die Knappheit an professionellem Personal und die Funktionsfähigkeit von Seilschaften. Durth und Gutschow nennen als strukturellen Grund die Kontinuität der ökonomischen Strukturen. Das erklärt, weshalb sowohl in der Weimarer Republik als auch im Dritten Reich die Planungen zur Auflösung der Großstädte in kleine, dezentrale Gartenstädte und die Heimstättenbewegung so wenig Erfolg hatten. Die kapitalistisch organisierte, industrielle Urbanisierung erzwang eine Konzentration großer Menschenmassen, und die Planungsprinzipien des Funktionalismus übertrugen ebenso wie die Konzepte des Neuen Bauens die Rationalitäten einer fordistischen Industriegesellschaft auf die Organisation der Stadt und das Alltagsleben. Erst in den 1960er Jahren, als die noch aus dem Dritten Reich stammende Planergeneration abtrat und sich eine Krise des Fordismus abzeichnete, konnten sich allmählich andere Planungen durchsetzen.

Aber angesichts der Kontinuität eines planerischen Denkens, das mit der räumlichen Ordnung soziale Ordnung herstellen will, stellt sich die Frage, ob sich darin möglicherweise eine Affinität planerischen Denkens zu autoritären Regimen zeigt. Eine Erklärung dafür ist der naheliegende Verweis auf die heimliche Sehnsucht des Architektenplaners nach dem machtvollen Bauherrn, der seinen Entwürfen auch gegen Widerstände zur Wirklichkeit verhilft. Wie verführerisch diktatorische Regime – gleich ob kommunistisch oder nationalsozialistisch – für den Planer sein können, erhellt ein Brief, den Rudolf Wolters, ein enger Mitarbeiter Albert Speers, 1952 zur Rechtfertigung seiner Tätigkeit im Dritten Reich geschrieben hat (zitiert nach Teut 1967, 372): Im Dritten Reich sei es ihm möglich gewesen, jenseits von Eigentumsverhältnissen und Interessen nur »im Hinblick auf das übergeordnete große Städtebauliche, auf die allgemeine, nur das öffentliche Wohl ansprechende Ordnung des Gesamten« zu planen.

Aber die Architekten hatten noch in einem anderen, tieferen Sinn Teil am »Cäsarenwahn« des Dritten Reiches (ebd., 21): Die europäische Stadt ist eine durch Planung geordnete Stadt, und nicht zuletzt die chaotischen Zustände in den industriellen Großstädten des 19. Jahrhunderts und die gelegentlich auftretenden Choleraepidemien haben eine ordnende Planung der Stadt unabweisbar gemacht. Über solche funktionalen Notwendigkeiten hinaus verdankt sich die moderne Stadtplanung dem Bestreben, die Welt schöner und damit lebenswerter zu machen. Stadtplanung ist auch ein Kind der Aufklärung, die auf der Überzeugung beruht, daß die Welt von Menschen gemacht ist und deshalb auch von Menschen besser gemacht werden kann. Aber mit ebendiesem emanzipatorischen Anspruch ist Aufklärung in eine Dialektik verstrickt, eine Dialektik, vor der lange vor Horkheimer und Adorno (1969) schon Heinrich Heine erschrak – und Heine war weiß Gott kein Feind der Aufklärung: »Aber ach! jeder Zoll, den die Menschheit weiter rückt, kostet Ströme Blutes; und ist das nicht etwas zu teuer?« (Heine 1961, 216)

Von der Dialektik der Aufklärung bleibt auch die Stadtplanung nicht frei, und dieser Dialektik unterliegt auch noch die wohlwollendste Planung. Jeder Versuch des ordnenden Eingriffs, so unabweisbar notwendig er erscheinen mag, ist immer auch ein Akt der Herrschaft, durch den, was sich dieser Ordnung nicht fügt, als Chaos, Verfall und Abweichung ausgegrenzt wird. Gleich, ob nun die Notwendigkeit von Ordnung ästhetisch oder funktional begründet wird, immer ist der Versuch, das unendlich komplexe und widersprüchliche Artefakt Stadt zu ordnen, untrennbar verbunden mit der Reduktion von Komplexität, mit dem Ausschluß von Differenz und Widerspruch und mit dem Stillstellen von Wandel, also mit der repressiven Seite von Herrschaft.

Durths und Gutschows Studien haben auf bedrückende Weise deutlich gemacht, wie sehr gerade auch Architekten und Städtebauer im Dritten Reich den Verführungen der Macht unterlagen. Diese Verführbarkeit war auch begründet in der »Sehnsucht nach [...] einer höheren Ordnung, in der jedes Ding und jeder Mensch an seinem zuvor bestimmten Platz steht, den der Planer schließlich nach seinen Regeln zuzuweisen hat« (ebd., 8). Von dieser Sehnsucht des Planers nach Prinzipien einer überhistorischen Ordnung war es anscheinend nur ein Schritt zu den Konzepten für eine »totale Planung«, wie sie zwischen 1933 und 1945 entworfen worden sind und die auf »totale Regulierung des Lebens« (ebd., 161) zielten. Die Widersprüche und Dilemmata der Planung müssen deshalb immer wieder aufgespürt und wachgehalten werden als Schutz gegen die autoritären Versuchungen der Planung.

7. Stadtentwicklung nach 1945

Nach der Teilung Deutschlands wurden beide Teile jeweils einem anderen politischen und gesellschaftlichen System einverleibt. Stadtentwicklung und Stadtpolitik verliefen während der nächsten 40 Jahre konträr. Wir werden im folgenden diese Entwicklungen skizzieren und am Ende einige Thesen für einen bilanzierenden Vergleich anbieten.

In der Geschichte der BRD lassen sich bislang vier Phasen von Stadtentwicklung und Stadtpolitik unterscheiden: zunächst der Wiederaufbau, danach extensive und intensive Stadtentwicklung und schließlich eine Phase der Differenzierung in verschiedene Stadtentwicklungstypen. Auch in der DDR lassen sich verschiedene Phasen unterscheiden: zunächst die Orientierung an einem Modell der sozialistischen Stadt, dann eine Verlagerung auf den Massenwohnungsbau am Stadtrand, der schließlich in den industrialisierten Bau von standardisierten Großsiedlungen überging.

7.1 Bundesrepublik bzw. Westdeutschland

7.1.1 Wiederaufbau

Als Folge des Weltkrieges dominierte in Westdeutschland bis Anfang der fünfziger Jahre der Wiederaufbau der zerstörten Städte. Dabei konkurrierten zwei Linien: radikaler Neubeginn (wie z. B. in Hannover oder Kassel) und historische Rekonstruktion (wie z. B. in Freiburg oder Münster). Reparatur und Rekonstruktion bewegten sich mit wenigen Ausnahmen entlang der alten Stadtstrukturen – nicht sosehr aus Nostalgie, es gab durchaus Pläne für einen radikalen Neuanfang (vgl. von Beyme 1987). Teils wurden diese von einer Planerelite formuliert, die bereits vor Kriegsende, geprägt vom totalitären Planungsanspruch des Dritten Reiches, die Zerstörungen des Krieges als Chance begriffen hatte, endlich die Stadt der Moderne zu errichten oder doch wenigstens grundsätzliche Konsequenzen aus dem Luftkrieg zu ziehen (Durth/Gutschow 1988). Teils haben auch Vertreter einer radikalen Moderne im Auftrag der alliierten Siegermächte Pläne für eine grundsätzliche Umgestaltung der deutschen Städte formuliert, wie etwa der Plan für den vollständigen Abriß und Neubau der Stadt Mainz durch einen Schüler von Le Corbusier zeigt. Aber diese Pläne sind nirgends realisiert worden, allenfalls ein paar Straßendurchbrüche wurden verwirklicht. Daß die radikalen Pläne scheiterten, lag wesentlich an der noch weitgehend intakten »unterirdischen« Stadt aus technischen Infrastrukturen von Kanälen, Wasserleitungen, Telefon- und Elektrizitätsleitungen, am Geldmangel und an fehlenden Kapazitäten der Bauindustrie. Angesichts der Wohnungsnot und der Flüchtlingsströme mußte aber so schnell wie möglich Abhilfe geschaffen werden. Und schließlich verhinderten die eigentumsrechtlichen Verhältnisse eine grundlegende Umgestaltung der Städte, denn durch sie ist der Zuschnitt der Grundstücke und das Verhältnis von öffentlichen und privaten Flächen festgeschrieben: Das Grundbuch – nicht die Mauern einer Stadt – ist der *cantus firmus* der Stadtentwicklung.

7.1.2 Extensive Urbanisierung und Suburbanisierung

Die Entwicklung in den fünfziger Jahren entsprach jedoch bald wieder dem traditionellen Bild der Stadtentwicklung seit der Industrialisierung: Die Stadt wächst vom Zentrum aus und ergießt sich ins Umland (vgl. Harlander 2001). Die Bewegung der Bevölkerung entspricht der eines Schalenbrunnens: Die kleinste Schale im Zentrum läuft über, füllt die zweite, die schließlich in die dritte überläuft. Die in der Mitte sprudelnde Quelle wird von der Zuwanderung gespeist. Diese Entwicklung entspricht dem idealtypischen Modell, das Ernest Burgess (1974) am Beispiel der rasant expandierenden Einwanderungsstadt Chicago Anfang des 20. Jahrhunderts entwickelt hatte: Die Zuwanderer kommen zunächst in den heruntergekommenen Vierteln der Innenstädte unter, um von dort aus im Zuge ihres ökonomischen Erfolges und ihrer sozialen Integration ihren Wohnsitz allmählich an den Stadtrand zu verlagern. Mit weiterem Wachstum und der Entwicklung leistungsfähiger Systeme des Personennahverkehrs und erst recht mit der Automobilisierung überspringt die Randwanderung die Stadtgrenzen. Diese Suburbanisierung von Wohnen und Arbeiten ist also eine Folge des Wachstums der Stadt. In Deutschland gab es Ansätze dazu bereits seit der Jahrhundertwende, aber mit voller Wucht setzte dieser Prozeß erst in den fünfziger Jahren des vorigen Jahrhunderts ein.

Die Bevölkerung Deutschlands ist zwischen 1950 und 2000 um insgesamt 14 Millionen Menschen gewachsen (Rohr-Zänker 2005, 1), wobei sich dieses Wachstum wegen der kriegsbedingten Flüchtlingsströme und nach 1989 wegen der Wanderungsbewegungen von Ost nach West ausschließlich im Westen der BRD niedergeschlagen hat. Mitte der fünfziger Jahre begann eine stürmische Expansionsphase industrieller Urbanisierung. Die Wirtschaft wuchs mit Raten um die acht Prozent jährlich. Ungenutzte Produktionsfaktoren – Arbeitskräfte und Flächen – wurden mobilisiert, Arbeitskräfte vom Land in die Stadtregionen gezogen. Investitionen in Engpaßsektoren, der Wiederaufbau teilzerstörter Anlagen und die Bebauung bereits erschlossener Flächen brachten schnelle Zuwächse, und bislang außerhalb des Marktes durch informelle Arbeit und Selbstversorgung hergestellte Güter wurden in den formellen Produktionsprozeß einbezogen (Lutz 1984). Wohnungen »auf der grünen Wiese« mußten errichtet werden, ebenso Gewerbegebiete für die expandierenden Betriebe, Wohnfolgeeinrichtungen und Verkehrsanlagen. Stadtplanung war wie in der Gründerzeit Stadterweiterung. In dieser Phase wurde das Bundesbaugesetz konzipiert und 1956 beschlossen. Es beinhaltete das, was Albers (1969) als Auffangplanung bezeichnet hat. Gemeint ist damit, daß dem hereindrängenden Wachstum zwar Orte und Infrastrukturen zugewiesen wurden, die Städte aber keine eigenständigen Ziele verfolgten. Sie paßten sich den Marktbewegungen an.

Die Randwanderung von Bevölkerung und Arbeitsplätzen wird erst mit der Überschreitung der Gemeindegrenzen statistisch sichtbar und für die kommunalen Finanzen relevant. Erst dann spricht man gewöhnlich nicht mehr von Randwanderung, sondern von Suburbanisierung. Im Zuge der Suburbanisierung sinken Bevölkerungs- und Arbeitsplatzdichte in den Kernstädten von Agglomerationen, und sie wachsen im Umland. Mit der extensiven Urbanisierung – also der Ausdehnung der Stadtregionen – erreichte die Suburbanisierung in der BRD in den sechziger Jahren einen ersten Höhepunkt.

Der Begriff der Suburbanisierung betont eine in zweierlei Hinsicht von der Kernstadt abhängige Entwicklung des Umlandes; zum einen eine dynamische: Die Zuwächse an Bevölkerung und Arbeitsplätzen in den suburbanen Gebieten sind durch Abwanderungen aus der Kernstadt entstanden; zum anderen funktional: Im Umland entwickeln sich unselbständige, eben suburbane Siedlungen, die dauerhaft auf die Verbindung zur Kernstadt angewiesen sind in bezug auf Arbeitsplätze, Versorgung mit Gütern des gehobenen Bedarfs, administrative Leistungen, Bildung, Gesundheit, Kultur etc. Als Folge entstehen immer umfangreichere Pendlerbewegungen zwischen Kernstädten und Umlandgemeinden.

In den USA hat die Suburbanisierung früher eingesetzt und sie ist stärker ausgeprägt als in der BRD. Anfang der neunziger Jahre wurden im Umland der amerikanischen Metropolregionen 93 Prozent der Einzelhandelsumsätze getätigt, dort wohnten 61 Prozent der metropolitanen Bevölkerung, waren 60 Prozent der Büroflächen und zwischen 50 und 70 Prozent der Arbeitsplätze der Metropolregionen lokalisiert (Aring 1999, 21). Die anhaltenden Abwanderungen aus den Großstädten führten auch in Westdeutschland zu einem starken Wachstum der suburbanen Gebiete. Mitte der siebziger Jahre übertrafen der Bevölkerungsumfang des Umlandes und sein Anteil an der Gesamtbevölkerung die Kernstädte. Wie man die suburbanen Gebiete abgrenzt, ist allerdings nicht eindeutig geklärt – außer wenn man administrative Daten benutzt, wie in Tabelle 7.1, der die Gebietskategorien des Bundesamtes für Bauwesen und Raumordnung zugrunde liegen.

Erläuterungen zu den Tabellen 7.1 und 7.2: Die Gebietstypen, die von der Bundesforschungsanstalt für Landeskunde und Raumordnung (heute eingegliedert in das Bundesamt für Bauwesen und Raumordnung, BBR) gebildet werden, unterscheiden nach geographischen Kriterien drei Typen: 1.) Regionen mit großen Verdichtungsräumen, die man auch als große Agglomerationen bezeichnen könnte; sie bestehen aus einer Großstadt als Kern und aus anliegenden Kreisen, die ebenfalls noch eine hohe Bevölkerungsdichte aufweisen. Ländliche Kreise gehören dann dazu, wenn sie in einem funktionalen Zusammenhang mit der städtischen Agglomeration stehen. 2.) Regionen mit Verdichtungsansätzen haben eine ähnliche Struktur, jedoch eine geringere Bevölkerungsdichte, und sie sind insgesamt kleiner. 3.) Ländlich geprägte Regionen haben kein großes Oberzentrum und eine Bevölkerungsdichte, die nicht höher als 150 Einwohner/qkm ist; die ländlichen Kreise in den ländlichen Räumen liegen peripher und haben eine sehr geringe Siedlungsdichte. (Vgl. Laufende Raumbeobachtung. Aktuelle Daten zur Entwicklung der Städte, Kreise und Gemeinden; jährliche Veröffentlichung des BBR in der Reihe: Materialien zur Raumentwicklung.)

Tabelle 7.1: Entwicklung von Bevölkerung und Beschäftigung in verschiedenen Siedlungsstrukturtypen in Westdeutschland 1980-1992

Gebietstypen	Anteil an der Bevölkerung 1992	Anteil am Bevölkerungszuwachs 1980-1992	Entwicklung der Bevölkerung 1980-1992	Anteil an den Beschäftigten 1992	Anteil am Beschäftigtenzuwachs 1980-1992	Entwicklung der Beschäftigung 1980-1992
Große Verdichtungsräume	53,9	42,8	4,4	57,0	47,0	9,7
Kernstädte	24,0	2,0	0,5	32,1	11,6	4,0
Hochverdichtete Kreise	19,1	24,4	7,3	16,5	21,9	16,6
Verdichtete Kreise	7,9	11,6	8,5	6,2	10,0	20,9
Ländliche Kreise	2,9	4,7	9,2	2,1	3,5	21,9
Regionen mit Verdichtungsansätzen	29,0	36,2	6,9	27,9	32,5	14,3
Kernstädte	5,4	1,9	1,9	7,7	5,3	8,1
Verdichtete Kreise	17,2	25,2	8,4	14,4	18,5	16,0
Ländliche Kreise	7,1	9,0	7,3	5,9	8,8	18,9
Ländliche Räume	16,4	21,1	7,3	15,1	20,5	17,0
Verdichtete Kreise	8,6	12,3	8,2	8,3	11,1	16,7
Ländliche Kreise	7,7	8,8	6,4	6,8	9,4	17,4
Insgesamt			5,6			12,0

Quelle: Irmen/Bach 1994, 450

Tabelle 7.2: Dekonzentration von Bevölkerung und Beschäftigung in verschiedenen Siedlungsstrukturtypen in Gesamtdeutschland 1992-2003

Gebietstypen	Anteil an der Bevölkerung 2003	Anteil am Bevölkerungs-zuwachs/-verlust 1992-2003	Entwicklung der Bevölkerung 1992-2003	Anteil an den Beschäftigten 2003	Anteil am Beschäftigten-verlust 1992-2003	Entwicklung der Beschäftigung 1992-2003
Große Verdichtungsräume	52,4	54,3	2,0	55,2	55,5	–7,9
Kernstädte	23,2	–26,3	–2,1	29,9	45,1	–11,4
Hochverdichtete Kreise	17,4	40,8	4,7	15,7	5,9	–3,1
Verdichtete Kreise	7,6	20,8	5,5	6,2	2,4	–3,2
Ländliche Kreise	4,2	18,9	9,3	3,3	2,1	–5,2
Regionen mit Verdichtungs-ansätzen	34,7	39,4	2,2	33,2	31,2	–7,5
Kernstädte	5,7	–16,3	–5,1	8,3	13,9	–12,5
Verdichtete Kreise	19,0	37,6	3,9	16,6	11,0	–5,4
Ländliche Kreise	10,0	18,2	3,6	8,3	6,3	–6,2
Ländliche Räume	12,9	6,2	0,9	11,7	13,2	–8,8
Verdichtete Kreise	7,9	11,4	2,8	7,3	7,0	–7,6
Ländliche Kreise	5,0	–5,2	–1,9	4,3	6,2	–10,9
Insgesamt			1,9			–7,9

Quelle: Laufende Raumbeobachtung des BBR

Tabelle 7.1 zeigt, daß die räumliche Verteilung von Bevölkerung und Arbeitsplätzen in der beobachteten Periode sich zuungunsten der Großstädte verändert hat. Die Wachstumsraten von Bevölkerung und Beschäftigung sind in den Kernstädten unterdurchschnittlich. Den größten Anteil des Wachstums nehmen die um die Großstädte gelegenen Kreise auf, die »suburbanen« Gebiete, die aus Kleinstädten, Dörfern und Ein- bzw. Zwei-Familienhaus-Siedlungen gebildet werden. In allen drei siedlungsstrukturellen Gebietstypen ist das Wachstum in den ländlichen Kreisen höher als in den Großstädten. Das Wachstum der Verdichtungsgebiete findet nicht mehr auf Kosten der ländlichen Räume statt, und es wird überlagert von einem starken Suburbanisierungsprozeß innerhalb dieser Regionen. In dieser Periode gewannen die Kernstädte noch Bevölkerung und Arbeitsplätze dazu; dieses Bild verändert sich jedoch, wenn man nach 1992 alle Kernstädte im vereinigten Deutschland einer gemeinsamen Kategorie subsumiert.

1992 lebten in Deutschland 31 Prozent der Bevölkerung in Großstädten, ein Anteil, der seit der Hochperiode der Verstädterung etwa gleichgeblieben ist. 29 Prozent der Bevölkerung wohnen in ländlichen Kreisen, aber 40 Prozent in suburbanen Siedlungsgebilden, also in den Gemeinden im Umland der großen Städte. Diese Orte sind weder Stadt noch Land im soziologischen Sinne, da sie weder agrarisch geprägt sind noch die hohe Dichte und funktionale Differenzierung der großen Städte aufweisen. Ihre Attraktivität liegt darin, daß ein differenziertes Arbeitsplatz- und Infrastrukturangebot (in den Städten) leicht erreichbar, andererseits aber wegen der geringeren Siedlungsdichte ein »Wohnen im Grünen« möglich ist. Die Wohneigentumsquote und die Wohnfläche pro Kopf sind dort erheblich höher als in den Städten. Die Einwohner, die in den achtziger Jahren weder auf dem Land noch in der Stadt wohnten, sondern in einer Art »Zwischenstadt« (Sieverts 1997; Sieverts/Koch/Stein/Steinbusch 2005; Läpple/Soyka 2005), wo sich die Vor- und Nachteile des Stadt- und Landlebens begegnen, bildeten in Westdeutschland in den achtziger Jahren die größte Gruppe.

In den ersten zehn Jahren nach 1992 hatten die Kernstädte und die ganz peripheren ländlichen Gebiete eine rückläufige Bevölkerungszahl. Insgesamt zeigt sich das Bild einer großräumigen Konzentration und einer regionalen Dekonzentration. In Ostdeutschland haben die Kernstädte durch Suburbanisierung Bevölkerung und durch

Deindustrialisierung Arbeitsplätze verloren. Hinter diesem Muster verbirgt sich aber eine starke Differenzierung der regionalen Entwicklung: Den durchweg schrumpfenden ostdeutschen Städten und Regionen stehen in Westdeutschland stagnierende und wachsende Regionen und Städte gegenüber. Insgesamt gibt es seit etwa 2000 Anzeichen dafür, daß der Suburbanisierungsprozeß stark abgebremst ist und daß es in manchen Kernstädten wieder ein Wachstum von Beschäftigung und Einwohnerzahl gibt (vgl. dazu Kapitel 19).

7.1.3 Phasen, Ursachen, Folgen

Es können drei Phasen der Suburbanisierung unterschieden werden: Zunächst verlassen, beginnend in der zweiten Hälfte des 19. Jahrhunderts, die rasch wachsenden Industriebetriebe wegen Platzmangels und wegen der Verkehrsprobleme die alte Stadt, die gleichzeitig durch Zuwanderung und entsprechenden Wohnungsbau sowie Wachstum von Verwaltungen und Handel verdichtet wird. Einen Umzug ins Umland können sich nur sehr wohlhabende Familien leisten, solange es keinen öffentlichen Nahverkehr gibt und die Pendler auf eine Kutsche angewiesen sind. Nach dem Zweiten Weltkrieg gewinnt die Verstädterung eine neue Dynamik, und mit dem Ausbau des öffentlichen Nahverkehrs sowie der Verbreitung des Automobils können sich die Wohnstandorte der Bevölkerung ins Umland ausbreiten – gefördert durch Steuernachlässe und Subventionen, denn bis 1970 wurden Steuernachlässe auf den Wohnungsbau nur bei der Errichtung von Neubauten gewährt, und die Kosten für die Fahrten zur Arbeit konnten steuerlich abgesetzt werden. Ab den siebziger Jahren wurden zwar die erhöhten Abschreibungen auf die Altbauten in den Städten ausgedehnt, aber nun hatte sich schon eine Eigendynamik entfaltet: Zunächst folgen der Bevölkerung der Handel (Einkaufszentren), haushaltsbezogene Dienstleistungen und andere Wohnfolgeeinrichtungen (Schulen, Ärzte und Apotheken, Einzelhandel, Kindergärten) ins Umland. Und bald werden auch Bürotätigkeiten, die nur geringe Qualifikationen verlangen, an billige Standorte ins Umland und in die Nähe der noch nicht berufstätigen (weiblichen) Arbeitskräfte verlagert (Müller/Rohr-Zänker 2001, 32).

Die Tendenz einer funktionalen Vervollständigung des Umlandes veränderte schließlich die Pendlerbeziehungen (vgl. Brake 2005). Neben den radial auf die Kernstadt gerichteten Pendlerbewegungen entwickelten sich direkte Verflechtungen zwischen Umlandgemeinden, die die Kernstadt nur noch tangential berühren (Bahrenberg 2000). Damit zeigten sich im Umland Ansätze für funktional vollständige Gemeinden, die allerdings bei weitem nicht mit den »Edge Cities« in den USA zu vergleichen sind, die Garreau (1991, 6f.) beschrieben hat. Dennoch beruht der Zuwachs an Wohnbevölkerung und Arbeitsplätzen in einzelnen Umlandregionen bereits nicht mehr auf Wanderungsgewinnen gegenüber der Kernstadt, sondern auf der Expansion ansässiger wettbewerbsstarker Betriebe, der Bevölkerungsdynamik jüngerer Haushalte und direkter Zuwanderung aus anderen Regionen. Angezogen durch ein ökonomisch und qualitativ zunehmend differenzierteres Angebot an Eigentums- und Mietwohnungen und an Arbeitsplätzen, ziehen inzwischen nicht mehr nur Familien, sondern auch Singles, Kinderlose, Alleinerziehende, Ärmere und Ausländer ins Umland.

Die Suburbanisierung hat vielfältige objektive und subjektive Ursachen. Die ersten Erscheinungsformen der Suburbanisierung in England zu Beginn des 18. Jahrhunderts waren getrieben von neuen Vorstellungen über das »richtige Leben« (Fishman 1987). Die Stadt erschien dem puritanisch gesinnten Bürgertum nicht mehr als moralisch geeigneter Ort für Kinder und Frauen. Also verlegten die Bürger ihre Wohnungen jenseits der Stadtmauern aufs Land, wo Weib und Kind ein gottgefälligeres Leben führen konnten, fern von den Versuchungen der Stadt, denen sich nur die Männer gewachsen wähnten. Suburbanisierung war also zunächst eine Sache der Privilegierten; erst im Laufe des 20. Jahrhunderts konnten sich die Mittelschichten und gut verdienende Arbeiter der »Stadtflucht« anschließen. Die Suburbanisierung kann erklärt werden a) durch den Wegfall von technischen Restriktionen, die zunächst die Konzentration von Wohnen und Arbeiten auf die Städte erzwungen hatten; erst als entsprechende Voraussetzungen für tägliches Pendeln gegeben waren, konnten sich die Wohngebiete ins Umland ausdehnen; b) durch die hohen Preise und starken Umweltbelastungen in den Städten sowie c) durch die Attraktivität des Wohnens im Grünen für bestimmte Bevölkerungsgruppen.

In der zweiten Hälfte des 19. Jahrhunderts wurden die einengenden Festungsgürtel um die Städte gesprengt. Die Entwicklung leistungsfähiger Transport- und Kommunikationssysteme ließ auch die technischen Schranken fallen, die die Abwanderung ins Umland behindert hatten. Zunächst entstanden die Eisenbahnen und von Pferden gezogene Omnibusse und Straßenbahnen, dann, ab 1890, lösten elektrische Straßenbahnen einen Schub in der Ausdehnung der Siedlungsfläche aus. Das ermöglichte z. B. privaten Immobiliengesellschaften, in Berlin, im Grunewald oder in südlichen Vororten Villengebiete anzulegen und sie an Bewohner zu verkaufen, die sich in der Stadt solche Häuser nicht hätten leisten können.

Angesichts hoher und steigender Preise für Bauland und Mietwohnungen war für die meisten Haushalte der Wunsch nach einer größeren Wohnfläche nur durch einen Umzug ins Umland zu realisieren. Das war und ist ein bleibender Grund für den Wegzug aus der Stadt. Häufig zahlen die Umziehenden anschließend zwar absolut mehr, aber für diesen höheren Preis können sie ihre Wohnfläche überproportional ausweiten. Ein vergleichbarer Zuwachs an Wohnfläche wäre außerdem rein physisch innerhalb der Städte selbst bei gleichbleibender Einwohnerzahl und erheblicher Neubautätigkeit kaum zu bewältigen. Eine Stadt, in der während der ersten Hälfte des vorigen Jahrhunderts noch eine Million Menschen wohnten, könnte heute angesichts des gestiegenen Flächenverbrauchs pro Kopf nur noch 400 000 Menschen beherbergen. Suburbanisierung ist also ein Wohlstandsphänomen.

Viele Randwanderer suchen eine bessere Lebensqualität im Umland, weil sie durch die Umweltbelastungen in der Stadt und durch die mangelhafte Ausstattung mit wohnungsnahen Grünflächen von den baulich verdichteten Gebieten abgeschreckt sind. Die Randwanderer bevorzugen einen familienorientierten Lebensstil, der mit einem starken Privatismus einhergeht. Sie ziehen der Unübersichtlichkeit der innerstädtischen Quartiere eine Nachbarschaft vor, die durch Bewohner geprägt ist, die in ähnlicher Weise familienorientiert sind – und die einer gleichen Schicht angehören.

Der Wunsch nach dem Wohnen im Eigenheim im Grünen ist auch eine Lebensstilfrage. In den sechziger Jahren waren die Wohnpräferenzen klar und sehr einheitlich, denn der Wachstumsschub der Ökonomie hatte zu einem Wohlstandszuwachs auch bei den breiten Schichten der Bevölkerung geführt, so daß der Traum vom eigenen Haus realistisch erschien. Eine Standardbiographie wurde kulturell etabliert, die folgenden Ablauf vorsah: zur Ausbildung in die Stadt, danach berufliche Etablierung, gefolgt von Familiengründung und

Eigentumsbildung, verbunden mit einem Umzug in eine Vorortgemeinde. Diese Biographie wurde millionenfach gelebt, und da es nur den überdurchschnittlich Verdienenden möglich war, diesen Traum zu realisieren, hatte die Randwanderung sozial selektive Konturen: Zwischen Kernstadt und Umland bildeten sich soziale Differenzen heraus, die für die Großstädte relativ immer mehr soziale Lasten bedeuteten.

Vergleichbare Gründe verursachen die Verlagerung von Betrieben ins Umland: Das Umland lockt mit billigen Flächen auch für Gewerbe und Büros; das störende Nebeneinander von Gewerbe und anderen Funktionen in der Stadt führt zu Konflikten und behindert eine Expansion am gegebenen Standort. Konzentration und neue Betriebskonzepte im Einzelhandel und der Freizeitindustrie (Freizeitparks, Arenen, Spaßbäder) haben Betriebsgrößen zur Folge, die in den Innenstädten kaum mehr unterzubringen sind. Die flächenextensive, ebenerdige Organisation der Produktion zwingt zu Betriebsverlagerungen an den Stadtrand. Diese Prozesse werden durch Mechanismen des Bodenmarktes gefördert: Steigende Preise verdrängen flächenextensive zugunsten flächenintensiver Nutzungen (Büros) aus der Kernstadt.

Outsourcing, neue Logistikkonzepte wie *just in time* (vg. Läpple 1995) und die Differenzierung innerhalb der Dienstleistungen führen dazu, daß das Umland auch verstärkt zum Standort von Speditions- und Gewerbebetrieben, die auf größere Zulieferungen angewiesen sind, die überwiegend per LKW kommen, sowie niedriger qualifizierten Dienstleistungen (Reinigungsbetriebe, *back-offices*) wird. Für die Verkehrsanbindungen sind Autobahnanschlüsse und Flugplätze inzwischen wichtiger geworden als die Güterbahnhöfe, die in den Innenstädten lagen.

Im Zuge der Suburbanisierung wird die Dominanz der Kernstädte als ökonomisches, soziales, kulturelles und politisches Zentrum relativiert. Die Netze der Arbeits-, Güter- und Freizeitbeziehungen überlagern sich räumlich, immer mehr Menschen organisieren ihren Alltag regional über verschiedene Gemeinden hinweg. Da es vor allem die Haushalte mit überdurchschnittlichen Einkommen waren, die ins Umland abwanderten, ergab sich ein Finanzproblem für die Kernstädte: Sie verloren Einwohner, die überdurchschnittliche Beiträge zur Einkommenssteuer bezahlt hatten, während die Anteile der Bewohner wuchsen, die keine Steuern zahlen, sondern die kommunalen Haushalte durch ihre Ansprüche an die Sozialhilfe belasten. Die Umlandbewohner nutzen außerdem das städtische Angebot an höherwertigen Kultur- und Bildungseinrichtungen, ohne zu ihrer Finanzierung beizutragen. Solange die Bewohner der Ränder und der Umlandgebiete ihren Arbeitsplatz und den Bezugspunkt ihrer täglichen Wege in der Innenstadt behielten, verstärkte sich der Pendelverkehr zwischen Stadt und Umland, was zur Lärmbelastung und Umweltverschmutzung in der Stadt beitrug, woraus sich wieder neue Abwanderungsbewegungen ergaben. Die aufgelockerte Besiedlung im Umland wurde zudem als ein ökologisches Problem gesehen, weil sie mit einem überproportionalen Flächen- und Energieverbrauch verbunden sei.

7.1.4 Intensive Urbanisierung und Stadtumbau

Unter den Bedingungen der Vollbeschäftigung kündigte sich mit der Konjunkturkrise 1966/67, die vorübergehend eine halbe Million Arbeitslose zur Folge hatte, das Ende des »Traums immerwährender Prosperität« (Lutz 1984) an. Das stürmische Wachstum hatte bis dahin die sektoralen und regionalen Strukturkrisen überdeckt. Im Ruhrgebiet, während der fünfziger Jahre der Motor des extensiven Wachstums, zeigten sich erste Anzeichen für das Ende der industriellen Urbanisierung. In der sich entfaltenden Dienstleistungsgesellschaft nahmen die Büroarbeitsplätze zu. Sie wurden bevorzugt in den Kernstädten angesiedelt, gleichzeitig schrumpften die industriellen und gewerblichen Arbeitsmärkte. Das durchschnittliche Wachstum halbierte sich in den siebziger Jahren auf vier Prozent. Beides, sinkende Prosperität und die Verlagerung der Wachstumsdynamik von der Industrie auf den tertiären Sektor, führte zu dem Versuch, durch eine tiefgreifende Umstrukturierung des politisch-administrativen Systems auch die räumliche Dimension gesellschaftlicher Entwicklungen und insbesondere die Kommunalpolitik – die Kommunen tätigen ca. 80 Prozent der öffentlichen Bauinvestitionen – in eine erweiterte Konjunktur- und Strukturpolitik zu integrieren (vgl. Siebel 1974). Mittels Verfassungsänderungen (Art. 91 a und 104 a des Grundgesetzes) schufen Bund und Länder 1969 die Voraussetzungen, um die Ausgaben der Kommunen stärker beeinflussen zu können. Stadtpolitik wurde in den Dienst der Konjunkturpolitik und einer wachstumsorientierten Strukturpolitik gestellt, die die Mobilität der Produktionsfaktoren erhöhte. Der Stadtpolitik fiel dabei die Aufgabe zu, den Produktionsfaktor Fläche zu mobilisieren, d. h., Flächen den jeweils produktivsten Nutzungen zuzuführen, also insbesondere innerstädtische Wohnflächen und Flächen unrentablen Gewerbes für tertiäre Nutzungen verfügbar zu machen. Mit dem Städtebauförderungsgesetz erhielten die Gemeinden 1971 weiterreichende Möglichkeiten zu Eingriffen in bestehende städtische Strukturen und für die Planung der Stadterweiterung.

Die Städte wurden damit in einen Planungs- und Finanzierungsverbund mit Bund und Ländern integriert und zu einem Instrument der Konjunktur- und Strukturpolitik, was ihr Handlungsspektrum erweiterte, aber den politischen Inhalt auch stärker von den staatlichen Ebenen abhängig machte. Stadtsanierung und Stadtumbau waren die zentralen Bestandteile der wachstumsorientierten Stadtpolitik. Dabei ging es sowohl darum, die Stadtstrukturen, insbesondere die Verkehrsverhältnisse, der wachsenden Motorisierung anzupassen, als auch darum, Platz zu schaffen für den expandierenden tertiären Sektor sowie die Wohnbedingungen zu modernisieren. Beides eröffnete enorme Möglichkeiten für Investitionen, die der Staat im Sinne von Keynes konjunkturgerecht steuern wollte.

Anders als die Stadterweiterung auf der »grünen Wiese« berühren Eingriffe in die vorhandene Stadt aber unmittelbar die Interessen von Menschen. Durch Stadtsanierung werden die Verwertbarkeit des Immobilieneigentums beeinflusst, etablierte Beziehungen zwischen Betrieben, Kunden und Arbeitskräften zerrissen, das gewohnte Bild der Stadt verändert, bestehende Nutzungen beseitigt und gewohnte Lebensverhältnisse verändert. Deshalb beginnt mit dem Stadtumbau auch der Widerstand gegen Planungen und Maßnahmen der Stadtpolitik seitens der Bewohner, Eigentümer und gewerblichen Nutzer. Die ersten größeren Bürgerinitiativen in der Bundesrepublik kämpften in Bremen gegen die Zerstörung eines Wohnviertels und in München gegen den Abriß eines Palais zugunsten einer Schnellstraße. Nicht nur bei den Jungsozialisten wurde über die Grenzen des Wachstums diskutiert, man thematisierte nun erstmals seine sozialen, später auch ökologischen Nebenfolgen.

Doch die Orientierung auf ökonomisches Wachstum blieb dominant. Die physische Entwicklung der Stadt sollte so gelenkt werden, daß ein Maximum ökonomischen Wachstums erzielt wurde, das auch die Mittel zur Bewältigung seiner negativen Folgen liefern sollte. Wachstumsförderung sollte für erhöhte wirtschaftliche Zuwachsraten sorgen und so zugleich einer ausgleichenden Sozialpolitik die finanziellen Mittel verschaffen. Das Städtebauförderungsgesetz war Ausdruck solcher »Simultanpolitik« (Offe 1972). Es sollte dazu dienen, die Stadtentwicklungspolitik für eine wachstumsorientierte Strukturpolitik zu instrumentalisieren und zugleich mit »vorbereitenden Untersuchungen« und dem »Sozialplan« seine sozialen Nebenfolgen zu vermeiden oder zu mildern. Es diente zur Erweiterung der Flächen für den wachsenden Handels- und Bürobereich (vgl. Wollmann 1975), aber nun wurde zum ersten Mal die soziale Dimension städtischer Entwicklung im Instrumentarium der Planung berücksichtigt – als unbeabsichtigte Nebenfolge (vgl. dazu Kapitel 8).

Das Städtebauförderungsgesetz vollzog eine tiefgreifende Umorientierung von einer expansiv orientierten zu einer nach innen orientierten Stadtpolitik. Die Instrumente und Konzepte änderten sich im Laufe der Zeit, denn Erfahrungen lagen für diese Interventionen noch nicht vor. Zunächst stand die sogenannte Funktions- oder Flächensanierung im Vordergrund, bei der die vorhandene Bausubstanz abgerissen und durch Neubauten ersetzt werden sollte. Dabei wurde meist die Bebauungsdichte erhöht, und die alten, weniger profitablen Nutzungen – Wohnen, aber auch Kleingewerbe – wurden an den Rand der Stadt auf billigere Flächen verlagert. Wenn es um die Erweiterung des Citybereichs für den wachsenden Dienstleistungssektor ging, wurden an der Stelle kleinerer (Wohn-)Häuser nun Bürogebäude und Einkaufszentren errichtet. Aber auch Wohnquartiere wurden flächenhaft abgerissen, um an gleicher Stelle neue Wohnungen zu bauen (vgl. dazu Kapitel 13).

Flächenhafter Abriß und kompletter Neubau erwiesen sich bald als sehr teure Strategien, nicht nur im finanziellen Sinn, sondern auch politisch. Die von Verdrängung bedrohten Mieter und Gewerbetreibenden, aber auch viele Immobilieneigentümer begannen sich zu wehren, weil sie ihre Interessen nicht oder nur unzureichend berücksichtigt sahen. Im Zuge von Flächensanierungen wurden auch Größe und Zuschnitt der Grundstücke entsprechend den Anforderungen des Neubaus geändert, d. h., die Flächensanierungen beinhalteten nicht nur tiefe Eingriffe in altgewohnte Lebensumstände, sondern auch in Eigentumsverhältnisse. An die Stelle kleinteiligen Einzeleigentums traten potente Großinvestoren wie die damals größte deutsche Wohnungsbaugesellschaft, die Neue Heimat. Der Stadtumbau wurde zum Anlaß wütender politischer Auseinandersetzungen, die mancherorts zu regelrechten Straßenschlachten führten (vgl. Stracke 1980; Müller-Münch u. a. 1981; Laurisch 1981). Es begann die große Zeit der Bürgerinitiativen und Hausbesetzungen.

Angesichts dieser Widerstände und auch wegen knapper gewordener finanzieller Mittel trat Anfang der siebziger Jahre eine behutsamere Form des Stadtumbaus in den Vordergrund: die Modernisierung der Bausubstanz ohne Änderung der Nutzung und der Eigentumsverhältnisse – ja möglichst auch ohne Änderung der Bewohnerschaft. Technische und Ausstattungsmängel der innerstädtischen Wohngebiete sollten behoben werden, ohne die Bewohner und Gewerbetreibenden zu verdrängen. Die Internationale Bauausstellung in Berlin, die 1979 begann, machte die »Innenstadt als Wohnort« zu ihrem Motto und wollte exemplarisch die »behutsame Stadterneuerung« demonstrieren.

Eine Veränderung der sozialen Zusammensetzung der Wohnbevölkerung erwies sich allerdings als kaum vermeidbar, denn um die Instandhaltungs- und Modernisierungsinvestitionen zu finanzieren, wurden anschließend die Mieten erhöht. Außerdem wurden, um die Wohnqualität zu verbessern, Hinterhofbauten abgerissen, kleine Wohnungen zu größeren zusammengelegt, und auch der Einbau von Bädern und Aufzügen beanspruchte Platz. Nach der Substanzsanierung, wie diese Form des Stadtumbaus im Unterschied zur Funktionssanierung genannt wurde, gab es deshalb häufig weniger und teurere Wohnungen, also mußten Haushalte, gewöhnlich die weniger zahlungskräftigen, das Gebiet verlassen. Auch eine behutsam durchgeführte Substanzsanierung hatte also unerwünschte soziale Nebenfolgen.

7.2 DDR bzw. Ostdeutschland

Die Städte entwickelten sich in der DDR unter grundlegend anderen Rahmenbedingungen als in Westdeutschland (vgl. ausführlich Häußermann/Neef 1996): Es gab keine private Verfügung über Boden, Investitionen wurden staatlich gelenkt, Entscheidungsprozesse waren streng hierarchisch organisiert und zentral koordiniert. Die gesamte Verfügung über den Stadtraum, über die verschiedenen Nutzungen, über Zeitpunkt und Ausmaß von Investitionen lag in staatlicher

Hand – ideale Voraussetzungen also für eine genaue und wirksame Planung der Stadtentwicklung – öffentliche Planung auf öffentlichem Terrain. Freie Mobilität der Bürger gab es nicht, Wohnungen wurden staatlich zugeteilt. Damit unterlag nicht nur die Form der Stadt politischen Entscheidungen, sondern auch die soziale Zusammensetzung der Bevölkerung in den Quartieren.

7.2.1 Die sozialistische Stadt

Anhand der Debatten über den Städtebau und anhand realisierter Beispiele lassen sich einige Merkmale der »sozialistischen Stadt« benennen, die das Leitbild für die Stadtpolitik in der DDR kennzeichneten. Flierl (1995, 57f.) nennt drei »konstitutive Prinzipien« der Stadtentwicklung und Stadtgestaltung, die die DDR-Städte von Städten in kapitalistischen Ländern unterscheiden sollten:

a) Ganzheitlichkeit, d. h. Städtebau in Ensembles, die die »komplexen städtischen Funktionen gleichzeitig berücksichtigen« sollten.

b) Zentralität, d. h., daß die Mitte der Stadt auch als Mitte des gesellschaftlichen Lebens aufgefaßt und zu gestalten versucht wurde. Im bewußten Gegensatz zur City der »kapitalistischen Stadt« sollte das Stadtzentrum »Ort nicht vordergründig kommerzieller Zentralität des Kaufens und Verkaufens, des Handels und der Geschäfte, [...] sondern primär als Ort kommunikativer Zentralität [...] als Ort einer auf gesellschaftliche Gemeinsamkeit orientierten räumlichen Ordnung« konzipiert werden. »Charakteristisch sollte sein, daß im Mittelpunkt der Zentren [...] Gebäude und Anlagen der Bildung, Kultur und Erholung, der Tagungen, Kongresse und Begegnungen, also zentrale Einrichtungen gesellschaftlicher Kommunikation angeordnet sind. [...] Ebenso charakteristisch ist, daß im Zentrum gewohnt wird.«

c) »Dominanz« war das dritte Prinzip im Städtebau, die »Hervorhebung und Betonung des gesellschaftlich Bedeutsamen [...] zum Zwecke gesellschaftlicher Präsentation und vor allem Repräsentation. [...] [Beabsichtigt wurde], das für den Sozialismus Bedeutsame [...] vor allem auch gegenüber dem Alten baulich-räumlich hervorzuheben«. Dazu gehört auch die Hervorhebung von wichtigen Straßen und zentralen Plätzen sowie die Idee, daß jede Stadt eine »Höhendominante höchster Zentralität als neue sozialistische Stadtkrone«

haben sollte (z. B. der Fernsehturm in der Mitte von Berlin oder das Hochhaus der Universität in Leipzig usw.).

Unschwer sind die Merkmale zu erkennen, die diese Stadtentwicklung als sozialistische im Gegensatz zur kapitalistischen qualifizieren: die Bedeutung kollektiver Infrastruktur, das Wohnen im Zentrum als Zeichen für die Abschaffung der Grundrente und die Betonung nichtkommerzieller Aktivitäten und Symbole im Stadtzentrum. In vieler Hinsicht knüpften Wohnungs- und Städtebau in der DDR an Konzepte der Architekturavantgarde der Weimarer Republik an, die ebenso das Privateigentum als Hindernis für die Realisierung ihrer Pläne benannt hatten (vgl. Conrads 1981).

7.2.2 Phasen der Stadtentwicklung in der DDR

Der Städtebau in der DDR kann in drei Phasen eingeteilt werden. In der ersten unmittelbar nach der Gründung der DDR (1949) wurden die Rechtsinstrumente und Leitbilder für einen »sozialistischen Städtebau« geschaffen. Mit dem »Aufbaugesetz« aus dem Jahr 1950 wurde das staatliche Verfügungsrecht über Grund und Boden eingeführt. Das Aufbaugesetz sollte die »rechtliche Basis für die Überwindung von Bodenspekulation und ausufernder Mietentwicklung« bilden, die »Beseitigung sozialer Zonierung in den Städten« und eine »architektonisch ansprechende Gestaltung der Städte« (Lassak 1991, 243) ermöglichen. Mit dem Gesetz wurden auch umfassende Enteignungsinstrumente eingeführt, die die Umstrukturierung der Städte ermöglichten. Da Entschädigung gezahlt, also »rechtlich einwandfrei« gehandelt wurde, blieben diese Enteignungen auch nach dem Anschluß der DDR an die BRD bestehen. Zusammen mit den »16 Grundsätzen des Städtebaus« (abgedruckt in Beyme u. a. 1992), die das Leitbild der sozialistischen Stadt umrissen, bildete das Aufbaugesetz den Kern des städtebaulichen Instrumentariums dieser Phase. Die »Grundsätze verstanden sich als eine Art Gegenmodell zu den 1933 verfaßten und als Charta von Athen bekannt gewordenen städtebaulichen Grundsätzen« (Flierl 1991, 51) der Architekten des Neuen Bauens. Simone Hain bezeichnet die 16 Grundsätze als »Charta von Moskau« (Hain 1993, 60), denn sie waren auf einer Reise nach Moskau formuliert worden, die führende DDR-Planer unternommen hatten und während der sie ihre städtebaulichen Grundsätze radikal veränderten (vgl. Hain 1992). Die Entwürfe für die »moderne Stadt«, die von den DDR-Planern vorbereitet worden waren, erschienen den sowjetischen Kollegen zu idyllisch, zu kleinbürgerlich. Sie fragten: »Wo gehen die Demonstrationen hin? Wo ist der Aufmarschplatz? Wo sind die Aufmarschstraßen? Wo sind die Regierungsinstitutionen und zentralen Kulturstätten?« Die Stadt sollte eine Bühne für die Darstellung der neuen »Volksdemokratie« sein: »Die Straße ist ein Mittel zum festlichen Leben [...] sie muß die politische Bedeutung der Massen unterstreichen« (Hain 1993, 56). Wer heute solche Straßen im Zentrum von Berlin begeht, spürt deutlich, was gemeint war: Nur marschierende Massen können sie ausfüllen.

Statt der Auflösung der Stadt, wie sie von den Architekten des Neuen Bauens propagiert worden war, sollte eine kompakte Stadt mit einprägsamen monumentalen Formen gebaut werden, die ein »Gegenkonzept zum genossenschaftlich und subsistenzwirtschaftlich strukturierten ›Stadtdorf‹« (Hain 1993, 53) bildet. Mit Stoßrichtung gegen Stadtvorstellungen, die sich an die Gartenstadtidee anlehnten, lauten die Grundsätze Nr. 11 bis 13 dieser »Charta von Moskau«:

»Bestimmend für gesunde und ruhige Lebensverhältnisse und für die Versorgung mit Licht und Luft sind nicht allein die Wohndichte und die Himmelsrichtung, sondern auch die Entwicklung des Verkehrs. Die Stadt in einen Garten zu verwandeln, ist unmöglich. Selbstverständlich muß für ausreichende Begrünung gesorgt werden. Aber der Grundsatz ist nicht umzustoßen: In der Stadt lebt man städtischer; am Stadtrand oder außerhalb der Stadt lebt man ländlicher. Die vielgeschossige Bauweise ist wirtschaftlicher als die ein- oder zweigeschossige. Sie entspricht auch dem Charakter der Großstadt.«

Das war ein eindeutiges Bekenntnis zur dichten Stadt und zum Hochhausbau, und auch die Bedeutung des Zentrums wurde in diesem Dokument, das Gesetzescharakter hatte, festgelegt:

»Das Zentrum bildet den bestimmenden Kern der Stadt. Das Zentrum der Stadt ist der politische Mittelpunkt für das Leben seiner Bevölkerung. Im Zentrum liegen die wichtigsten politischen, administrativen und kulturellen Stätten. Auf den Plätzen im Stadtzentrum finden die politischen Demonstrationen, die Aufmärsche und die Volksfeiern an Festtagen statt. Das Zentrum der Stadt wird mit den wichtigsten und monumentalsten Gebäuden bebaut, beherrscht die architektonische Komposition des Stadtplanes und bestimmt die architektonische Silhouette der Stadt. Das Antlitz der Stadt, ihre individuelle künstlerische Gestalt, wird von Plätzen, Hauptstraßen und den beherrschenden Gebäuden im Zentrum der Stadt bestimmt (in den größten Städten von Hochhäusern). Die Plätze sind die strukturelle Grundlage der Planung der Stadt und ihrer architektonischen Gesamtkomposition.« (Grundsätze Nr. 6 und 8)

Die Tatsache, daß derartige Grundsätze von der Staatsregierung erlassen und damit Gesetz werden konnten, ist deutlicher Ausdruck des Zentralismus, dem der Städtebau in der DDR unterworfen war. In der Formulierung der Grundsätze äußert sich andererseits ein Autoritarismus, der nur aufgrund des umfassenden Zugriffs auf sämtliche Ressourcen der Stadtentwicklung möglich war. Im Stadtzentrum konnten so Größen- und Dominanzvorstellungen verwirklicht werden, wie sie von »Stadtbaukünstlern« schon in den zwanziger Jahren entwickelt worden waren, die damals aber nicht realisiert werden konnten. Die einheitliche Gestaltung der Zentren war auch Ausdruck des neuen ökonomischen und politischen Systems: Endlich konnten, ungehindert von kapitalistischen Partikularinteressen, »künstlerische« Stadtbaukonzeptionen durchgesetzt werden, in denen sich der Sieg des Sozialismus materialisierte. Nicht Einzelbauten privater Bauherren, sondern ein Ensemble gesellschaftlicher Einrichtungen in einer geschlossenen Gesamtkonzeption sollten die Gemeinschaftlichkeit der sozialistischen Gesellschaft darstellen, und herausragende Einzelbauwerke sollten die Identifikation der Bewohner mit »ihrer« Stadt und »ihrem« Sozialismus befördern.

Stilistisch wurden der Internationalismus und »Amerikanismus« des Neuen Bauens verurteilt und statt dessen eine Architektur in nationaler Bautradition verlangt, die in der Frühzeit der DDR zu einer Art »Staatsbarock« führte (vgl. Durth 1993; Hoscislawski 1991). Zur Verwirklichung der repräsentativen Zentren und um Platz für die neuen Dominanten zu gewinnen, wurden in den großen Städten ganze Altstadtviertel samt Kirchen abgerissen und neue Stadtgrundrisse geschaffen. Städte, die im Windschatten des zentral geplanten, stark ökonomisch bestimmten Städtenetzes lagen, blieben von diesen Eingriffen verschont – aber damit auch von Investitionen überhaupt. Daher bestehen heute in Ostdeutschland noch zahlreiche vorindustrielle Stadtkerne, die nun als historisch wertvolle Gesamtensembles unter Denkmalschutz stehen.

Die erste Phase der Stadtentwicklung war von diesen Grundsätzen geprägt, und so entstanden neue Stadtzentren, denen der sozialistische Stolz noch heute anzumerken ist: Stalinstadt (heute Eisenhüttenstadt) sowie die zentralen Plätze und Zentrumsgestaltungen in fast allen größeren Städten, z. B. die Stalinallee (Karl-Marx-Allee) in Berlin, die Lange Straße in Rostock, der Roßplatz in Leipzig, der Altmarkt in Dresden.

In der zweiten Phase, die schon Mitte der fünfziger Jahre einsetzte, begann die Dominanz der industriellen Bauproduktion. 1954 hatte Chruschtschow vor der sowjetischen Bauakademie eine Rede »Über die Nutzlosigkeit der Architektur« gehalten, die die Abwendung vom aufwendigen konventionellen Bauen proklamierte und die Hinwendung zu einem modernen, industrialisierten Wohnungsbau ohne den nun verhöhnten »Zuckerbäckerstil« bzw. »Staatsbarock« propagierte. Im April 1955 folgte in der DDR der entsprechende Kurswechsel, der auch durch die Ereignisse vom Juni 1953 beeinflußt war: Das Mißverhältnis zwischen der aufwendigen Bauweise bei den großen Projekten in den Großstädten einerseits und den schlechten Lebensverhältnissen andererseits äußerte sich im Unmut unter anderem auch der Bauarbeiter, der sich am 17. Juni 1953 manifestierte. Diesen waren immer höhere Akkorde aufgezwungen worden, um die Baukosten zu senken. Schließlich aber wurde die handwerkliche Produktion insgesamt durch die industrialisierte Bauweise ersetzt – zum ersten Mal im Jahre 1957 beim Aufbau der Stadt Hoyerswerda, wo man eine ganze Stadt in Plattenbauweise errichtete. Nun wurde die Architekturkonzeption der nationalen Bautradition abgewertet und eine weiträumige Bebauung propagiert, die zu großzügigen Raumbildungen führen sollte. Da dieses Konzept nur auf großen Flächen umgesetzt werden konnte, wandte sich die Stadtentwicklungspolitik vom Zentrum ab und schuf in der Folgezeit Großsiedlungen am Stadtrand.

Die dritte Phase begann 1970 mit dem Programm, die »Wohnungsfrage als soziales Problem« lösen zu wollen, was nach Ansicht Honeckers die Legitimität des sozialistischen Systems durch sozialpolitische Leistungen festigen sollte. Von 1976 bis 1990 sollten 2,8 bis 3 Millionen Wohnungen neu gebaut bzw. modernisiert werden. Diese letzte Phase ist durch die absolute Dominanz des »anti-urbanistischen« (Staufenbiel 1991, 20) Wohnbausystems »WBS 70« geprägt, mit dem riesige Neubaugebiete an den Rändern der Städte errichtet wurden. »Wohnungsbau statt Städtebau« (Flierl 1991, 52) lautet das lakonische Fazit eines Experten.

7.2.3 Die Stadtstruktur

Funktional wurden die Stadtzentren – wie in jeder kapitalistischen Stadt – mit Verwaltungs-, Kultur-, Handels- und Dienstleistungseinrichtungen ausgestattet (vgl. Hofmeister 1980, 86f.; Friedrichs 1978). Einzelhandels- und Dienstleistungssektor waren stark auf das Zentrum konzentriert, und die Gebäude der »gesellschaftlichen Einrichtungen« nahmen eine prominente Stellung ein. Da es keine Konkurrenz zwischen Handels- oder Dienstleistungseinrichtungen gab und kaum noch private Unternehmen existierten, fehlten die kleinteilige Vielfalt und Mischung von Funktionen und Angeboten weitgehend, die die Stadtzentren in den westlichen Ländern traditionell kennzeichnen. Die für Stadtbesucher so wichtigen Einrichtungen der Gastronomie waren selten und hatten geringe Kapazitäten.

Zur »sozialistischen Umgestaltung« der Gesellschaft in der DDR gehörte die Beseitigung der bürgerlichen Schichten, zu denen der traditionelle Mittelstand, die freien Berufe, die Handwerker und die kleinen selbständigen Bauern gerechnet wurden. Kleinhandel und Handwerk ziehen für gewöhnlich Passanten an und beleben dadurch die Stadtstraßen ebenso wie Gastronomie und Kultureinrichtungen. All dies versuchte die SED nach und nach unter Parteikontrolle zu bringen und in große volkseigene Betriebe einzugliedern. Kein Betrieb konnte mehr seinen Standort frei wählen, zentrale Kaufhallen und Verteilstellen ersetzten das großstädtische Kleingewerbe. Da Menschenansammlungen von mehr als drei Personen anmeldepflichtig waren und weil jede Veranstaltung unter freiem Himmel von der Partei genehmigt werden mußte (und auch von der technischen Unterstützung der »Organe« abhängig war), bestand faktisch keine unkontrollierte Öffentlichkeit. Ein wesentliches Element von Urbanität war damit nicht vorhanden. Unter diesen Bedingungen mußte sich das kulturell abweichende Leben in die Privatheit der Wohnungen zurückziehen – und war selbst dort, wie man heute weiß, in der Regel nicht unbewacht.

In deutlichem Gegensatz zur Tendenz in den kapitalistischen Städten, wo die Ausbreitung des Dienstleistungsgewerbes die Umnutzungen von Wohnungen in den zentralen Bereichen zur Folge hatte, was sich in einem beständigen Sinken der Einwohnerdichte äußerte, wurden im sozialistischen Stadtzentrum neue Wohngebäude errichtet. Weder gab es eine Nutzungskonkurrenz durch expandierende tertiäre

Betriebe, noch gab es einen Bodenpreis, der das Wohnen zu teuer gemacht hätte. Nicht Kommerz, sondern Politik, Administration, Kultur und Wohnen sollten im Zentrum dominieren.

Private Eigentumsbildung, die in den westlichen Städten in der Nachkriegszeit zum Hauptträger der Stadterweiterung im Umland geworden war, gab es in den DDR-Städten faktisch nicht – und weil die staatliche Wohnungsbaupolitik auf die Realisierung der kompakten Stadt festgelegt war, fand die für westlichen Städte so typische Suburbanisierung in Form von Kleinhaussiedlungen nicht statt. Zwar gab es auch in den sozialistischen Städten eine Suburbanisierung im Sinne der Verlagerung der Wohnstandorte an die Peripherie, aber dies geschah ausschließlich als Stadterweiterung in der sehr spezifischen Form der Großsiedlungen. Diese verkörperten den modernen sozialistischen Städtebau, der hoch standardisiert und gleichförmig war. Die Größe eines Wohnkomplexes richtete sich nach dem Einzugsbereich einer Acht-Klassen-Schule und umfaßte ca. 4000 bis 5000 Einwohner. Alle einem Wohnkomplex regelmäßig zugeordneten gesellschaftlichen Einrichtungen wie Schule, Kindergarten, Einzelhandelsgeschäft und Haltestelle des öffentlichen Nahverkehrs sollten fußläufig erreichbar sein (Hannemann 2000). Das Grundkonzept der »sozialistischen Lebensweise«, die Idee der sozialen Gleichheit für alle, das Leitbild der sozialistischen Kleinfamilie mit berufstätigem Elternpaar und zwei Kindern plus technischem Fortschritt durch Industrialisierung, konnte somit beim Wohnen verwirklicht werden (Hannemann 1996). Das Wohnen in der Großsiedlung, und das hieß immer auch in der »Platte«, war für die DDR-Bevölkerung ein prägenderes Erlebnis als für die Westdeutschen: In der DDR lebte fast jeder vierte Bewohner in einer Großwohnsiedlung mit 2500 und mehr Wohnungen, in der Bundesrepublik dagegen nur jeder sechzigste (Großsiedlungsbericht 1994, 29).

Qualitätsdifferenzen gab es kaum, und die administrative Zuteilung verhinderte zusätzlich eine Differenzierung der Nachbarschaften nach der sozialen Stellung oder nach dem Einkommen. Eine hohe Baudichte gehörte zum städtebaulichen Leitziel, weil dies als »städtisch« galt. Die Großsiedlungen waren auch im Osten reine Wohngebiete, und die gesamte erwerbstätige Bevölkerung (90 Prozent der Männer und Frauen) verließ deshalb das Gebiet tagsüber.

Während mit großangelegten Wohnungsbauprogrammen in den siebziger und achtziger Jahren mehr als zwei Millionen Wohnungen in Plattenbauweise neu gebaut wurden, verfielen die innerstädtischen Altbaugebiete. Die Stadtpolitik näherte sich dem Ziel eines Umbaus des kapitalistischen Erbes in einer Art Zangenbewegung: Einerseits wurde das Stadtzentrum umgestaltet und mit Repräsentationsgebäuden des Sozialismus zumindest durchsetzt und akzentuiert, andererseits wurden an den Rändern jene Gehäuse errichtet, in denen die »sozialistische Lebensweise« ihren konkreten Ausdruck finden sollte. Dazwischen lag die »alte« Stadt, die vernachlässigt wurde. Für den bewußt zugelassenen oder gar geplanten Verfall der alten Mietshausgebiete gibt es eine Vielzahl von Gründen:

– Die alten Mietskasernenviertel galten als Ausdruck kapitalistischer Wohnverhältnisse, die im Sozialismus überwunden werden sollten. In vielen Städten wurde deshalb ihre vollständige Beseitigung (Flächensanierung) geplant. In den neuen Wohngebieten konnte hingegen die Leistungskraft des Sozialismus augenfällig demonstriert und die sozialistische Lebensweise verwirklicht werden. Da die Altbauten auf dem technischen Standard der Jahrhundertwende verblieben (Ofenheizung, Außentoilette, kein Bad) und durch den Verfall immer mehr Altbauwohnungen unbewohnbar wurden (im Jahre 1989 standen in der DDR insgesamt 200 000 Wohnungen leer), hatten die Neubauwohnungen hinsichtlich der Wohnqualität eine konkurrenzlose Attraktivität: Sie waren warm, trocken und bequem. Außerdem waren in den Neubaugebieten die notwendigen Infrastruktureinrichtungen vorhanden: Kindergarten, Schule, Kaufhalle. Familien mit Kindern versuchten daher immer, aus einem Altbau in einen Neubau umzuziehen. Denn Mittel für eine Modernisierung der alten Bestände gab es nicht.

– Die alten Mietshäuser waren nach 1945 zunächst noch überwiegend in Privatbesitz, und die staatlichen Organe der DDR hatten keinerlei Interesse daran, diesen Besitz durch Sanierung oder Modernisierung zu besser verwertbaren oder gar attraktiven Wohngelegenheiten umzugestalten. Instandhaltung und Modernisierung seitens der privaten Eigentümer (die häufig gar nicht mehr in der DDR lebten) waren sowohl organisatorisch kaum möglich als auch ökonomisch unrentabel: Bauhandwerksbetriebe gab es immer weniger, da die gesamte Baupolitik auf die Entwicklung des industrialisierten Wohnungsbaus in großen Kombinaten orientiert war, das Baumaterial wanderte an den Stadtrand, und die Mieten waren auf so niedrigem Niveau festgelegt, daß Reparatur und Instandhaltung ohnehin nicht aus den Einnahmen hätten finanziert werden können. Die kommunalen Wohnungsverwaltungen weigerten sich häufig sogar, Altbauten als Geschenk in ihren Besitz zu übernehmen, weil ihnen damit die Last der Instandhaltung übertragen worden wäre (vgl. Dahn 1994).

– Da die Ingenieure und sozialistischen Ökonomen immer auf die Rationalisierungseffekte des industrialisierten Bauens hofften, die nie eintraten (vgl. Hannemann 1996), galt schließlich die eindeutige Bevorzugung des Neubauens vor der Sanierung auch als ökonomisch rational. Die in einer Vergleichsstudie nachgewiesene Tatsache, daß eine Neubauwohnung im Staatshaushalt mit Mehrkosten von 80 000 Mark gegenüber der Modernisierung einer Altbauwohnung zu Buche schlug (Pensley 1994), änderte daran nichts. Da wegen der vernachlässigten Instandhaltung immer mehr Altbauwohnungen unbewohnbar wurden, erbrachte in den siebziger und achtziger Jahren sogar »in etwa nur jede zweite Neubauwohnung einen tatsächlichen Wohnungsbestandszuwachs« (Marcuse/Schumann 1991, 160).

Es gab auch Widerstand gegen die strikt auf Neubau orientierte Stadtpolitik. Bürgergruppen in Altbaugebieten sabotierten sogar den Einsatz von Abrißbrigaden. Stadtsoziologen, die sich zu DDR-Zeiten in empirischen Untersuchungen mit den Stimmungen der Bevölkerung in bezug auf die Wohnbedingungen vertraut gemacht hatten, meinen, daß die Unzufriedenheit mit dem Verfall der Altstädte ein starkes Motiv für den offenen Widerstand gegen das Regime im Jahre 1989 gewesen sei (vgl. Hunger u. a. 1990 und Kahl 1991). In wissenschaftlichen Fachkreisen hatte sich schon während der achtziger Jahre Kritik an der (alt)stadtzerstörerischen Wohnungsbaupolitik zu entwickeln begonnen, die zwar stadt- und kultursoziologisch inspiriert war, jedoch in der ökonomistischen Orthodoxie des DDR-Systems bei ihrer Erinnerung an die Nützlichkeit einer »intensiven Stadtentwicklung« vor allem produktivistisch argumentieren mußte: Diese sei eine »Effektivitätsreserve« und zudem kostengünstiger (vgl. Hunger u. a. 1990, 173). Mit geringerem ökonomischen Aufwand hätten mehr Wohnungen mit ausreichendem technischen Standard geschaffen werden können als durch die einseitige Favorisierung des Neubaus. Einige Modellsanierungen (z. B. im Stadtteil Prenzlauer Berg aus Anlaß der Geburtstagsfeier der Stadt Berlin) blieben jedoch quantitativ marginal. Die Altbaugebiete von Ostberlin und Leipzig befanden sich im Jahre 1990 in desaströsem Zustand, und es bestanden berechtigte Zweifel daran, ob überhaupt noch etwas von der Altbausubstanz zu retten sei. Diese waren allerdings, wie sich heute zeigt, unberechtigt. In den geschlossenen Gründerzeitvierteln wurde kaum etwas abgerissen, und 60 bis 70 Prozent der Häuser sind inzwischen saniert und modernisiert – ein Ergebnis der enormen Investitionsanreize, die durch das »Fördergebietsgesetz« des Bundes für die Periode zwischen 1990 und 2000 in Gang gesetzt worden waren.

7.2.4 Soziale Segregation

Angesichts der verfallenden Bausubstanz und des hinter dem allgemeinen Niveau weit zurückbleibenden Ausstattungsniveaus der Altbauten war es in der DDR ein Privileg, eine Neubauwohnung zugeteilt zu bekommen – andererseits bildeten sich aufgrund der bewußten Entscheidung gegen das Wohnen in einem Neubaugebiet in manchen Altbaugebieten – wie z. B. in Berlin-Prenzlauer Berg – spezifische Milieus von kulturellen oder politischen Dissidenten (vgl. Kil 1992). »Die betroffenen Häuser waren sozusagen zum Auswohnen freigegeben, es wurde auf Verschleiß gefahren« (zitiert nach Dahn 1987, 39), und daraus ergaben sich Nischen für junge Leute, denen der Komfort weniger wichtig war als die Stadtkultur. Die schlechtesten Altbaubestände wurden auch zu Abschiebestationen solcher Bevölkerungsgruppen, die sich nicht der besonderen Wertschätzung der Staatspartei oder einer gesellschaftlichen Organisation erfreuten: unangepaßte Personen (»Arbeitsverweigerer«, »Asoziale«, »Querulanten«), unqualifizierte Arbeitskräfte in den weniger wichtigen Beschäftigungsbranchen und alte Menschen (vgl. Hinrichs 1992).

Die Veränderung von »Straßen, Gebäuden und Landschaften« war 1977 vom 1. Sekretär der Bezirksleitung der SED von Ostberlin als Veränderung der »sozialen Verhältnisse« bewertet worden, wobei der Abbau der sozialen Segregation eine besondere Stellung eingenommen hatte: »Schon heute zeigen unsere Wohngebiete entsprechend dem Charakter unserer Gesellschaft eine relativ hohe soziale Homogenität und bieten Vertretern der verschiedensten Klassen und Schichten, geistig wie körperlich Arbeitenden, etwa gleiche Bedingungen für die Entwicklung ihrer Fähigkeiten und Talente« (zitiert nach Hannemann 1996). Die »Annäherung der Klassen und Schichten« war ein hochrangiges, immer wieder propagiertes Ziel der Gesellschaftspolitik, und im Wohnungsbau fand es seinen augenfälligsten Ausdruck. Die »Wohnungsfrage« war im 19. Jahrhundert das Problem der sich herausbildenden Klassengesellschaft, das am offensichtlichsten die Klassengegensätze repräsentierte. Eine ausreichende Wohnungsversorgung mit zeitgemäßem Standard für alle, ohne die für den Kapitalismus typischen Unterschiede zwischen den verschiedenen Einkommensgruppen, zu schaffen wurde von den in die herrschende Klasse aufgestiegenen Funktionären der Arbeiterbewegung als zentrales Ziel des sozialistischen Staates betrachtet. Faktisch haben die sichtbaren Erfolge im Wohnungsbau, wie die empirischen Untersuchungen der DDR-Stadtsoziologie zeigten, wesentlich zur Legitimation des SED-Staates beigetragen.

Die Beseitigung von sozialen Unterschieden beim Wohnen wäre sicher ein herausragendes Merkmal der sozialistischen Stadt gewesen. Die stadtsoziologische Forschung in der DDR widmete dieser Frage jedoch keine Aufmerksamkeit, weil sie sich in ihren Untersuchungen zum Wohnungswesen überwiegend mit den Neubaugebieten befaßte, wo weder die besonders Privilegierten noch die Marginalisierten lebten. Soziale Ungleichheit gehörte außerdem *per definitionem* in die Kategorie des großen »sozialistischen Noch-nicht«. Eine auf der Basis der *neuen* gesellschaftlichen Bedingungen entstehende Ungleichheit – wie sie Szelenyi (1983) am Beispiel der Wohnungsversorgung in Ungarn nachgewiesen hatte – durfte noch nicht einmal gedacht werden.

Bis auf Ein- und Zwei-Familien-Häuser wurden alle Wohnungen von der »kommunalen Wohnungsverwaltung« vermietet. Da die Mieten extrem niedrig waren und die Höhe zwischen verschiedenen Lagen und Qualitäten kaum differierte, spielte die Kaufkraft für die Wohnstandortwahl keinerlei Rolle. Für die Zuweisung von Wohnraum galten zumindest drei Kriterien: ein gesellschaftspolitisches, ein volkswirtschaftliches und ein soziales. An erster Stelle stand das gesellschaftspolitische Kriterium, nach dem die »Kämpfer gegen den Faschismus« bevorzugt wurden bzw. »Personen, die sich durch herausragende Leistungen bei der Stärkung, Festigung sowie zum Schutz der Deutschen Demokratischen Republik verdient gemacht haben« (vgl. Hannemann 1996). Das volkswirtschaftliche Kriterium kam dadurch zum Zuge, daß Betriebe Belegungsrechte hatten, und in sozialer Hinsicht bevorzugt wurden kinderreiche Familien, junge Ehepaare ohne eigene Wohnung und alleinstehende Mütter mit

Kind (Großsiedlungsbericht 1994, 40), wobei der Grundsatz galt: pro Person ein Raum (nicht gerechnet Küche, Bad usw.), an nur zwei Personen wurde ebenfalls nur eine Ein-Raum-Wohnung vergeben. Betriebe, gesellschaftliche Einrichtungen und Zweige der öffentlichen Verwaltung hatten eigene Vergabekontingente, so daß sich sehr fein segregierte Gruppen in Gebäuden mit solchen »Kontingentwohnungen« herausbildeten. Gegenüber der schon erwähnten diskriminierenden Ausgrenzung kleiner Randgruppen am unteren Ende der sozialen Hierarchie der DDR-Gesellschaft lebten die höheren Parteifunktionäre und besonders geschätzte Berufsgruppen in privilegierten Wohnverhältnissen. Durch das staatliche Vergabesystem, das junge Familien deutlich bevorzugte, ergab sich in den Neubaugebieten eine auffällige demographische Segregation nach Altersgruppen: Je jünger die Wohnungen, desto jünger waren die Bewohner im Durchschnitt – und sie altern nun mit den Häusern.

Werner (1981, 132) hat in einer »Skizze vermutlicher sozialräumlicher Differenzierungen in den Städten der DDR« die neue politische Elite, die neue und alte wirtschaftliche und kulturelle Elite sowie die Selbständigen und die wirtschaftlichen Führungskräfte zu den privilegiert wohnenden Schichten gerechnet, die in Funktionärsghettos (z. B. Wandlitz), in den alten Villengebieten (z. B. Pankow), in den Einfamilienhausgebieten und in den großen, zentral gelegenen Stadtwohnungen lebten. In den geschlossenen Wohnbebauungen (alte und neue Mietshausblocks) wähnte er die »Normalbevölkerung«, während in den Wohngebieten mit der niedrigsten Qualität (wozu auch die Altbauten in den Kernen der Klein- und Mittelstädte gehörten) die alte Bevölkerung sowie die Außenseiter vermutet wurden (nach Hannemann 1996). Es gab also eine soziale Segregation der Unter- und Überprivilegierten, die dazwischenliegende Masse der Bevölkerung jedoch wohnte sozialräumlich vergleichsweise gering segregiert – schon deshalb, weil die sozialen Unterschiede in der DDR-Gesellschaft insgesamt sehr gering ausgeprägt waren (vgl. Geißler 2002). In einer Gesellschaft, in der es keine freie Wohnungswahl gibt und wo die Verteilung von Wohnraum nach politischen Kriterien der herrschenden Partei erfolgt, kann die Wohnungsverteilung als Belohnung für Loyalität bzw. für besondere Leistungen eingesetzt werden. Monetäre Anreize sind z. B. für einen Arzt oder Künstler wenig attraktiv, wenn er sich damit nicht eine bessere Wohnung verschaffen kann. Die Zuteilung einer begehrten Wohnung wurde daher zur »außertariflichen« Zusatzentlohnung für besonders privilegierte Berufe oder politische Kader. »Die Wohnungen wurden auch zu einem Mittel der Belohnung für das systemkonforme Verhalten im realen Sozialismus« (Schulz 1991, 14).

7.2.5 Entwicklung nach 1990

Nach dem Beitritt der DDR zum Geltungsbereich des Grundgesetzes der Bundesrepublik Deutschland wurden alle geltenden Gesetze auf die neuen Bundesländer übertragen. Von nun an galten die gleichen Bedingungen für die Stadtentwicklung im Osten wie im Westen. Die revolutionärsten Veränderungen dieser Bedingungen, die die DDR vorgenommen hatte, waren a) die Ausschaltung des Bodenmarktes durch die Enteignung privaten Bodeneigentums und die Übernahme von Wohnhäusern in staatliche Verwaltung ohne formelle Enteignung; b) die Verstaatlichung aller Industriebetriebe und Handelseinrichtungen, die größer als ein kleiner Familienbetrieb waren; c) die Übernahme aller Mietshäuser in staatliche Verwaltung; d) die ausschließlich staatliche Produktion von Mietwohnungen; und e) die Abschaffung der kommunalen Selbstverwaltung und ihre Unterstellung unter den Rat der Bezirke. Dies alles wurde nach der Vereinigung im Oktober 1990 rückgängig gemacht – gleichsam eine »Revolution rückwärts«. Nun wurde das Staatseigentum auf verschiedene Weise aufgeteilt: Früheren Eigentümern wurden ihr Betrieb, ihr Grundstück oder ihr Haus zurückgegeben, wenn sie noch lebten und das Eigentumsrecht nachgewiesen werden konnte. Für die Betriebe wurde dies von der »Treuhand«, für Wohnhäuser und nicht betriebszugehörige Grundstücke von den Ämtern für offene Vermögensfragen durchgeführt. Beide Institutionen hatten diese Aufgaben bis auf wenige Ausnahmen bis zum Jahr 2000 weitgehend erledigt. Wurde kein berechtigter Restitutionsanspruch gestellt, verkaufte oder versteigerte man den Betrieb bzw. die Immobilie.

Durch die Entscheidung für das Prinzip »Rückgabe vor Entschädigung«, d. h. die Naturalrestitution der Häuser an die rechtmäßigen Alteigentümer bzw. deren Erben, erfolgte eine umfassende Privatisierung und Neuordnung der Eigentumsverhältnisse. Immobilien, die in der DDR oder während des Nationalsozialismus enteignet worden waren, sollten durch die Restitution den rechtmäßigen Eigentümern zurückgegeben werden. Der Restitutionsanspruch konnte gestellt werden für unrechtmäßige Eigentumsübertragungen seit dem 30. Januar 1933. Eine Wiedergutmachung des Eigentumsraubes durch den NS-Staat an den Juden hatte es in der DDR nicht gegeben, so daß dies nach der Vereinigung nachgeholt werden mußte (vgl. zu den Einzelheiten Reimann 1999 und Glock/Häußermann/Keller 2001). Hintergrund der Restitutionsregelegung war neben der Wiedergutmachung historischen Unrechts der Gedanke, daß eine zügige Erneuerung der Altbauten nur durch die Privateigentümer zu bewerkstelligen sei. Vom Wiedereinsetzen privater Eigentümer mit kleinteiligem Immobilienbesitz, dementsprechend persönlicher Bindung an das Haus und einem Verantwortungsgefühl für die Entwicklung des Gesamtgebietes, versprach man sich eine behutsame Erneuerung der Altbauten, und vom Interesse am Werterhalt sowie der Eigennutzung durch private Eigentümer erhoffte man sich einen stabilisierenden Effekt auf die Gebiete (vgl. Reimann 1999). Auch finanzielle Argumente waren dafür maßgebend, daß keine Entschädigungslösung gewählt wurde. Der Staat wäre dann Eigentümer eines riesigen Baubestandes und verantwortlich für Instandsetzung, Sanierung und Modernisierung geworden. Dies zu bewältigen mutete sich die damalige Bundesregierung nicht zu. Darum wurden die staatlichen Neubaubestände an neugegründete kommunale Wohnungsbaugesellschaften oder an Genossenschaften übertragen, die Altbauten restituiert oder verkauft.

Hinsichtlich der erhofften Effekte durch wiedereingesetzte Privateigentümer war die Restitution ein Fehlschlag. Die Bindung der Alteigentümer an ihre rückübertragenen Vermögenswerte war gering. Die überlebenden ehemaligen jüdischen Eigentümer waren fast alle emigriert, und nur in Ausnahmefällen neigten deren Kinder zu einem neuen Engagement in Deutschland. Auch von den Eigentümern, die aus der DDR ausgereist und enteignet worden waren oder deren Immobilien in der DDR unter staatlicher Verwaltung gestanden hatten, übernahmen nur wenige dauerhaft wieder die Verwaltung ihres rückübertragenen Hauses. Erbengemeinschaften konnten sich oft nicht auf eine gemeinsame Strategie einigen oder waren mit der ihnen plötzlich zugefallenen Aufgabe von Hausverwaltung und Investitionsentscheidung überfordert. Der größte Teil der wieder eingesetzten Alteigentümer verkaufte daher das rückübertragene Haus oder sogar schon den Anspruch darauf weiter – was im Ergebnis einen gigantischen Vermögenstransfer von Ost- nach Westdeutschland bedeutete. In der Konsequenz hat sich eine entlokalisierte und überwiegend verwertungsorientierte Eigentümerstruktur durchgesetzt, denn die neuen Investoren wurden überwiegend durch die günstigen Steuersparmöglichkeiten angezogen, die sie den (überwiegend westdeutschen) Käufern von Fonds- oder Hausanteilen verschafften (vgl. Häußermann/Holm/Zunzer 2002). Dadurch kam zwar rasch ein Investitionsboom in den Altbaugebieten zustande, aber dieser war von den Städten weder räumlich noch sozial zu steuern. Das private Kapital hatte die Regie übernommen. Wo es eine entsprechende Nachfrage gab, wurde ein unkontrollierter sozialer Wandel der Quartiere eingeleitet, wenn die Städte nicht restriktive Regelungen wie z. B. Sanierungs- oder Erhaltungssatzungen beschlossen (vgl. für Berlin das Kapitel 13) – was sie aber deshalb selten taten, weil sie an der privatwirtschaftlichen Erneuerungstätigkeit in den Altbaugebieten interessiert waren. Die modernisierten Wohnungen erwiesen sich nach der Befriedigung der aufgestauten Nachfrage ohnehin für die meisten Interessenten als zu teuer, und daher zeigten sich schon bald Leerstände bei sanierten Wohnungen. Die ahnungslosen Kapitalanleger, die von Fondsgründern mit den tatsächlich großzügigen Abschreibungsmöglichkeiten angelockt worden waren, sahen von ihrem eingesetzten Kapital oft nichts mehr – aber das Finanzamt hatte es ihnen ohnehin durch die Abschreibungen bereits ersetzt.

Die größeren Sorgen bereitete den ostdeutschen Städten die Situation in den Großsiedlungen. Obwohl die meisten Großsiedlungen erst in den achtziger Jahren gebaut worden waren, wurden nach der Wende große Mängel erkennbar. Die Notwendigkeit einer Gebäudesanierung – vor allem der Warmwasserversorgung und der Wärmedämmung, um die sehr hohen Mietnebenkosten zu reduzieren – und von Wohnumfeldmaßnahmen war offensichtlich. 1990 begannen die Wohnungsbaugesellschaften daher sofort, mit finanzieller Unterstützung durch die Bundesregierung die versäumte Instandhaltung nachzuholen und die Häuser zu modernisieren, um die Mieter zu halten, denn innerhalb und im Umland der Städte wurden in kürzester Zeit neue kleinere Häuser gebaut, die die solventeren Mieter aus den Plattenbausiedlungen anlockten. Hunderte von Millionen DM wurden in die Plattenbauten investiert – gut für die dort lebenden Menschen, aber erfolglos hinsichtlich des Ziels, die soziale Mischung aus der DDR-Zeit zu erhalten.

Die Abwanderung von Haushalten mit überdurchschnittlichen Einkommen, insbesondere Familien mit Kindern, ins Umland führte zu einem dramatischen Bevölkerungsverlust bzw. -austausch. Durch Belegungsbindungen im Wohnungsbestand und weil sich keine andere Nachfrage zeigte, zogen und ziehen immer noch vorwiegend arme bzw. sozial marginalisierte Haushalte in die frei gewordenen Wohnungen nach. Andererseits ziehen wegen der schlechten Qualität der Gebäude, der geringen Zimmerzahl und zu kleiner Wohnflächen, aber auch wegen der standardisierten Grundrisse die Haushalte mit höheren Einkommen fort (vgl. Hannemann 1996 und 2000). Die Städte haben die leerstehenden Wohnungen teilweise mit Aussiedlern aus der ehemaligen Sowjetunion aufgefüllt, was zu konfliktreichen Situationen in den Nachbarschaften führte. In vielen Städten gibt es inzwischen »Russengebiete« am Stadtrand, in denen sich Merkmale von ethnischen Kolonien ausbilden.

In Ostdeutschland rollte, nachdem es seit 1990 möglich war, Eigenheime im Umland zu errichten, und nachdem das Wohnungsangebot in den suburbanen Gebieten durch Kapitalanleger innerhalb kurzer Zeit sehr stark ausgedehnt worden war, eine Suburbanisierungswelle durchs Land. Dies wurde als »nachholende Suburbanisierung« bezeichnet, weil in der DDR der Eigenheimbau nur in seltenen Ausnahmen möglich gewesen war. Das Wohnungsangebot in den Städten war aufgrund der jahrzehntelangen Vernachlässigung qualitativ überwiegend schlecht, Restitutionsprozesse verzögerten Investitionen, und die rasche Ausbreitung des privaten PKW in den neuen Bundesländern senkte die Attraktivität der dichtbebauten Altbauquartiere als Einkaufs- und Wohnstandorte. Rings um die Städte wurden neue Einkaufszentren errichtet. Die Innenstädte wurden zu den großen Verlierern der Nach-Wende-Entwicklung. Die Einwohnerzahlen der Städte sind dadurch stark gesunken, auch Klein- und Mittelstädte sind von dieser Entwicklung, die durch die Abwanderung aus den neuen Bundesländern noch verstärkt wird, betroffen (vgl. Hannemann 2004).

7.2.6 Bilanz

In den Großsiedlungen manifestiert sich das Scheitern einer großtechnisch angelegten und technokratisch durchgesetzten Stadtentwicklung, die weder öffentlicher Kritik noch den Korrekturen durch

Marktprozesse ausgesetzt war. Hier konnte der Staat »Gottvater« spielen und alles am grünen Tisch von oben planen. Nirgendwo sind weniger ansprechende und weniger vermietbare Wohnungen entstanden. Der vollkommene Verzicht auf räumliche und soziale Steuerung nach der Wende, wie er mit dem »Fördergebietsgesetz« verbunden war, produzierte auf der anderen Seite Fehlallokationen, die zudem mit enormen Vermögenszuwächsen bei der vorwiegend westdeutschen Steuersparklientel verbunden waren. Allerdings ist der Trend zur Suburbanisierung um die Wende vom 20. zum 21. Jahrhundert abgeebbt, weil die staatliche Förderung auslief, die Bevölkerungszahl abnahm und die Innenstädte nach und nach saniert und modernisiert worden waren, wodurch ihre urbanen Qualitäten wieder zur Geltung kamen (Pohlan 2005, 217f.).

Die Entwicklung der westdeutschen Stadtregionen nach dem Zweiten Weltkrieg war durch Wachstum, Expansion und Suburbanisierung geprägt. Dieses Wachstum wurde vom Staat und den Städten durch Stadtsanierung (vgl. Kapitel 13) und Verkehrsplanung einerseits, aber auch durch Förderung der Eigentumsbildung andererseits unterstützt. Sowohl die Stadterneuerung als auch die Eigenheimsuburbanisierung dienten der Durchsetzung eines »modernen« Lebensstils, den wir heute als »fordistisch« bezeichnen (vgl. Kapitel 9).

7.3 Steuerungsversuche gegenüber der Suburbanisierung

Die Suburbanisierung ist fast während des gesamten 20. Jahrhunderts direkt und indirekt durch Politik und Planung unterstützt worden: die Förderung der Eigentumsbildung, insbesondere in der Form von Wohn- und (Einfamilien-)Hauseigentum, der soziale Wohnungsbau auf billigen Flächen an der Peripherie, die Steuerbefreiungen für die Kosten des Pendlerverkehrs. Auch die im letzten Jahrhundert wichtigsten städtebaulichen Leitbilder sind als Modelle zur Auflösung der industriellen Großstadt des 19. Jahrhunderts entworfen worden.

Den Suburbanisierungsprozeß in der Bundesrepublik hatten Stadtplaner und Urbanisten zwar mit einigem Verständnis, aber doch sehr bald mit ästhetisch, kulturell und ökologisch begründeter Abscheu begleitet. In den achtziger Jahren entdeckte man die Vorzüge der kompakten Stadt des 19. Jahrhunderts wieder. Die Diskussion unter

Städtebauern verlagerte sich nun auf funktionale Mischung, qualitätsvolle öffentliche Räume und Kleinteiligkeit. Das Leitbild der kompakten Stadt orientiert sich an der »europäischen Stadt« (Siebel 2004). Ziele sind Dichte, Nutzungsmischung, städtebauliche und architektonische Qualität, die Qualität der öffentlichen Räume und Nachhaltigkeit. »Als Bild steht die europäische Stadt des 19. Jahrhunderts ohne ihre Nachteile und mit den Ausstattungsqualitäten von morgen vor Augen« (Jessen 1998, 498). Gegen den Vorwurf der Realitätsferne wird vorgebracht, Dienstleistungsarbeitsplätze seien stadt- und wohnverträglicher, es gebe mehr nicht störendes Gewerbe, und mehr Menschen präferierten das Stadtleben.

Konkurrierend dazu wird das Konzept der Netzstadt oder auch der dezentralen Konzentration vertreten, so im raumordnungspolitischen Orientierungsrahmen der Bundesregierung 1993, der eine gleichgewichtigere Raumstruktur und eine engere Verbindung von Wohnen und Arbeiten, generell mehr Nutzungsmischung propagiert.[1] Das Modell der Netzstadt beruft sich auf die real ablaufenden Trends. Die Suburbanisierung von Arbeitsplätzen, Einzelhandel, Freizeiteinrichtungen und Bevölkerung werde weitergehen. Gleichzeitig wüchsen die Investitionsvolumina, die großen Einrichtungen des Einzelhandels und der Freizeitindustrie machten sich unabhängig von der unmittelbaren Umgebung. Und die Investoren, die solche Großprojekte bewältigen könnten, seien meist national und übernational orientiert, also kaum an den besonderen Qualitäten einer bestimmten Stadt interessiert und auch kaum durch Stadtplanung beeinflußbar. Schließlich schaffe sich jeder private Haushalt seine eigene Stadt, von seiner Wohnung ausgehend, oder besser -fahrend, je nach seinen Interessen und Bedürfnissen.

Jessen führt die Unvereinbarkeit der beiden Modelle – kompakte Stadt und Netzstadt – auf unvereinbare Anforderungen der Stadtentwicklung an die Stadtpolitik zurück. »Freiheit, Gleichheit und Nach-

1 Das Konzept der Netzstadt wird hier im Sinne eines raumordnungspolitischen Leitbildes verwendet, das auf einen Ausbau und eine Stärkung der dezentralen Raum- und Siedlungsstruktur nach dem Prinzip einer dezentralen Konzentration sowie einer Stärkung städtischer Vernetzungen in der Form von Städtenetzwerken ausgerichtet ist. In ihrem Buch *Netzstadt* (2003) verwenden Franz Oswald und Peter Baccini das Netzstadtmodell dagegen, um die komplexen Interaktionen in urbanen Systemen darzustellen. Netzstadt steht dabei für eine transdisziplinäre Methode, mit der Stadtsysteme vor allem morphologisch und physiologisch analysiert und bewertet werden sollen, um sie in einer nachhaltigen Perspektive umbauen zu können.

haltigkeit als gesellschaftliche Grundwerte lassen sich nicht in einem einzigen Stadtmodell verankern« (Jessen 1998, 504). Man mag darin einen Fortschritt erkennen: Während die älteren Leitbilder immer Gegenentwürfe zur Gegenwart der Stadt waren, mit denen die jeweils nächste Planergeneration der vorigen die in ihren Ideen vergessenen Seiten der Stadt vorhielt, stehen sich heute widersprüchliche Leitbilder direkt gegenüber als Abbilder einer widersprüchlichen Realität und als Ausdruck widersprüchlicher Ziele der Stadtpolitik.

In den neunziger Jahren erlebte die Suburbanisierung noch einmal einen Aufschwung, weil die politischen und rechtlichen Schranken in Ostdeutschland gefallen waren und weil Westdeutschland noch einmal einen starken Bevölkerungszuwachs erlebte, aber um die Wende vom zweiten zum dritten Jahrtausend deutete sich ein möglicherweise grundlegender Wandel an (vgl. Kapitel 10). Die große Koalition beschloß im Jahre 2005, die Eigenheimzulage und die Subventionierung des privaten PKW-Verkehrs zwischen Wohn- und Arbeitsort abzuschaffen. Auch die Ansiedlung von großen Einkaufszentren könnte durch planerische Vorgaben durchaus von den Städten gesteuert werden, wenn diese Steuerung nicht durch die Konkurrenz von konzessionsbereiten Gemeinden neutralisiert wird (vgl. Rudolph/Potz/Bahn 2005).

Während der Zeit der Teilung Deutschlands waren in den beiden Staaten konträre Steuerungsmodelle auf lokaler Ebene institutionalisiert. In der DDR bildeten die Städte die unterste, weitgehend weisungsgebundene staatliche Ebene, in der damaligen Bundesrepublik wurde die Dynamik der Stadtentwicklung von privaten Investitionen bestimmt, die der Stadt zunächst lediglich einen räumlichen Rahmen gab, die sie aber niemals wirklich steuern konnte. Als die Städte begannen, zugunsten einer Verbesserung der Kapitalverwertung in die bestehenden Wohn- und Lebensverhältnisse einzugreifen, kam es zu heftigen Auseinandersetzungen mit den Bewohnern, die schließlich zur Erweiterung des planerischen Instrumentariums um soziale und partizipatorische Dimensionen führten.

8. Stadterneuerung und die Rolle der Sozialwissenschaften

Angesichts der demographischen, sozialen und ökonomischen Veränderungen wird Stadterweiterung in absehbarer Zukunft nur in wenigen Städten eine Rolle spielen. Sinkende Bevölkerungszahlen, stadtorientierte Lebensstile und der Strukturwandel in Richtung Dienstleistungs- und Wissensökonomie rücken die Erneuerung der Bausubstanz und den Umbau der städtischen Strukturen in den Mittelpunkt der Stadtpolitik. Wir stellen deshalb im folgenden die am Anfang dieses Bandes diskutierte grundsätzliche Frage nach der Funktion des Staatseingriffs erneut: Warum und zu welchen Zwecken greift unter den heutigen Bedingungen die Stadtplanung in den Entwicklungsprozeß der Stadt ein? Anschließend diskutieren wir einzelne Formen von Stadtpolitik unter den Bedingungen postfordistischer Stadtentwicklung und beschreiben die Aufgaben und Grenzen sozialwissenschaftlicher Untersuchungen im Rahmen von Stadterneuerungsmaßnahmen. Zunächst aber einige begriffliche Klärungen.

Das Baugesetzbuch bezeichnet mit *Stadterneuerung* einen staatlich initiierten und gesteuerten Prozeß, der sich auf einen städtischen Teilraum bezieht (vgl. Battis/Krautzberger/Löhr 2007). In einem Gebiet sollen bestimmte staatlich gesetzte Ziele im Hinblick auf die Verbesserung der Bausubstanz (Substanzsanierung) oder seiner stadträumlichen Funktion erreicht werden. »Städtebauliche Sanierungsmaßnahmen« (Baugesetzbuch, Besonderes Städtebaurecht §§ 136-171) sind »Maßnahmen, durch die ein Gebiet zur Behebung städtebaulicher Mißstände wesentlich verbessert oder umgestaltet wird«. *Städtebauliche Mißstände* beziehen sich entweder auf die Bausubstanz oder auf die Funktion eines Gebietes: Die vorhandene Bebauung entspricht nicht mehr den »gesunden Wohn- und Arbeitsverhältnissen« oder das entsprechende Gebiet kann die ihm obliegende Funktion nicht mehr erfüllen (vgl. § 136 BauGB). Die Kürzel für die beiden »Mißstände« lauten »Substanz«- bzw. »Funktionsschwäche«. Bei der *Substanzsanierung* bleibt die Nutzung des Sanierungsgebiets unverändert: Ein Wohngebiet ist auch nach abgeschlossener Sanierung ein Wohngebiet, nur die Bausubstanz wird technisch instand gesetzt und modernen Wohnansprüchen angepaßt. Das ist anders bei der *Funk-*

tionssanierung, die darauf abzielt, eine unrentabel gewordene Nutzung, etwa Wohnungen und kleines Gewerbe, gegen eine rentablere, z. B. Büros, auszutauschen. Das Baugesetzbuch definiert *Stadterneuerung* als Oberbegriff, der *Substanz-* und *Funktionssanierung* umfaßt. Das führt leicht zu Verwechslungen mit dem ebenfalls häufig gebrauchten Begriff *Stadtumbau*. Wir verwenden deshalb im folgenden als Oberbegriff *Sanierung* und bezeichnen mit dem häufig gebrauchten Begriff *Stadtumbau* die *Funktionssanierung* und mit *Stadterneuerung* nur die *Substanzsanierung*.

8.1 Sanierungsziele

Städte entwickeln sich kontinuierlich. Durch Zu- und Wegzüge verändert sich die Zusammensetzung der Bevölkerung, durch Abriß und Neubau die bauliche Substanz – dieser Prozeß verläuft gewöhnlich so langsam, daß der Wandel entweder gar nicht bemerkt wird oder als marginal erscheint. In Zeiten einer dynamischen wirtschaftlichen Entwicklung verlaufen Veränderungn rascher, wirtschaftliche Stagnation hat geringere Bevölkerungsmobilität und auch weniger Investitionstätigkeit zur Folge. Nur in Kriegszeiten oder durch Naturkatastrophen wird der kontinuierliche Wandel durch einen radikalen Bruch ersetzt (vgl. dazu Körner 1999; Ranft/Selzer 2004).

In differenzierten, marktwirtschaftlich organisierten Ökonomien und demokratischen Staaten vollzieht sich dieser Wandel durch eine Vielzahl von Einzelentscheidungen, denen von der Stadtplanung ein räumlicher Rahmen gesetzt wird – in Form eines Zusammenspiels von kollektiver Regulierung und privat-individueller Entscheidungen über das Wo und Wie von Investitionen. In der Geschichte der Stadtentwicklung hat es jedoch immer wieder Eingriffe seitens des Staates gegeben, um diesen Wandel entweder zu beschleunigen oder ihm eine neue Richtung zu geben. Die von den Stadtregierungen angestoßene und durchgesetzte bauliche Erneuerung bestimmter Stadtgebiete (Sanierung) ist ein solcher Eingriff. Anlässe dafür waren seit der zweiten Hälfte des 19. Jahrhunderts einerseits immer wieder die Beseitigung von innerstädtischen (vorindustriellen) Altbaugebieten zugunsten einer funktionalen und sozialen Anpassung an das dynamische Stadtwachstum, das mit der Industrialisierung eingesetzt hatte, andererseits die Beseitigung oder Modernisierung von Wohnquartieren, die nach hygienischen und sozialmoralischen Kriterien als defizitär eingestuft wurden. Herausragendes – und für lange Zeit als Vorbild dienendes – Beispiel war der Stadtumbau von Paris in der zweiten Hälfte des 19. Jahrhunderts, bei dem zentral gelegene Altbauquartiere, die von unteren sozialen Schichten bewohnt wurden, abgerissen und durch neue, hochwertige Bauten für bürgerliche Schichten ersetzt wurden. An dieser Sanierung von Paris (vgl. Willms 1988) lassen sich drei Dimensionen eines Zielbündels erkennen, die bei der Stadterneuerungspolitik bis heute eine Rolle spielen:

– Erstens die Anpassung der *Stadtstruktur* an »moderne« Anforderungen. Mit der wirtschaftlichen, technischen und sozialen Entwicklung entsteht eine Diskrepanz zwischen der überkommenen Baustruktur und den neu entstandenen Verkehrs- und Nutzungsinteressen. Haussmann beseitigte das Gewirr verwinkelter Gassen und schuf breite Boulevards für den modernen Verkehr. Solche *Funktionssanierung* zielt auf *Stadtumbau.* Sie hat auch heute vielfältige Aufgaben: Straßen sind zu eng, Wohnungen und das Kleingewerbe stehen der Ansiedlung von Dienstleistungsarbeitsplätzen im Wege, der Fortzug der Industrie hat innerstädtische Brachflächen hinterlassen, und all dies behindert die ökonomische Entwicklung der Stadt.

– Zweitens die Anpassung der *Bausubstanz* an »moderne« Anforderungen. Mit steigendem Wohlstand und gewandelter Lebensweise wachsen auch die Anforderungen an die Wohnqualität. Die dichte, mittelalterliche Innenstadt von Paris beherbergte den armen und rebellischen Pöbel. Auch gingen von dort immer wieder Cholera- und Typhusepidemien aus (Willms 1988). Haussmann ließ diese Viertel niederreißen und schuf an deren Stelle großzügige, repräsentative Wohnungen für eine wohlhabende Bourgeoisie, die diese prestigeträchtigen Standorte direkt neben dem Louvre für sich beanspruchte. Solche *Substanzsanierung* zielt auf *Stadterneuerung.* Eine Sanierung nur der Bausubstanz, ohne daß die Funktion des Gebiets geändert würde, dient heute wie zu Haussmanns Zeiten dazu, die Wohnstandards entsprechend den gestiegenen Ansprüchen zahlungskräftiger Gruppen anzuheben. Solche »Gentrification« (von Gentry, dem englischen Kleinadel) geht häufig mit einer Verdrängung der ansässigen, weniger zahlungskräftigen Bewohner einher. Stadterneuerung zielt heute aber auch unter explizit sozialpolitischen Zielsetzungen auf sogenannte rückständige Viertel (Zapf 1969). Ihre Bausubstanz ist heruntergekommen und hat mit der Entwicklung in den übrigen Teilen der Stadt nicht Schritt gehalten. Die Armen, Alten und randständigen Gruppen wollen oder müssen dort wohnen, weil nur hier die Mieten für sie bezahlbar sind oder weil sie, wie z. B. Zuwanderer, diskriminiert werden. Die Infrastruktur und der bauliche Zustand der Gebäude behindern eine modernen Vorstellungen entsprechende Lebensweise oder liegen unter den durchschnittlichen Standards der Stadt. Sanierung dient hier dazu, die Wohnqualität zu verbessern, möglichst ohne daß die angestammte Bevölkerung verdrängt wird.

– Drittens werden Quartiere als *politisches Risiko* gesehen. Nachbarschaften, in denen sich aufgrund der schlechten Wohnbedingungen und der niedrigen Mieten vor allem untere Einkommensschichten konzentrieren, wurden im 19. und bis weit in das 20. Jahrhundert hinein als Gefahr für die politische Stabilität betrachtet. Ihre Bewohner wurden entweder in die Kategorie »asozial« eingeordnet oder sie wurden aufgrund ihrer politischen Aktivitäten mißtrauisch beobachtet. Haussmanns Sanierung sollte auch deshalb die engen Gassen der Pariser Altstadt beseitigen, weil sich dort leicht Barrikaden bauen ließen. Die breiten und schnurgeraden Boulevards dagegen schufen ein ideales Schußfeld für Kanonen. Derart militärische Überlegungen spielen heute keine Rolle mehr. Doch die Sanierung des Hamburger Schanzenviertels während des Nationalsozialismus (vgl. Kapitel 6) hatte einen vergleichbaren Hintergrund, nur ging es hier nicht so sehr um die Zerschlagung einer Festung der »gefährlichen Klassen« als um rassistisch und biologistisch definierte Gefahrenherde. Die Diskussion um die Bedrohungen durch Parallelgesellschaften in Einwanderungsquartieren könnte in Zukunft durchaus zu ähnlich politisch begründeten Sanierungsmaßnahmen führen. Heute spricht man von *Sozialstruktursanierung*. Damit verbindet sich eine mildere und wohlmeinende politische Zielsetzung von Sanierungseingriffen: die »Verbesserung der Sozialstruktur«. Die baulichen und sozialen Zustände eines »rückständigen Viertels« werden dann als Indikatoren interpretiert, die ein homogenes Milieu von Armut und Marginalität signalisieren, das durch bauliche Maßnahmen aufgebrochen werden soll.

Dies sind die wichtigsten Gründe dafür, daß Quartiere zu »Sanierungsgebieten« erklärt werden. Aber warum muß die öffentliche Hand dafür die Verantwortung übernehmen, indem sie Ziele einer Sanierung formuliert, Regeln für die Durchführung von Sanierungsmaßnahmen erläßt, Geld gibt und eine Organisation einsetzt, die für die Verwirklichung dieser Ziele sorgen soll? Anders: Warum löst der Markt diese Aufgaben nicht ohne staatliche Eingriffe?

8.2 Marktversagen und politische Legitimation

Verkehrsplanungen sind in Deutschland (noch) Sache der öffentlichen Hand, also ist sie bei Funktionssanierungen, die die Verkehrsverhältnisse verbessern sollen, zuständig. Bei den explizit politischen und sozialpolitischen Sanierungszielen ist dies ähnlich unmittelbar einsichtig. Der Markt interessiert sich nicht für die Bedürfnisse der Armen. Eine Nachfrage ohne Zahlungsfähigkeit wird vom Markt nicht wahrgenommen. Wenn ein Haushalt keine bessere Wohnung bezahlen kann, bekommt er keine. Wenn der Staat politisch höhere Normen der Wohnungsversorgung definiert, als sie der Markt von sich aus herstellt, muß er sie auch bezahlen – aus Sicht des Marktes am besten durch Subventionierung der Nachfrage. Ebenso schwer findet der Markt Antworten auf politische Bedrohungen. Das ist wie bereits im 19. Jahrhundert ein Anlaß, nach Polizei und Militär zu rufen. Allerdings haben zumindest Teile des Immobilienkapitals seitdem gelernt. Langfristig beschädigt ein sozial problematisches Milieu die gute Adresse und damit die Verwertbarkeit der Bestände. Das ist bei Wohnungsbaugesellschaften in Deutschland nicht nur Anlaß für Quotierungen, mittels derer für problematisch gehaltene Gruppen, etwa Ausländer, aus den Beständen herausgehalten werden, sondern auch für den Einsatz von Sozialarbeitern, Hausmeistern und Conciergen oder für Modernisierungs- und andere bauliche Maßnahmen, die das Gebiet sichtbar aufwerten.

Bei Aufwertungen der Bausubstanz für die Nachfrage kaufkräftiger Haushalte und bei Sanierungen zugunsten profitablerer Nutzungen müßte der Markt ohne staatliche Intervention auskommen. Im ökonomischen Wachstum der Stadt entsteht für innerstädtische Lagen eine Diskrepanz zwischen der realen Nutzung und der möglichen Verwertbarkeit. Die alten Häuser sind technisch in schlechtem Zustand, ihre Ausstattung ist unzulänglich, das Verhältnis zwischen Grundstücksfläche und vermietbarer Geschoßfläche ungünstig. Die gestiegene Nachfrage nach Gewerbeflächen und die Nachfrage seitens kaufkräftiger Bewohnerschichten nach Wohnungen ließen rentablere und erweiterte Investitionen zu. Das Quartier ist aus ökonomischer Sicht anachronistisch geworden. Zwischen faktischem und möglichem ökonomischen Ertrag besteht eine Lücke. Der Investitions- und Verwertungsprozeß wird durch die vorhandene Baustruktur behindert, woraus sich die Forderung nach Abriß und Neubebauung ergibt.

Die Rentabilitätslücke, die durch die Diskrepanz zwischen der tatsächlich vorhandenen und der möglichen Nutzung entstanden ist, müßte bei einem funktionierenden Markt eigentlich zu einer kontinuierlichen Erneuerung von rückständigen Gebieten führen. Tatsächlich ist dies der Fall, wenn eine sehr große Nachfrage seitens zahlungskräftiger Nutzer existiert – die Investoren sich also einer vorhandenen Entwicklung lediglich anpassen müssen. Trotzdem sorgt auch in solchen Fällen der Markt nicht immer für die stadtpolitisch gewünschte Erneuerung (vgl. Jacobs 1976, 152ff.), weil die dazu nötigen umfangreichen Investitionen ein hohes Risiko bergen. In einem Altbaugebiet, das äußerlich verfallen ist und ein negatives Image hat, kann die Entscheidung für eine Erneuerungsinvestition von den Eigentümern nicht unabhängig vom Investitionsverhalten der jeweiligen Nachbarn getroffen werden: Ein Gefangenendilemma also, der einzelne Eigentümer ist hinsichtlich seiner Entscheidungsfreiheit von den anderen Eigentümern abhängig. Entscheidet sich nämlich ein Eigentümer für die grundlegende Erneuerung seiner Immobilie, kann er – wenn dies die Nachbarn nicht gleichzeitig auch tun – die notwendige Rentabilität nicht erreichen, weil (negative) Nachbarschaftseffekte, die von unsanierten und verfallenden Häusern in der Umgebung ausgehen, verhindern, daß er zahlungskräftige Mieter gewinnt, die für eine ausreichende Verzinsung des eingesetzten Kapitals sorgen würden. Für die Nachbarn von Eigentümern, die ihre Häuser sanieren und modernisieren, ist es andererseits ökonomisch rational, ihrerseits nicht zu investieren, denn wenn der Nachbar durch seine Investition die Umgebung attraktiver gemacht und damit positive Nachbarschaftseffekte erzeugt hat, können sie höhere Mieten verlangen, ohne selbst etwas investiert zu haben. Sie können also eine höhere Rendite erzielen, obwohl sie keine Wertverbesserung vorgenommen haben, ein typischer Fall der *freerider*-Problematik. Individuelle ökonomische Rationalität führt also zu einer Blockade, zur Lähmung der Investitionstätigkeit und Erneuerung (vgl. Krätke 1995; Kujath 1986). Nur eine koordinierte Investitionsstrategie, bei der alle Eigentümer zur gleichen Zeit investieren, könnte dazu führen, daß das Kalkül bei Erneuerungsinvestitionen für alle Eigentümer aufgeht.

Dies ist der wichtigste Grund dafür, daß Stadterneuerung zu einer staatlichen Aufgabe geworden ist. Der Staat übernimmt dabei die Rolle des neutralen Dritten, der die Rahmenbedingungen dafür schafft, daß der individuelle Eigentümer mit seiner Investition nicht durch das Gefangenendilemma blockiert wird, indem man ihm die Sicherheit gibt, daß die Nachbarschaft insgesamt aufgewertet wird. Die öffentliche Hand hat hier also die Funktion, eine Entwicklung möglich zu machen, indem sie günstige Rahmenbedingungen für private Investitionen schafft. Diese Rahmenbedingungen sichern die Städte dadurch, daß sie Sanierungsgebiete abstecken und mit rechtlichen Instrumenten die Eigentümer zu einem koordinierten Verhalten zwingen. Solche Rechtsinstrumente wurden in den vierziger Jahren in den USA eingeführt, europäische Länder folgten später. Der Staat hat sich damit für die Durchsetzung von Sanierungen Zwangsmittel geschaffen, indem er Eigentümer, die sich am Erneuerungsprozeß nicht beteiligen wollen, zum Verkauf im Rahmen von Enteignungsverfahren zwingen kann, wobei ihnen der Verkehrswert ihres Hauses erstattet wird. Den Mietern wurde gleichzeitig eine »Duldungspflicht« auferlegt. Für die Bundesrepublik Deutschland wurde dies im Städtebauförderungsgesetz von 1971 rechtlich kodifiziert. Voraussetzung für die Anwendung der Zwangsmittel ist allerdings, daß die Stadtverwaltung oder der von ihr ermächtigte Sanierungsträger über genügend Finanzmittel verfügt, um Häuser aufzukaufen, abzureißen oder zu erneuern. Das Verfahren war anfänglich so, daß ein von der Stadt eingesetzter Treuhänder (»Sanierungsträger«) die Häuser im Sanierungsgebiet aufkaufte, die Grundstücke zusammenlegte und neu aufteilte, die Gebäude erneuerte oder abriß und neue baute, um das Ganze dann wieder zu verkaufen. Dieses organisatorische Prinzip der *Flächensanierung* geht auf Haussmanns Sanierungsstrategie aus den sechziger Jahren des 19. Jahrhunderts in Paris zurück. Der Umbau bzw. die Erneuerung der Städte hatte in der Bundesrepublik nach genau dem gleichen Muster begonnen. Es gibt aber auch Quartiere, in denen sich aufgrund ihrer Lage, ihrer städtebaulichen Qualitäten und einer manifesten kaufkräftigen Nachfrage nach diesem Standort das Gefangenendilemma nicht einstellt, eine bauliche Erneuerung also ohne staatliche Koordination in Gang kommt. Das war in vielen großen Städten seit den achtziger Jahren der Fall, wo sich aus der Überlagerung des ökonomischen Strukturwandels mit der Verbreitung stadtorientierter neuer Lebensstile eine neue, zahlungskräftige Nachfrage nach hochwertigem innerstädtischen Wohnraum ergeben hatte: Eine wachsende Zahl von jüngeren Erwerbstätigen, die gut verdienten, übernahm nicht mehr das traditionelle biographische Modell, das in der Verknüpfung von erfolgreichem Einstieg in die Erwerbstätigkeit, Familiengründung und Eigentumsbildung zum Umzug ins Umland führte. Vielmehr distanzierten sich immer mehr Menschen von der Lebensform der Kleinfamilie, was zu einem Anwachsen der Zahl der neuen Haushaltstypen führte: Singlehaushalte, unverheiratet Zusammenlebende und experimentelle Wohn- und Lebensformen. Für ihre stark arbeitsbezogene Lebensführung waren innerstädtische Wohnstandorte attraktiver als das Eigenheim im suburbanen Raum. Nun wurden immer mehr Altbauwohnungen auf hohem Niveau für diese neuen Nachfrager modernisiert, wobei die Altmieter in der Regel verdrängt wurden. Diese marktgesteuerte Erneuerung von Wohngebieten wird als »Gentrification« (vgl. Friedrichs 2000; Friedrichs/Kecskes 1996) bezeichnet.

In solchen Fällen übernimmt der Staat eine Funktion, die der oben beschriebenen entgegengesetzt ist: Es ist nicht beabsichtigt, eine Entwicklung zu ermöglichen oder zu beschleunigen, wie bei der Durchbrechung des Gefangenendilemmas. Vielmehr soll eine autonom sich vollziehenden Veränderung der Stadt verlangsamt, flankiert und gelenkt werden, um mögliche negative Folgewirkungen für die betroffenen Bewohner und sonstigen Nutzer des Gebiets zu vermeiden oder doch zu mildern (vgl. dazu Kapitel 13). Die Gesetzgebung hat dazu Instrumente geschaffen, mit denen die Bestandsmieter vor Verdrängung durch sprunghaft steigende Mieten und/oder die Umwandlung von Miet- in Eigentumswohnungen geschützt werden sollten. Hatten die innerstädtischen Unterschichten beim Umbau von Paris noch keinen rechtlichen Schutz gegen Sanierungsstrategien, so entwickelte sich in den westeuropäischen Staaten im Laufe der Zeit eine Mieterschutzgesetzgebung, die den Bewohnern eine Mitsprache bei der Umgestaltung ihrer Quartiere ermöglichen sollte. In der bürgerlichen Rechtsordnung hat der Eigentümer zwar prinzipiell das Recht, über die Nutzung und den Gebrauch seiner Immobilie zu entscheiden; im Laufe des 19. und 20. Jahrhunderts haben jedoch Gesetzgebung und Rechtsprechung zunehmend der Tatsache Rechnung getragen, daß eigentumslose Bewohner nicht willkürlichen Entscheidungen von Eigentümern schutzlos ausgeliefert sein dürfen. Obwohl das Machtgefälle zwischen Eigentümern und Nutzern prinzipiell unangetastet blieb, sind die Rechte von Mietern inzwischen doch so stark ausgeweitet worden, daß das Bundesverfassungsgericht sogar von »eigentümerähnlichen« Rechten der Mieter spricht. Insbesondere bei Stadterneuerungsprozessen wurden neue Formen von Beteiligung und Mitsprache entwickelt, wodurch erreicht werden sollte, daß die Umgestaltung eines Quartiers nicht nur Angelegenheit von Investitionskalkülen, sondern auch Gegenstand von öffentlicher Erörterung und politischer Entscheidung wird, in deren Verlauf die Betroffenen besonderes Gehör finden sollten. Neben das Städtebauförderungsgesetz, das Investitionen anreizen sollte, trat die Milieuschutz- bzw. Erhaltungssatzung, mit der dort, wo eine zu große Investitionsdynamik mit unerwünschten sozialen Konsequenzen in Gang gekommen war oder in Gang zu kommen drohte, der Erneuerungsumfang begrenzt werden sollte, um die Mieten für die eingesessenen Bewohner und sonstigen Nutzer bezahlbar zu halten. Während also im Falle der Anwendung des Städtebauförderungsgesetzes von einem Mangel an privaten Investitionen ausgegangen wird, soll die Milieuschutzsatzung ein Übermaß an Investitionen verhindern – im einen Fall Investitionen anreizend, im anderen Fall dämpfend.

In den Sanierungsgebieten, wo üblicherweise eine Konzentration von einkommensschwachen Haushalten besteht – was häufig wiederum als Beweis für die Notwendigkeit einer »Sozialstruktursanierung« gesehen wird –, stoßen die Erneuerungsstrategien in der Regel auf den Widerstand der Bewohner, die gegen die mögliche Verteuerung des Wohnens opponieren, denn sie müssen über Mieterhöhungen die Verbesserung ihrer Wohnverhältnisse bezahlen. Die Erneuerung kann auch auf den Widerstand von Eigentümern stoßen, wenn Häuser sich z. B. im Besitz von Familien befinden, die über keine Kapitalreserven verfügen und für ihren Lebensunterhalt auf den regelmäßigen Mietertrag des Hauses angewiesen sind.

Entwicklungen ermöglichen und Entwicklungen dämpfen, höhere Wohnstandards für kaufkräftige Nachfrager und für solche, die bessere Wohnungen nicht bezahlen können, und all das zuweilen in ein und demselben Gebiet und gegen Widerstände durchsetzen: Bei der Sanierung handelt die Stadtpolitik in einem diffusen Feld divergierender und widersprüchlicher Interessen. Für den Staat stellt

Stadtsanierung, gleich ob privatwirtschaftlich organisiert oder mit staatlicher Unterstützung, insofern eine delikate Aufgabe dar, als sie im Unterschied zur Stadterweiterung auf der sprichwörtlich grünen Wiese in jedem Fall in Lebensverhältnisse eingreift. Diese haben sich in der Regel über eine längere Zeit in solchen Quartieren entwickelt, die in den Windschatten der ökonomischen und baulichen Entwicklung der Stadt geraten waren. Sozialwissenschaftliche Untersuchungen, die seit Mitte des 20. Jahrhunderts regelmäßig in den für die Sanierung vorgesehenen Vierteln durchgeführt wurden, kamen immer wieder zu dem Ergebnis:

»Die Bevölkerung ist sozial homogen, das führt zu einer Solidarität in Notzeiten. Werte und Verhaltensnormen sind allgemein anerkannt und gültig, woraus eine große Verhaltenssicherheit folgt. Im Allgemeinen herrschen eine freundliche Atmosphäre, ein starkes Wir-Bewußtsein und eine starke Bindung an den Stadtteil. Räumlich sind diese Stadtteile häufig gekennzeichnet durch ein buntes Gemisch von Wohnhäusern, Läden und Werkstätten« (Pfeil 1972, 365f.).

Diese Beschreibung steht in scharfem Gegensatz zu der Diagnose, es handele sich bei den Sanierungsgebieten um Quartiere, in denen asoziales Verhalten und desolate Sozialverhältnisse vorherrschten. Berühmt gewordene Beispiele für Untersuchungen, die der Vorstellung von Stadtplanern, schlechte Bausubstanz sei identisch mit »schlechten« sozialen Verhältnissen, ein Kontrastbild entgegenstellten, waren die Studien von Young und Willmott (1957) über das Londoner Eastend und von Herbert Gans (1962) über das Bostoner Westend.

Andererseits aber ist ebenfalls in vielen Untersuchungen nachgewiesen worden, daß bestimmte Quartiere auch ausgrenzende Effekte haben können (vgl. Kapitel 11). Ihren Bewohnern wird das Etikett »Ghetto« oder »Bronx« angehängt, die Sozialisationschancen von Jugendlichen sind hier schlechter, ebenso der Zugang zu Arbeitsplätzen und Bildungseinrichtungen, die Versorgung mit privat und öffentlich bereitgestellten Gütern und Dienstleistungen ist unzulänglich, und zweifellos ist das Wohnen in engen, feuchten, dunklen und schlecht beheizten Wohnungen für die Bewohner eine Zumutung (vgl. Häußermann/Kronauer/Siebel 2004).

Damit wird das Dilemma deutlich, in dem sich Stadterneuerungsstrategien immer befinden: Wenn sie nicht geradewegs dazu dienen, Kapitalverwertungsinteressen oder Verkehrserfordernisse gegen die

Gebrauchswertinteressen der eingesessenen Bewohner, Eigentümer und Nutzer durchzusetzen, so sind sie motiviert von einer Vorstellung von »Modernität«, die als »allgemeiner Standard« zum Maßstab für Wohn- und Lebensverhältnisse gesetzt wird, der aber die gelebte Realität und der »Eigensinn« lokaler Lebenswelten entgegenstehen. In beiden Fällen treten die Interessen der Bewohner der betroffenen Quartiere in Gegensatz zu gesamtstädtischen Interessen bzw. zu einer Vorstellung von »Modernität«, die ihnen durch Stadterneuerung nahegebracht werden soll. Auf Basis der – oftmals erzwungenen – Homogenität der Bewohnerschaft in solchen Quartieren können Unterstützungsnetzwerke und eine Subkultur entstehen, die ihren benachteiligten Bewohnern das Zurechtkommen erleichtern und eine gewisse soziale Stabilität ermöglichen. Aber solche Quartiere können beides sein: Netz und Käfig, Nische zum Überleben und Ort der Ausgrenzung. Also wäre auch die Maxime, alles einfach zu lassen, wie es ist, angesichts der *circulus-vitiosus*-Effekte in bestimmten Quartieren und ihrer benachteiligenden oder sogar ausgrenzenden Wirkungen sozialpolitisch verantwortungslos.

Stadtsanierung ist immer von einer tiefen Ambivalenz geprägt. Sie findet in einem Feld von unterschiedlichen und teilweise widersprüchlichen Interessen statt – und zwar nicht nur zwischen Mietern und Eigentümern: Auch zwischen verschiedenen Mietergruppen und verschiedenen Eigentümern gibt es unterschiedliche Interessen. Der Staat übernimmt dabei die Regie und sorgt mit seinem städtebaulichen Instrumentarium dafür, daß er sowohl gegen Eigentümer- als auch gegen Mieterinteressen das »übergeordnete« Interesse an der Verbesserung von Wohnverhältnissen und der Funktionsanpassung von Quartieren durchsetzen kann. Ein grundlegender Unterschied zwischen Eigentümern und Mietern bleibt dabei jedoch bestehen: Obwohl die ökonomischen Interessen der Eigentümer in der Regel durch Geldzahlungen auch bei Enteignung befriedigt werden können, stellt die Stadterneuerung bei Mietern, selbst wenn diese finanziell entschädigt und mit dem Recht auf Rückkehr in ihre Wohnung nach der Erneuerung befriedet werden, einen Eingriff in ihre Lebensverhältnisse dar, die auch durch die sorgfältigste Rücksichtnahme bei der Sanierung nicht vollkommen bewahrt werden können.

8.3 Die soziale Dimension der Stadterneuerung

Mit dem Städtebauförderungsgesetz (StBauFG) von 1971 wurde die soziale Dimension städtischer Entwicklungen zum ersten Mal formell im Instrumentarium der Stadtplanung verankert. Der Sozialplan nach StBauFG kann als die erste rechtlich kodifizierte und für Sanierungsmaßnahmen obligatorisch gemachte Form der Sozialverträglichkeitsprüfung in der kommunalen Planung angesehen werden. Die einschlägigen Paragraphen waren der Paragraph 4 (Grundsätze für den Sozialplan, Vorbereitende Untersuchungen) sowie die Paragraphen 8 und 9 (Sozialplan) des StBauFG. Der Begriff Sozialplan findet sich seit 1987 im Paragraphen 180 des Baugesetzbuches:

§ 180 Sozialplan
(1) Wirken sich Bebauungspläne, städtebauliche Sanierungsmaßnahmen, städtebauliche Entwicklungsmaßnahmen oder Stadtumbaumaßnahmen voraussichtlich nachteilig auf die persönlichen Lebensumstände der in dem Gebiet wohnenden oder arbeitenden Menschen aus, soll die Gemeinde Vorstellungen entwickeln und mit den Betroffenen erörtern, wie nachteilige Auswirkungen möglichst vermieden oder gemildert werden können. Die Gemeinde hat den Betroffenen bei ihren eigenen Bemühungen, nachteilige Auswirkungen zu vermeiden oder zu mildern, zu helfen, insbesondere beim Wohnungs- und Arbeitsplatzwechsel sowie beim Umzug von Betrieben; soweit öffentliche Leistungen in Betracht kommen können, soll die Gemeinde hierauf hinweisen. Sind Betroffene nach ihren persönlichen Lebensumständen nicht in der Lage, Empfehlungen und anderen Hinweisen der Gemeinde zur Vermeidung von Nachteilen zu folgen oder Hilfen zu nutzen oder sind aus anderen Gründen weitere Maßnahmen der Gemeinde erforderlich, hat die Gemeinde geeignete Maßnahmen zu prüfen.
(2) Das Ergebnis der Erörterungen und Prüfungen nach Absatz 1 sowie die voraussichtlich in Betracht zu ziehenden Maßnahmen der Gemeinde und die Möglichkeiten ihrer Verwirklichung sind schriftlich darzustellen (Sozialplan).
(3) Steht die Verwirklichung einer Durchführungsmaßnahme durch einen anderen als die Gemeinde bevor, kann die Gemeinde verlangen, daß der andere im Einvernehmen mit ihr die sich aus Absatz 1 ergebenden Aufgaben übernimmt. Die Gemeinde kann diese Aufgaben ganz oder teilweise auch selbst übernehmen und dem anderen die Kosten auferlegen.

Diese Regelungen verpflichten die Gemeinden, bei Bebauungsplänen und Sanierungsmaßnahmen »Vorstellungen zu entwickeln und mit den Betroffenen zu erörtern, wie nachteilige Auswirkungen möglichst vermieden oder gemildert werden können«. Um solche Folgen feststellen zu können, sollen vorbereitende Untersuchungen durchgeführt werden, in denen die sozialen und baulichen Verhältnisse beschrieben und die Mitwirkungsbereitschaft der Eigentümer, Mieter, Pächter und anderen Nutzungsberechtigten erfaßt werden. Im Rahmen dieser Untersuchungen sollen auch die Vorstellungen der Betroffenen zur Sanierung erhoben werden.

Der Sozialplan ist damit als ein Instrument gedacht, das den durch Eigentumsrechte abgesicherten individuellen Entschädigungsansprüchen der Eigentümer ein – wenn auch nicht vollwertiges – Äquivalent für die Mieter an die Seite stellt. Allerdings sind dadurch keine individuellen Rechtsansprüche auf Entschädigungsleistungen für die Nichteigentümer etabliert worden. Der Sozialplan konzentriert sich auf die Kompensation von negativen Folgen, nicht so sehr auf ihre Vermeidung. Allerdings: Das Baugesetzbuch verbietet keiner Gemeinde, den Sozialplan in einem umfassenderen Sinne einer präventiven Sozialplanung zu handhaben. Aber das geschieht in der Praxis recht selten.

Heute ist der Sozialplan ein Routineelement innerhalb der Sanierungs- und etwas weniger in der Bebauungsplanung. Der Sozialplanung im Rahmen von Sanierungen sind zwei Aufgaben zugewiesen:

1. die Feststellung von Sanierungstatbeständen,
2. die Prävention bzw. Kompensation negativer Folgen des Sanierungseingriffs.

8.4 Sanierungstatbestände

Hier geht es um eine sozialwissenschaftliche Begründung der Notwendigkeit des Sanierungseingriffs. Die Sanierung soll dazu dienen, soziale Verhältnisse, die als Mißstände zu klassifizieren sind, zu beheben bzw. zu beseitigen. Was sind soziale Sanierungstatbestände?

Kathrin Zapf hat darauf hingewiesen, daß Sanierungsgebiete den Planer mit zwei sozialen Fragen konfrontieren, die beide eng miteinander verknüpft, aber nicht identisch sind: »mit der Rückständigkeit und mit der Unterschicht« (Zapf 1969, 244). Zapf unterstellt als Aufgabe der Planung, möglichst vielen Mitgliedern der Gesellschaft die Chancen zur Teilhabe an den objektiven Lebensmöglichkeiten, die die Gesellschaft bietet, zu ermöglichen. Als sanierungsbedürftig gelten ihr solche Gebiete, in denen »Bewohner und Benutzer [...] nicht nach Maßgabe der vorhandenen technischen und gesellschaftlichen Möglichkeiten leben, arbeiten und sich aufhalten« können (ebd., 13). Das betrifft neben dem technischen Zustand und der Ausstattung der Gebäude insbesondere die Ausstattung eines Wohngebietes mit Infrastruktureinrichtungen. In den erneuerungsbedürftigen Gebieten sind die entsprechenden Standards unterschritten. Sanierungsmaßnahmen sollen solche Rückständigkeit beseitigen.

Hinter Zapfs Argumentation steht der sozialpolitische Anspruch an den Staat, für gleiche Lebenschancen für alle zu sorgen. Dieser Anspruch ist vor allem deshalb an den Staat gerichtet, weil im Zuge der Urbanisierung die Haushalte auf die Funktionsfähigkeit und Zugänglichkeit der »Maschine Stadt« zur Entlastung von bestimmten Haushaltsfunktionen mehr und mehr angewiesen sind. Diesen Modernisierungsprozeß selber stellt sie nicht in Frage, sie klagt nur die Teilnahmemöglichkeiten aller an der Modernisierung ein. Deshalb wehrt sich Zapf auch vehement gegen eine romantisierende Verklärung der Lebenssituation in Sanierungsgebieten, wie sie ihrer Ansicht nach von Betroffeneninitiativen vorgenommen wurde. Zwar erfüllten erneuerungsbedürftige Gebiete wichtige Funktionen für Angehörige der Unterschicht: billige Wohnungen, Aufnahme für fluktuierende Gruppen, Integrationschancen für Zuwanderer und ein vertrautes Milieu für eine seit langem ansässige Bevölkerung. Jedes Sanierungsprogramm müsse diesen Funktionen Rechnung tragen. Aber Zapf betont die Ambivalenz rückständiger Gebiete. Sie sind zugleich schützende Nische und Falle, deren eingeschränkte Lebensmöglichkeiten auch die Teilhabe an modernen Lebensweisen behindern (vgl. auch Boettner 2002).

Die Janusgesichtigkeit der sozialen Verhältnisse in innerstädtischen Altbaugebieten läßt sich am Beispiel der dichten sozialen Beziehungen erläutern, die solchen Gebieten oft zugeschrieben werden. Nachbarschaftsbeziehungen sind abhängig von der Wohndauer und von der sozialen Situation: Junge Familien und solche, die auf gegenseitige Hilfe angewiesen sind und zugleich sich in ähnlichen Lebenslagen befinden, helfen sich häufig untereinander. Solche Homogenität aber ist nicht immer freiwillig gewählt. Sie kann sich aufgrund selektiver Abwanderung herausgebildet haben. Diejenigen, die es sich leisten können, wandern aus den schlechten Wohnungsbeständen des Gebietes ab. Am Ende solcher selektiven Abwanderung bleibt ein vergleichsweise homogenes Milieu zurück. Es ist dann aber Ergebnis unfreiwilliger Seßhaftigkeit, nicht gewünschter Lebenszustand. Ein solches Milieu bietet auch Raum für Verhaltensweisen, die in mittelschichtsdominierten Gebieten weniger toleriert würden. »Das Milieu bindet und erträgt Armut, Kuppelei, Trunkenheit, Alterswahnsinn, den Verlust von Gesundheit und Selbstbeherrschung. Darin kommt zugleich Toleranz und Ohnmacht zum Ausdruck« (Zapf 1969, 224). Gewöhnung, lange Ansässigkeit, unspezifische Bindungen herrschen vor und die Einsicht, aufgrund beschränkter Handlungsmöglichkeiten gar keine Alternative zu haben. Zapf resümiert ihre Untersuchung der Dortmunder Nordstadt: »Alle Befunde [. . .] weisen darauf hin, daß das soziale Geflecht in der Nordstadt [. . .] keine sehr [. . .] schonungsbedürftige Größe dargestellt hätte« (ebd., 242). Für einige Haushalte gelte dies, aber für die Mehrheit nicht, diese könnten sich aus eigener Kraft auch woanders zurechtfinden. »Die meisten Haushalte wohnten ohnedies nicht gerne da: Sie haben einem Umzug mit Erleichterung entgegengesehen« (ebd., 242).

Zur Begründung von Sanierungsvorhaben mit sozialen Sanierungstatbeständen finden sich zwei empirische Argumentationsmuster (vgl. zum Folgenden Siebel 1977). Einmal wird versucht, die soziale Dynamik eines Gebietes zu erfassen. Mittels Zeitvergleichen, etwa Vergrößerung des Anteils der Ausländer, Rentner und Alleinstehenden an der Gesamtbevölkerung innerhalb eines Zeitraums, wird ein sozialer Abstiegsprozeß charakterisiert, der durch Sanierungsmaßnahmen aufgehalten werden müsse. Oder es werden Abweichungen vom städtischen, Landes- oder Bundesdurchschnitt als sozialer Sanierungsanlaß gewertet.

Die Problematik der Bestimmung sozialer Sanierungstatbestände zeigt sich an der letzteren Argumentation. Daß die bloße Abweichung vom Durchschnitt für sich genommen kein sozialer Mißstand sein muß, leuchtet zwar ein – sonst müßten die Ghettos der Oberschicht mit ähnlicher Besorgnis betrachtet werden wie die »Türkenviertel«. Trotzdem werden häufig die Daten für die Sanierungsgebiete den entsprechenden Werten für die Gesamtstadt gegenübergestellt, anscheinend in der Annahme, daß wenn in einem städtischen Gebiet primär gesellschaftlich unterprivilegierte Gruppen wohnen, dies ein

»sozialer Mißstand« sei, der eine Sanierung rechtfertigen könne. In der Regel fällt ein solcher »sozialer Mißstand« auch mit modernisierungsbedürftigem Wohnungsbestand und weiteren »städtebaulichen Mißständen« zusammen.

Das soziale Problem liegt bei der Stadtsanierung aber nicht in erster Linie darin, daß Unterschichtsangehörige in bestimmten Gebieten der Stadt konzentriert sind, sondern daß sie unter sozialen und ökonomischen Bedingungen leben müssen, die sie auf solche Wohnungen angewiesen machen, deren Konzentration in bestimmten Gebieten wiederum als städtebaulicher Mißstand erscheint. Die gleiche Anzahl von ökonomisch und sozial Schwachen verteilt über die ganze Stadt auf Keller- und Dachwohnungen in Häusern, die ansonsten keine Mängel aufweisen, stellte denselben sozialen Mißstand dar – unter Umständen sogar einen gravierenderen, da sie die Chancen zu verwandtschaftlicher und nachbarschaftlicher Hilfe und zu politischer Organisation nicht hätten, die bei räumlicher Konzentration höher sind. Auch wäre zu überlegen, ob die Misere einkommensschwacher Familien in schlechten Altbauwohnungen, die sie bezahlen können, wirklich größer ist als die von Familien in besseren Wohnungen, die, gemessen an ihren Einkommen, unzumutbare Mieten zahlen müssen. Für die Stadtplanung werden die sozialen Probleme der Unterschicht zwar erst durch ihre räumliche Konzentration sichtbar, diese für die stadtplanerische Perspektive notwendige Fixierung auf die städtebaulichen Symptome sozialer Mißstände kann aber von der Soziologie nicht unkritisch übernommen werden. Da sie eine Erscheinungsform sozialer Probleme mit ihren Ursachen verwechselt, führt diese Sichtweise zu Lösungen, die das Angebot an billigem Wohnraum verringern und damit die sozialen Mißstände sogar noch verschärfen.

Vergleiche der Sozialstruktur eines potentiellen Sanierungsgebietes mit der der Gesamtstadt begründen die Sanierung mit einer fragwürdigen Logik. Einmal unterstellen sie die Lebensweise der deutschen Mittelschichten als fraglose Norm der städtischen Moderne. Das ist jenseits aller falschen Verklärung zurückgebliebener Milieus angesichts neuer Lebensstile und der Zuwanderung aus anderen Kulturkreisen heute nicht nur nicht mehr möglich, es wäre auch illusionär. Das Argument der Sanierung als »Verbesserung der Sozialstruktur«, wie es in den planerischen Begründungen oft heißt, ist nämlich nur dann sinnvoll, wenn eine sogenannte schlechte Sozialstruktur durch Sanierungsmaßnahmen verbessert werden könnte. In der Tat sieht die Sozialstruktur innerhalb des sanierten Gebietes nachher zwar möglicherweise besser aus, aber nicht, weil die sanierungsbetroffenen Unterschichtangehörigen durch die Sanierung in die Mittelschicht aufgestiegen wären, sondern weil sie durch Sanierung anders über das Stadtgebiet verteilt wurden. »Es zeigt sich das Paradox, daß mit der Sanierung ein Problem baulich gelöst werden soll, das soziale Ursachen hat, und daß diese Lösung für die genannten sozialen Gruppen nur zu einem geringen Teil eine Lösung in ihrem Sinne und Interesse ist« (Schäfers 1974, 287).

8.5 Vermeidung und Kompensation von Folgeproblemen

Zapfs Argumentation bezüglich besonderer sozialer Sanierungstatbestände hält fest am Anspruch, Sanierung habe die Lage der Betroffenen zu verbessern. Diese Orientierung wird in der Diskussion über die Sozialplanung im Rahmen von Sanierungsmaßnahmen üblicherweise nicht erreicht. In der Praxis dominiert eine Begründung und Handhabungsweise von Sozialplänen, die sehr viel bescheidenere Ziele setzen. Die Ambivalenz von »rückständigen Vierteln« zwischen Nische und Falle wird einseitig aufgelöst zugunsten der Schutzfunktion von Sanierungsgebieten für ökonomisch und politisch Schwache, also zu einer lediglich abwehrenden Haltung. Der Soziologie wird die Aufgabe zugewiesen, flankierende Maßnahmen zu formulieren, die negative Betroffenheit durch den Sanierungseingriff vermeiden helfen. Dazu sind zwei Fragen zu beantworten. Erstens: Was heißt Betroffenheit? Anders gesagt: In welchen Aspekten ihrer Lebenssituation werden Menschen durch Sanierungsmaßnahmen benachteiligt? Und zweitens: Gibt es verschiedene Gruppen von Betroffenen, und wie sind sie zu definieren?

Betroffensein heißt, daß bestimmte Bindungen an einzelne Aspekte eines Sanierungsgebiets durch Sanierung verändert werden. Es lassen sich drei Dimensionen von Bindungen unterscheiden (vgl. dazu Schmidt-Relenberg 1968, 196ff.):

– Bindung an die materielle Umwelt, womit vor allem das Wohnungs-, Infrastruktur- und Arbeitsplatzangebot gemeint ist;
– Bindung an die soziale Umwelt, etwa an die in räumlicher Nähe wohnenden Verwandten und Bekannten;

– und schließlich habituelle Bindung im Sinne einer vorwiegend durch lange Wohndauer bedingten, emotional bedeutsamen Gewöhnung an die spezifische Gestalt der materiellen und sozialen Umwelt.

Entsprechend können drei Dimensionen des Betroffenseins unterschieden werden: ökonomische, soziale und psychische Betroffenheit. Innerhalb der ökonomischen Dimension kann differenziert werden zwischen Folgen, die die Reproduktionskosten betreffen (Miete, Wohnstandort usw.), und Folgen, die das Einkommen betreffen (Untervermietung, Geschäftsaufgabe usw.). Mietsteigerungen infolge von Sanierungen werden von allen einschlägigen Studien zu Sanierungsfolgen belegt. Im Verhältnis von Mietsteigerung und Einkommen sind es in der Regel die ärmsten Familien, die die höchsten Steigerungen des Mietanteils am Einkommen auf sich nehmen müssen. Daran wird deutlich, wie außerordentlich wichtig eine nach Einkommensgruppen aufgeschlüsselte Darstellung der Mietsituation und der Mietzahlungsbereitschaft ist, will man mögliche Nachteile für die Betroffenen vermeiden.

Als zweiter Faktor, der die Reproduktionskosten beeinflußt, ist der Standort der Wohnung im Verhältnis zu Nahversorgungseinrichtungen und zum Arbeitsplatz zu beachten. Daß die Nähe zum Arbeitsplatz und zu wichtigen Versorgungseinrichtungen ökonomisch relevant ist, wird deutlich, wenn man einerseits die Kosten der Autohaltung bedenkt, andererseits den teilweise sehr hohen Anteil von Bewohnern eines Sanierungsgebiets, die ihren Arbeitsplatz zu Fuß erreichen. In einer Zusammenfassung der empirisch festgestellten Folgen einer »Umsetzung« im Zuge von Sanierungsverfahren stellte das amerikanische Wohnungsbauministerium fest: Für 40 Prozent war der Weg zur Arbeit länger geworden; die Erreichbarkeit von Versorgungseinrichtungen hat sich für ein Drittel verschlechtert; die öffentlichen Verkehrsmittel und das Gemeindezentrum waren für 29 bzw. 40 Prozent weiter entfernt. Natürlich verbesserten sich auch für einen Teil der Bewohner diese Faktoren, aber hier wäre eine Berechnung der Durchschnittsbelastung besonders unsinnig.

Schließlich sind unter die ökonomischen Kosten die Aufwendungen für Neuanschaffungen und Umzug zu zählen. Dazu gehören nicht nur Vorhänge, Teppichboden und Möbel, sondern auch Neuanschaffungen von Haushaltsgeräten, weil die Umsetzungswohnung z. B. keinen Gasanschluß mehr hat. Zu den Umzugskosten ist auch der Zeitaufwand zu zählen, der nötig ist, eine neue Wohnung zu finden. Dabei ist es für diskriminierte Gruppen besonders schwer, neue Wohnungen zu erhalten. Ferner können Einkommensverluste entstehen durch Fortfall von Nebenverdienstmöglichkeiten, Arbeitsplatzwechsel oder Arbeitsplatzverlust, sei es wegen Betriebsverlagerungen oder Betriebsstillegungen im Zuge von Sanierung, sei es wegen zu großer Entfernung zum alten Arbeitsplatz nach der Umsetzung in eine neue Umgebung.

Wahrscheinlich noch deutlicher ausgeprägt als bei den Bewohnern sind die negativen Umverteilungseffekte von sanierungsbedingter Umsetzung auf Gewerbe und Handel. Je nach Betriebstyp und -größe kann Umsetzung völlig unterschiedliche Auswirkungen haben. Die wesentlichen Variablen sind dabei Nachbarschaftsabhängigkeit und Größe des Betriebs/Geschäfts. Lebensmittelgeschäfte und Dienstleistungsbetriebe in Sanierungsgebieten sind häufig klein und auf die unmittelbar benachbarte Kundschaft angewiesen. Und die kleinen, nachbarschaftsabhängigen Betriebe haben die niedrigste Überlebensrate. Diese Betriebe mit meist alten Eigentümern sind rückständig. Aber sie sind nicht nur Lebensunterhalt, sondern auch Lebensinhalt für ihre Eigentümer. Nach einer amerikanischen Studie wurden ca. ein Fünftel derer, die aufgaben, arbeitslos. Ein weiteres Fünftel wurde Rentner, und zwar keineswegs immer freiwillig, denn viele der untersuchten Geschäftsinhaber hatten keine ausreichende Altersversorgung, d. h., sie wurden aus dem Arbeitsmarkt verdrängt, weil sie zu alt waren.

Die soziale Dimension des Betroffenseins wird, wenn sie überhaupt erfaßt wird, meist operationalisiert durch die Zahl der in Fußwegentfernung wohnenden Verwandten und Bekannten und die Häufigkeit der Kontakte mit ihnen. Diese quantitativen Angaben sind allerdings nicht zureichend, um auf den Grad der Abhängigkeit vom sozialen Verkehrskreis zu schließen. Die verschiedenen Versuche, die emotionale Intensität der Bindung an die soziale Umwelt (Fried 1971) zu erfassen, z. B. durch Fragen zur Bereitschaft, nach einer Umsetzung weiterhin Besuche im alten Wohnviertel zu machen, sind wenig aussagekräftig, weil in der psychischen Dimension der Bindung an eine Umgebung nicht nur die sozialen Kontakte und deren räumliche Symbolisierungen emotional überhöht erscheinen, sondern auch die materiellen, handfest ökonomischen Bindungen. Aber selbst wenn das in Sanierungsgebieten häufig verhältnismäßig engmaschige Netz persönlicher und sozialer Beziehungen ein Reflex spezifischer

Randgruppen- und Unterschichtsdefizite darstellt, so ist es gerade in seiner kompensatorischen Funktion wichtig für die Betroffenen. Sanierung beseitigt nicht jene Mängel, die durch das Netzwerk sozialer Beziehungen kompensiert werden.

Zur zweiten Frage: Wer gilt als Betroffener? In den Studien zu möglichen sozialen Folgen von Sanierungseingriffen stand im Mittelpunkt die Perspektive der lang ansässigen deutschen Bewohner. Die ganz anders zu fassende Betroffenheit der hochmobilen Bewohner wurde dagegen vernachlässigt. Sanierungsgebiete sind aber auch Orte des vorübergehenden Aufenthalts für hochmobile Gruppen. Hier zeigt sich die Problematik einer Einschränkung des Betroffenenbegriffs auf die, die im Gebiet wohnen, arbeiten bzw. Eigentum besitzen, also auf die direkt Betroffenen. Diese Einschränkung ist vom Ansatz der individuellen Betroffenheit, wie er dem Sozialplan nach Baugesetzbuch zugrunde liegt, beherrscht. Die ökonomische Bedeutung von Sanierung als Eingriff in den örtlichen Wohnungsmarkt wird vernachlässigt. In den Sanierungsbeiräten, die auf Druck der Bewohner in den siebziger und achtziger Jahren gebildet wurden, konnten solche Aspekte öffentlich thematisiert werden.

Bei der Differenzierung der Gesamtheit der Sanierungsbetroffenen sind neben der Unterscheidung von direkt und indirekt Betroffenen diejenigen Merkmale zu berücksichtigen, die über die Intensität des Betroffenseins entscheiden. Es sind dies im wesentlichen Merkmale zur Definition der Schichtzugehörigkeit. Je weniger ökonomische, soziale und kulturelle Ressourcen zur Verfügung stehen, desto härter ist die Betroffenheit, denn diese Ressourcen entscheiden über die Möglichkeiten

- der politischen Gegenwehr,
- des Ausweichens (z. B. durch Umzug) und
- der Substitution respektive Kompensation.

Hinzuzuziehen sind außerdem noch einige wenige demographische Merkmale wie Alter und möglicherweise Haushaltsgröße. Hinsichtlich des Betroffenseins durch Sanierung könnte man sich diese Merkmale als mehr oder weniger stark getönte Folien vorstellen, deren Übereinanderlagerung das Bild zunehmend verdunkelt, bis bei einem alten, verwitweten Ausländer mit geringen deutschen Sprachkenntnissen und mit niedriger Rente die härteste Betroffenheit erreicht ist.

8.6 Akzeptanz, Betroffene, Beteiligte

Neben der optimistischen Annahme, Sanierung diene primär der Verbesserung der Lage der im Gebiet Ansässigen, die hinter Zapfs Definition von sozialen Sanierungstatbeständen steht, und der gegenteiligen Befürchtung, Sanierung werde die Lage der Sanierungsbetroffenen verschlechtern, was durch Sozialpläne gemildert werden soll, gibt es noch eine dritte Begründung für die Notwendigkeit von Sozialplanung im Rahmen von Sanierungsmaßnahmen: die politische Durchsetzbarkeit bzw. die Konsensfähigkeit öffentlicher Eingriffe. Sanierung, insbesondere Flächensanierung, ist sehr bald auf heftigen Widerstand der Nutzer und Eigentümer in den betroffenen Gebieten gestoßen. Viele Sanierungsplanungen, insbesondere solche, die weitreichende Eingriffe in bestehende Strukturen beinhalteten (Durchbruch von Verkehrsstraßen und Cityerweiterungen), vor allem also die Funktionssanierungen, erwiesen sich angesichts dieses Widerstandes als nicht sozial verträglich. Der Widerstand gegen kommunale Sanierungsvorhaben war eine der ersten und wohl die wichtigste Wurzel der Bürgerinitiativbewegung in der Bundesrepublik. Der Protest führte bald dazu, daß die Gemeinden ihre Umnutzungsstrategien aufgeben mußten zugunsten vorsichtigerer Modernisierungs- und Erhaltungsmaßnahmen.

Mit dem Angebot frühzeitiger Information und Beteiligung am Entscheidungsprozeß sollte dem Widerstand die Spitze gebrochen werden, durch Beteiligung der Bürger an der Zielformulierung, der Programmierung und Durchführung von Sanierungsmaßnahmen sollte Sanierung von vornherein sozialverträglich gestaltet werden, so daß sich kein Anlaß für Widerstand mehr biete.

Akzeptanz ist das eine, aber es geht auch um Kooperationsbereitschaft: Für viele Planungen ist nicht nur die passive Akzeptanz, sondern auch die aktive Kooperation der Bürger wesentliche Voraussetzung für das Gelingen. Selbsthilfe läßt sich schwer gegen den Willen der Betroffenen fördern: Mietergärten einzurichten ist nur dann erfolgreich, wenn die Mieter die Gärten auch bewirtschaften. Erst recht gilt dies natürlich für jene Gruppen, auf deren ökonomisch relevante Kooperationsbereitschaft die Planung für die Durchführung angewiesen ist: die Eigentümer und Investoren.

8.7 Zur Kritik der Sozialplanung

Soweit soziale Planung an den Folgen von Eingriffen ansetzt, ist sie von der Präzision dieser Eingriffe auch abhängig. Je weniger klar und je weniger abgrenzbar die Planungen formuliert sind, desto weniger lassen sich auch mögliche negative Folgen vorab bestimmen. Wo Planung als Prozeß organisiert ist, nicht als klar strukturierter, vorab definierter Eingriff, sind auch die Folgen erst sehr spät und nur individualisiert zu bestimmen.

Eine Flächensanierung, die in einem klar umgrenzten Gebiet innerhalb eines bestimmten Zeitraums sämtliche Gebäude beseitigt und an deren Stelle solche für andere Nutzungen errichtet, ist in ihren negativen Auswirkungen nicht nur außerordentlich tiefgreifend, diese Auswirkungen sind auch vergleichsweise klar vorab definierbar; da außerdem der Kreis der Betroffenen und der Zeitpunkt der Betroffenheit eindeutig bestimmbar sind, wecken sie häufig kollektive Gegenwehr. Das ändert sich im Rahmen von langfristigen, schrittweise vorgehenden Aufwertungsstrategien, Verkehrsberuhigungs- und Wohnumfeldverbesserungsmaßnahmen. Auch diese können langfristig – ähnlich wie eine Flächensanierung – zum kompletten Austausch der Bevölkerung führen, doch löst sich diese Betroffenheit auf in eine Fülle individueller, an unterschiedlichen Orten, zu unterschiedlichen Zeitpunkten auftretender Betroffenheiten. Damit werden Sozialpläne schwerer formulierbar und politisch einklagbar.

Bisher sind soziale Aspekte im Rahmen der Stadtentwicklungsplanung vorwiegend defensiv und kompensatorisch als Frage der Bewältigung der unbeabsichtigten Nebenfolgen räumlich-technischer Maßnahmen diskutiert worden: zunächst als Kompensation materieller Nachteile. Der Sozialplan nach dem StBauFG thematisiert die Kosten, die der Bevölkerung durch einen aus ökonomischen respektive (verkehrs)technischen Überlegungen heraus für notwendig gehaltenen Umbau ihres Stadtteils entstehen können. Es geht darum, negative Folgen zu vermeiden bzw. für Verluste zu entschädigen. Später – im Zusammenhang mit der Atomenergiepolitik, aber auch bei stadt- und raumentwicklungspolitischen Maßnahmen – trat der Gesichtspunkt der Prävention politischen Widerstandes hinzu. Das Stichwort »Sozialverträglichkeit« neuer Technologien beinhaltet schließlich eine dritte Dimension sozialer Planung: Die mit der Einführung neuer Technologien verknüpften Verhaltenszumutungen sollten akzeptabel für die Betroffenen sein, dies auch aus der Einsicht, daß Akzeptanz und die Bereitschaft, sich zu beteiligen, häufig wesentliche Voraussetzungen für den Erfolg einer Maßnahme sind.

Alle genannten Aspekte verbleiben, bei aller Differenziertheit, in Kategorien der Folgeproblematik. Das Soziale erscheint als Klotz am Bein einer von Technik und Ökonomie vorangetriebenen gesellschaftlichen Dynamik. Unter »sozial« werden im wesentlichen Kosten, Restriktionen, politische Widerstände und Akzeptanzprobleme subsumiert. Dies verkennt den eigentlichen Sinn von Planung: Die soziale Entwicklungsplanung, d. h. die Durchsetzung sozialen Wandels hin zum Besseren. Wird Planung als »soziale Entwicklungsplanung« verstanden, dann dienen Städtebau, Architektur und Technologie als Instrument zur Durchsetzung dieses sozialen Wandels.

Die Arbeitsteilung zwischen Technik und Ökonomie, die für die Definition der positiven Ziele des Wandels zuständig sind, und einer sozialen Planung, die die Kosten, Nebenfolgen und Widerstände bearbeiten soll, muß überwunden werden. Für die Beurteilung der Sozialverträglichkeit einer Maßnahme ist dann nicht nur nach den Kosten und der Akzeptanz zu fragen, sondern auch danach, inwieweit sie zur nachhaltigen Verbesserung der Lebensumstände der Bevölkerung beiträgt.

Damit sind wir wieder beim Anspruch, Sanierung habe primär die Lebensumstände der Bewohner zu verbessern, jedoch nicht die Verwertungschancen von investitionsbereiten Kapitalien zu erhöhen sowie die Position der Haus- und Grundeigentümer zu stärken. Damit stößt die Sozialplanung offensichtlich an die Grenzen des Handlungsspielraums kommunaler Politik.

9. Fordismus und die fordistische Stadtlandschaft

Die spezifische Form der Modernisierung, die mit dem Konzept des Fordismus umschrieben wird, prägt die Stadtentwicklung seit Ende des Zweiten Weltkrieges. Gemeint ist damit die gesellschaftliche Durchsetzung eines Regimes der Massenproduktion, das eng verbunden ist mit auf Massenkonsumtion ausgerichteten Lebensweisen sowie entsprechenden institutionellen Arrangements, kulturellen Normen, Leitbildern und Formen gesellschaftlicher Integration. Den Zusammenhang zwischen Produktionsorganisation und Stadtentwicklung wollen wir im folgenden erläutern.

Seit drei Jahrzehnten ist aber auch bereits die Rede vom Ende der Massenproduktion und von der Krise des Fordismus. Die Fachdiskussion konzentriert sich daher gegenwärtig vor allem auf die Formen gesellschaftlicher Transformation, die als postfordistische charakterisiert werden. Es ist aber kein Zufall, daß die aus dem Erosionsprozeß des fordistischen Modells entstehenden neuen Formen nur in negativer Abgrenzung mit dem unbestimmten Begriff des Postfordismus gekennzeichnet werden. Denn zum einen sind sie nur zu verstehen vor der historischen Referenzfolie des Fordismus, und zum anderen hat sich bisher noch kein einheitliches und vergleichbar erfolgreiches gesellschaftliches Entwicklungsmodell etablieren können. Wir sind also gegenwärtig mit einer prinzipiellen Unbestimmtheit weiterer Entwicklungen und einem instabilen Nebeneinander von Alt und Neu konfrontiert (vgl. Kratzer/Sauer 2003, 101). Der Fordismus wirkt vor allem in Form institutioneller Ordnungen, Leitbilder, Deutungsmuster und Routinen der Alltagskultur weiter, da diese ein beträchtliches Beharrungsvermögen und Eigenleben haben (vgl. Baethge 2001).

Wie in Kapitel 5.1 gezeigt wurde, hatte der Fordismus einen besonders starken Einfluß auf die europäische Architektur- und Städtebaudebatten. Vor allem die Vertreter des Funktionalismus waren beeindruckt von dem Rationalismus der tayloristischen Arbeitsorganisation und den betriebswirtschaftlichen Prinzipien von Henry Ford. Sie interessierten sich für die Möglichkeit der Einführung industrieller Massenproduktion auch im Baugewerbe, und sie waren fasziniert von der rationalen Raum- und Zeitorganisation des Fordismus.

9.1 Fordismus als Leitmodell der Massenproduktion – die Demokratisierung des Automobils

Mit dem Namen von Henry Ford (1863-1947) verbindet man gemeinhin die Entwicklung der Massenproduktion von Automobilen auf der Grundlage der wissenschaftlichen Betriebsführung von Frederick W. Taylor (1856-1915). Die Massenproduktion wurde allerdings schon ein halbes Jahrhundert vor Henry Ford in den Schlachthöfen von Cincinnati und Chicago entwickelt, um die Fleischversorgung der Städte zu industrialisieren (vgl. Giedion 1987, 140). Henry Fords historische Leistung war die *Demokratisierung des Automobils*, dessen Besitz lange als ein besonderes gesellschaftliches Privileg gegolten hatte. »Der Gedanke, eine so komplizierte Maschinerie wie das Auto von einem Luxusartikel in einen normalen Gebrauchsgegenstand zu verwandeln und ihn im Preis der allgemeinen Kaufkraft anzugleichen, wäre in Europa undenkbar gewesen. Der Glaube, das Auto zu einem Artikel der Massenproduktion machen zu können und in dieser Überzeugung die Herstellung dieses Produktes völlig zu revolutionieren, sichert Ford seine historische Stellung« (ebd., 141). Für seine Vision fand Ford gute ökonomische und soziale Rahmenbedingungen vor. In den USA entwickelte sich zu dieser Zeit ein Binnenmarkt von gewaltigen Ausmaßen und zugleich bestand eine deutliche Knappheit an qualifizierten Arbeitskräften, was die tayloristische Arbeitsorganisation begünstigte. Denn der »Taylorbetrieb« war – so Gottl-Ottilienfeld – das »Paradies der Ungelernten« und – wie er im Hinblick auf Deutschland hinzufügte – »die Tragödie des Facharbeiters« (1926, 10).

Henry Ford war nicht nur ein guter Techniker und Organisator, sondern auch ein genialer Unternehmer mit einem sozialen, allerdings ausgesprochen patriarchalischen Verantwortungsbewußtsein gegenüber seinen Arbeitern. Ford sah Produktion und Verkauf immer als Einheit. Die Verkaufsorganisation seiner Automobile war »mit ähnlicher Sorgfalt auf Leistungsfähigkeit angelegt [...] wie das Tempo des Fließbandes« (Giedion 1987, 142). Zugleich sah Ford sehr klar den ökonomischen *Doppelcharakter des Lohnes*: als Kostenfaktor und als Nachfragepotential. Im Gegensatz zu anderen Unternehmern seiner Zeit betrachtete er die Lohnfrage nicht ausschließlich als Kostenfrage, sondern auch unter dem Aspekt einer potentiellen Nachfrage. In seinem Buch *Mein Leben und Werk* stellt er die Frage: »Warum [...] das viele Gerede über die ›Verbilligung der Arbeitskraft‹, über den Vorteil, den ein Sinken der Löhne bringen würde – wäre das nicht gleichbedeutend mit dem Herabdrücken der Kaufkraft und einem Sinken des inneren Marktes?« (Ford 1923, 135) Nach Ford ist keine Frage so wichtig wie die Lohnfrage: »Die Mehrzahl der Bevölkerung lebt von Löhnen. Ihr Lebens- und Lohnstandard ist maßgebend für den Wohlstand des Landes« (ebd.). In sämtlichen Betrieben hat Ford mit dem »five dollar day« einen deutlich überdurchschnittlichen Mindestlohn von fünf und später sechs Dollar am Tag eingeführt. Mit seiner Lohnpolitik und seiner sozialpartnerschaftlichen Unternehmensorganisation nahm Ford seinen Arbeitern ihre »Proletarität«, unterwarf sie jedoch gleichzeitig einer strikten sozialen Kontrolle und verhinderte die Bildung von Gewerkschaften in seinen Unternehmen.

Das ökonomische Geheimnis seiner Hochlohnstrategie – wie überhaupt seines ökonomischen Erfolges – war die Kostendegression der Massenproduktion, also die Realisierung von *economies of scale.* Durch die technische Standardisierung und Normierung der verschiedenen Komponenten des Automobils sowie die systematische Zerlegung der Arbeitsprozesse in technisierbare Teilprozesse und die Spezialisierung der Teiloperationen konnte mit immer weniger Aufwand ein immer größerer Output produziert werden. Dies war jedoch nur möglich durch die Erschließung eines Massenmarktes, was wiederum eine ständige Senkung des Verkaufspreises voraussetzte.

9.1.1 Die Entstehung des vertikal integrierten Großunternehmens

Die Massenproduktion erforderte jedoch nicht nur eine immer systematischere interne Organisation der Produktion nach den Methoden der wissenschaftlichen Betriebsführung Taylors sowie eine entsprechende Marketingstrategie zur ständigen Ausdehnung des Verkaufs, sondern auch die reibungslose Zulieferung von Vorprodukten. Nach Fords Angaben bestand ein Auto aus rund 5000 Teilen (Ford 1923, 92), von denen er zunächst die meisten von Zulieferern bezog. Um eine reibungslose Organisation der Massenproduktion garantieren zu können und alle Rationalisierungspotentiale auszuschöpfen, versuchte er, über eine zunehmende Integration vorgelagerter Produktionsstufen die gesamte Wertschöpfungskette zu kontrollieren: »Wälder, Eisen- und Kohlengruben, Hochöfen, Gummiplantagen und was es sonst an Rohmaterialien [und Vorprodukten; Einfügung d. A.] geben mag, vereinigte er in seiner Hand« (Giedion 1987, 142). Auf diese Weise schuf Ford ein vertikal integriertes Großunternehmen, das zum Leitbild der Unternehmensstrategien der Zeit nach dem Zweiten Weltkrieg werden sollte.

Die städtischen und regionalen Implikationen der fordistischen Massenproduktion zeigen sich in den Standortstrategien von Ford. Er hatte die Ford Motor Company 1903 in einem kleinen Ziegelschuppen in Detroit gegründet und zog einige Jahre später in derselben Stadt in ein größeres Gebäude. An diesen *urbanen Standorten*, mitten in der Industriestadt Detroit, konnte er je nach Bedarf Arbeitskräfte rekrutieren und auch die notwendigen Vorprodukte beziehen oder produzieren lassen. Zugleich war die Stadt ein wichtiger Testmarkt. Ford konnte genau beobachten, von wem und warum welche Automobile gekauft und wie sie genutzt wurden. Er experimentierte zunächst mit unterschiedlichen Konstruktions- und Produktionsmethoden sowie mit unterschiedlichen Fahrzeugtypen: Sein Unternehmen baute sechszylindrige Luxuslimousinen, vierzylindrige Tourenwagen und kleine zweizylindrige Stadtautomobile. Nach dem Bau von acht verschiedenen Modellen entschied sich Ford für den Bau eines einzigen Modells, das »Modell T«, das 1912 für ca. 600 Dollar verkauft wurde und 1921, als Ford den fünfmillionsten Wagen herausbrachte, nur noch ca. 300 Dollar kostete (vgl. Ford 1923). Seine charakteristische Eigenschaft war Einfachheit: »Der Wagen bestand aus nur vier Konstruktionseinheiten: aus der Kraftanlage, dem Wagengerüst, der Vorder- und Hinterachse. Sie waren überall zu haben und so gebaut, daß keine besondere Geschicklichkeit dazu gehörte, um sie zu reparieren oder zu ersetzen« (Ford 1923, 79f.).

Fords Ziel war es, dieses einfache Auto in einer hochwertigen Qualität zu bauen und zu einem möglichst niedrigen Preis auf den Markt zu bringen. Diese Strategie konfrontierte ihn mit neuen Produktionsanforderungen. Deshalb entschied er sich für den Bau einer neuen Fabrik, die als Montagewerkstatt konzipiert war und für die er den Standort in Highland Park in einer Vorstadt von Detroit wählte – also einen *suburbanen Standort*. In diesem Werk wurde zum ersten Mal das Fließband zur Montage von Automobilen eingesetzt. Als eine Tagesproduktion von tausend Wagen erreicht war, stellte sich die Frage einer zusätzlichen Erweiterung oder die Suche nach einem neuen Standort. Der Umfang der Produktion und der Belegschaft des Ford-Werkes sprengte die Verkehrs-, Siedlungs- und Einkaufsstrukturen von Highland Park und Detroit. Die Verfrachtungsmöglichkeiten der Fahrzeuge über Detroit waren erschöpft, und die Arbeitsstunden mußten bereits so gelegt werden, »daß nicht zu viele Leute gleichzeitig herein- oder herausströmten – anders ließ sich nicht für ausreichend Verkehrsmittel sorgen« (Ford 1926, 175f.).

Vor diesem Hintergrund kritisierte er die vorherrschende Meinung, die Industrie sei auf die großen Städte angewiesen, und verkündete die Emanzipation der modernen Fabrik von der Stadt:

> »Man hat es stets als etwas Unvermeidliches hingenommen, daß Großbetriebe riesige Baulichkeiten und eine große Zahl Arbeiter bedingen, die in diesen weit gedehnten Gebäuden schaffen und abends in ihre Spelunken und armselige Wohnungen heimkehren« (Ford 1926, 173).

Nach Fords Urteil hatte es keinen Sinn mehr, daß sich ein großes Unternehmen auf einen einzigen Standort konzentriert, und vor allem erschien es ihm nicht erforderlich, für die Standorte der modernen Industrie eine Stadt zu wählen: »Heutzutage besteht absolut kein Anlaß, eine Fabrik in einer großen Stadt oder in der Nähe eines ›Arbeitsmarktes‹ zu errichten, wohl aber gibt es zahlreiche zwingende Gründe, davon Abstand zu nehmen« (ebd.). Die Lösung des Standortproblems für seine expandierende Massenproduktion sah Ford in einem System von dezentralen Zweigbetrieben, für deren spezifische Aufgabenprofile jeweils der optimale Standort gesucht wird. Diese Strategie eines Systems firmeneigener Zweigbetriebe mit *exurbanen Standorten* nannte Ford etwas mißverständlich: »Zurück zur Dorfindustrie« (ebd., 173f.). Gemeint war der Bau von dezentralisierten Fabriken für spezifische Produktionsaufgaben auf dem Lande: »Um die Unkosten der Großstadt zu vermeiden, [...] um die Kaufkraft der Löhne, die wir zahlen, unter weitere Schichten der Bevölkerung, die unsere Erzeugnisse kaufen, zu verteilen, begannen wir zu dezentralisieren« (ebd., 180).

Statt den Fabrikstandort in Highland Park zu erweitern, baute Ford daher in dem kleinen Städtchen Northville an dem Flüßchen Rouge, mitten in einer landwirtschaftlichen Gegend, eine neue Fabrik. Nachdem er mit eingearbeiteten Arbeitern aus der Fabrik in Highland Park die Produktion aufgebaut hatte, rekrutierte er ungelernte Arbeiter aus der Umgebung, die alle mit dem Auto in die Fabrik kamen. Waren früher die besten Arbeiter dieser Gegend der höheren Löhne wegen nach Detroit gezogen, so rühmte sich Ford, daß er in seiner Fabrik in Northville »nur Leute aus dem Bezirk und keinen einzigen aus Detroit« eingestellt habe (ebd., 181). Entlang dem Flüßchen Rouge entstand noch eine ganze Reihe kleinerer und mittlerer Ford-Fabriken, die alle für Arbeitskräfte ausgerichtet waren, die keine besondere Schulung hatten und die in der Regel aus der Landwirtschaft kamen. Alle Beschäftigten, ob Männer oder Frauen, wurden nach dem gleichen Tarif entlohnt, nämlich einem Fünf- bzw. Sechs-Dollar-Minimum täglich.

Die Standortstrategien von Henry Ford zeigen deutlich die Loslösung der Industrie von ihrem historischen Entstehungskontext der Stadt bzw. der Großstadt – eine Entwicklung, die stilprägend wurde für die historische Entwicklungsphase des Fordismus. In Deutschland setzten sich derartige Standortstrategien erst relativ spät in den sechziger, z.T. auch erst in den siebziger Jahren durch. Fälschlicherweise wurde diese Tendenz einer Dezentralisierung von Industriestandorten häufig als postfordistische Produktions- und Raumstruktur charakterisiert.

Mit der historischen Skizze von Henry Fords Leistungen und Strategien sollte deutlich gemacht werden, daß – außer dem makroökonomischen und sozialstaatlichen Regulationskontext – nahezu alle Elemente des Fordismus bei der Entwicklung der Massenproduktion der Automobile entwickelt wurden. Die spezifische Regulationsform der Massenproduktion durch vertikal integrierte Großunternehmen charakterisieren Piore und Sabel (1985) als mikroökonomisches Regulationsmodell. Demnach war das Großunternehmen eine mögliche Lösung der organisatorischen und ökonomischen Probleme, die durch das Aufkommen der Massenproduktion entstanden waren.

»Doch es war bestenfalls eine partielle Lösung. Sie gewährleistete eine Marktkontrolle für die eigenen Produkte und den unmittelbaren Nachschubbedarf an Ressourcen. Doch die Märkte waren letztlich von der Prosperität der Volkswirtschaft abhängig, und die lag jenseits der Kontrollmöglichkeiten der neuen großen Unternehmen« (ebd., 86).

Eine entwickelte fordistische Makroregulierung setzte sich in den USA erst nach dem Zweiten Weltkrieg durch. In Westdeutschland entstand ein entsprechendes makroökonomisches Regulationssystem mit der Herausbildung der sozialen Marktwirtschaft in der Nachkriegszeit.

9.1.2 Der Fordismus und die Rationalisierungsdiskussion in den zwanziger Jahren

Nach 1920 hatte es in Europa vielfältige Versuche gegeben, Anschluß an die fortgeschrittenen Formen der Massenproduktionstechnik und die damit verbundenen Methoden der Unternehmensorganisation zu finden, wie sie sich in den USA nach dem Ersten Weltkrieg herausgebildet hatten. In Deutschland führte Opel als erste Automobilfabrik 1924 die Fließbandfertigung ein, um das Modell »Laubfrosch« in Großserie zu bauen. Die wirtschaftliche Situation Deutschlands und der anderen europäischen Länder, die in der Zwischenkriegszeit durch eine stagnative Grundtendenz geprägt war, bot allerdings keine guten Voraussetzungen für die Einführung einer Massenproduktion von Konsumgütern und eine Demokratisierung des Automobils. So behinderte insbesondere die »in der Zwischenkriegszeit herrschende Nachfrageschwäche die Ausbreitung der Massenproduktion im Allgemeinen und der ›Automobilgesellschaft‹ im Besonderen« (Abelshauser 2003, 112). Formen der Massenproduktion setzten sich in Deutschland zunächst nur im Bereich der grundstoffverarbeitenden Fließbandproduktion (Kohle, Stahl, Chemie) durch. Da der Bau derartiger Anlagen meist mit einer sprunghaften Ausdehnung der Produktionskapazitäten verbunden war, führte dies regelmäßig zu einer Destabilisierung der Absatzmärkte bzw. der Preise. Andererseits waren die Unternehmen gezwungen, die technologisch vorteilhaften Massenproduktionstechnologien einzusetzen, wenn sie nicht durch ihre Konkurrenz überrollt werden wollten. In diesem Konflikt schufen die Großunternehmen Kartelle und Trusts, wie wir sie aus der Geschichte des Ruhrgebiets kennen (vgl. Läpple 1994). Trotz der wenig günstigen makroökonomischen Rahmenbedingungen gab es vor allem in Deutschland eine verbreitete Faszination für die fordistische Produktionsweise: »Deutsche Unternehmer pilgerten in den 1920er Jahren in die USA, um an den heiligen Stätten des Kapitalismus, für die viele von ihnen die neuen Ford-Werke in Highland Park und am River Rouge inzwischen hielten, das Geheimnis ihrer eigenen wirtschaftlichen Zukunft zu ergründen« (Abelshauser 2003, 109).

9.2 Der »rheinische Fordismus«

In der Zeit nach dem Zweiten Weltkrieg setzte sich das fordistische Produktionssystem in seinen Grundzügen in nahezu allen westlichen Ländern durch. Eine wichtige Rolle spielte dabei das Währungssystem von Bretton Woods mit seinen festen Wechselkursen. Dieses dollarbasierte Währungssystem war einerseits Ausdruck der ökonomischen und politischen Hegemonie der USA, andererseits eröffnete die damit verbundene Stabilität der internationalen ökonomischen Beziehungen den unterschiedlichen Ländern die Möglichkeit spezifischer Entwicklungspfade und eigenständiger wirtschaftspolitischer Strategien (vgl. Hirsch-Kreinsen 2005, 244). Vor allem jedoch begünstigten die relativ stabilen internationalen Markt- und Währungsverhältnisse die Einführung der Massenproduktion, deren Profitabilität stark abhängig ist von einer Stabilität der Märkte und einer Kontinuität der Absatzmöglichkeiten.

Auch in Westdeutschland konnte sich nach Einführung der Deutschen Mark im Kontext eines expandierenden Binnenmarktes und einer zunehmenden Integration in einen boomenden Weltmarkt die fordistische Methode der Massenproduktion auf breiter Basis durchsetzen. Gleichzeitig trat Westdeutschland nun in das »Zeitalter des Massenkonsums« (Rostow 1960) ein, das in den USA bereits nach dem Ersten Weltkrieg begonnen hatte. Die ökonomisch-technische Basis für den Erfolg fordistischer Massenproduktion war teilweise schon in der deutschen Kriegswirtschaft gelegt worden. Im Rahmen der Rüstungsproduktion haben deutsche Unternehmen – unter Druck oder in enger Kooperation mit dem nationalsozialistischen Regime – wichtige Fortschritte in der Praxis einer standardisierten Massenproduktion gemacht und auch vielfältige Produkte entwickelt, deren wirtschaftliche Umsetzung erst nach dem Kriege möglich war.

Der Fordismus erschöpft sich jedoch nicht in der Dyade von Massenproduktion und Massenkonsum (vgl. Baethge 1995, 33). Seinen spezifischen Charakter als gesellschaftliches Entwicklungs- und Regulationsmodell erhält der Fordismus erst durch die Einbettung von Massenproduktion und -konsum in ein komplementäres System institutioneller Arrangements, kultureller Normen und Lebensstile. In diesem Sinne wurde der Fordismus auch nicht einfach von den USA auf Westdeutschland übertragen, sondern er erhielt seine spezifische Ausprägung im Zusammenhang mit der Entwicklung der westdeutschen Wirtschafts- und Sozialordnung – also der sozialen bzw. kooperativen Marktwirtschaft.

9.2.1 »Varieties of Capitalism« – das deutsche Modell im internationalen Kontext

Die Wirtschafts- und Sozialordnung Westdeutschlands, die den institutionellen Kontext für die spezifische Ausprägung des westdeutschen Fordismus bildete, war nicht das Resultat einer großen politischen Vision oder eines kohärenten Entwurfs, sondern das Ergebnis eines langwierigen historischen Prozesses von gesellschaftlichen Auseinandersetzungen und Kompromissen. Nach Abelshauser haben sich die Grundkonturen dieses »sozialen Systems der Produktion« bereits Ende des 19. Jahrhunderts im deutschen Kaiserreich herausgebildet. Die Entstehung des spezifischen deutschen Wirtschafts- und Sozialmodells mit seinen wohlfahrtsstaatlichen, marktordnenden und interventionistischen Komponenten begründet Abelshauser vor allem als Reaktion auf die wirtschaftliche Rückständigkeit Deutschlands gegenüber der dominanten Wirtschaftsmacht England:

> »Deutschland, die verspätete Industrienation, war gezwungen, sich dem wirtschaftlichen und sozialen Strukturwandel des späten 19. Jahrhunderts zu stellen, wollte es die führenden Industriemächte überholen, ohne ihren bisherigen Vorsprung im einzelnen aufholen zu können. Es war daher die Herausforderung wirtschaftlicher Rückständigkeit, die auf zahlreichen Gebieten zur Entwicklung effektiver Institutionen führte« (2003, 53).

Die Rückständigkeit Deutschlands war nicht nur ein Handicap, sie bot auch Chancen. Vor allem Institutionen zur Absicherung langfristiger ökonomischer und gesellschaftlicher Interessen, z. B. Institutionen und Organisationsformen auf dem Gebiet des modernen Wohlfahrtsstaates, des Technologietransfers und der Ausbildung sowie wirtschaftspolitischer Interventionen, ließen sich einfacher gegen kurzfristige, einzelwirtschaftliche Interessen durchsetzen, da das industrielle Bürgertum – anders als beispielsweise in England – noch einen relativ begrenzten politischen Einfluß hatte.

Mit dem Rückgriff auf die tradierten Formen wirtschaftlichen Interessenausgleichs, die man mit dem Schlagwort Korporatismus kennzeichnet, mit der Wiedereinführung einer föderalen Struktur der staatlichen Organisation zusammen mit der kommunalen Selbstverwaltung sowie der Weiterentwicklung des Bismarckschen Sozialversicherungssystems stellte sich Westdeutschland nach 1945 in die Tradition dieses Modells einer regulierten kooperativen Marktwirtschaft, die sich für die verspätete Industrienation Deutschland bereits am Ende des 19. Jahrhunderts als sehr erfolgreich erwiesen hatte (vgl. Abelshauser 2004, 22ff.). Ergänzt wurden diese tradierten Institutionen u. a. durch eine neue Finanzverfassung mit einer föderalistisch organisierten und politisch unabhängigen Zentralbank. Eine keynesianisch inspirierte Wirtschaftspolitik setzte sich in Westdeutschland allerdings erst nach dem Schock der Rezession von 1966/67 mit der Einführung des »Gesetzes zur Förderung der Stabilität und des Wachstums der Wirtschaft« von 1967 durch.

Die Analyse und der Vergleich länderspezifischer Entwicklungsmodelle sind seit einiger Zeit Thema einer international komparativen Forschung, die man unter dem Titel von Peter Halls und David Soskices Standardwerk *Varieties of Capitalism* zusammenfassen kann (2001). Ausgangsthese dieses sozialwissenschaftlichen Forschungsfeldes ist, daß der gegenwärtige Kapitalismus keine homogene Einheit darstellt, sondern daß sich auf der Grundlage nationalspezifischer Entwicklungspfade konkurrierende Kapitalismusmodelle herausgebildet haben, die sich auch in ihrer wirtschaftlichen Leistungs- und Wettbewerbsfähigkeit unterscheiden. In seinem Buch *Kapitalismus contra Kapitalismus* (1992) konfrontiert Michel Albert zwei idealtypische Modelle, die er mit den Begriffen »angelsächsischer« und »rheinischer« Kapitalismus charakterisiert. Nach Albert basiert das »angelsächsische Modell« mit den USA als Zentrum auf individuellem Erfolg und kurzfristigem Gewinn, das »rheinische Modell«, das sein Zentrum in Deutschland hat (das sich aber auch in Ländern wie der Schweiz und der Niederlanden findet), dagegen auf gemeinschaftlichem Erfolg, Konsens und langfristigem Vorausdenken.

Anknüpfend an die essayistische Studie von Albert, wurden in den letzten Jahren im Rahmen einer politökonomischen Governance-Forschung kapitalistische Wirtschafts- und Sozialsysteme unter dem Aspekt unterschiedlicher Koordinationsformen wirtschaftlicher Prozesse bzw. verschiedener Formen der institutionellen Steuerung ökonomischer Akteure analysiert. Das zentrale Erkenntnisinteresse richtet sich dabei auf die institutionellen Bedingungen ökonomischer Wettbewerbsfähigkeit bzw. die Frage komparativer institutioneller

Vorteile in der globalen Standortkonkurrenz. (Vgl. z. B. Streeck 1997; Hollingworth/Boyer 1997; Hall/Soskice 2001; Amable 2003) Hall/Soskice unterscheiden in ihrer komparativen Institutionalismusanalyse zwei polare »soziale Systeme der Produktion«, die liberalen Marktwirtschaften (»liberal market economies«) und die koordinierten Marktwirtschafen (»coordinated market economies«). Als ausgeprägtestes Beispiel für die liberalen Marktwirtschaften nennen sie die USA, wo bereits seit der zweiten Hälfte des 19. Jahrhunderts marktförmige Koordinationsformen dominieren; die Funktionsweise von koordinierten Marktwirtschaften illustrieren sie am Beispiel von Deutschland, wo in den verschiedensten wirtschaftlichen Bereichen institutionelle Arrangements – wie Netzwerke, strategische Interaktionen zwischen Unternehmen oder staatlich-administrative Regelungen – Koordinationsfunktionen übernehmen. Hall/Soskice kommen in ihrem theoretisch und empirisch sehr differenzierten Ansatz also zu einer Typologie, die weitgehend der von Albert (1992) entspricht. Es ist offensichtlich, daß zwischen diesen beiden idealtypischen Modellen Länder zu finden sind, die vielfältige Mischformen aufweisen, und es ist auch davon auszugehen, daß sich innerhalb einzelner Länder, z. B. auf Regionalebene, unterschiedliche institutionelle Arrangements finden lassen.[1]

Mit diesen Ausführungen zu den nationalspezifischen Systemen der Produktion bzw. den unterschiedlichen Spielarten des Kapitalismus sollte im Rahmen dieses Kapitels vor allem deutlich gemacht werden, daß die ökonomische Entwicklung, insbesondere die Entfaltung fordistischer Massenproduktion und -konsumtion in einen gesellschaftlichen und institutionellen Kontext eingebettet ist, der in hohem Maße durch die Geschichte des jeweiligen Landes geprägt und damit stark pfadabhängig ist.[2]

1 Amable unterscheidet in seiner Studie *The Diversity of Modern Capitalism* fünf unterschiedliche Modelle des Kapitalismus: »the market-based model; the social-democratic model; the Continental European model; the Mediterranean model; and the Asian model« (2003, 14). In seinem Analyseansatz versucht er, die auf Unternehmenskoordination und Arbeitsverhältnisse fokussierte Diskussion über »Varieties of Capitalism« um Aspekte des Wohlfahrtsstaates zu erweitern, und integriert damit Differenzierungen, die Esping-Andersen (1990) unter dem Schlagwort »worlds of welfare« ausgearbeitet hat (vgl. dazu auch Häußermann/Siebel 1995).

2 Unter dem Eindruck der Globalisierung sowie der europäischen Integration mit der Einführung eines einheitlichen europäischen Währungssystems konzentriert sich gegenwärtig die Diskussion auf die Frage: Konvergenz oder Divergenz? Führt

Anknüpfend an Alberts Bezeichnung des deutschen Modells der sozialen Marktwirtschaft als »rheinischer Kapitalismus«, verwenden wir den Begriff des *»rheinischen Fordismus«*, um deutlich zu machen, daß es sich bei dem westdeutschen Fordismus um eine sehr spezifische institutionelle Ausprägung des Fordismus handelt.

9.2.2 Volkswagen und der Erfolg der Massenproduktion

Bei der Entwicklung einer typisch deutschen Version eines fordistischen Produktionsmodells spielte das Volkswagenwerk eine Schlüsselrolle. Bereits vor dem Krieg versuchte das nationalsozialistische Regime, durch Autobahnbau und Förderung der Autoindustrie die Motorisierung der deutschen Gesellschaft voranzutreiben. »Das Regime und gerade auch Hitler selbst drängten die Automobilindustrie, sich der Herausforderung des Fordismus zu stellen und gemeinsam einen ›Volkswagen‹ zu entwickeln und zu produzieren, der wie Fords ›Modell T‹ die Massenmotorisierung tragen sollte« (Abelshauser 2003, 114). Gegen den hinhaltenden Widerstand der Automobilfirmen gründete das Regime 1938 das Volkswagenwerk. In der bei Fallersleben, mitten in einer ländlichen Gegend, gegründeten »Stadt des Kraftdurch-Freude-Wagens«, dem späteren Wolfsburg, sollte das größte Automobilwerk der Welt entstehen. Mit den in den USA gekauften Spezialmaschinen wurden ab 1940 zunächst allerdings nur Militärfahrzeuge gebaut.

Nach dem Krieg unternahm Volkswagen große Anstrengungen, den Rückstand der deutschen Automobilindustrie zur amerikanischen aufzuholen. Nach einer gründlichen Analyse der Produktionsmethoden in der amerikanischen Automobilindustrie konzentrierte sich Volkswagen nach dem Vorbild Henry Fords auf ein einziges Grundmodell, den VW-Käfer, der zum erfolgreichsten Automobil in der Geschichte (bereits 1981 waren 20 Millionen verkauft) werden sollte. Anfang der fünfziger Jahre verfügte das Volkswagenwerk über die modernsten Produktionsanlagen der Welt. Angesichts des be-

die verschärfte »Standortkonkurrenz« zwischen Ländern, Regionen und Unternehmen zu einer Erosion nationalspezifischer institutioneller Arrangements und damit einer allgemeinen Konvergenz in Richtung neoliberales Modell, oder sind Anpassungsprozesse innerhalb der pfadabhängigen Entwicklungsverläufe möglich? Auf diese Frage wird in Kapitel 10 eingegangen.

grenzten nationalen Binnenmarktes verfolgte Volkswagen – wie auch andere Bereiche der westdeutschen Industrie – von Anfang an eine konsequente Exportstrategie und baute ein internationales Händler- und Servicenetz auf. Von den fünf Millionen VW-Käfern, die bis 1961 produziert wurden, fand etwa die Hälfte ihren Absatz im Export (vgl. Sachs 1990, 91), und in den sechziger Jahren wurde fast jeder vierte Volkswagen in die Vereinigten Staaten exportiert, wo der Käfer lange Zeit als »Zweitwagen« eine Nische gefunden hatte.

Im Gegensatz zu Henry Ford, der keine Gewerkschaften in seinen Betrieben duldete, kooperierte die Werksleitung von Volkswagen entsprechend der deutschen Tradition industrieller Beziehungen sehr eng mit der Industriegewerkschaft Metall. Dies ermöglichte, »die spezifischen Bedingungen der Massenfertigung an die in Westdeutschland vorherrschenden, dem Produktionsregime der diversifizierten Qualitätsproduktion entsprechenden Spielregeln anzupassen, ohne auf die Vorteile fordistischer Lohnpolitik verzichten zu müssen« (Abelshauser 2003, 130). Auf der Basis tayloristischer Arbeitsorganisation war Volkswagen ein stark vertikal integriertes und hierarchisch organisiertes Großunternehmen. Es versuchte jedoch nicht wie Ford, die gesamten mit der Produktion eines Autos verbundenen Wertschöpfungsketten zu internalisieren. Die vielfältige deutsche Industrielandschaft bot Volkswagen ein breites Spektrum technisch kompetenter Zulieferanten. Mit dem Ausbau eines Zulieferverbundsystems konnte man auf ein großes externes Innovationspotential zurückgreifen und stärkte damit zugleich die für den deutschen Wirtschaftsraum prägende Struktur von regionalen Verbundsystemen oder regionalen Produktionsclustern, die das Rückgrat der deutschen Exportwirtschaft wurden (vgl. Abelshauser 2003, 93f.).

9.2.3 Die Prosperitätsspirale des »Wirtschaftswunders«

Die historische Phase von 1950 bis Anfang der siebziger Jahre wird als das »goldene Zeitalter« industriell-kapitalistischer Entwicklung oder umgangssprachlich als »deutsches Wirtschaftswunder« bezeichnet. Zu Recht: Denn die jährlichen Wachstumsraten des Bruttosozialprodukts erreichten in den ersten Jahren historisch einmalige 9,5 Prozent und im Durchschnitt der fünfziger Jahre 8,5 Prozent (die

USA hatten im entsprechenden Zeitraum eine Wachstumsrate von 3,3 Prozent).

»Die Quote der Investitionen, des Treibstoffs für den Motor der ökonomischen Expansion, kletterte auf fabulöse 25 Prozent des Bruttosozialprodukts, vor allem aber verdoppelte sich das individuelle Realeinkommen schon 1960, verdreifachte sich sogar bis 1973; der Privatverbrauch stieg um 300 Prozent« (Wehler 2006, 108).

Theoretisch läßt sich dieses beispiellose Wirtschaftswachstum und die damit verbundene Wohlstandsentwicklung als Resultat einer positiven Rückkopplung von Massenproduktion und Massenkonsum im Sinne einer sich verstärkenden »Prosperitätsspirale« (Lutz 1984) erklären:

– Eine steigende Nachfrage führte zur Ausweitung der Massenproduktion;
– damit konnte eine Kostendegression (*economies of scale*) realisiert werden, was den Spielraum für wachsende Einkommen, also vor allem Lohnerhöhungen sowie den Ausbau einer wohlfahrtsstaatlichen Politik, erweiterte;
– die wachsenden Einkommen sorgten wiederum für eine nachhaltige Ausweitung der Nachfrage und die Sozialpolitik des Staates führte zu einer Stabilisierung der Einkommen der privaten Haushalte und damit auch zu einer Verstetigung der Nachfrage;
– dies erweiterte wiederum in der Form einer positiven Rückkopplung den Spielraum für die Vertiefung und Ausbreitung der Massenproduktion.

Die widerspruchsvolle Beziehung zwischen den Lohnkosten der Massenproduktion und den wachsenden Einkommen, die wiederum die Nachfrage und damit den Massenkonsum bestimmten, wurde primär durch die sozialpartnerschaftliche Tarif- und Lohnpolitik reguliert, deren Leitlinie die Ausrichtung der Löhne an der gesamtwirtschaftlichen Produktivitätsentwicklung war. Im Rahmen einer makroökonomischen Regulierung wurde die sozialpartnerschaftliche Lohnpolitik flankiert durch eine abgestimmte Finanz-, Steuer- und Währungspolitik, eine sozialstaatliche Umverteilungspolitik sowie durch den Ausbau der Infrastruktur. Bei dieser vielschichtigen korporatistischen Regulierung kam dem Aushandlungsdreieck zwischen Unternehmen, Gewerkschaften und Staat eine zentrale Rolle zu.

In Kapitel 10 wird aufgezeigt, daß diese Prosperitätsspirale durch veränderte interne und externe Rahmenbedingungen ab Mitte der siebziger Jahre nicht nur deutlich gedämpft und teilweise außer Kraft gesetzt wurde, sondern inzwischen in einzelnen Regionen und Städten zu einer »Stagnations-« oder gar »Schrumpfungsspirale« geworden ist. »Erhalten blieb aber die Fixierung auf die ganz und gar einmaligen Wachstumsraten des ›Wirtschaftswunders‹, obwohl es doch den nicht wiederkehrenden Sonderbedingungen der Rekonstruktionsära und des Strukturbruchs im Inneren und auf dem Weltmarkt zu verdanken war« – so Wehler (2006, 109) in einer Kritik an der nostalgischen Verklärung der Nachkriegsentwicklung. Verliert man bei der Betrachtung der fordistischen Wachstumsphase der Nachkriegszeit die historisch einmaligen Sonderbedingungen aus dem Auge, so können sich – wie Wehler betont – die damit verbundenen ökonomischen Erfolgserfahrungen zu einem fatalen kollektiven Wachstumsfetisch verfestigen, der verhindert, daß man sich angesichts veränderter Rahmenbedingungen den »außerordentlich anstrengenden und schmerzhaften Anpassungsleistungen« stellt. Die durch einen verinnerlichten Wachstumsfetisch verzerrte Realitätswahrnehmung kann man exemplarisch am Beispiel des deutschen Vereinigungsprozesses studieren, dessen Folgen bis heute – in der Hoffnung auf die heilende Wirkung eines neuen Wachstumsschubes – weitgehend verdrängt werden.

9.3 Die Verallgemeinerung des Massenkonsums und die Standardisierung der Lebensführung

Nach der Währungsreform wurde Westdeutschland von einer Konsumkonjunktur erfaßt, die nach der ersten »Freßwelle« vor allem durch den Kauf dauerhafter Konsumgüter wie Kühlschränken, Staubsaugern und Waschmaschinen, Radios, Musiktruhen und Fernsehapparaten, Fahrrädern, Motorrädern und Autos getragen wurde (vgl. Schildt/Sywottek 1998). Beschleunigt durch schnell steigende Einkommen, setzte sich eine »Demokratisierung des Konsums« von Gebrauchsgütern durch, die vormals dem Konsum herrschender Schichten vorbehalten waren. Prägend für diese Phase des Durchbruchs zum Massenkonsum war vor allem die Verbreitung des Autos. »Zwischen 1951 und 1961 versiebenfachte sich der Bestand an Personenwagen von 700 000 auf über 5 Millionen« (Abelshauser 2003, 94).

Trotz dieser enormen Zunahme der Automobilisierung hatte 1960 der Motorisierungsgrad der Bundesrepublik erst ein Niveau erreicht, das die USA bereits 1920 aufzuweisen hatten. Das Auto spielte nicht nur eine Schlüsselrolle beim Durchbruch von Massenproduktion und Massenkonsum, sondern übernahm auch eine symbolische Leitfunktion für Fortschritt und sozialen Aufstieg. Es wurde zum wichtigsten Zeichen des wirtschaftlichen Erfolgs der Menschen (»Wir haben es geschafft: Das neue Auto steht vor der Tür«), und es war das allgemein akzeptierte Medium und sichtbarster Ausdruck einer Modernisierungswelle, die Stadt und Land erfaßte. Die Rationalisierung und Mechanisierung der Produktion wurde auch auf andere Güter übertragen, und der dadurch ermöglichte Massenkonsum veränderte die Kultur der Unterschichten und prägte einen nivellierten Lebensstil, der sich durch den Besitz einer wachsenden Menge standardisierter Konsumgüter auszeichnete. Die Ausstattung des Haushalts mit elektrischen Geräten gehörte ebenso dazu wie das Automobil – und eine moderne Wohnung (vgl. Saldern 1995 b).

Der Fordismus prägte das Wohnen auf zweierlei Weise: Zum einen ging die Ausstattung mit standardisierten Konsumgütern mit einer Standardisierung des Lebensstils einher, und zum anderen wurden die Wohnungen selbst im Stile von industriell gefertigten Konsumgütern standardisiert – in Europa in Form von Mietwohnungen, die streng normiert waren, in den USA in Form von Bungalows, die industriell hergestellt und millionenfach in den suburbanen Gebieten aufgestellt wurden. Der Familienhaushalt war die Einheit, für die in Wellen immer neue Ausstattungsgegenstände produziert wurden (vgl. Aglietta 2000). Dieser Technopark sollte von der Ehefrau zusammen mit den Kindern organisiert werden. Faktisch gehörte die Hausfrau zum fordistischen Lebensmodell, denn das Einkommen des Mannes reichte aus, um die Familie und ihre Ausrüstung mit Konsumgütern zu finanzieren. Bereits in der Weimarer Republik war in den theoretischen Schriften der Architekten von einem »unpolitischen Sozialismus« die Rede – eine treffende Umschreibung des fordistischen Gesellschaftsmodells. Die Standardisierung der Konsumstile wurde als Überwindung der Klassengesellschaft gedeutet – Helmut Schelsky prägte dafür später den Begriff der »nivellierten Mittelstandgesellschaft«. Kulturell war damit eine Moderne bezeichnet, in der Klassen- und Schichtunterschiede zugunsten eines modernen Lebensstils abschmelzen. Damit wurde nach und nach im Alltag tatsächlich der Klassengraben überbrückt, der das Proletariat von der bürgerlichen Gesellschaft getrennt hatte (vgl. Mooser 1984; Schmoll 1990). Die modernen, mit öffentlichen Finanzhilfen gebauten Wohnanlagen dienten explizit dazu, die Ausgrenzung der Arbeiterfamilien zu beenden und ihnen ein Leben in qualitativ hochwertigen Wohnungen in einer sozialen Umgebung zu ermöglichen, die für sie sonst aus materiellen und kulturellen Gründen verschlossen geblieben wäre.

Fordismus bedeutet die Verkoppelung von standardisierter Massenproduktion mit einem bestimmten Konsummodell. Die Lebens- und Wohnweise, die damit ermöglicht bzw. befördert wurde, war selbst durch Merkmale der fordistischen Produktion infiziert: Ökonomisierung des Wohnens und Rationalisierung des Alltagslebens kennzeichneten jenen modernen Lebensstil, der im Fordismus massenhafte Verbreitung fand. Für die neue Arbeitsorganisation wurde auch ein »neuer Arbeitertyp« (Rodriguez-Lores 1995, 59) benötigt, der körperlich, geistig und moralisch zu jener Verläßlichkeit in der Lage war, die die große, schnell und ohne Pause laufende Maschinerie benötigte. Auch was die Arbeiter nach Feierabend und nachts trieben, gehörte damit zu den Einflußbereichen der fordistischen Gesellschaftspolitik und äußerte sich in der Fürsorge für Gesundheit, Familienleben und »ordentliche« Freizeit.

Der private Haushalt wurde Gegenstand von arbeitswissenschaftlichen Analysen, zahllose Aufklärungsbroschüren galten dem Einsatz der modernen Technik im Haushalt. Die Wohnungsgrundrisse wurden in den öffentlich geförderten Modellsiedlungen streng funktional gestaltet, d. h. nach vorgedachten Arbeitsabläufen kraft- und zeitsparend organisiert.

Während in den USA das privatistische Konsummodell im Familienheim am Stadtrand angesiedelt wurde (vgl. Florida/Feldman 1988), förderte der Staat in Deutschland sowohl die Eigentumsbildung im Eigenheim als auch das moderne Wohnen im Mietshaus. Die Förderung des suburbanen Familienheims war eher ein Anliegen der konservativen politischen Strömungen, die sich von dieser Wohnform auch eine politische Resistenz der Bewohner gegenüber kollektivistischen Ideen erhofften; die öffentliche Förderung von Mietshäusern im Eigentum von öffentlichen bzw. gemeinnützigen Wohnungsbaugesellschaften gehörte zum Forderungskatalog der linken Parteien und der Organisationen der Arbeiterbewegung, die den Zusammenhang zwischen der Position auf dem Arbeitsmarkt und auf dem Wohnungsmarkt für die Lohnabhängigen entkoppeln wollten und darüber hinaus das Ziel der Etablierung eines dritten Sektors zwischen Markt und Staat verfolgten.

Die Grundprinzipien des Taylorismus fanden weltweite Anerkennung jenseits des Gegensatzes zwischen kapitalistischen und sozialistischen Ökonomien und Theorien. Der Fordismus ist ein makrogesellschaftliches Modell, das zwar die staatliche Politik in der industriellen Epoche von den zwanziger bis zu den siebziger Jahren in vielen Ländern nachhaltig geprägt hat, das aber den jeweiligen national spezifischen Traditionen, Kulturen und Strukturen angepaßt wurde. Die Unterschiede zwischen den verschiedenen Kapitalismustypen in den USA, Nord- und Westeuropa sind bekannt, und mit diesen unterschiedlichen Typen variierte auch die jeweilige nationale Prägung (vgl. Kapitel 9.2). Der Aufbau des umfassenden Sozialsystems fand in verschiedenen Formen bei der Arbeitsteilung zwischen privaten, staatlichen und intermediären Organisationen statt, und auch die Prägung des Alltagslebens durch das Erwerbssystem und durch den Wohnungs- und Städtebau hatte erhebliche Unterschiede zur Folge. Insbesondere die Rolle der Frauen in der Gesellschaft schlug sich im Wohnungs- und Siedlungssystem nieder: Während in den USA mit seinem individualistisch organisierten Sozialsystem die Hausfrau im privaten Bungalow zur Leitfigur einer weiblichen Biographie wurde, bestand diese im Skandinavien der Nachkriegszeit in der erwerbstätigen Ehefrau, die in einer öffentlich geförderten Neubauwohnung, umgeben von einem umfassenden staatlichen bzw. kommunalen Angebot von personen- und haushaltszentrierten Dienstleistungen, Mutter- und Erwerbstätigenrolle gut vereinbaren konnte. In Deutschland fand sich diese Eindeutigkeit bei der Wohnform nicht, um so stärker bei der Frauenrolle: Ob im Eigenheim oder in der Großsiedlung des sozialen Wohnungsbaus – die sorgende Hausfrau wurde in den Alltagskonzepten, die dem Wohnungsbau zugrunde lagen, immer mitgedacht. Das fordistische Familienmodell in Deutschland beinhaltete den männlichen »Ernährer«, der in einer auf Lebenslänge angelegten Vollzeitbeschäftigung den »Familienlohn« erarbeitete. Die suburbanen Eigenheimsiedlungen, die ja faktisch kaum eine unterstützende Infrastruktur boten, setzten die informelle Arbeitsleistung der Hausfrauen immer voraus, sei es, um die Kinder von der einen Einrichtung zu einer anderen zu bringen, sei es, um die Einkäufe zu erledigen und den anschwellenden Berg von Konsumgütern ins Eigenheim zu transportieren. Die Großsiedlungen korrespondierten damit insofern, als auch sie am Stadtrand lagen, vor allem aber dadurch, daß sie mit ihrer monofunktionalen Ausrichtung auf das Wohnen und den großen Entfernungen zu Arbeitsgelegenheiten für Frauen mit Kindern ein anderes Lebensmodell faktisch nicht zuließen.

Die gesellschaftliche Integration der Männer im Fordismus erfolgte über den Arbeitsmarkt, der Vollbeschäftigung und steigende Reallöhne auch für unqualifizierte Arbeitskräfte bot, die der Frauen über die Kleinfamilie, in der sie die Konsumarbeit und die ebenfalls zunehmende Freizeit organisierten. Ökonomisches Wachstum, Einkommenswachstum, sichere Arbeitsplätze, Wachstum von Freizeit und Urlaub – dies alles bedeutete für die Masse der Arbeiter einen sozialen Aufstieg aus einer von Unsicherheit und Mangel geprägten marginalen gesellschaftlichen Lage in eine von Konsum und Disziplin geprägte fordistische Gesellschaft. Der Wohnungs- und Städtebau der zwanziger Jahre und der beiden ersten Jahrzehnte nach dem Zweiten Weltkrieg entsprach diesem Modell mit den Prinzipien der Rationalität und Funktionalität, die sich in einer ordnenden Zonierung von Flächen niederschlug, die die Grundlage für die Partitur eines standardisierten Lebens war.

9.4 Fordistische Raumstrukturen und Stadtlandschaften

Die ökonomische Leistungsfähigkeit der fordistischen Massenproduktion hat ihren Preis. Sie erfordert eine konsequente technische Standardisierung und Normierung der Produkte, eine systematische Zerlegung der Arbeitsprozesse in technisierbare Teilprozesse und die Spezialisierung der Teiloperationen. Das Resultat ist ein relativ starres Mensch-Maschinen-System, das einen reibungslosen Produktionsablauf und die kontinuierliche Auslastung der Kapazitäten erfordert. *Spezialisierung*, *Standardisierung* und *Kontinuität* sowie Unterordnung unter die Logik der Massenproduktion sind die zentralen Leitorientierungen des fordistischen Regimes – und diese Leitorientierungen sind nicht nur auf das Unternehmen und seine Beschäftigten beschränkt, sondern werden über vielfältige ökonomische, soziale und kulturelle Vermittlungsprozesse auf die Gesellschaft und vor allem die gesellschaftlichen Raum-Zeit-Strukturen übertragen. In diesem Sinne kann man sagen, daß der industrielle Großbetrieb das Zentrum der Welt des Fordismus bildet.

Die vertikale Integration der verschiedenen Funktionen, die zu Produktion und Vermarktung erforderlich sind, resultiert in einer hohen funktionalen Unabhängigkeit von anderen Betrieben. Bei der auf ihre interne Produktionslogik orientierten fordistischen Fabrik könnte man auch von einem *funktionalen Autismus* sprechen. Dies führt unter anderem dazu, daß das vertikal integrierte fordistische Großunternehmen – wie wir am Beispiel von Henry Fords Standortstrategien gezeigt haben – nicht mehr auf die Stadt angewiesen ist bzw. sich von der Stadt und dem historischen Entstehungskontext der Industrie loslöst und im exurbanen Kontext die Entwicklung einer eigenen Stadtlandschaft anstößt. Eine ähnliche Emanzipation des fordistischen Unternehmens vom tradierten städtischen Kontext läßt sich am Beispiel von Volkswagen studieren.

Die entscheidende Vermittlung zwischen den funktionalen Erfordernissen der fordistischen Fabrik und ihrem gesellschaftlichen Kontext erfolgt – neben der Wirkungskraft der Massenprodukte – über die Organisation der Arbeit. Der Spezialisierung und Standardisierung der Produktion und der Produktionsabläufe entsprechen eine stark arbeitsteilige Arbeitsorganisation und eine Standardisierung der Zeitorganisation.

»Hochgradig standardisierte Produktionsabläufe, maschinengebundene Arbeit, großbetriebliche Kooperation von Belegschaften, deren Mitgliederzahlen in die Tausende gingen, erforderten strikte Zeitordnungen, ohne die die Kooperation in der industriellen Produktion nicht effizient hätte organisiert werden können. ›Taktzeiten‹ in der Fließbandproduktion und Maschinenlaufzeiten in den kapitalintensiven Arbeitsprozessen stehen für eine Zeitorganisation, welche die menschlichen Bedürfnisse der ökonomisch bestmöglichen Ausnutzung des Sachkapitals unterordnete« (Baethge 2001, 34f.).

Die fordistische Fabrik wird somit zum *zentralen Taktgeber*, nicht nur für die Arbeitszeiten innerhalb des Betriebes, sondern auch für die Alltagsorganisation seiner Beschäftigten, ihrer Familien und des stadträumlichen Kontextes (vgl. Läpple/Thiel 2005). Gleichzeitig setzte sich mit der Betriebsförmigkeit und Normierung der Arbeit eine mehr oder weniger strenge funktionale und räumliche Trennung der Arbeitswelt von der Lebenswelt durch – eine Trennung, die ihre

Entsprechung in der funktionalistischen Stadtplanung fand, die ebenfalls vom Produktionskonzept des Fordismus beeinflußt war.

Standardisierung und Normierung der Arbeit bzw. des Arbeitszeitregimes verdichteten sich in Deutschland im sogenannten *Normalarbeitsverhältnis*. Sein wesentliches Merkmal ist eine unbefristete Vollzeitbeschäftigung, die arbeits- und sozialrechtlich abgesichert ist. Das Normalarbeitsverhältnis impliziert eine klare *Trennung von Erwerbs- und Reproduktionsarbeit*, woraus sich eine *Rollenverteilung* zwischen den Geschlechtern ergibt. Das Vollzeitarbeitsverhältnis des Mannes hat die Reproduktionsarbeit der Frau zur Voraussetzung. In diesem Sinne handelt es sich beim Normalarbeitsverhältnis um ein spezifisch männliches, das auf einem impliziten Geschlechtervertrag basiert. Es weist den Männern die »Ernährerrolle«, also die materielle Versorgung der Ehefrau und Kinder zu, den Frauen hingegen die »Hausfrauenrolle«, die allenfalls noch eine »Zuverdienerrolle« zuläßt.

Obwohl das Normalarbeitsverhältnis nie die allgemein vorherrschende Form der Erwerbsarbeit war (vgl. Mückenberger 1989, 211), so hatte es doch den Charakter eines normativen Leitbildes: Es wurde zum beschäftigungspolitischen Maßstab und auch zur Grundlage arbeits- und sozialrechtlicher Regelungen.

> »Das Normalarbeitsverhältnis bildete durch die implizierte Stabilität und Kontinuität (Vollzeitarbeit von der Ausbildung bis zur Rente) und durch die somit langfristig angelegte soziale und materielle Absicherung die Grundlage für die Herausbildung der sogenannten Normalbiographien« (Schulze – Buschoff 2000, 2).

Die Leitbilder der männlichen »Ernährerrolle« und der »Normalbiographien« waren wiederum wichtige gesellschaftliche Voraussetzungen für den mit der Suburbanisierung verbundenen Erwerb von Einfamilienhäusern, der ein kontinuierliches, antizipierbares Einkommen voraussetzte und in der Regel mit einer klaren geschlechtlichen Rollenverteilung verbunden war.

An dieser Stelle muß man darauf hinweisen, daß die Ausführungen zum fordistischen Großbetrieb nicht so interpretiert werden dürfen, daß dies in der Phase des Fordismus die dominante oder gar ausschließliche Form industrieller Produktion war. Im Rahmen dieser Ausführungen sollte eine dominante Modernisierungstendenz skizziert werden, die sich in vielfältiger Weise an der komplexen gesellschaftlichen Realität brach – und die gesellschaftliche Realität war und ist natürlich auch durch vielfältige Klein- und Mittelbetriebe bestimmt, die sich der fordistischen Logik entzogen haben. Andererseits war die Wirkung der Modernisierungslogik fordistischer Massenproduktion nicht nur auf Industriebetriebe begrenzt, sondern sie erfaßte – in mehr oder weniger starker Ausprägung – auch Dienstleistungsunternehmen, Krankenhäuser, Rundfunkanstalten oder infrastrukturelle Großsysteme wie Flughäfen.

Das komplementäre Pendant zu dem produktionsorientierten Autismus der fordistischen Fabrik als Ort der Massenproduktion bildet die Mobilisierung der Gesellschaft in der Form einer Massenmotorisierung. Dem Auto kommt also nicht nur beim Durchbruch von Massenproduktion und Massenkonsumtion, sondern auch bei der Mobilisierung in der Form einer Massenmotorisierung eine Schlüsselrolle zu. Es ist gewissermaßen Resultat und zugleich Voraussetzung des Massenproduktionsregimes. Natürlich läßt sich die Automobilität nicht auf die funktionalen Erfordernisse der Massenproduktion reduzieren. Der Autoverkehr entfaltet – vor allem bei massenhaftem Gebrauch – seine eigene Systemlogik, und das Auto ist nicht nur ein bloßes Transportmittel, sondern auch ein kulturelles Symbol. Gleichwohl ist die Automobilität eine Bedingung für die Entfaltung des Raum- und Zeitregimes des fordistischen Großbetriebes und der damit verbundenen Emanzipation von städtischen Kontexten. Mit der Durchsetzung der Massenmotorisierung wurden die besonderen Vorteile der zentralen Stadt unterminiert (vgl. Läpple 2004b). Die alten Transportsysteme und Versorgungsinfrastrukturen (insbesondere die Eisenbahn mit ihrer hierarchischen Organisations- und Versorgungsstruktur), die alle Agglomerationsvorteile auf die Kernstädte konzentrierten, wurden durch Netzwerke, vor allem durch die ubiquitären Straßennetze, ersetzt. Die dezentralisierende Wirkung von Straßen und Autos wurde durch weitere Netze der Dezentralisierung verstärkt, durch Informations- und Kommunikationssysteme sowie Logistiksysteme und Einkaufszentren für den Massenabsatz.

Die Folgen dieser Mobilisierungs- und Dezentralisierungstendenzen sind neue, regionale Raumnutzungsmuster, die Fishman treffend als »Stadt à la carte« (1991, 80) charakterisiert. Die traditionelle Stadt wird aufgehoben oder transformiert in sich überlagernde Netzwerke. In diesen auf automobiler Erreichbarkeit basierenden Netzwerken in der fordistischen Stadtlandschaft hat jede Person oder jede Familie die Möglichkeit, sich ihre eigene, bedarfsgerechte Stadt zu »collagieren«. Räumlicher Fixpunkt der Alltagsorganisation ist nicht mehr die Kernstadt, sondern das mit vielfältigen, dauerhaften Konsumgütern technisch aufgerüstete Einfamilienhaus. Diese, hier idealtypisch skizzierte, »befreite« fordistische Stadtlandschaft ist als Entwicklungs- und Modernisierungstendenz zu begreifen, durch die die (zum Teil recht persistenten) Raumstrukturen der tradierten Städte und Stadtregionen in den letzten Jahrzehnten überformt wurden.

9.5 Fordismus als gesellschaftliches Regulationsmodell

Das fordistische Entwicklungsmodell der Nachkriegszeit läßt sich als Wirkungszusammenhang der folgenden Elemente skizzieren:

– Ein *Modell der Massenproduktion*, das darauf ausgerichtet war, über eine zunehmende Spezialisierung und Standardisierung die produktionsökonomischen Vorteile der Massenproduktion auszunutzen. Im Mittelpunkt dieser Strategie stand die Stückkostendegression *(economies of scale)*. Die zentralen Akteure dieser Strategie waren Großunternehmen, insbesondere vertikal integrierte Unternehmen mit einer tayloristischen Produktions- und Unternehmensorganisation. Der internen Produktionsorganisation, die auf der technologischen Basis eines relativ starren Mensch-Maschine-Systems – im industriellen Bereich meist des Fließbandes – beruhte, stand eine möglichst weitgehende Mobilisierung im außerbetrieblichen Bereich gegenüber, für die mit der Massenmotorisierung die entsprechende Voraussetzung geschaffen wurde.

– Ein der Massenproduktion entsprechendes *Lebens- und Konsummodell*, das geprägt war durch den *Massenkonsum* von nicht unmittelbar lebensnotwendigen, dauerhaften Konsumgütern. Dieses Massenkonsummodell war vor allem auf die »Automobilisierung« und Mechanisierung der Haushalte ausgerichtet, die wiederum verbunden waren mit der Herausbildung einer flächen- und energieextensiven Siedlungsweise.

– Ein gesellschaftliches *Regulationsmodell*, das

(1) aus einem wirtschaftspolitischen Kernbereich bestand, der auf eine binnenwirtschaftliche Stabilisierung der Nachfrage (Keynesianismus) durch eine abgestimmte Finanz-, Steuer- und Währungspo-

litik sowie auf den staatlichen Ausbau von Infrastrukturen ausgerichtet war;
(2) aus einem wohlfahrtsstaatlichen Institutionensystem bestand, das die gesellschaftliche Integration und damit die Kohärenz der Gesellschaft gewährleisten sollte; und
(3) auf einer sozialpartnerschaftlichen Tarif- und Lohnpolitik aufbaute, die sich sowohl an der gesamtwirtschaftlichen Produktivitätsentwicklung als auch an dem System der Mitbestimmung als Kernstück korporatistischen Interessenausgleichs orientierte.
Alle drei Elemente waren wiederum vielfältig kulturell kodiert durch Leitbilder, Deutungsmuster und kulturelle Routinen der Alltagskultur. Die besondere Bedeutung dieses Entwicklungsmodells für die Stadtdiskussion ergibt sich nicht nur über die ökonomischen, sozialen, kulturellen und politischen Bedingungen und Implikationen, sondern vor allem auch über die mit dem Fordismus verbundenen Formen der Raum- und Zeitorganisation sowie über die durch den Fordismus geprägten Konzepte des Städtebaus und der Stadtplanung.

Bestimmend für die *fordistische Raumstruktur* ist zum einen die klare funktionale und räumliche Trennung der Arbeitswelt von der Lebenswelt, die ihre Entsprechung in der Entmischung städtischer Funktionen durch eine stadträumliche Zonierung in der funktionalistischen Stadtplanung fand, und zum anderen ein Raumverständnis, das primär auf Raumüberwindung ausgerichtet ist und das seine Entsprechung in dem verkehrsplanerischen Ziel einer Verringerung des »Raumwiderstandes« bzw. der Erhöhung der »Durchlässigkeit des Raumes« für den Autoverkehr hatte.

Das *Zeitregime des Fordismus* basiert auf einer weitgehenden Standardisierung und Synchronisierung der gesellschaftlichen Zeitorganisation, wobei den fordistischen Großbetrieben die Rolle von Taktgebern zukam. Eine spezifische Erscheinungsform der normbildenden Kraft großbetrieblicher Zeitordnung war die Herausbildung des gesellschaftlichen Leitbildes des Normalarbeitsverhältnisses mit seiner impliziten geschlechtlichen Arbeitsteilung, wobei den Männern die »Ernährerrolle« und den Frauen die »Hausfrauenrolle« zugewiesen wurde. Räumlicher Fixpunkt fordistischer Alltagsorganisation war das technisch aufgerüstete Eigenheim, das zumeist in sozial homogenen Wohnsiedlungen der fordistischen Stadtlandschaft mit ihren auf das Auto ausgerichteten Raumnutzungsmustern zu finden war.

10. Die Krise des Fordismus und die Suche nach postfordistischen Perspektiven

Die Prosperitätsspirale des fordistischen Entwicklungsmodells überschritt in den sechziger Jahren ihren Höhepunkt und mündete zu Beginn der Siebziger in eine Phase krisenhafter Konjunkturschwankungen und tiefgreifender Strukturveränderungen. Die besonderen Wachstumsbedingungen der Rekonstruktionsära der Nachkriegszeit waren offensichtlich ausgeschöpft. »Nun zeigte sich, daß die Bundesrepublik nicht auf Dauer einen Sonderweg krisenfreier kapitalistischer Entwicklung eingeschlagen hatte. Am Ende der Rekonstruktionsperiode war sie eine Volkswirtschaft wie (fast) jede andere« (Abelshauser 2004, 300). Die westdeutsche Gesellschaft mußte Abschied nehmen von dem »kurzen Traum immerwährender Prosperität« (Lutz 1984) – ein Abschied, der ihr offensichtlich sehr schwerfiel und lange Zeit in Anspruch nahm.

Die starke Ausweitung des Binnenmarktes nach den Kriegs- und Hungerjahren und die Dynamik und relative Stabilität der Weltmarktentwicklung hatten in Westdeutschland eine starke Expansion des industriellen Bereichs, der eine sehr erfolgreiche Exportorientierung entwickelt hatte, begünstigt. Bis zum Jahre 1963 konnte die Industrie ihren Anteil an allen Erwerbstätigen auf 49 Prozent steigern (1947: 40,7 Prozent). »Weit mehr als die Hälfte des Sozialprodukts hatte industriellen Charakter. Hinter dieser Entwicklung verbarg sich ein Wandel der Wirtschaftsstruktur – und auch der Industriestruktur selbst –, der bis dahin beispiellos war« (Abelshauser 2004, 305). Die Industrie stand zu einem Zeitpunkt im Zenit ihrer Entwicklung, als in anderen frühindustrialisierten Ländern der Übergang von der Industrie- zur Dienstleistungsökonomie bereits voll im Gange war. Die ungewöhnlich starke Industrieorientierung hat in der deutschen Gesellschaft bis heute ihre Spuren hinterlassen, da die institutionelle Ordnung des »rheinischen Fordismus« vor allem eine industrielle Ordnung war, die sich auch in der Phase der Krise des Fordismus als außerordentlich persistent erwies (vgl. Baethge 2001).

Mitte der sechziger Jahre war der traditionelle Sektor aus der Versorgung der Bevölkerung mit Gütern des täglichen Bedarfs verdrängt und ein großer Teil der in diesem Bereich Beschäftigten in den Arbeitsmarkt des modernen industriellen Sektors integriert (Lutz 1984, 23). Die Arbeitslosenreserve war abgebaut und der Zustrom überdurchschnittlich hochqualifizierter Arbeitskräfte aus der DDR durch Mauer und Stacheldraht abgeschnitten.

»Die Zahl der Erwerbstätigen ging zum ersten Mal seit 1948 absolut zurück. Auch die Qualität des Arbeitskräftepotentials verschlechterte sich. Der wachsende Zustrom ausländischer Arbeitnehmer, der schon vor der gewaltsamen Abschnürung des Massenexodus aus der DDR einsetzte, konnte nur zu einem kleinen Teil deren Funktion als stille Qualifikationsreserve übernehmen« (Abelshauser 2004, 289f.).

Die tayloristischen Rationalisierungsstrategien führten ab Ende der sechziger Jahre zu dem Phänomen des »productivity-slow-down«; durch den zunehmenden Ersatz von menschlicher Arbeit durch Maschinen konnten die Steigerungsraten der Arbeitsproduktivität die Zunahme der Kapitalintensität nicht mehr kompensieren. Sinkende Profitraten waren die Folge. Bei langlebigen Konsumgütern zeichnete sich zur selben Zeit eine zunehmende Marktsättigung ab. Das Wirtschaftswachstum verlor an Dynamik, die Stabilität des Geldwertes geriet in Gefahr und Verteilungskämpfe brachen in einer bis dahin unbekannten Schärfe aus.

Zusätzlich zu der veränderten Situation im Inland wurde die deutsche Wirtschaft mit weitreichenden Veränderungen der internationalen Rahmenbedingungen konfrontiert: Das internationale Währungssystem von Bretton Woods mit seinen festen Wechselkursen geriet Ende der sechziger Jahre – als Folge der verschlechterten Wettbewerbsposition der amerikanischen Wirtschaft auf dem Weltmarkt – in eine Krise und brach schließlich 1973 endgültig zusammen. Der Übergang von festen Wechselkursen zu einem System flottierender Währungen hatte folgenschwere Konsequenzen: Im internationalen Handel wurden die Warenpreise Kräften ausgeliefert, die nicht mehr mit nationalstaatlicher Politik zu kontrollieren oder zu korrigieren waren (vgl. Piore/Sabel 1985, 190ff.). Mit der zyklenübergreifenden Weltwirtschaftskrise der siebziger und achtziger Jahre gerieten die drei komplementären Systemelemente des rheinischen Fordismus in eine strukturelle Krise, durch die sie in den folgenden Jahrzehnten Prozessen der Deregulierung, Flexibilisierung und Neuformierung unterworfen wurden.

10.1 Suche nach Konturen eines postfordistischen Produktionsmodells

Durch die verstärkte Zyklizität der ökonomischen Entwicklung und die schwindende Wirksamkeit keynesianistischer Konjunkturregulierung verschärften sich die Probleme der tayloristischen Massenproduktion. Mit ihrem relativ starren Mensch-Maschinen-System ist die tayloristische Massenproduktion äußerst empfindlich gegenüber Kapazitätsschwankungen, da sich die laufenden Kosten nur geringfügig an Markt- und Absatzveränderungen anpassen lassen. Zunächst versuchte man, die Probleme des Taylorismus mit den Mitteln des Taylorismus zu bekämpfen, indem das Prinzip der Fragmentierung von Funktionen mit Strategien der Auslagerung verknüpft wurde. Diese funktionale Fragmentierung und räumliche Relokation, die unter der Perspektive einer weiteren Reduktion von Lohnstückkosten betrieben wurde, transformierte die sektorale räumliche Arbeitsteilung zunehmend in eine funktionale räumliche Spezialisierung (vgl. Häußermann/Siebel 1987, 44ff.). Vor allem standardisierbare Produktionsfunktionen wurden in einem »Filtering-down«-Prozeß zur Peripherie verlagert; zuerst in periphere Regionen innerhalb des Landes, dann »south of the border« und schließlich in die Länder der Dritten Welt. Die tertiären Funktionen wurden dagegen in der Form von Entscheidungs- und Verwaltungszentren in den städtischen Agglomerationen konzentriert. Diese auf einen Preiswettbewerb ausgerichtete neotayloristische Strategie eines »worldwide sourcing« führte zu einer Verstärkung der Internationalisierung der Produktion und begünstigte damit die Herausbildung einer neuen internationalen Arbeitsteilung (vgl. Fröberl u. a. 1986).

Die Turbulenzen globalisierter Märkte, neue Formen internationaler Arbeitsteilung, immer kürzere Produkt- und Innovationszyklen sowie der Übergang von »Verkäufer«- zu »Käufermärkten« erforderten tiefgreifende Revisionen des fordistischen Produktionsmodells. Als Alternative zur Massenproduktion und dem damit verbundenen Preiswettbewerb schien das Modell einer flexiblen und diversifizierten Qualitätsproduktion eine erfolgreiche Perspektive zu bieten. Deutsche Unternehmen spezialisierten sich vor allem auf hochwertige, kundennahe Produkte und etablierten sich in den oberen Nischen des Weltmarktes. Die Lösungsversuche waren jedoch lange Zeit stark technikzentriert. Der entscheidende Rationalisierungsansatz wurde in den Flexibilisierungspotentialen neuer Produktionstechnologien gesucht, wobei – in der Tradition des Taylorismus – möglichst perfekte Systemlösungen angestrebt wurden. Erst mit der Vertiefung der Krise Anfang der neunziger Jahre setzte sich mit dem Durchbruch neuer Organisationsprinzipien eine deutliche Abkehr vom Taylorismus durch: kleinere Einheiten, flache Hierarchien, Dezentralisierung von Verantwortung, neue Vernetzungskonzepte – vielfach auf Basis entwickelter Informationstechnologien – und die Stärkung der Selbstorganisation. An die Stelle der fordistischen Abschottung der Produktion gegenüber dem Markt tritt nun eine »Vermarktlichung der gesellschaftlichen Organisation der Arbeit«, der »Markt wird zum Bezugspunkt aller unternehmensinternen Prozesse« (Sauer 2005, 14). Heute ist nicht mehr das vertikal integrierte Großunternehmen gefragt. Das Leitbild der gegenwärtigen Umstrukturierungsprozesse ist das offene Unternehmen, das eingebunden ist in zwischenbetriebliche Netzwerke. Dabei gilt dieses Leitbild gleichermaßen für Industrie- wie für Dienstleistungsunternehmen. Mit derartigen flexiblen und kooperativen Formen der Produktions- und Unternehmensorganisation reagieren die Unternehmen auf die Anforderungen immer komplexerer Produkte und kundenorientierter Systemlösungen, immer kürzerer Produkt- und Innovationszyklen und sich schnell verändernder Märkte.

Die Suche nach einem postfordistischen Produktionsmodell war eng verbunden mit der Verstärkung einer Informatisierung und Globalisierung der Wirtschaft. Auf diese sogenannten Megatrends und ihre Implikationen für die Stadtentwicklung und die städtischen Arbeitsmärkte soll im folgenden kurz eingegangen werden. Dabei kommt dem Konzept der Entgrenzung als eines Analysekonzepts postfordistischer Arbeits- und Lebenswelten eine zentrale Rolle zu.

10.2 Informatisierung und Digitalisierung der Ökonomie und ihre räumlichen Folgen

Neue Basisinnovationen in der Form von Informationstechnologien haben den ökonomischen und gesellschaftlichen Strukturwandel der letzten Jahrzehnte stark geprägt (vgl. Läpple 2001). Diese Technologien kann man charakterisieren als ein vielfach kombinierbares und sich gegenseitig verstärkendes Funktionssystem, das sich ergibt durch die Integration und Kombination von Technologien der Mikroelektronik, der Optoelektronik, der Telekommunikation, der Lasertechnik und neuer Materialien bis hin zu Bereichen der Biotechnologie, die in ihrem Theorieansatz ebenfalls informationstheoretisch orientiert ist. Die Wirkungen der neuen Technologien sind transsektoral; sie gehen quer über alle Stufen der Produktion, der Verwaltung, des Transports, der Distribution und der Konsumtion. Durch die Miniaturisierung und durch die Vernetzungsmöglichkeiten mit den Medien sind diese Technologien universell einsetzbar und beinahe überall verfügbar.

Die programmierbaren Schaltungen in der Form des Mikroprozessors ermöglichen die Trennung von Hardware und Software. Mit Hilfe dieser Innovation können u. a. programmierbare Steuerungssysteme für Maschinen realisiert werden. Damit ist eine entscheidende technologische Voraussetzung dafür geschaffen, die traditionellen, starren Maschinensysteme durch flexible Maschinensysteme abzulösen. Die Möglichkeit der Trennung von Hard- und Software und die Möglichkeiten der Miniaturisierung und Vernetzung eröffnen einen hohen Gestaltungsspielraum. Der Einsatz neuer Technologien in bestehenden Unternehmen erfolgt nicht als ein additiver Prozeß, sondern erfordert eine tiefgreifende Umorganisation bisheriger Mensch-Maschinen-Systeme, neue betriebsübergreifende Kooperationsformen und vor allem eine Neubewertung menschlicher Arbeitskraft. Produkt- und Prozeßinnovationen werden dadurch zu stark interdependenten Prozessen und bekommen den Charakter einer »systemischen Innovation«.

Die Entwicklung der neuen Informationstechnologien, deren spektakulärste Form gegenwärtig das Internet ist, ermöglicht eine Überwindung der Schranken von Raum und Zeit. Die Universalität ihrer Einsetzbarkeit und die globalen Vernetzungsmöglichkeiten der dezentralen Strukturen dieser Informationstechnologien eröffnen kaum überschaubare Anwendungsbereiche. Angesichts der technischen Potentiale der neuen Kommunikationstechnologien hat die bildhafte These vom »Tod der Entfernung« (»death of distance«, Cairncross 1997) hohe Popularität gewonnen. Als Folge der »Kommunikationsrevolution« werde – so Cairncross – mit der Entfernung auch der Standort seine ökonomische Bedeutung verlieren. An diese Vorstellung einer elektronischen Entwertung von Entfernung und Standort knüpfen auch die Thesen einer »Enträumlichung« und Virtualisierung sozialer Interaktionen sowie die Spekulationen über eine elektronische Auflösung der räumlich gebundenen Stadt in eine »City of Bits« (vgl. Mitchell 1996) an.

Angesichts der technischen Eigenschaften des Internets – seiner dezentralen und offenen Architektur, seiner Negation eines Zentrums oder einer Hierarchie sowie seiner Fähigkeit, immer größere Datenmengen zu immer geringeren Kosten in Echtzeit zu übermitteln – scheinen geographische Unterschiede im Cyberspace aufgehoben zu sein. Die weitverbreitete These einer ubiquitären elektronischen Vernetzungsmöglichkeit blendet jedoch wesentliche Probleme und Konfliktfelder aus. Zugangsmöglichkeiten zu Telekommunikationsinfrastrukturen sind keineswegs universell – vor allem im globalen Maßstab sind sie hochgradig selektiv.

Zahlreiche empirische Untersuchungen zeigen, daß die Internetökonomie – im Gegensatz zu den Thesen einer Enträumlichung und Virtualisierung – bisher im wesentlichen eine urbane Ökonomie ist (vgl. u. a. Christopherson 2002; Läpple/Thiel 2004). Eine wesentliche Ursache für die Aufwertung städtischer Kontexte resultiert aus dem »Informationsparadoxon« der Informations- und Wissensgesellschaft (vgl. dazu Läpple 2004c).

Das Phänomen der Informationsflut des Internets ist allseits bekannt. Je mehr Informationen über das Internet verfügbar sind, desto wichtiger werden die Bewertung der Informationen sowie die Unterscheidung zwischen *Informationen* und *Wissen*, genauer: zwischen standardisierten Informationen und kontextabhängigem Wissen. Informationen, wie zum Beispiel Aktienkurse, Umsätze, Rohstoffpreise oder Frachtraten, haben eine eindeutige Bedeutung und lassen sich demnach auch kontextunabhängig von jedem Netzzugang aus suchen, interpretieren und verstehen. Mit der ubiquitären Verfügbarkeit von Informationen durch das Internet gewinnt kontextgebundenes Wissen, das sogenannte »tacit knowledge« oder »sticky knowledge«, außerordentlich an Bedeutung. Dieses implizite, nichtkodifizierte Wissen steckt in den Köpfen von Menschen, und seine Kommunikation und Vermittlung ist stark abhängig von einem gemeinsamen kognitiven, kulturellen und sozialen Kontext. Durch die Kontextabhängigkeit von nichtkodifiziertem Wissen sind die wichtigsten Formen der Wissensübermittlung häufig persönliche (»face-to-face«) Kontakte sowie die zwischenbetriebliche Mobilität von Arbeitskräften. In einer Welt von E-Mail, Fax und Cyberspace bekommt somit die räumliche Nähe (»local proximity«) für den Transfer von Wissen eine neue Bedeutung. Mit anderen Worten: »Geography [...] matters for innovation« (Breschi/Lissoni 2001, 270).

10.3 Globalisierung und Stadtentwicklung

10.3.1 Globalisierung und der Mythos einer »Enträumlichung« der Ökonomie

Die Globalisierung ist eine immanente Tendenz der Moderne (vgl. Giddens 1996, 84ff.), die bereits seit Jahrhunderten die Stadtentwicklung beeinflußt. In den letzten drei Jahrzehnten ist es in der Folge des Zusammenbruchs des internationalen Währungssystems von Bretton Woods mit seinen festen Wechselkursen zu einem verstärkten Internationalisierungsschub gekommen. In diesem Kontext ist der Begriff der Globalisierung im deutschen Sprachraum Ende der achtziger Jahre populär geworden.

Globalisierung beschreibt zunächst eine Vielfalt von Transformationsprozessen, die in den letzten Jahrzehnten verbunden waren mit zunehmenden internationalen Vernetzungen von Wirtschaft, Kultur und Politik sowie einem starken Bedeutungsgewinn transnationaler Institutionen. Besonders prägend für die neuen Muster der Globalisierung sind – neben der zunehmenden Mobilität von Menschen und der Herausbildung einer globalen Kulturproduktion – der außerordentlich starke Anstieg ausländischer Direktinvestitionen, also der Export von Kapital, sowie die Globalisierung der Finanzmärkte.

Unter dem Eindruck der Dynamik und der Intensität internationaler Wirtschaftszusammenhänge und der Entstehung transnationaler Wertschöpfungsnetzwerke wird von Globalisierungstheoretikern die These vertreten, daß sich tradierte Standortbindungen auflösen und Arbeits- und Lebensverhältnisse aus ihren tradierten lokalen und regionalen Bezügen »entankert« werden (vgl. Giddens 1996). Als die zentralen Akteure der Globalisierungsdynamik werden die transnationalen Unternehmen betrachtet. Diese Global Players organisieren ihre Wertschöpfungsketten durch gezielte Fragmentierung und Dislozierung über Unternehmens-, Branchen- und Landesgrenzen hinweg. Sie mutieren gewissermaßen zum transnationalen Netzwerkunternehmen, zu einem sich ständig verändernden Verbund von Teams, Telearbeitern, Zuarbeitern und Zulieferern (vgl. Altvater/Mahnkopf 1996, 356). Das transnationale Unternehmen wird – dieser Logik entsprechend – »standortlos«, denn sein eigentlicher Standort ist ein sich ständig veränderndes transnationales Netz, das eingebunden ist in einen »globalen Raum der Ströme«.

Durch die mit der Globalisierung verbundene Entgrenzung nationalstaatlich konstituierter Gesellschaften entstehen offene, transnationale Räume, die mit einer gewissen Zwangsläufigkeit zu einer Erosion sozialstaatlicher Arrangements führen. Nach Richard Münch (2001) nehmen die Unterschiede zwischen den Nationen ab und die Unterschiede innerhalb der Nationen zu: Man könnte sagen, die transnationale Integration führe zu einer nationalen Desintegration. Durch die Restrukturierungsdynamik und Verhandlungsmacht der transnationalen Industrie- und Dienstleistungsunternehmen verlieren nicht nur die raumzeitlichen Barrieren der politischen und ökonomischen Strukturen an Bedeutung, sondern auch die Städte und Regionen werden einer zunehmenden Abhängigkeit und Kontrolle von »außen« unterworfen und einem immer stärkeren Anpassungsdruck ausgesetzt. So – kurz zusammengefaßt – die Argumente der »Globalisten«.

Es ist sicherlich richtig, daß durch die Globalisierung und Digitalisierung *Entfernungsräume* schrumpfen, tradierte *Standorte* unterspült und entankert sowie *Grenzen* unterlaufen werden oder sich verflüssigen. Und zweifellos sind *Städte* in vielfältiger Weise durch die Globalisierung betroffen: Als Folge der globalen Wettbewerbs- und Investitionsstrategien von Unternehmen sind sie einem zunehmenden Standortwettbewerb um Investitionen, Arbeitsplätze und qualifizierte Arbeitskräfte ausgesetzt. Sie sind Ziel internationaler Migrationsprozesse, wodurch sie vor die Aufgabe gestellt werden, eine wachsende Zahl ausländischer Bürger unterschiedlichster Herkunft zu integrieren, und sie sind in zunehmendem Maße mit global agierenden Immobilienunternehmen konfrontiert. Die Städte sind eingebunden in die globalen Informations- und Kommunikationsnetzwerke, die die Entwicklung und die Produktion von Waren und Dienstleistungen, den Handel und Transport, die private und öffentliche Verwaltung, Wissenschaft und Kultur sowie die private Kommunikation und Unterhaltung durchdringen. Die Globalisierung der Ökonomie und die globalen Informations- und Kommunikationssysteme führen jedoch nicht zu einer allgemeinen »Verflüssigung« von Produktionsstrukturen und einer allgemeinen Enträumlichung von Lebensformen. Die Globalisierungskräfte wirken keineswegs eingleisig in der Form einer räumlichen Dispersion der Ökonomie, einer Erosion sozialstaatlicher Arrangements oder einer Nivellierung kultureller Unterschiede. Der Auflösung tradierter Standortbindungen stehen neue Standortbindungen gegenüber, und der komplementäre Prozeß zur »Entbettung« ist die »Rückbettung«. Der Tendenz zu einer Nivellierung kultureller Unterschiede steht die Revitalisierung lokaler Kulturen und Identitäten gegenüber.

Wie in vielen anderen Ländern zeigt sich auch im deutschen Städtesystem, daß Globalisierung und Informatisierung nicht – wie von vielen Experten prophezeit – zu einer Auflösung der Städte, sondern zu einer Neubewertung der Stadt und zur Herausbildung einer *neuen Form städtischer Zentralität* führen (vgl. Läpple 2001). In Deutschland nimmt diese die Form eines *Metropolisierungsprozesses* an. Das heißt, es sind vor allem Metropolen wie München, Frankfurt am Main, Hamburg, Köln/Düsseldorf sowie Stuttgart, die bisher von dieser neuen Dynamik profitieren.

10.3.2 Das Netz deutscher Metropolregionen – eine Alternative zum Modell der Global City?

Wie Saskia Sassen (2001, 1997) and andere (vgl. Friedmann 1995; Taylor 2004) dargestellt haben, kommt dem neuen Stadttypus der Global City in unserer globalisierten Welt eine strategische Rolle zu: In ihnen konzentrieren sich die Kontroll-, Integrations- und Steuerungsfunktionen der über den Globus verteilten Wertschöpfungsketten. Zugleich sind die Global Cities zentrale Produktionsstandorte und transnationale Marktplätze für hochwertige, wissensbasierte Dienstleistungen.

Während sich in den meisten Ländern eine einzige, dominante Global City herausgebildet hat, verfügt der langjährige »Exportweltmeister« Deutschland nicht über eine globale Stadt, die man mit New York, London, Tokyo, Singapur oder Hongkong vergleichen könnte. Wie läßt sich dieser Gegensatz zwischen der zentralen Stellung der deutschen Wirtschaft in der globalen Ökonomie und der Zweit- oder Drittrangigkeit der deutschen Städte im globalen Städtesystem erklären?

Die Diskussion über die *Varieties of Capitalism* (siehe Kapitel 9.2.1) verweist auf eine mögliche Antwort auf die Frage nach dem spezifischen Zusammenhang von Globalisierung und Urbanisierung in Deutschland. Wenn es richtig ist, daß der gegenwärtige Kapitalismus keine homogene Einheit darstellt, sondern sich auf der Grundlage der unterschiedlichen historischen Bedingungen auch unterschiedliche Modelle des Kapitalismus herausgebildet haben, dann liegt die These nahe, daß diesen Modellen auch unterschiedliche Urbanisierungsmuster entsprechen. Entsprechend dieser Überlegung gehen wir davon aus, daß der spezifischen Ausprägung der deutschen Wirtschafts- und Sozialordnung auch ein alternatives, durchaus leistungsfähiges Urbanisierungsmuster entspricht, wobei die spezifische Funktion einer Global City hier von einem Netz von Metropolregionen übernommen wird (vgl. Läpple/Soyka 2007, 18-21 und 118-120). Die Entwicklung der einzelnen Metropolen ist durch eine zunehmende Spezialisierung auf bestimmte Metropolfunktionen beziehungsweise auf bestimmte Cluster hochwertiger Dienstleistungen bestimmt. Das Resultat ist ein »komplexes System von komplementären Funktionsspezialisierungen« (Blotevogel 2000, 159). Die globalen Metropolfunktionen sind somit nicht auf eine dominante Global City konzentriert, sondern innerhalb des Metropolennetzes auf unterschiedliche Metropolen verteilt.

Saskia Sassen weist zu Recht darauf hin, daß Weltstädte und Global Cities definitionsgemäß Teil transnationaler Netzwerke sind. Dies gilt in besonderem Maße für das deutsche Metropolensystem, dessen vielschichtige Netzwerke regionale, nationale, europäische und globale Ausprägungen haben. Aus dieser vielschichtigen Einbindung des deutschen Metropolensystems resultiert nicht nur eine hohe Leistungs- und Innovationsfähigkeit, sondern auch eine sehr große Flexibilität und Anpassungsfähigkeit. In diesem Sinne könnte sich das deutsche Metropolensystem als eine zukunftsfähige Alternative zu dem stark zentralisierten Modell der Global City erweisen (Läpple 2007).

Wir haben bereits ausgeführt, daß das fordistische Produktionsmodell durch die Globalisierung der Kapitalmärkte und insbesondere durch die Entstehung transnationaler Wertschöpfungsketten einem außerordentlich starken Umstrukturierungsdruck ausgesetzt wurde. Hier stellt sich nun die Frage, ob durch die Globalisierung auch die spezifische Wirtschafts- und Sozialordnung Deutschlands und damit möglicherweise auch das spezifische Urbanisierungsmuster zur Disposition stehen oder ob die notwendigen Anpassungs- und Transformationsprozesse der institutionellen Arrangements innerhalb des nationalspezifischen Entwicklungspfades erfolgen können. Es stellt sich also die Frage: Konvergenz an das Modell neoliberaler Marktwirtschaften oder Divergenz im Sinne der Aufrechterhaltung des Modells einer koordinierten Marktwirtschaft? Gegen die These einer neoliberalen Konvergenz vertreten beispielsweise Hall/Soskice (2001) die Auffassung, daß es auch unter den Bedingungen der Globalisierung mehrere Entwicklungspfade geben wird, da im internationalen Wettbewerb unterschiedliche Wirtschafts- und Sozialsysteme mit jeweils spezifischen komparativen Wettbewerbsvorteilen verbunden sind (vgl. dazu auch Hoffmann 2006, 155ff.). Streeck kommt im Hinblick auf diese Frage zu der folgenden Einschätzung:

»Zumindest dort, wo es politisch verfaßten territorialen Gemeinschaften gelingt, sich als Ausgleich für die verlorene Kontrolle über ihre Grenzen durch Ausbau ihrer komparativen Vorteile [...] eine Nische in einer zunehmend offeneren und systemisch integrierten Weltwirtschaft zu sichern, ist deshalb heute nicht *Konvergenz* die beherrschende Tendenz der Globalisierung, sondern *Konvergenz in Wechselwirkung mit Divergenz*« (2004, 7).

10.3.3 Das Standortparadox der Globalisierung

Als allgemeine Tendenz läßt sich feststellen, daß durch die turbulenten Marktverhältnisse und instabilen Währungssysteme einer globalisierten Ökonomie sowie den Trend zu immer komplexeren Produkten und kürzeren Innovationszyklen die Möglichkeit der Einbindung von Produktions- und Dienstleistungsfunktionen in städtische und regionale Verflechtungszusammenhänge und Kooperationsformen zunehmend zu einer wichtigen Voraussetzung für die Innovations- und Anpassungsfähigkeit von Unternehmen wird. Dieser Zusammenhang verweist auf einen Widerspruch, den Porter das »Standortparadox in einer globalen Wirtschaft« (1998 236; 1999, 52) nennt: Gerade in einer Situation, wo Unternehmen sich Kapital und Güter, Informationen und Technik weltweit per Mausklick beschaffen können, ist ihre spezifische Wettbewerbssituation vielfach von der jeweiligen städtischen oder regionalen »Einbettung« bzw. »Rückbettung« abhängig. Diese lokal gebundenen Wettbewerbsvorteile beruhen nach Porter

»auf der Konzentration von hochspezialisierten Fähigkeiten und Kenntnissen, Institutionen, Konkurrenten sowie verwandten Unternehmen und anspruchsvollen Kunden. Geographische, kulturelle und institutionelle Nähe führt zu privilegiertem Zugang, engeren Beziehungen, kräftigeren Anreizen und weiteren Produktivitäts- und Innovationsvorteilen, die sich schwerlich aus der Ferne nutzen lassen« (1999, 63).

In diesem Sinne erscheint es angebracht, den Zusammenhang von Globalisierung und Stadtentwicklung nicht nur in der negativen Perspektive einer Bedrohung der Städte durch die zersetzende Kraft der globalen Wirtschaft zu diskutieren. Aus der Globalisierung ergeben sich für die Städte nicht nur Probleme, sondern auch neue Chancen. Dabei wird allerdings zu klären sein, wer die Gewinner und die Verlierer sind und welche Konsequenzen dies für Stadtentwicklungsstrategien haben sollte.

So einsichtig der allgemeine Zusammenhang zwischen Globalisierung und Stadtentwicklung auch sein mag, so schwierig ist es, die Effekte der Globalisierung auf die städtische Ökonomie und die Stadtgesellschaft zu identifizieren. Angesichts der komplexen Durchdringung globaler und lokaler Entwicklungsdynamiken ist möglicherweise bereits der Versuch einer Unterscheidung von »internen« und »globalisierungsbedingten« Komponenten im Hinblick auf die Ökonomie der Stadt und den städtischen Arbeitsmarkt irreführend. Denn die »globale Ökonomie« existiert nicht »irgendwo da draußen«, außerhalb von Nationalstaaten, Städten und Regionen (vgl. Sassen 1997, 10). In der heutigen Phase der Weltwirtschaft werden nationale Territorien von transnationalen Räumen durchdrungen und globale Prozesse entfalten ihre Dynamik im wesentlichen innerhalb nationaler Hoheitsgebiete, insbesondere innerhalb regionaler Produktionszusammenhänge und städtischer Räume. In diesem Sinne ist Globalisierung nicht als eine »exogene Kraft«, sondern als eine immanente Tendenz moderner Gesellschaften zu thematisieren. Die gegenwärtigen Formen der Globalisierung tragen vor allem zu einer Intensivierung eines »global-local-interplay« bei – also einer wachsenden Durchdringung globaler und lokaler Entwicklungsdynamiken (vgl. Läpple 2000).

10.4 Arbeitslosigkeit in den Städten und die Polarisierung der Stadtentwicklung

Unter dem Eindruck der seit Jahren anhaltenden Massenarbeitslosigkeit und der damit verbundenen vielfältigen Formen gesellschaftlicher Ausgrenzung gewann die These von der Krise oder gar vom Ende der Arbeitsgesellschaft eine zunehmende Plausibilität. In den fachlichen und öffentlichen Diskursen wird die These vom Ende der Arbeitsgesellschaft meist begründet mit der Jobvernichtung durch den »globalen Turbokapitalismus« oder durch den Einsatz intelligenter Technologien. So vertreten zwei Wirtschaftsjournalisten die These, daß in Zukunft nur noch ein Fünftel aller Arbeitskräfte benötigt werde (Martin/Schumann 1996). Der überwältigende Rest von 80 Prozent müsse mit »titytainment« bei Laune gehalten werden, einer Mischung aus Entertainment und Ernährung am Busen der wenigen Produktiven. Durch den grenzenlosen Turbokapitalismus scheine kein Job mehr sicher zu sein. China, Indien und die Staaten Osteuropas mit ihren Billigstlöhnen seien die neuen Konkurrenten auf dem Weltmarkt, an denen man sich zu orientieren habe. Der Weltwettlauf um höchste Effizienz und niedrigste Löhne erhebe Brasilien zum gesellschaftlichen Weltmodell: Die Reichen ziehen sich in ihre Ghettos zurück, der Großteil der Bevölkerung bangt um seine Existenz. Manche Beobachter sehen solche Tendenzen auch in Deutschland am Werk (vgl. Ronneberger/Lanz/Jahn 1999).

10.4.1 Spaltung

Der zeitliche Verlauf der Arbeitslosenquoten seit 1973 macht deutlich, daß die Arbeitslosigkeit kein konjunkturelles Problem mehr ist, sondern sich mit jeder Krise weiter verfestigt hat. In den letzten zwanzig Jahren ist es in keiner konjunkturellen Aufschwungphase gelungen, die Arbeitslosenquoten wieder auf den Stand vor der jeweils letzten Rezession zu drücken. Die negativen Folgen ökonomischer Krisen auf dem Arbeitsmarkt wurden nicht durch einen anschließenden Aufschwung korrigiert, sondern sie verhärteten sich. Nicht nur aus dem inzwischen erreichten quantitativen Ausmaß der Arbeitslosigkeit (also der Höhe der Arbeitslosenquoten), sondern vor allem aus deren zeitlicher Verfestigung in Form von Dauerarbeitslosigkeit und ihrer sozialräumlichen Konzentration entsteht eine dramatische Situation. Diese ist verknüpft mit anderen Formen struktureller Benachteiligung wie Wohnungsnot, Obdachlosigkeit oder Unterversorgung in den Bereichen Bildung und Gesundheit und mündet in der Gefahr gesellschaftlicher Ausgrenzung. Das ist die drohende soziale Spaltung der Stadt (vgl. Häußermann/Siebel 1987; Häußermann 2000).

10.4.2 Die Bedeutung des Arbeitskräfteangebots

Daß die Globalisierung die Schuld an der Arbeitslosigkeit trägt, weil sie Arbeitsplätze in Deutschland vernichte, gilt heute als Gemeinplatz. Das ist zwar nicht falsch, aber auch nicht richtig. Dem massenhaften Anstieg der Arbeitslosigkeit seit 1980 steht kein Rückgang, sondern ein – wenn auch geringer – Zuwachs an Arbeitsplätzen gegenüber. Das bedeutet, daß die Entwicklung der Arbeitslosigkeit sich nicht mit einer stark rückläufigen Nachfrage nach Arbeit begründen läßt, sondern offensichtlich mit einer deutlichen Zunahme des Arbeitsangebotes verbunden ist. Die Bedeutung der Erwerbsarbeit hat somit in den letzten Jahren nicht ab-, sondern eindeutig zugenommen. Da die vor allem im Dienstleistungsbereich entstandenen neuen Arbeitsplätze kaum von den Menschen besetzt wurden, die in der verarbeitenden Industrie ihre Arbeitsplätze verloren haben, sondern primär von neu auf dem Arbeitsmarkt auftretenden, meist höherqualifizierten Arbeitssuchenden, stieg die Arbeitslosigkeit weiter an bzw. verfestigte sich auf hohem Niveau. Neben den geburtenstarken Jahrgängen waren es vor allem Erwerbsarbeit suchende Frauen und Zuwanderer, die die neu entstehenden Arbeitsplätze besetzt haben, und nicht aus der Industriearbeit entlassene Männer in mittlerem Alter (vgl. Läpple 2004a, 156ff.).

Empirische Studien zeigen, daß die aktuellen Arbeitsmarktprobleme in Deutschland eine wesentliche Ursache in einer mangelnden Beschäftigungsdynamik der Wirtschaftsbereiche haben, die nicht auf den Weltmarkt ausgerichtet und auch nicht unmittelbar internationalem Wettbewerb ausgesetzt sind. In diesen geschützten Bereichen wird – wie internationale Vergleiche zeigen – eine mögliche Expansion der Beschäftigung für vor allem geringer Qualifizierte durch die institutionellen Rahmenbedingungen des Arbeitsmarktes blokkiert. Die anhaltende Massenarbeitslosigkeit ist somit das komplexe Resultat eines – durch die Globalisierung beschleunigten – ökonomisch-technologischen Wandels, einer Krise des nationalen Regulationssystems der Arbeit, eines unzureichenden Ausbildungs- und Qualifizierungssystems sowie tiefgreifender gesellschaftlicher Veränderungen.

Die zugespitzte Problemlage des Arbeitsmarktes in den ostdeutschen Städten hat ihre historischen Wurzeln zum einen in Systemproblemen aus der DDR-Zeit, zum anderen resultiert sie aus den mit der Vereinigung schlagartig einsetzenden Transformationsprozessen. Das Resultat war eine weitgehende Erosion der ökonomischen Basis bzw. ein ökonomischer Funktionsverlust der ostdeutschen Städte. Hinzu kam das Problem eines starken Einwohnerrückgangs durch die Abwanderung der jungen, qualifizierten Bevölkerung in westdeutsche Bundesländer (vgl. dazu Hannemann/Läpple 2004).

10.4.3 Wandlungsprozesse auf dem Arbeitsmarkt

Die Auswirkungen des wirtschaftlichen Strukturwandels auf die sektorale und funktionale Beschäftigungsstruktur der Städte sind bereits vielfach beschrieben und analysiert worden (vgl. u. a. Spee/Schmid 1995; Henckel/Eberling/Grabow 1999; Läpple 2004a; Hannemann/Läpple 2004). Der Arbeitsmarkt ist nach wie vor die zentrale Arena, in der Entscheidungen über Lebenschancen der Menschen und damit über die Möglichkeiten ihrer persönlichen Lebensführung sowie ihrer sozialen, politischen und kulturellen Teilhabe fallen. Das für die Nachkriegszeit bestimmende Entwicklungsmodell des Fordismus beginnt sich unter den Bedingungen von globalem Wettbewerb und gesellschaftlichem Strukturwandel aufzulösen, »ohne daß sich bereits die Konturen eines neuen, ähnlich erfolgversprechenden Modells klar abzeichnen« (Baethge 1995, 33). In diesem Sinne läßt sich Postfordismus nicht als Überwindung der Krise verstehen, sondern eher als Herausbildung verschiedener Anpassungsformen an die Krise des Fordismus und damit als die noch prinzipiell offene Inkubationsphase eines neuen Entwicklungsmodells (vgl. Sauer 2005).

In der gegenwärtigen Umbruchsituation wird das System der tayloristischen Massenproduktion durch eine flexible Netzwerkökonomie und die Einführung neuer Produktionskonzepte mit dezentralen

Unternehmensstrukturen, Formen der Selbstorganisation und Eigenverantwortung sowie einer neuen Wertschätzung menschlicher Arbeit abgelöst. Gleichzeitig werden eine zunehmende »Vermarktlichung« der Arbeit – also eine Öffnung der Unternehmen und damit auch der Arbeitsbedingungen zum Markt – sowie eine Tendenz der »Entstrukturierung des Arbeitsmarktes« erkennbar, die in der wachsenden Bedeutung ungeregelter Beschäftigungsverhältnisse und der Zunahme prekärer Beschäftigung sichtbar wird (vgl. Brinkmann u. a. 2006). In dieser Umbruchsituation besteht das Problem, »daß sich positive und negative Seiten gegenwärtig nicht mehr so leicht auseinander sortieren lassen, indem man sich das Positive herauspickt und das Negative verwirft« (Sauer 2005, 17). Es besteht ein prekäres oder zumindest labiles Nebeneinander von neuen und alten Arbeits- und Lebensweisen sowie eine zunehmende Unbestimmtheit und Ambivalenz.

Angesichts der prinzipiellen Offenheit und Unbestimmtheit postfordistischer Entwicklung ist das Konzept der Entgrenzung ein geeignetes Such- und Analysekonzept (vgl. Kratzer/Sauer 2003), um die Umbrüche in den städtischen Arbeitswelten zu erfassen. Dieses Konzept ermöglicht es auch, die Verschränkungen und Integrationstendenzen zwischen Erwerbsarbeit und Bereichen der alltäglichen Lebensführung zu erfassen.

10.4.4 Entgrenzung

Eine wesentliche Folge der gegenwärtigen Umbrüche sind tiefgreifende Veränderungen der Unternehmensstrukturen, der Arbeitsorganisation sowie des Verhältnisses von Arbeitswelt und Lebenswelt (vgl. u. a. Gottschall/Voß 2003; Kratzer/Sauer 2003). Auf der Ebene der Unternehmen zeigt sich ein Prozeß der Dezentralisierung großer, hierarchisch strukturierter Unternehmen bei gleichzeitiger Herausbildung von überbetrieblichen Kooperationsformen und unternehmensübergreifenden Netzwerken. Als das extreme Resultat dieser »Entgrenzungsprozesse« erscheint das »virtuelle Unternehmen«. Mit der Auflösung der Grenzen in und zwischen Unternehmen verflüssigen sich auch die räumlichen Standortkonfigurationen der Unternehmen. Der »Standortraum« der Unternehmen wird transformiert in einen »Netzwerkraum«.

Auf der Ebene der Arbeitsbeziehungen zeigt sich die Entgrenzung als Erosion des Normalarbeitsverhältnisses (vgl. Mückenberger 1989). Im Kontext des fordistischen Entwicklungsmodells hatte das Normalarbeitsverhältnis – wie in Kapitel 9.5 ausgeführt – den Charakter eines allgemeinen normativen Leitbildes. Im Zusammenhang mit betrieblichen Rationalisierungsstrategien und der Einführung neuer Unternehmenskonzepte wurde in den letzten Jahren ein immer größerer Teil neu geschaffener Arbeitsverhältnisse und zunehmend auch bestehender Arbeitsverhältnisse in atypischen Vertragsformen organisiert (z. B. durch befristete Verträge, Werkverträge, Teilzeitarbeit, alternierende Telearbeit oder geringfügige Beschäftigungen). Gleichzeitig findet eine Deregulierung der Arbeitszeit statt, die zu einer Zunahme von Wochenarbeitszeit, Wochenendarbeit oder Abend- und Nachtarbeit führt. Die Auflösung und Wandlung der Unternehmens- und Betriebsstrukturen sowie die Erosion der Normalarbeitszeit und des Normalarbeitsverhältnisses resultieren in einer Pluralität von Beschäftigungsformen und Lebenslagen sowie einer teilweisen Auflösung kollektiver Arbeitszeitstrukturen.

Bei der Betrachtung der Entgrenzung von Arbeit interessieren vor allem zwei Tendenzen, die für die Zukunft der Stadtentwicklung von zentraler Bedeutung sind: erstens die Tendenzen einer Entgrenzung von Arbeits- und Lebenswelt, die unmittelbare Auswirkungen haben auf die raumzeitliche Organisation städtischen Lebens; und zweitens die Erosion des männlichen Normalarbeitsverhältnisses durch die starke Zunahme der Frauenerwerbstätigkeit, wodurch das Leitbild des männlichen Familienernährers und die damit verbundene weibliche »Hausfrauenrolle« erodieren:

Zu 1.) Durch die zeitliche und räumliche Standardisierung der Arbeit ließen sich in der Stadt des Fordismus Wohnort und Arbeitsort ebenso klar unterscheiden wie Arbeitszeit und Freizeit bzw. Erwerbsarbeit und Nichterwerbsarbeit. Mit der Transformation der Industriegesellschaft in eine Wissensgesellschaft zeigt sich, daß Wissensarbeit nicht in das Korsett traditioneller, industriell geprägter inner- und außerbetrieblicher Organisationsstrukturen paßt. Die neue Arbeitswelt der Wissensproduktion benötigt flexible, projektorientierte Arbeitsarrangements sowie zeitlich und räumlich flexible Organisationsformen. Ein weiteres Merkmal der Arbeits- und Lebensweise der urbanen Wissensökonomie ist eine enge Verflechtung von beruflichem, sozialem und persönlichem Leben. Dies führt dazu, daß sich die traditionelle funktionale, räumliche und zeitliche Trennung der Sphären der Arbeit, des Wohnens und der Freizeit in dieser urbanen Arbeitsgesellschaft »verflüssigt« oder auflöst.

Zu 2.) Diese Entgrenzungsprozesse sind jedoch an eine wesentliche Voraussetzung gebunden, nämlich die Möglichkeit der Rückbettung der hochflexiblen Arbeits- und Lebensformen in städtische Kontexte (vgl. u. a. Christopherson 2002). Mit anderen Worten: Aus den skizzierten Entgrenzungsprozessen resultiert nicht eine Auflösung räumlicher Bindungen, sondern eine erhöhte Abhängigkeit von spezifischen räumlichen, insbesondere städtischen Kontexten. Dadurch gewinnt die Stadt nicht nur als Arbeitsort, sondern auch als Wohnort und Lebensraum wesentlich an Attraktivität.

Eine der herausragenden Entwicklungen auf dem westdeutschen Arbeitsmarkt war in den letzten Jahrzehnten die Zunahme der Frauenerwerbstätigkeit. Nahezu unabhängig von der konjunkturellen Entwicklung nahm die Zahl der berufstätigen Frauen seit Ende der sechziger Jahre kontinuierlich zu. Dabei begünstigte der Strukturwandel von Industrie- zu Dienstleistungsarbeitsplätzen die Integration der Frauen in den Arbeitsmarkt (vgl. Häußermann/Siebel 1994). Zumindest in quantitativer Hinsicht können Frauen als Gewinnerinnen des Strukturwandels betrachtet werden (vgl. Läpple 2004a, 157ff.). Die zunehmende Frauenerwerbstätigkeit ist aber auch stark geprägt durch die allgemeine Bildungs- und Qualifikationsentwicklung (vgl. Geißler 2002, 333ff.). In Deutschland waren Frauen noch nie so gut ausgebildet wie heute und hatten noch nie so gute Qualifikationsvoraussetzungen. Dies führt auch zur Erosion der tradierten geschlechtsspezifischen Arbeits- und Rollenteilung innerhalb der Paarbeziehungen. Das Leitbild der »Hausfrauenehe« und die damit verbundene Rolle des männlichen »Familienernährers« sind brüchig geworden, ohne daß sich allerdings ein neuer »Geschlechtervertrag« herausgebildet hat und ohne daß bisher das Erziehungs- und Schulsystem auf die Berufstätigkeit von Frauen ausgerichtet worden wäre (fehlende Ganztagsschulen, unzureichende Kinderkrippen und Kindergärten). Für immer mehr Frauen wird die eigene erwerbswirtschaftliche Absicherung des Lebensunterhalts zum selbstverständlichen Bestandteil des eigenen Lebensentwurfs.

Der Anstieg der Frauenerwerbstätigkeit in den letzten Jahrzehnten ist vor allem auf das veränderte Erwerbsverhalten verheirateter Frauen in mittleren Altersgruppen zurückzuführen. Aber: Wie bringt man Beruf und Kinder unter einen Hut (vgl. Engelbrech/Jungkunst 2001)? Im Gegensatz zu den gängigen Vorstellungen einer grenzenlos mobilen Erwerbsgesellschaft hat für berufstätige Mütter der lokale Kontext der Arbeit, also insbesondere der räumliche Bezug von Wohn- und Arbeitsort, große Bedeutung (vgl. dazu Läpple/Walter 2002).

Während im Zeitraum zwischen 1980 und 2004 in den Kernstädten der westdeutschen Großstadtregionen – außer in München – die (sozialversicherungspflichtige) Beschäftigung von Männern zum Teil deutlich zurückgegangen ist (Durchschnitt aller Kernstädte: – 17,4 Prozent), ist im gleichen Zeitraum die (sozialversichungspflichtige) Beschäftigung von Frauen in allen Kernstädten deutlich gestiegen (Durchschnitt aller Kernstädte: +11,6 Prozent). Die Entwicklungsdynamik der Frauenerwerbstätigkeit ist ein zentraler Aspekt des ökonomischen Bedeutungsgewinns vor allem westdeutscher Städte. Ein deutlich anderes Bild zeigt sich allerdings in den ostdeutschen Städten. Dort ging im Zeitraum zwischen 1997 und 2004 die Beschäftigung in den Kernstädten sowohl bei den Männern (im Durchschnitt: –17,8 Prozent) als auch bei den Frauen (im Durchschnitt: – 9,2 Prozent) zum Teil sehr drastisch zurück (Quelle: Daten IAB; eigene Berechnungen).

10.5 Städtischer Arbeitsmarkt: Gewinner und Verlierer des Wandels

Mit dem Übergang zu einer wissensbasierten Dienstleistungsökonomie wird intellektuelle Arbeit und menschliche Kreativität zu einem zentralen Produktionsfaktor, wodurch Arbeitsmärkten – insbesondere für Hochqualifizierte – die Rolle von städtischen »Magneten« (Mumford 1979) zukommt, die Betriebe und qualifizierte Professionals gleichermaßen anziehen. In diesem Sinne funktioniert die Stadt als ein zentraler (»Hub«-)Arbeitsmarkt, der die folgenden zwei Bedingungen zu erfüllen hat:

– Für die Unternehmen soll er einen ausreichend großen und diversifizierten Arbeitspool bieten für eine Wissens- und Kulturproduktion, die geprägt ist durch volatile Märkte, sich schnell verändernde Produkte und eine starke Nachfrage nach hochqualifizierter Arbeit.
– Für die Erwerbstätigen soll er eine sehr breite Vielfalt an Beschäf-

tigungsgelegenheiten bieten für professionelle Karrieren, unter Bedingungen oft wechselnder Beschäftigungsverhältnisse und der Notwendigkeit permanenter Weiterqualifikation sowie für Zweiverdiener-Lebensgemeinschaften, weil zunehmend beide Partner eine egalitäre Teilhabe am Erwerbsleben anstreben.
Unternehmen werden sich daher in ihrer Standortwahl zunehmend an der Verfügbarkeit qualifizierter Arbeitskräfte orientieren, und qualifizierte Beschäftigte werden sich nach Orten mit einer großen Vielfalt an Beschäftigungsmöglichkeiten, einem breiten Angebot an Dienstleistungen sowie urbanen Lebensbedingungen umsehen. Dadurch wird eine sich gegenseitig verstärkende Dynamik zwischen Arbeitskräftenachfrage und Arbeitskräfteangebot ausgelöst. In dieser kumulativen Dynamik bilden städtische Arbeitsmärkte den Kontext für gemeinsame Lernprozesse und damit die Herausbildung spezialisierter Wissens- und Qualifikationspools.

Der städtische Arbeitsmarkt besteht jedoch nicht nur aus den Gewinnern des Strukturwandels, also den hochqualifizierten Professionals, die in dem neuen Segment der wissens- und kulturbasierten Dienstleistungen eine berufliche Perspektive finden. Der Umbruch der ökonomischen Basis der Städte hat mit der Pluralisierung der Arbeitsformen zu einer starken Segmentierung des Arbeitsmarktes und der städtischen Sozialstrukturen geführt, woraus sich neue Formen sozialer Ungleichheit ergeben. Dabei bilden sich folgende Arbeitsmarktsegmente heraus (vgl. Läpple 2006, 31ff.):

Das Segment der Ausgegrenzten: Dieses Segment besteht aus zwei Gruppen. Eine Gruppe bilden diejenigen, die im Rahmen des Strukturwandels ihren Arbeitsplatz verloren haben und für die kaum mehr eine Perspektive für eine Reintegration in den Arbeitsmarkt besteht. Dies sind vor allem niedrig- oder in traditionellen Bereichen qualifizierte Beschäftigte, die in Industrie- oder Handwerksunternehmen oder auch im Bereich der traditionellen Dienstleistungen wie Verkehr, Handel oder im öffentlichen Dienst tätig waren. Diese Gruppe besteht überproportional aus älteren Männern (in ostdeutschen Städten allerdings auch aus jüngeren Männern und Frauen), die mit dem Strukturwandel ihre Arbeitsplätze verloren haben.

Die zweite Gruppe bilden gering qualifizierte (»bildungsarme«) Jugendliche, insbesondere aus der ersten und zweiten Generation der Arbeitermigranten, für die der Zugang zum Arbeitsmarkt aufgrund mangelnder schulischer und beruflicher Qualifikation blockiert ist.

Nicht zuletzt aufgrund einer ausgeprägten Verschiebung zu höheren Qualifikationsanforderungen haben schulische und berufliche Qualifikation die Funktion eines rigiden Filters beim Zugang zum Arbeitsmarkt. Dabei kommt dem Schulabschluß eine zentrale Bedeutung zu. Ohne Hauptschulabschluß ist in der Regel der Zugang zum Arbeitsmarkt versperrt. Rund ein Viertel der nachwachsenden Generation verläßt aber jedes Jahr die Schule, ohne mit einem Mindestmaß an Kompetenz ausgestattet zu sein.

Das Risikosegment: Dieses Segment besteht aus gering oder nichtqualifizierten Arbeitskräften, die mit den ständig ansteigenden Qualifikationsanforderungen immer weniger Schritt halten können. Eine stabile Berufsperspektive ist für diese Gruppe kaum noch möglich. In der Regel sind sie auf prekäre »Einfachjobs« angewiesen. Inzwischen wird jedoch auch für einfache Tätigkeiten eine, gegebenenfalls berufsfremde, Ausbildung gefordert – als Nachweis für Durchhaltevermögen und Arbeitsdisziplin. Nach Schätzung des SOFI auf der Grundlage einer repräsentativen Studie zum Verhältnis von Arbeit und Lernen im Erwachsenenalter »arbeitet etwa ein Drittel der Erwerbstätigen in Deutschland in restriktiven und kaum lernfördernden Beschäftigungsverhältnissen« (Baethge 2004, 20). Dieses Drittel kann zwar nicht umstandslos dieser Risikogruppe zugeteilt werden, die Wahrscheinlichkeit ist jedoch groß, daß es starke Überlappungen und »filtering-down«-Prozesse gibt.

Das mittlere Segment – »Die brüchigen Wagenburgen des Fordismus«: Trotz der seit Jahrzehnten anhaltenden Krise des Fordismus und der damit verbundenen Entgrenzungs- und Erosionsprozesse arbeitet – zumindest in westdeutschen Städten – ein zwar schrumpfender, aber immer noch relativ großer Anteil der Beschäftigten in »flexibilisierten Normalarbeitsverhältnissen« (Hirsch-Kreinsen 2005, 213). Dabei handelt es sich vor allem um Stammbelegschaften von meist größeren Industrieunternehmen oder Unternehmen im Bereich der traditionellen Dienstleistungen. Das entscheidende Strukturelement dieser fordistischen Beschäftigungsverhältnisse, der interne Arbeitsmarkt, der für das deutsche Produktionsmodell konstitutiv war, ist inzwischen sehr brüchig geworden.

Das obere Segment der wissens- und kulturbasierten Dienstleistungen: Dessen Konstitutionsprozeß und Funktionsweise ebenso wie seine zentrale Funktion für die Neubewertung der Stadt wurden oben bereits skizziert.

Die Stadtpolitik muß mit einem prekären Nebeneinander von neuen und alten Arbeitsformen und Lebensweisen rechnen und bei der Betrachtung der Wandlungsprozesse städtischer Arbeitsmärkte die Aufmerksamkeit nicht nur auf das Neue und Erfolgreiche richten. Die in vielen Städten zum ausschließlichen Credo der Stadtpolitik gemachte Parole »Stärken stärken« reduziert die Vielfalt der Potentiale und Problemlagen der ökonomischen Basis der Städte unzulässig und blendet entscheidende soziale Handlungsfelder aus. Es ist sogar wahrscheinlich, daß eine derartige Politik zu einer Verstärkung der bereits wirksamen sozialen Polarisierungs- und ökonomischen Fragmentierungstendenzen führt. Notwendig wären dagegen ein Strategiemix und offene, dialogorientierte Handlungskonzepte. Neben einer Förderung technologie- und wissensbasierter Wirtschaftsbereiche, z. B. durch Clusterstrategien, kommt einer innovationsorientierten Bestandspflege und Entwicklung der lokal und regional orientierten Betriebe eine große Bedeutung zu. Vor allem in Hinblick auf das Segment der »Ausgegrenzten« und das »Risikosegment« müssen die Entwicklung von »Brücken« in den Arbeitsmarkt und die Schaffung und Stabilisierung niedrigschwelliger Arbeitsplatzangebote die soziale Integration der Verlierer des Strukturwandels unterstützen (vgl. Läpple/Walter 2003). Ihre Erwerbschancen müssen durch Ausbildung und Qualifizierung verbessert werden. Angesichts des Skandals der Bildungs- und Kompetenzarmut in unseren Städten, die sich sozialräumlich in den marginalisierten Quartieren konzentriert, muß im Mittelpunkt einer zukunftsorientierten Stadtpolitik die Anpassung der Erziehungs- und Ausbildungseinrichtungen an die Erfordernisse einer multiethnischen Stadtgesellschaft und an die Notwendigkeiten und Gelegenheiten einer Wissensgesellschaft stehen.

Die Erwerbsmöglichkeiten für die unqualifizierten Arbeiter verändern sich durch die Erosion der fordistischen Produktion dramatisch. Fertigungstätigkeiten in der verarbeitenden Industrie, die in den fünfziger und sechziger Jahren die Basis für die Entproletarisierung der arbeitenden Massen und für die Entwicklung einer Konsumkultur auf hohem Niveau waren, sind faktisch aus den Städten verschwunden. Damit gewinnen andere ökonomische Bereiche und andere Qualifikationen größere Bedeutung für die Städte – aber auch die Städte nehmen wieder an Bedeutung für eine Ökonomie zu, die sich in kleineren Einheiten flexibel vernetzt. Standardisierungen, die durch die Dominanz des Fordismus das städtische Leben erheblich bestimmt haben, weichen neuen Formen und Strukturen in der Produktion und bei Dienstleistungen, beim Konsum, bei den Zeitmustern, beim Wohnen und bei der geschlechtsspezifischen Arbeitsteilung.

11. Die fragmentierte Stadt

Die großen Städte erleben, wie in Kapitel 10 dargestellt wurde, seit dem letzten Drittel des 20. Jahrhunderts einen sozioökonomischen Strukturwandel, der sowohl das Städtesystem als auch die innere Struktur der Städte verändert. Den weiterhin prosperierenden Städten steht eine wachsende Zahl schrumpfender Städte gegenüber (vgl. Kapitel 12). Das einheitliche Modell von Stadtentwicklung, das auf Zunahme von Bevölkerung und Arbeitsplätzen beruhte, ist endgültig zerbrochen. Die Pfade der Stadtentwicklung werden differenzierter, und nicht überall werden die gleichen politischen Instrumentarien gebraucht, um die daraus resultierenden Probleme zu bewältigen.

In diesem Kapitel gehen wir auf die Veränderung der sozialen und räumlichen Struktur der Städte im Wandel der Industrie- zur Dienstleistungsstadt ein, die den Übergang von einem fordistischen zu einem postfordistischen Regulationsmodell begleitet. Die Städte werden in verschiedener Hinsicht heterogener:

a) Mit der Dominanz von Dienstleistungstätigkeiten auf dem Arbeitsmarkt nimmt die Einkommensungleichheit zu. Entweder wird ein großer Teil der Arbeitskräfte, die früher Fabrikarbeiter waren, aus dem Arbeitsmarkt in die Dauerarbeitslosigkeit abgedrängt, oder aber es wird eine Vollbeschäftigung angestrebt, die annähernd nur dann erreicht werden kann, wenn die Regulierungen von Arbeitsmarkt und Gewerbe einen großen Niedriglohnsektor zulassen und jene neue Schicht in der Erwerbstätigkeit entsteht, die bisher in deutschen Städten keine große Rolle gespielt hat: die »working poor«. Von Arbeitslosigkeit und Niedriglohn sind insbesondere die älteren Arbeitssuchenden und die gering Qualifizierten betroffen, wozu viele Migranten zählen.

b) Die vergleichsweise hohe ethnische Homogenität der Städte in Deutschland gehört endgültig der Vergangenheit an. Der Anteil der Migranten an der Stadtbevölkerung wächst beständig, und er wird weiter zunehmen, auch wenn es gelingen sollte, die Grenzen Europas ganz zu schließen. Denn die anwesenden Migranten sind im Durchschnitt jünger als die einheimische Bevölkerung, und daher bekommen sie auch mehr Kinder. Die Stadtbevölkerung wird multiethnisch und multikulturell. Damit stellen sich Fragen der Integration, für deren Bewältigung die deutschen Städte nicht besonders gut vorbereitet sind, weil die von den (un-)verantwortlichen Politikern ständig wiederholte Floskel, Deutschland sei kein Einwanderungsland, bisher eine weitgehende Verdrängung der Realität gerechtfertigt hat.

c) Schließlich bildet sich in der postindustriellen und postmodernen Stadt eine Vielzahl von fein differenzierten Milieus heraus, die auf unterschiedlichen Lebensstilen und Selbststilisierungen beruhen. Konnte man vor vier Jahrzehnten mit den Begriffen der Klassen- und Schichtungstheorien noch eine realistische Vorstellung von den Lebensformen der Stadtbewohner gewinnen, so ist das heute kaum mehr möglich. Vom gleichen Beruf und gleichen Einkommen läßt sich heute kaum mehr auf eine ähnliche Lebensführung, ähnliche Konsumstile und ähnliche Einstellungen zu Politik und Gesellschaft schließen. Das hat Konsequenzen auch für die Wahl der Wohnung: Ihr Standort wird von mehr Haushalten als je zuvor bewußt gewählt nach dem Milieu, dem man sich selbst zurechnet und dem man zugehören möchte. Die Art der Infrastruktur, die funktionale Mischung, die städtebauliche Ästhetik – alles ist besetzt mit kulturellen Codes, die Zugehörigkeit, Distinktion und Ausschluß symbolisch vermitteln. Die Städte werden also hinsichtlich der Milieus, aus denen sie sich zusammensetzen, ungleicher. Dies hat Folgen für die sozialräumliche Struktur der Städte, weil sich Milieus auch räumlich formen und soziale bzw. kulturelle Distanzen in räumliche Distanzen umgesetzt werden, wenn dies das Wohnungsangebot zuläßt.

Größere Ungleichheit *zwischen* den Städten und größere Ungleichheit *in* den Städten – diese beiden Entwicklungen weichen von den seit Beginn der Industrialisierung gewohnten Mustern der Stadtentwicklung ab, so daß die Diagnose von einer »Krise der Städte« (vgl. Heitmeyer/Dollase/Backes 1998) gerechtfertigt erscheint. Mit »Krise der Städte« ist vor allem eine Integrationskrise gemeint, die sich aus der Verschärfung und Überlagerung der genannten Ungleichheiten und den schwindenden Möglichkeiten der Stadtpolitik ergibt, diese Entwicklung so zu steuern, daß die soziale Integration und Kohäsion erhalten bleibt. Die Gefahr der Krise besteht darin, daß die ökonomischen, kulturellen und sozialen Fragmentierungen und Diskriminierungen, die mit dem Bruch des fordistischen Stadtentwicklungsmodells entstehen, nicht mehr in einem übergreifenden Zusammenhang aufgefangen und ausbalanciert werden könnten, der sich aus der Wirksamkeit von Institutionen der sozialen und ökonomischen Inklusion und auch aus städtischer Ausgleichspolitik auf der Grundlage einer Solidarität der Stadtbürger ergibt.

11.1 Wachsende Ungleichheit zwischen den Städten

Städte, die als Industriestädte erst entstanden oder durch die Industrialisierung besonders stark gewachsen sind, erleben im Zuge der Deindustrialisierung logischerweise auch einen stärkeren Niedergang. Durch Betriebsschließungen und Standortverlagerungen gehen Arbeitsplätze verloren. Als Konsequenz verlassen vor allem jüngere und qualifizierte Bewohner die Stadt, um in anderen Regionen eine bessere berufliche Zukunft zu erreichen. Diese Wanderungen waren in den alten Bundesländern bereits seit den sechziger Jahren im Gange und wurden als »Süd-Nord-Gefälle« thematisiert (vgl. Friedrichs/Häußermann/Siebel 1986). Seit der staatlichen Vereinigung wird dieses Gefälle durch ein Ost-West-Gefälle überlagert, das zu einer Erosion der ökonomischen und demographischen Basis der meisten Städte in den neuen Bundesländern führt. Wenn Städte über einen gewissen Zeitraum Arbeitsplätze und Bevölkerung verloren haben, kann diese Entwicklung in eine kumulative Abwärtsentwicklung münden, die den Typus der schrumpfenden Stadt charakterisiert:

– Überdurchschnittlicher Einwohnerrückgang durch Geburtendefizit, fehlende Zuwanderung aus dem Ausland und negativer Wanderungssaldo innerhalb Deutschlands haben eine starke und zunehmende Überalterung zur Folge;
– Rückgang der Zahl der Arbeitsplätze, überdurchschnittliche Arbeitslosigkeit, niedrige Erwerbsquote, rückläufige Realeinkommen und geringe Kaufkraft sind Symptome eines ökonomischen Schrumpfens;
– Rückgang der Steuereinnahmen und der Finanztransfers erschweren die Aufrechterhaltung der Infrastrukturausstattung – der Abbau insbesondere im Jugend- und Bildungsbereich macht eine Stadt dann immer weniger attraktiv gerade für die jüngeren Familien.

Auf der anderen Seite stehen Städte, die Knotenpunkte in den internationalen Netzen der ökonomischen Verflechtung sind und in denen die Zahl der Arbeitsplätze und daher auch die Bevölkerungszahl nach wie vor zunehmen. Das sind vor allem Städte, die keine »alt-

Tabelle 11.1: Strukturmerkmale ausgewählter großer Städte in den neuen und alten Bundesländern

Stadt	Einwohner am 31.12.2002	Einwohner-entwick-lung 1990-2000*	Arbeits-losenquote 31.12.2002	Kaufkraft-index 2002 (BRD = 100)	Ausländer-anteil in Prozent am 31.12.2002
Leipzig	494 795	– 15,3	18,1	86,0	6,3
Dresden	474 730	– 8,8	14,0	88,7	3,4
Chemnitz	252 618	– 21,8	18,4	85,4	2,6
Halle	237 951	– 20,3	21,7	81,2	3,7
Magdeburg	227 990	– 17,0	18,8	84,9	3,2
Erfurt	199 967	– 10,4	18,0	85,7	2,4
Hamburg	1 728 806	3,8	9,3	109,3	14,8
München	1 264 309	– 2,3	5,6	131,8	22,9
Köln	1 020 116	1,0	11,1	114,8	17,8
Frankfurt/M.	649 933	2,6	6,0	112,6	26,4
Düsseldorf	571 005	– 1,2	8,1	126,6	16,9

* Bei Leipzig, Dresden, Chemnitz und Erfurt wurden die eingemeindeten Ortsteile herausgerechnet.

Quelle: Hill/Wiest 2004

industrielle« Entwicklung hinter sich haben, sondern erst zu Beginn des 20. Jahrhunderts – und dann bereits auf einer anderen technologischen Grundlage als die Kohle-, Eisen- und Schwerindustrie – in eine industrielle Entwicklung gelangten. Die Teilung Deutschlands hat außerdem das Wachstum moderner Industrien und hochwertiger Dienstleistungen in einige westdeutsche Städte gelenkt, die in der postindustriellen Phase immer noch von den Effekten der Teilung Deutschlands profitieren. Im folgenden wollen wir einige Indikatoren dafür präsentieren, daß sich die Schere zwischen den Entwicklungstendenzen von Städten in Deutschland öffnet. Das bezieht sich auf die Bevölkerungs- und Beschäftigungsentwicklung sowie auf Steuereinnahmen.

Tabelle 11.2: Veränderung der Zahl der sozialversicherungspflichtig Beschäftigten 1997-2004 in ausgewählten deutschen Städten

Stadt	Veränderung in Prozent
München	6,4
Frankfurt/M.	2,6
Köln	1,8
Stuttgart	1,7
Hamburg	0,9
Bremen	– 2,5
Essen	– 4,9
Dresden	– 6,5
Leipzig	– 9,4
Berlin	– 10,1
Westdeutschland	0,5
Ostdeutschland	– 14,2

Quelle: Bundesanstalt für Raumordnung und Bauwesen (BBR), INKAR 2005

In den vergangenen Jahren haben sich die Entwicklungen zwischen Ost- und Westdeutschland bereits deutlich ausdifferenziert (vgl. Tabelle 11.1). Während die ostdeutschen Städte zwischen 1990 und 2002 Einwohner verloren, ist der Bestand in den ökonomisch prosperierenden, westdeutschen Metropolen stabil geblieben oder sogar noch gewachsen. Insofern die Wanderungen zwischen Ost und West diese Bilanzen beeinflussen, sind die Aussichten, einen Arbeitsplatz zu finden, natürlich ein starkes Motiv. Zwar gibt es in Westdeutschland auch Arbeitslosigkeit, aber doch in erheblich geringerem Maß als in Ostdeutschland – und die jungen, qualifizierten Arbeitskräfte, die aus den ostdeutschen Städten abwandern, werden in den westdeutschen natürlich gegenüber den älteren, unqualifizierten Arbeitern bevorzugt – insbesondere auch gegenüber Migranten, deren Arbeitslosigkeit in Westdeutschland ähnlich hoch ist wie die der Einheimischen in Ostdeutschland. Die Kaufkraft klafft erheblich auseinander, eine Folge der geringen Beschäftigung und erheblich niedrigerer persönlicher Einkommen in Ostdeutschland.

Die jüngere Entwicklung bei den sozialversicherungspflichtig Beschäftigten zeigt, daß sich die Ungleichheiten auch 15 Jahre nach der Vereinigung noch verstärken. Es bildet sich das Muster einer Dreiteilung ab: Die ostdeutschen Städte verlieren weiter Beschäftigung, während die westdeutschen Wachstumszentren weiterhin wachsen. Dazwischen liegen die »altindustrialisierten« Städte in Norddeutschland und im Ruhrgebiet, die kontinuierlich Bevölkerung und Arbeitsplätze verlieren. Berlin hat die teilungsbedingte Zerstörung seiner ökonomischen Basis noch nicht kompensieren und die Verluste von Arbeitsplätzen im verarbeitenden Gewerbe immer noch nicht beenden können, während sich die Ökonomie der Teilungsgewinner im Westen prächtig entwickelt.

11.1.1 Arbeitslosigkeit und die Polarisierung der Stadtentwicklung: »Nord-Süd«- und »Ost-West-Gefälle«

Die Polarisierung der Arbeitsmärkte in den großen Städten innerhalb von Westdeutschland wird als »Süd-Nord-Gefälle« bezeichnet (vgl. Friedrichs/Häußermann/Siebel 1986). Auch nach der Vereinigung der beiden deutschen Staaten hat sich dieses Gefälle nicht eingeebnet. Es besteht neben dem »Ost-West-Gefälle« fort und wird an der Entwicklung der Arbeitslosigkeit deutlich sichtbar (vgl. Tabelle 11.3).

Die Arbeitslosigkeit hat sozialräumlich sehr selektive Ausprägungen und Verlaufsformen. Mit der Abbildung 1 wird dieses Problem am Beispiel des sehr unterschiedlichen Verlaufs der Arbeitslosenquoten in deutschen Städten verdeutlicht. 1979 war die Arbeitslosigkeit in den deutschen Städten – trotz der Weltwirtschaftskrisen der siebziger Jahre – relativ niedrig. Ab 1980 stieg die Arbeitslosigkeit jedoch in allen Großstädten nahezu sprunghaft an. In den süddeutschen Städten München, Stuttgart und Frankfurt am Main stabilisierte sich die Arbeitslosigkeit allerdings bereits 1983, wogegen sie in den norddeutschen Städten Hamburg und Bremen sowie in der Ruhrgebietsstadt Essen, die hier beispielhaft für altindustrialisierte Städte steht, weiter anstieg. Nun zeigte sich eine Polarisierung zwischen den städtischen Agglomerationen: Während sich in den traditionellen Indu-

Tabelle 11.3: Arbeitslosigkeit (Zahl und Entwicklung) in großen Städten der alten Bundesländer 1980 und 2000

Stadt	1980	2000	Index (1980 = 100)
Karlsruhe	7 432	9 073	122
München	22 480	30 490	135
Nürnberg	16 798	22 836	135
Augsburg	5 920	8 166	137
Frankfurt/M.	13 724	21 535	156
Bochum	12 182	19 947	163
Düsseldorf	14 898	27 002	181
Köln	27 344	50 810	185
Hannover	15 333	31 716	206
Dortmund	17 088	37 233	217
Duisburg	13 699	30 385	221
Essen	13 156	30 451	231
Stuttgart	6 806	17 324	252
Bremen	11 665	30 157	258

Quelle: Statistisches Jahrbuch deutscher Städte und Gemeinden, verschiedene Jahrgänge

striezentren der Montanregionen und den norddeutschen Hafen- und Dienstleistungsstädten erste Formen struktureller Arbeitslosigkeit herausbildeten, gelang es den süddeutschen Stadtregionen offensichtlich besser, Arbeitsplatzverluste zu begrenzen oder zu kompensieren. Dieses polare Entwicklungsmuster wurde bereits in den achtziger Jahren als »Süd-Nord-Gefälle« thematisiert.

In der durch die deutsche Vereinigung ausgelösten Boomphase gelang es den meisten Städten in den alten Bundesländern, das Niveau ihrer Arbeitslosigkeit zu senken. Der Vereinigungsboom erwies sich jedoch als Strohfeuer. Bereits im Jahre 1992 stieg die Arbeitslosigkeit wieder deutlich an. Besonders ausgeprägt war der Anstieg in den er-

Abbildung 1: Arbeitslosenquoten im deutschen Städtevergleich 1908-2004 (Berlin bis 1996 West-Berlin)

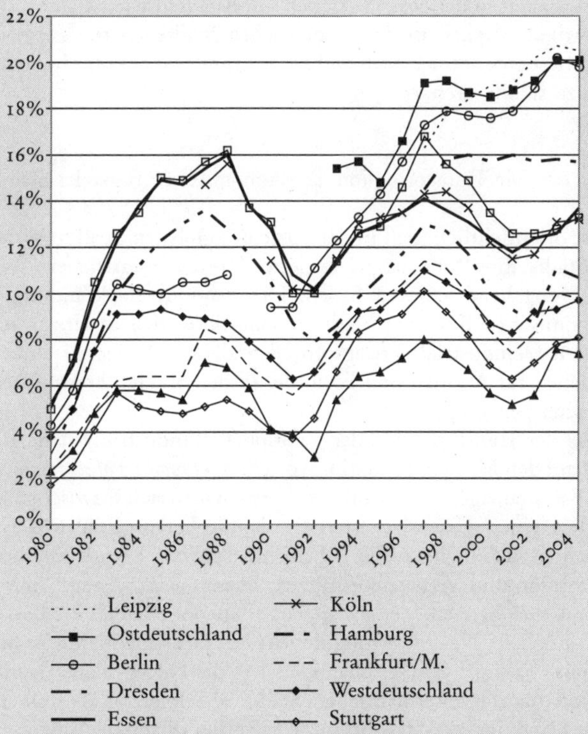

Quelle: StaLa Hamburg, IAB 2005; HCU Stadt-/Regionalökonomie, S. Kröger

folgsverwöhnten süddeutschen Städten. Dadurch hat sich das »Süd-Nord-Gefälle« zwar abgeschwächt, wurde jedoch nicht aufgehoben. In der Konjunkturphase von 1997 bis 2001 kam es wieder zu einem vorübergehenden Rückgang der Arbeitslosigkeit; nach 2001 stiegen die Arbeitslosenquoten jedoch erneut deutlich an. Inzwischen zeigt sich bei der Arbeitslosenentwicklung für die Städte des vereinigten Deutschlands ein sehr viel dramatischeres »Ost-West-Gefälle«, das das »Nord-Süd-Gefälle« überlagert. Während gegenwärtig die Arbeitslosigkeit in den westdeutschen Großstädten wieder sinkt, steigt die Arbeitslosigkeit in den ostdeutschen Städten – mit Ausnahme von Dresden – immer noch an bzw. beginnt sich auf sehr hohem Niveau zu stabilisieren.

11.1.2 Die Transformation der ökonomischen Basis der Städte

Es ist offensichtlich, daß in der Folge des globalen Strukturwandels die Städte ihre Rolle als privilegierte Zentren industrieller Produktion weitgehend verloren haben. Die tiefgreifende Wandlung der ökonomischen Basis der Städte manifestierte sich in einem ausgeprägten Deindustrialisierungsprozeß und ist eine der wesentlichen Ursachen für Ausmaß und Form der in den Städten konzentrierten Massenarbeitslosigkeit.

Mit der Transformation der traditionellen Industriesysteme, basierend auf den Massenproduktionsvorteilen (*economies of scale*) der großen Fabrikanlagen und Großraumbüros, haben sich inzwischen neue Formen einer wissensbasierten Ökonomie herausgebildet, die sich vor allem auf intellektuelle Arbeit, menschliche Kreativität, soziale Interaktion und Vernetzung stützen. Diese neuen wissens- und kulturbasierten Bereiche der städtischen Ökonomie bilden die Basis für eine mögliche Neubewertung der Städte. Der amerikanische Stadtökonom Edward Glaeser charakterisiert die Folgen dieser Transformation für die amerikanischen Städte wie folgt: »The shift away from heavy industry has been the salvation of urban America. For while the decline in urban manufacturing has been unavoidable, the growth of high-skill industries has enabled many cities to prosper« (Glaeser 1996, 73). Allerdings wird auch deutlich, daß der Wandel von der Industrie- zur Wissensökonomie nicht für alle Städte eine Segnung ist, sondern mit einer Polarisierung der Stadtentwicklung verbunden ist. Der Schlüssel zum Erfolg oder Mißerfolg von Städten ist nach Glaeser einfach: »high-skill cities prosper; low-skill ones stagnate or decline« (S. 75).

In ähnlicher Weise argumentiert Richard Florida mit der These, daß in der heutigen Ökonomie menschliche Kreativität die primäre

Quelle ökonomischer Wertschöpfung ist, wodurch sich vor allem für »kreative Städte« neue Chancen eröffneten. »Die neue Klasse der Kreativen verläßt die traditionellen, von großen Industriebetrieben geprägten Gemeinden, die alten Zentren der Arbeiterklasse und sogar die Regionen im *sunbelt* und wandert zu neuen Orten, die ich kreative Zentren nenne. Diese kreativen Zentren gehören zu den Gewinnern der ökonomischen Entwicklung« (2005, 35, Ü. d. V.). Kreative Menschen wandern vor allem an Orte mit einer hohen Innovationskraft, Diversität und kulturellen Toleranz.

In Deutschland sind es vor allem einige der großen westlichen Stadtregionen wie München, Frankfurt am Main, Köln und Hamburg, in denen offensichtlich neue Beschäftigungspotentiale entstanden sind und in deren Kernstädten man sowohl bei der Beschäftigungs- als auch bei der Bevölkerungsentwicklung eine Trendumkehr im Sinne einer Reurbanisierung feststellen kann (vgl. u. a. Pohlan 2005, 226). Unter den Städten gibt es jedoch auch eindeutige Verlierer. Dazu gehören traditionelle Industriestädte wie die Ruhrgebietsstädte oder Braunschweig/Salzgitter und vor allem die ostdeutschen Städte und Berlin, wo in der Folge von Systemproblemen aus der DDR-Zeit sowie den spezifischen Bedingungen des Transformationsprozesses ein großer Teil ihrer wirtschaftlichen Basis verlorengegangen ist, was zu einer schwerwiegenden Krise der Beschäftigung und zu selektiven Abwanderungsprozessen geführt hat (vgl. dazu u. a. Hannemann/Läpple 2004). Berlin hat durch die politische Teilung seine dominante Stellung als Finanz-, Messe- und Medienzentrum eingebüßt und ist noch immer mit der Abwicklung einer veralteten Industriestruktur beschäftigt, die durch die Berlin-Subventionen am Leben erhalten worden waren – während die Teilungsgewinner im Westen seit der Vereinigung nachhaltig prosperieren.

Inzwischen scheint sich allerdings auch in den ostdeutschen Städten eine Trendwende abzuzeichnen – zumindest bei der Bevölkerungsentwicklung: Nachdem die westdeutschen kreisfreien Städte seit 1999 erstmals wieder positive Wanderungssalden erreicht haben, zeichnet sich seit 2002 auch in den ostdeutschen kreisfreien Städten ein positiver Zuwanderungssaldo ab. Gleichzeitig ging in den Umlandkreisen der jungen Länder seit 1998 die Wanderungsdynamik kontinuierlich zurück. Seit Beginn des 21. Jahrhunderts ist der Gesamtwanderungssaldo in den ostdeutschen Umlandkreisen negativ und lag 2002 niedriger als in den Kernstädten (vgl. Pohlan 2005, 210).

Es gibt also deutliche Zeichen für eine Trendwende in der deutschen Stadtentwicklung. Vor allem in den großen Stadtregionen Hamburg, München, Frankfurt am Main, Köln, Düsseldorf und Stuttgart entfaltet sich seit einigen Jahren eine neue ökonomische Entwicklungsdynamik, und auf der anderen Seite drohen Städte in eine sich kumulativ verstärkende Negativspirale zu geraten, in der Arbeitsplatz- und Bevölkerungsverluste sowie Finanznot sich gegenseitig verstärken.

Von 1998 bis 2004 hat die Zahl der sozialversicherungspflichtig Beschäftigten in diesen Stadtregionen – trotz des starken konjunkturellen Einbruchs von 2002 bis 2004 – um 1,5 Prozent zugenommen, während sie in den übrigen Regionen Deutschlands um rund 3,5 Prozent zurückgegangen ist. Im Gegensatz zu früheren Entwicklungen haben vor allem die Kernstädte eine positive Beschäftigungsdynamik:

»Besonders erfolgreich war von 1998 bis 2004 München. Die Stadt hatte mit einem Beschäftigungszuwachs von fast 5 Prozent die mit Abstand höchste Entwicklungsdynamik, gefolgt von Frankfurt am Main mit einem Beschäftigungswachstum von knapp 3 Prozent. Köln und Stuttgart kamen auf Zuwächse der Gesamtbeschäftigung von rund 2 Prozent. Weniger erfolgreich waren Hamburg und Düsseldorf. Bei einer nahezu stabilen Beschäftigung schnitten auch sie deutlich besser ab als die Regionen im übrigen Bundesgebiet (im Durchschnitt –2,8 Prozent)« (Geppert/Gornig 2005, 660).

Und selbst Berlin, das im Zeitraum von 1998 bis 2004 einen Beschäftigungsverlust von acht Prozent hatte, entfaltet seit 2003 in den unternehmensorientierten Dienstleistungen (mit Ausnahme des Kreditgewerbes und der bauorientierten Dienstleistungen) eine überdurchschnittliche Dynamik. Vor allem in den wissens- und kulturbasierten Dienstleistungen wie »Forschung und Entwicklung, Softwarehäuser und Werbung konnte Berlin gerade in den letzten Jahren seine Stellung nochmals deutlich verbessern« (ebd., 662). Im Jahr 2007 sank in Berlin die Arbeitslosenquote zum ersten Mal seit Beginn der neunziger Jahre.

11.2 Prognosen

In Ostdeutschland schrumpfen die Bevölkerungs- und Beschäftigtenzahlen. Je nach den Annahmen zum Wanderungssaldo über die Landesgrenzen und zur Lebenserwartung verändert sich die Bevölkerungszahl in Deutschland bis 2020 nur wenig, in den folgenden drei Jahrzehnten kann es dann allerdings zu erheblichen Veränderungen kommen (vgl. Tabelle 11.4). Seit 1996 liegt der (positive) Wanderungssaldo von Ausländern nie über 200 000 pro Jahr. Im Jahr 2004 erreichte er einen Tiefpunkt von knapp über 50 000 und bewegt sich im Durchschnitt des letzten Jahrzehnts wohl eher in der Nähe des Wertes 100 000, den das Statistische Bundesamt der pessimistischen Prognose zugrunde legt.

Tabelle 11.4: Zehnte koordinierte Bevölkerungsprognose für Deutschland

	Wanderungssaldo	Bevölkerungszahl		
		2001	2020*	2050
Variante 1	100 000	82,4	80,0	67,0
Variante 2	200 000		82,2	73,6
Variante 3	200 000 und mehr		83,3	78,5

Quelle: Statistisches Bundesamt

Im Jahr 1925 lebten in Deutschland 62 Millionen Einwohner, davon waren 36 Prozent unter 20 Jahren und 13 Prozent über 60 Jahre alt. Die Prognose des Statistischen Bundesamtes für 2020, die bei der mittleren Variante von einer Stabilität der Bevölkerungszahl ausgeht, zeigt aber erhebliche Unterschiede in der Altersstruktur (vgl. Tabelle 11.5): Nur noch 18 Prozent sind unter 20, aber 29 Prozent über 60 Jahre alt. In den Städten, wo kleine Kinder immer seltener waren als im Umland oder in den peripheren Regionen, wird sich dieses Verhältnis noch stärker zugunsten der Senioren verändern.

Die Verschiebungen in der Altersstruktur sind voraussichtlich regional sehr verschieden, weil sich an den am Arbeitsmarkt orientierten Wanderungsprozessen ja nicht alle Altersgruppen gleichmäßig stark beteiligen. Vielmehr sind es die Jungen, die am Anfang ihrer Berufsbiographie stehen, die bei den regionalen Ab- und Zuwanderungen besonders häufig vertreten sind. Daraus ergeben sich in den Raum-

Tabelle 11.5: Bevölkerungsentwicklung der Bundesrepublik Deutschland von 1990 bis 2020 (in Tausend)

Bevölkerung	1990	2001	2010	2020*	Veränderung 2001 bis 2020
gesamt	79 753	82 440	83 066	82 822	+ 0,5 Prozent
davon:					
unter 20 Jahren	17 303	17 259	15 524	14 552	– 15,7 Prozent
20–60 Jahre	46 184	45 309	46 277	44 115	– 2,6 Prozent
über 60 Jahre	16 266	19 871	21 265	24 153	+ 21,6 Prozent

* mittlere Prognosevariante

Quelle: Statistisches Bundesamt, eigene Zusammenstellung

ordnungsregionen sehr unterschiedliche Prognosen für die Entwicklung der einzelnen Altersgruppen, je nach Lage und wirtschaftlichen Entwicklungsperspektiven (vgl. Tabelle 11.6).

Erkennbar sind die großen Diskrepanzen zwischen den Wachstumszentren in Westdeutschland und den ländlichen Entleerungsgebieten in Nordostdeutschland. Während letztere fast 50 Prozent ihrer Jugend verlieren, bleibt deren Zahl im westdeutschen Wachstumskorridor in etwa stabil. Dazwischen liegen die Altindustrialisierten, in der Tabelle repräsentiert durch das Ruhrgebiet. Die Stabilität des einen Typus ist bei insgesamt abnehmender Zahl von Kindern und Jugendlichen nur möglich auf Kosten des anderen Typus. Damit werden die Entwicklungsperspektiven dieser Regionen nachhaltig und auf Dauer auf das Schrumpfen festgelegt; ihnen fehlen nicht nur Menschen im aktiven Erwerbsalter, sondern insbesondere auch die jungen Leute mit frischen Qualifikationen. Die Prognose der Beschäftigtenzahlen zeigt, daß sich in den heute prosperierenden Regionen die Zahl der Beschäftigten weiter erhöhen wird, in den bereits schrumpfenden wird sie dagegen weiter zurückgehen (vgl. Tabelle 11.7). Das in Tabelle 11.2 gezeigte Bild verlängert sich faktisch in die Zukunft.

Bei den Steuereinnahmen zeichnen sich erhebliche Unterschiede zwischen den weiterhin wachsenden und den schrumpfenden Städten ab (vgl. Pohlan/Wixforth 2005). Pohlan/Wixforth beschreiben als Ergebnis ihrer Analyse »einen deutlichen Trend der Polarisierung zwichen den begünstigten prosperierenden Städten und den [...] benachteiligten Städtegruppen« (ebd., 44).

Tabelle 11.6: Prognose der Veränderung der Einwohnerzahl in Prozent nach Altersgruppen in ausgewählten Raumordnungsregionen in Deutschland (1990-2020)

	Alter (in Jahren)		
Raumordnungsregion*	0-19	20-59	≥ 60
Westmecklenburg	– 40,4	– 9	88,7
Rostock	– 46,9	– 18,4	99,5
Vorpommern	– 51,4	– 26,7	72,6
Mecklenburg. Seenplatte	– 51,2	– 26,5	82,2
Magdeburg	– 41,1	– 21,2	45,9
Dessau	– 47,4	– 30,1	33,9
Halle/S.	– 41,6	– 20,9	31,2
Dortmund	– 22,8	– 18,1	21,9
Emscher-Lippe	– 26,1	– 15,4	24,1
Duisburg/Essen	– 22,5	– 14,6	24,6
Düsseldorf	– 20,2	– 13	30,2
Bochum/Hagen	– 23,1	– 15,6	18,8
Köln	– 10,2	– 0,6	41,9
Aachen	– 10,1	– 2,8	50,9
Hamburg	– 4,6	– 0,8	13,1
Bonn	2,8	10,6	59,2
München	4,7	3,8	49,5
Rhein-Main	– 6,1	1,3	39,2

* Die Raumordnungsregionen sind für Raumordnungszwecke festgelegt; sie werden hier, wenn es sich um verstädterte Regionen handelt, nach den großen Städten benannt, die ihren Kern bilden.

Quelle: BBR, INKAR, Raumordnungsprognose 2020

Der zunehmenden Differenzierung in den Entwicklungsperspektiven der Städte in Ost und West, Nord und Süd, die man auch als Polarisierung im Städtesystem bezeichnen kann, liegen ein unterschiedliches historisches Erbe und unterschiedliche Möglichkeiten zur Vernetzung in die globale Ökonomie zugrunde. Im folgenden be-

Tabelle 11.7: Entwicklung der Beschäftigung in Raumordnungsregionen* 1992-2010 (Prognose)

Stadt	Veränderung in Prozent
München	5,8
Stuttgart	4,1
Köln	3,1
Frankfurt/M.	2,9
Nürnberg	2,2
Bremen	1,8
Hamburg	0,5
Dortmund	0,3
Düsseldorf	0,2
Duisburg/Essen	– 0,2
Dresden	– 5,7
Leipzig	– 10,6
Frankfurt/O.	– 11,5

* Die Regionen sind nach der jeweils größten darin liegenden Stadt benannt.

Quelle: Bade 2004, 185f.

trachten wir die Differenzierungen innerhalb der Städte, die sich aus den eingangs genannten Tendenzen zu einer stärkeren Heterogenisierung der Stadtbevölkerung ergeben.

11.3 Fragmentierung der Städte

Zunehmende ökonomische und kulturelle Unterschiede der Stadtbevölkerung gehen einher mit wachsenden Wahlmöglichkeiten auf mehr oder weniger entspannten Wohnungsmärkten. Außerdem nehmen die Steuerungsansprüche bzw. -möglichkeiten der Stadtpolitik im Zuge eines neuen Staatsverständnisses ab. Diese Trends führen zu einer Veränderung der sozialräumlichen Muster in den deutschen Städten, auf die die Stadtpolitik dann wieder reagieren muß.

Kulturelle Heterogenität wird für das räumliche Zusammenleben in den Städten dann ein Problem, wenn es zu Zwangskontakten zwischen Stadtbewohnern kommt, die sich kulturell fernstehen. Das Urbanitätsmodell von Simmel, das wir in Kapitel 2 skizziert haben, beruht auf wechselseitiger Gleichgültigkeit als Grundlage eines konfliktfreien Zusammenlebens von heterogenen Bevölkerungsgruppen auf engem Raum und im individuellen Rückzug in die Nichtbeachtung und die Anonymität. Wenn man sich aber nicht ausweichen oder wechselseitig ignorieren kann, dann kann die Heterogenität zum Problem werden. Nicht ausweichen können sich die Kinder, wenn sie zur Schule gehen – und damit auch nicht die Eltern, die sich um die gemeinsamen Angelegenheiten der Kinder kümmern. Da in der postindustriellen, wissensbasierten Ökonomie allgemeine und berufliche Bildung eine immer größere Rolle für die Lebenschancen von Menschen spielen, hat die Aufmerksamkeit für das, was in der Schule passiert, insbesondere bei den deutschen Mittelschichten stark zugenommen. Dem Leistungsniveau der Schulen wird ein gesteigertes öffentliches Interesse entgegengebracht. Dahinter steht die wachsende Besorgnis über die Versorgung der Kinder mit Bildung und Ausbildung. In den innerstädtischen Quartieren der meisten Großstädte in Westdeutschland sind die Anteile von Kindern mit einer nichtdeutschen Herkunftssprache in den Grundschulen in den letzten Jahren enorm angestiegen, und sie werden noch weiter steigen. In den Ausländervierteln erreichen diese Anteile in den Anfängerklassen bereits 80 oder 90, manchmal sogar 100 Prozent. Die soziale Zusammensetzung der Quartiersbevölkerung wird für Eltern ein Problem, wenn sie aufgrund eines hohen Migrantenanteils Nachteile beim Lernen für ihre Kinder in der Grundschule befürchten. Wenn einheimische Eltern darauf mit einem Wegzug reagieren, wird die soziale und ethnische Segregation verschärft – sowohl in den Schulen als auch in der Stadt insgesamt. Solche Entmischungsprozesse können einerseits zu »Ghettoschulen« führen (wie sie dramatisierend in den lokalen Aushandlungsprozessen benannt werden), und andererseits wird in den Quartieren das »soziale Kapital« geschwächt, weil Heterogenität vermindert und soziale und kulturelle Kompetenzen abgezogen werden. Schulbedingte Entmischungsprozesse können also die gesellschaftliche Integration gefährden. Die Bewahrung von ethnischer und sozialer Mischung gilt sowohl aus pädagogischer Sicht als auch aus dem Interesse an sozialer Stabilität der Quartiere allgemein als wünschenswert. Die Bestimmung von Schuleinzugsbereichen, die es in Deutschland seit den zwanziger Jahren gibt, war einst vorgenommen worden, um die Integration von verschiedenen Schichten und Kulturen in der »Volksschule«(!) zu gewährleisten. Da das »Volk« in den innerstädtischen Quartieren in wachsendem Umfang aus Familien mit einer nichtdeutschen Herkunftssprache besteht, suchen sich bildungsorientierte Eltern ein anderes »Volk« in einem anderen Stadtteil, der einen geringeren Anteil an ethnischen Minderheiten aufweist.

Generell nimmt das Konfliktniveau bei sich ausbreitenden gesellschaftlichen Problemlagen wie Armut und Arbeitslosigkeit in den Quartieren erheblich zu, wo sich diese Probleme konzentrieren und sich daher im Alltag und im öffentlichen Raum deutlich bemerkbar machen. Bei stagnierender Bevölkerung und weiterhin wachsendem Wohnungsangebot vervielfältigen sich die Optionen bei der Wohnstandortwahl für die Mittelschichthaushalte, die sich zunehmend von den dichtbewohnten Vierteln mit wachsender Heterogenität und den damit verbundenen Konflikten abwenden und die sozial homogenen Quartiere am Rande oder im Umland der Städte bevorzugen. Aus diesen Prozessen ergibt sich mit großer Zwangsläufigkeit eine stärkere sozialräumliche Differenzierung der Städte in der postfordistischen Epoche – zumal dann, wenn die Steuerungsmöglichkeiten der Städte dadurch zurückgehen, daß die Bestände des sozialen Wohnungsbaus abschmelzen und Wohnungen aus öffentlichem Eigentum in private Hände übergehen – entweder durch Privatisierung an die Mieter oder durch den Verkauf ganzer Wohnungsunternehmen an renditeorientierte internationale Anleger, die seit 2000 auf deutschen Wohnungsmärkten aktiv akquirieren.

Die wachsende sozialräumliche Differenzierung führt in den großen Städten zur Herausbildung von Quartieren, in denen sich soziale Probleme konzentrieren. Dadurch gewinnt die Segregation eine neue Qualität: Sie bewirkt eine soziale und ethnische »Spaltung« oder gar »Polarisierung« der Städte, bei der der Wohnort selbst zu einer Quelle weiterer Benachteiligung und Ungleichheit wird. Somit können in den Städten Orte der Ausgegrenzten entstehen, die auch Orte der Ausgrenzung sind.

Es sind zwei Prozesse, die für die Herausbildung von solchen Quartieren ursächlich sind:

Fahrstuhleffekt: Die Arbeiterquartiere aus dem 19. Jahrhundert, die es in allen Städten noch in mehr oder weniger großem Umfang gibt, waren auch im Laufe des 20. Jahrhunderts noch die Wohngebiete vor allem der Arbeiterschaft. Da seit den 1960er Jahren die einfachen Tätigkeiten in der Industrie vorwiegend von Zuwanderern aus dem Ausland (»Gastarbeiter«) ausgeübt wurden, wohnen in solchen Quartieren auch zu großen Anteilen Migranten. Die städtische Arbeitsmarktkrise, die durch die Deindustrialisierung verursacht worden ist, hat in diesen Quartieren ihre stärksten Wirkungen. Aus Arbeitervierteln wurden gleichsam Arbeitslosenviertel, denn die Arbeitslosenquoten in diesen Quartieren kletterten in den achtziger und neunziger Jahren auf Werte zwischen 20 und 40 Prozent. Diese Quartiere rutschten in der Sozialskala der Städte gleichsam im Fahrstuhl ein Stockwerk tiefer.

Selektive Mobilität: Für die zunehmende sozialräumliche Differenzierung sind Prozesse selektiver Mobilität innerhalb der Stadt verantwortlich, denn sie sorgen für eine soziale Entmischung in solchen Gebieten, die bisher nicht so stark segregiert waren. Das nimmt etwa folgenden Verlauf: Das wachsende Niveau sozialer Probleme macht sich in den Quartieren mit einer zunehmenden Zahl alltäglicher Konflikte bemerkbar, beispielsweise dann, wenn die Zahl von Dauerarbeitslosen steigt, die am Tage im öffentlichen Raum demonstrativ dem Alkoholgenuß nachgehen und dabei das verträgliche Mit- und Nebeneinander im Viertel strapazieren. Nachlassende Kaufkraft der Wohnbevölkerung als Folge von Verarmung führt zum Wandel des privatwirtschaftlichen Infrastrukturangebots. Ein rascher Wechsel der Ladeninhaber mit der Tendenz zu ärmlicheren Angeboten erzeugt ein Klima des sozialen Abstiegs. Begleitet vom Zuzug von Migranten, entsteht bei vielen einheimischen Haushalten, die sich selbst von wachsenden sozialen Problemen bedroht sehen, ein Gefühl des Kontrollverlustes, ein Unsicherheitsgefühl, das aus wachsender Fremdheit und zahlreichen alltäglichen Konflikten innerhalb der Nachbarschaft resultiert. Dadurch entstehen »überforderte Nachbarschaften« (GdW 1998), das heißt, die alltägliche Toleranz oder die Integrationskraft solcher Quartiere gegenüber abweichendem Verhalten oder sozialen Problemgruppen nimmt ab. Insbesondere die Schulen waren und sind – wie bereits erwähnt – Orte, die mit der wachsenden Heterogenität und dem gestiegenen Problemniveau nur unzureichend fertig werden und dadurch eine Flucht der bildungsorientierten Mittelschichtfamilien auslösen.

Je weniger der Staat in die Wohnungsversorgung eingreift, desto homogener werden die neu gebauten Quartiere. Denn wenn Wohnungen verkauft oder auf dem privaten Markt vermietet werden sollen, dann spielt die soziale Zusammensetzung der Wohnbevölkerung als Lagequalität eine wichtige Rolle für die Vermietbarkeit und für den Preis, den man verlangen kann. Das Image bzw. das Prestige eines Quartiers beruhen eben auch, vielleicht vor allem auf dem Sozialstatus seiner Bewohner – und sind damit entscheidende Elemente der Preisbildung. Marktförmiger Städtebau bringt starke und feinkörnige Segregation hervor. Wenn gleichzeitig die Bestände des sozialen Wohnungsbaus, die auch Haushalten mit niedrigen Einkommen eine ordentliche Wohnung in akzeptabler Umgebung bereitstellten, abschmelzen und keine neuen mehr gebaut werden, dann konzentrieren sich die »Belegwohnungen«, das heißt diejenigen Wohnungen, die den Ämtern für die Unterbringung von Wohnungsnot- oder Dringlichkeitsfällen zur Verfügung stehen, an wenigen Orten in der Stadt – und so entstehen dann die neuen Armenviertel. Der ursprüngliche Zweck des sozialen Wohnungsbaus, nämlich die soziale Mischung der Bewohnerschaft zu ermöglichen, wird dann in sein Gegenteil verkehrt: Er wird zum stigmatisierten Restbestand für die sozial und kulturell marginalisierten Bevölkerungsgruppen.

Die Prozesse der sozialen Entmischung und der Herausbildung von Quartieren mit überproportional hohen Anteilen von »Problemfamilien« führen zu Nachbarschaften, die selbst sozial strukturierende Effekte haben: Arme Quartiere können ihre Bewohner ärmer machen (Farwick 2001; Friedrichs/Blasius 2000). Die zunehmende Armut kann, wenn sie räumlich konzentriert wird, durch Milieubildung zu sozialer Ausgrenzung führen (vgl. Kronauer 2002; Häußermann/Kronauer/Siebel 2004).

Armut ist vor allem materiell definiert als Mangel an Ressourcen. Ausgrenzung dagegen ist ein mehrdimensionaler Prozeß, bei dem institutionelle, soziale und kulturelle Marginalisierung kumulative Effekte erzeugt. Wenn die Zugänge zu sozialstaatlichen Leistungen schwierig oder gar verweigert werden, wenn die soziale Isolation durch den Zusammenbruch sozialer Netze und Kommunikationsbeziehungen zunimmt, wenn aufgrund von materieller Not und sozialer Isolation der Zugang zu kulturellen Gütern verwehrt wird, dann führt ein solcher Prozeß zu Exklusion. Dieser kann schließlich besiegelt und verfestigt werden durch das subjektive Gefühl des Ausgegrenztseins, das mit einer »inneren Kündigung gegenüber der Gesellschaft« beantwortet wird, mit der Folge, daß auf das soziale Zusammenleben keine Rücksicht mehr genommen wird. Damit wird das Zusammenleben in der Nachbarschaft erheblich belastet.

Ein solcher sozialer Raum kann selber zu einer Dimension der Exklusion werden. Das ist dann der Fall, wenn ein Quartier aus dem städtischen Funktionszusammenhang herausfällt und Wirkungen entfaltet, die zu weiterer sozialer Benachteiligung führen (vgl. Häußermann 2001 und 2003a/3b):

– Durch die symbolische Ausgrenzung in Form von Stigmatisierungen, die den Bewohnern solcher Quartiere den Status von Deklassierten anheften und sie persönlich entwürdigen.
– Durch die Ausdünnung der Informationsnetze, weil bei hoher sozialer Homogenität der Bewohnerschaft keine Träger relevanter Informationen mehr vorhanden sind und damit die Zugänge zu Informationen aus den Kernbereichen der Gesellschaft, insbesondere des Arbeitsmarktes, schwieriger werden.
– Durch die soziale Entmischung gehen mit dem Wegzug integrierter Mittelschichten Ressourcen für Organisation und Repräsentation verloren, die in sozial und funktional heterogenen Quartieren vorhanden waren.
– Das Milieu in ausgegrenzten Quartieren bildet einen Erfahrungsraum für die Sozialisation von Kindern und Jugendlichen, in dem sie zwar Techniken des Überlebens unter schwierigen Lebensbedingungen lernen, aber nicht die Kulturtechniken, die für eine erfolgreiche Integration in den Arbeitsmarkt und eine »normale« Lebensführung notwendig sind.

Man muß freilich auch auf die Ambivalenz der Wirkungen von stark segregierten Quartieren hinweisen (vgl. Boettner 2002): Sie sind zwar, wie beschrieben, Orte der Ausgrenzung, aber zugleich auch Orte der Einbettung in verläßliche und nichtdiskriminierende soziale Bezüge (vgl. dazu auch die Diskussion in Kapitel 17). Sie stellen also ein soziales Kapital dar, das den Effekt der Einbindung im doppelten Wortsinne hat: unterstützende Einbindung in Kommunikations- und Unterstützungsnetzwerke, Einbindung aber auch in dem Sinne, daß die Zugehörigkeit zum deklassierten Milieu strukturell verfestigt wird. Die Parallelen zu den Wirkungen von ethnischen Kolonien liegen auf der Hand.

Wir haben in diesem Kapitel einige Tendenzen benannt, die die Stadt als soziale Einheit, die die Integration aller ihrer Bewohner gewährleistet, gefährden. Sicher ist »die Stadt« nicht die einzige, vielleicht nicht einmal die primäre Integrationsinstanz. Arbeitsmärkte werden nicht von den Stadtverwaltungen gestaltet und der Sozialstaat mit seinen versichernden Institutionen ist vor allem eine nationalstaatliche Angelegenheit. Aber die Städte haben seit der Zeit der Industrialisierung doch auch eigenständige Beiträge zur Integration sehr heterogener Bevölkerungsgruppen und zur Milderung der Folgen von Ungleichheit und Diskriminierung auf den verschiedenen Märkten geleistet. Dazu gehört die seit den zwanziger Jahren explizit verfolgte Absicht, den Zusammenhang von Arbeitsmarkt und Wohnungsmarkt für diejenigen zu entkoppeln, deren Einkommen für eine menschenwürdige Versorgung auf dem Wohnungsmarkt nicht ausreicht. Und die Wohnungsbausubventionen dienten, solange damit kleinteilige Projekte verstreut über die Stadt gefördert wurden, der Verminderung der sozialen Segregation. Der Abbau von Obdachlosenquartieren, die städtische Personalpolitik und der Aufbau von Gemeinwesenarbeit haben dafür gesorgt, daß auch Randgruppen nicht völlig abgehängt und ihrem Schicksal überlassen bleiben. Die Städte als Eigentümer von Gebäuden und Grundstücken konnten dafür immer wieder eigene Mittel einsetzen. Diese sozialen Orientierungen stehen mit der Krise des Fordismus und den Zielvorstellungen einer »schlanken« Stadt zur Disposition.

12. Schrumpfende Städte

Der wirtschaftliche und demographische Wandel wird dazu führen, daß es in Zukunft in Deutschland Städte gibt, bei denen sich die Rückgänge von Bewohner- und Arbeitsplatzzahlen wechselseitig verstärken und so eine Entwicklung in Gang kommt, die konträr zu den typischen Formen der Stadtentwicklung seit der Industrialisierung steht. Solche Entwicklungen waren in Westdeutschland bereits in den achtziger Jahren absehbar (vgl. Häußermann/Siebel 1987), aber sie wurden zwischen 1988 und 1992 durch die hohen Zuwanderungszahlen überdeckt, die aus den Bürgerkriegen im ehemaligen Jugoslawien und aus den Umwälzungen in Osteuropa resultierten. 1,2 Millionen Spätaussiedler aus osteuropäischen Ländern kamen in dieser Zeit zusätzlich nach Deutschland.

Aber seit diese Zuwanderungswellen abgeebbt sind und sich die regionale Entwicklung in Deutschland in ihren neuen Konturen »normalisiert« hat, zeigt sich der neue Stadttypus in ganzer Deutlichkeit – vor allem in Ostdeutschland, aber auch in einigen altindustriellen Regionen in Westdeutschland. Städte beginnen zu schrumpfen, wenn Arbeitsplatzabbau, Geburtendefizit und Abwanderung zusammentreffen. Ein Geburtendefizit allein ist für große Städte nichts Ungewöhnliches, sie sind seit einhundert Jahren nur durch Zuwanderung gewachsen. Ein negativer Wanderungssaldo tritt auf, wenn der regionale Arbeitsmarkt keine Perspektiven bietet, es woanders aber lukrative Beschäftigungsmöglichkeiten gibt. Dann wandern vor allem die jüngeren und die qualifizierteren Menschen ab – die jüngeren, weil sie mobiler als die älteren sind, sie haben noch keine Familie gegründet und noch nicht so viel in ihren jetzigen Wohnstandort investiert; die qualifizierteren, weil sie auf anderen regionalen Arbeitsmärkten nachgefragt werden und dort stabile Perspektiven finden.

12.1 Schrumpfende Städte in Ostdeutschland

Die Zahl der 20- bis 60jährigen, die die wirtschaftlichen Aussichten einer Region entscheidend bestimmen, wird sich bis 2050 in den neuen Bundesländern halbieren (vgl. Birg 2005b). Da obendrein junge Frauen häufiger als junge Männer abwandern, sinkt nicht nur die Qualität des Arbeitskräftepotentials in den Abwanderungsgebieten, sondern auch die Zahl der potentiellen Mütter. Dadurch werden dort in Zukunft die Geburten noch schneller als im Durchschnitt der Bundesrepublik zurückgehen.

In den neuen Bundesländern kumulieren seit der Wende verschiedene Entwicklungen: ein drastischer Rückgang der Geburtenzahlen, von Demographen als »Geburtenstreik« bezeichnet, weil er als Reaktion auf die tiefen Verunsicherungen durch die gesellschaftliche Transformation gewertet wird; eine »Rückanpassung« der sozialistischen Industrialisierungs- und Urbanisierungspolitik, die nach der Trennung der ökonomischen Beziehungen zwischen den beiden Teilen Deutschlands zur Komplettierung der industriellen Basis notwendig geworden war; eine Deindustrialisierung, die durch den Produktivitätsrückstand der ostdeutschen Industrie und durch die überwältigende Konkurrenz aus dem Westen beschleunigt wurde; ein Verlust von 80 Prozent aller Arbeitsplätze im Agrarsektor. Die neuen Bundesländer haben heute von allen westeuropäischen Ländern die niedrigste Industriebeschäftigtendichte, ohne daß dies eine entwickelte Dienstleistungsgesellschaft anzeigte (Nolte/Ziegler 1994, 256). Hinzu kommen die Folgen der politischen Transformation: Abbau von Arbeitsplätzen im aufgeblähten politisch-administrativen System und die Demilitarisierung. Daher sind viele Städte nicht nur von einem Arbeitsplatzabbau betroffen, sondern auch von einem weitgehenden Funktionsverlust (vgl. Hannemann 2003).

Von 1990 bis 2000 haben die neuen Bundesländer aufgrund von Geburtendefizit und Abwanderung fast eine Million Menschen verloren (Glock 2005, 21). Diese Verluste wurden nicht – wie es lange Zeit im Westen der Fall war – durch Zuwanderung aus dem Ausland kompensiert. Der Arbeitsmarkt der neuen Bundesländer bietet dafür keine Anreize und bisher wohnen dort auch nur wenige Migranten, die über »Kettenwanderungen« Familienangehörige nachziehen könnten.

Zwischen 1990 und 2003 verloren Halle über 80 000, Chemnitz und Rostock über 50 000 Einwohner (vgl. Tabelle 12.1). Die Einwohnerzahl in dem früheren, noch kleineren Stadtgebiet von Leipzig ging bis 2000 sogar um 90 000 zurück. Alle Städte mit mindestens 20 000 Einwohnern hatten zwischen 1989 und 2000 einen Einwohnerverlust von zusammen 864 000 Menschen zu verzeichnen (Bergander 2004, 129).

Tabelle 12.1: Bevölkerungsentwicklung in Großstädten der neuen Bundesländer 1990-2003

Stadt	1990	2003	Differenz zu 1990	Rückgang in Prozent
Chemnitz	301 918	249 900	– 52 018	– 17,2
Dresden	501 417	483 600	– 17 817	– 3,6
Erfurt	217 035	201 600	– 15 435	– 7,1
Halle/S.	321 684	240 100	– 81 584	– 25,4
Leipzig*	530 010	497 500	– 32 510	– 6,1
Potsdam	141 430	145 000	– 3 570	– 2,5
Rostock	252 956	198 300	– 54 656	– 21,6
Zwickau	118 914	99 800	– 19 114	– 16,1

* Leipzig konnte durch Eingemeindungen den Bevölkerungsverlust statistisch niedriger halten. Die Stadt in ihren alten Grenzen hat seit 1990 über 90 000 Einwohner verloren.

Quelle: Statistisches Jahrbuch deutscher Gemeinden (Daten für 1990) und Statistisches Jahrbuch für die Bundesrepublik Deutschland (Daten für 2003)

Bei den Städten in den neuen Bundesländern machte sich außer Geburtendefizit und Abwanderung in den Westen auch die »nachholende Suburbanisierung« der Bevölkerung bemerkbar. Ein Großteil der Bevölkerungsverluste kam nämlich durch Umlandwanderungen zustande. Ihre Effekte sind größer als die der Sterbeüberschüsse. Leipzig z. B. hat im Zeitraum von 1991 bis 2002 aufgrund des Sterbeüberschusses 30 000 Einwohner verloren, durch Abwanderung ins Umland aber 37 000 (Stadt Leipzig 2004, 36).

Daß Städte schrumpfen oder gar ganz aufgegeben werden, hat es in der Geschichte immer wieder gegeben (vgl. Benke 2005) – zum Teil als Folge von veränderten Rahmenbedingungen, die einen Funktionsverlust nach sich zogen (wie etwa die Entstehung neuer Handelswege), zum Teil als Folge von Natur- und Kriegskatastrophen (vgl. Körner 1999/2000). Das Schrumpfen hat auch als vorübergehende Tendenz viele Städte im Laufe der Geschichte erfaßt, aber seit der Industrialisierung sind die Städte in Deutschland (und in allen anderen Industrienationen) nur gewachsen. Alle Theorien der Stadtentwicklung und auch alle Instrumente der Planung und Steuerung sind daher auf Wachstum zugeschnitten. Erst seit wenigen Jahren entsteht in der fachlichen Öffentlichkeit ein Bewußtsein darüber, daß Schrumpfen zu einem neuen Typus der Stadtentwicklung geworden ist.

12.2 Die Folgen des Schrumpfens

Mit dem Schrumpfen ergeben sich negative Folgen für eine Stadt in mindestens sechs Dimensionen: Wohnungsmarkt, Stadtgestalt, Segregation, Infrastruktur, Finanzen und Urbanität. Wie die Stadtpolitik darauf reagiert, hat Birgit Glock an den Beispielen Duisburg und Leipzig analysiert (Glock 2006). Welche Chancen für die Stadtentwicklung damit verbunden sind, diskutieren wir am Ende dieses Kapitels.

Wohnungsleerstand: Als erste und sichtbare Folge des Schrumpfens stehen Wohnungen leer, dennoch ist dies keine unmittelbare Folge des Bevölkerungsrückgangs. In den neuen Bundesländern waren 1990 ca. 400 000 Wohnungen unbewohnbar, zehn Jahre später standen eine Million Wohnungen leer. In diesem Zeitraum war die Nachfrage nach Wohnungen sogar gestiegen, und zwar um 315 000 zusätzliche Haushalte, die eine eigene Wohnung bezogen hatten (Lehmann-Grube 2002, 36). Der Leerstand ist per saldo durch den zusätzlichen Neubau von 800 000 Wohnungen und durch die Sanierung von Altbauten bei gleichzeitiger Abwanderung entstanden. Die Nachfrage hat sich trotz des Bevölkerungsrückgangs durch die Verkleinerung der Haushalte erhöht, aber das Angebot wurde sehr viel stärker ausgeweitet. Leipzig liefert dafür Anschauungsmaterial: Im Jahr 2000 stand hier ein knappes Fünftel der 320 000 Wohnungen leer, also gut 60 000, exakt so viele, wie in der Region Leipzig nach der Wende neu gebaut (50 000) bzw. saniert (10 000) worden sind (Lütke-Daldrup 2003, 8). Ohne Abriß wurden für das Jahr 2030 zwischen 117 000 und 109 000 leerstehende Wohnungen prognostiziert (Stadt Leipzig 2004, 38).

Stadtgestalt – die »perforierte« Stadt: Wenn durch die Verkleinerung der Bevölkerung die Wohnungsnachfrage dauerhaft zurückgegangen ist, muß auch an die Beseitigung überflüssiger Bausubstanz gedacht werden. Das erfordert Planung, denn Leerstand und Abriß treten nicht geordnet auf, sondern sie durchlöchern die geschlossene Siedlungsstruktur der Stadt. Die »perforierte Stadt« ist eine Zustandsbeschreibung, aber auch ein Bild der aus sozialen, politischen und finanziellen Gründen realistischerweise zu erwartenden künftigen Gestalt schrumpfender Städte. Von den Stadtpolitikern wird beim Rückbau, wie der Abriß von Wohnungen und die Beseitigung überflüssig gewordener Infrastruktur bezeichnet und durch das Bundesprogramm »Stadtumbau« gefördert wird, allgemein der »Vorrang der Innenstadt« proklamiert, wenn es darum geht, welche Teile der Stadt im Schrumpfungsprozeß auf jeden Fall erhalten werden sollen. Aber es erscheint als ausgeschlossen, daß der Rückbau nur an den Rändern vorgenommen werden kann, so daß im Ergebnis eine kleiner gewordene Stadtbürgerschaft wieder in der kompakten Stadt des 19. Jahrhunderts leben würde – und zwar aus verschiedenen Gründen.

Will man Häuser abreißen, um z. B. zur Verbesserung der Wohnqualität in der dichtbebauten Innenstadt Freiflächen zu schaffen, auf denen Parks oder Spielplätze angelegt werden könnten, muß das Leerziehen organisiert werden. Das ist am leichtesten mit Eigentümern möglich, die über große zusammenhängende Wohnungsbestände verfügen, also mit den großen Wohnungsbaugesellschaften; sie können Umzugspläne aufstellen und Ersatzwohnungen in ihrem eigenen Bestand bereitstellen. Im Altbaubestand mit kleinteiligen Eigentumsverhältnissen entstünde dagegen ein immenser Koordinationsaufwand. Für die Evakuierung von 1000 Wohnungen müßte die Stadtverwaltung im einen Fall mit nur einem oder zwei Eigentümern verhandeln, im anderen Fall mit 200 oder 300. Das gestaltet sich angesichts der Eigentümerstruktur in den Städten der neuen Bundesländer und deren heterogenen Interessenlagen besonders schwierig. Einerseits gibt es viele Alteigentümer, die durch die Restitution wieder die Verfügungsmacht über ihr Haus erlangt haben und einfach deshalb nicht investieren können, weil sie nicht über das notwendige Kapital verfügen. Häufig handelt es sich dabei um Erbengemeinschaften, die nur begrenzt handlungsfähig sind. Andererseits hat man es in vielen Fällen mit »Neueigentümern« zu tun, die allein aus Interesse an den Abschreibungsmöglichkeiten ein Haus (oder Anteile an einem Fonds) im östlichen »Fördergebiet« gekauft haben. Sie wohnen nicht in der Stadt, kennen die örtliche Situation nicht und sind angesichts der wirtschaftlichen Enttäuschung in eine Art Lähmung verfallen. Sie tun oft nichts und hoffen, daß sich alles noch zum Besseren wendet. Die Häuser stehen dann leer, ob saniert oder in verfallenem Zustand.

Eine Koordination wäre aber dringend nötig, um überhaupt eine Entwicklung in Gang zu setzen. Schließlich befinden sich auch solche Eigentümer, die sich entweder aktiv um die Vermietbarkeit ihrer Wohnungen oder aber um die Beseitigung unbewohnbarer Häuser kümmern möchten, im »Gefangenendilemma«, da der Erfolg ihrer Maßnahmen vom Handeln der übrigen Eigentümer abhängig ist. Wenn nur sie, nicht aber die Nachbarn investieren, finden sie aufgrund der negativen »Nachbarschaftseffekte« kaum Mieter, die eine so hohe Miete bezahlen würden, daß sich die Investition lohnt. Und wenn sie sich zum Abriß entschließen, hätten von der Angebotsverknappung nur andere Eigentümer einen Vorteil. Willigt der eine darin ein, sein Haus leerzuziehen, werden die Haushalte zu anderen Eigentümern umgesetzt – und nur diese erzielten dann einen Vorteil. Ökonomisch rational ist es also, so lange nichts zu tun, wie die Einzelentscheidungen nicht in eine kollektive Strategie für das Quartier eingebettet sind, die Erwartungssicherheit bietet.

Obwohl laut Proklamation in allen ostdeutschen Städten die Beseitigung der Leerstände so vorgenommen werden soll, daß die Innenstädte gestärkt und eher die peripheren Plattenbausiedlungen »rückgebaut« werden, fehlen der Stadtverwaltung in der Innenstadt die geeigneten Kooperationspartner, um rasch und planmäßig zu handeln. Die vom Staat bereitgestellten Förderungsmittel für Abriß, Umbau und Aufwertung werden von kleinen Eigentümern daher auch kaum in Anspruch genommen. Handlungsfähig dagegen sind die Großeigentümer, denen die Bestände aus dem früheren staatlichen Wohnungsbau gehören – kommunale Wohnungsbaugesellschaften und Genossenschaften. Sie sind auch an der Formulierung der Planungskonzepte für die Gesamtstadt beteiligt, die der Bund und die Länder zur Voraussetzung der Förderung machen. Außerdem sind diese Gesellschaften überwiegend im Besitz der Kommunen, und daher dekken sich einzelwirtschaftliche und kommunale Interessen an einer nachhaltigen Strategie für die peripheren Plattensiedlungen. Die lokale Macht der Wohnungsgesellschaften ist groß genug, um genügend öffentliche Subventionen zum Umbau in ihre Bestände zu lenken und sich so vor der drohenden Pleite zu schützen. So leben gleichsam die Prioritäten der DDR-Stadtpolitik unter veränderten Bedingungen fort.

Ein Rückbau ausschließlich unter Gesichtspunkten des Rückzugs in die Stadt des 19. Jahrhunderts würde eine politisch und finanziell außerordentlich starke kommunale Planung erfordern. Rechtlich stünden den Kommunalverwaltungen zwar ausreichende Instrumente zur Verfügung (z. B. über die Ausweisung als Sanierungsgebiet), die der Gemeinde umfassende Eingriffsmöglichkeiten für eine Neuordnung und Neugestaltung der Infrastruktur geben. Unwillige Eigentümer könnten dann zur Mitarbeit durch Gebote gezwungen und im Falle der Nichtbefolgung sogar enteignet werden. Aber wegen der sich daraus ergebenden Entschädigungsforderungen kann dieser Weg von den finanziell am Abgrund stehenden Kommunen nicht beschritten werden. Auch bei einer Förderung durch Bund und Land muß die Stadt ein Drittel der Kosten selbst bezahlen – und das ist den Städten bei den hohen Kosten einer entsprechenden Innenstadtsanierung nicht möglich. Die Hoffnung, die die Regelungen zur Stadtsanierung im Bundesbaugesetz in sich bergen, nämlich daß die städtischen Kosten über Beiträge der Eigentümer aus Bodenwertsteigerungen refinanziert werden könnten, hat in einer schrumpfenden Stadt keine Grundlage. Allenfalls könnten Erstattungen aufgrund der »Abdämpfung« der Bodenwertrückgänge verlangt werden.

Grundsätzlicher aber ist das Problem, daß es die Stadtbürgerschaft, die sich mit persönlichem Engagement und eigenem Kapital für die Stadt engagieren würde, nicht mehr gibt. Der Einzelhandel wird von überregional organisierten Betriebsketten beherrscht, deren Kalküle eher zu einem Nebeneinander inselhafter Siedlungsstrukturen führen. Diese Siedlungsstrukturen, die überall im Umland der großen Städte zu beobachten sind, ergeben sich aus den unkoordinierten Entscheidungen einer Vielzahl von Akteuren mit sehr unterschiedlichen Interessen: der funktional optimalen Organisation von Betriebsabläufen und Kundenverkehr, dem Wunsch nach individuellen Wohnformen, der Übersetzung sozialer in räumliche Distanzen oder der Dezentralisierung von Arbeitsplätzen. Die Struktur der Peripherie dringt in die geschlossene Gestalt der europäischen Stadt ein.

Soziale Segregation: Die Gemengelage von gesellschaftlich veränderten Bedingungen der Siedlungsstruktur, Machtverhältnissen und unkoordinierten Interessenlagen führt zu einem Nebeneinander von Oasen und Löchern, das im städtebaulichen Leitbild der »perforierten Stadt« ästhetisch formuliert wird. Diese »Perforation« wird in Zukunft durch soziale Spaltungen noch gesteigert, wenn in den neuen

Bundesländern die Zahl der einkommensstarken und deshalb mobilitätsfähigen Haushalte einerseits ab-, die der »Problemhaushalte« (Langzeitarbeitslosigkeit, Suchtproblematik, Diskriminierung) andererseits zunimmt. Noch sind die Haushalte der Pensionäre und Frühverrenteten materiell gut ausgestattet, weil die lückenlosen Erwerbsbiographien der DDR-Bewohner sich im übernommenen Rentensystem der Bundesrepublik positiv auswirken – aber wenn die Generationen in das Rentenalter kommen, die nach der Wende auf dem Arbeitsmarkt nicht mehr richtig Fuß fassen konnten, wird die überalterte Bevölkerung einen hohen Anteil von armen Haushalten aufweisen.

Unter den Bedingungen entspannter Wohnungsmärkte ändern sich die Prozesse der sozialen Segregation: Ökonomisch schwache und diskriminierte Haushalte aus »guten« Gebieten werden nicht mehr in die von den ökonomisch stärkeren Haushalten übriggelassenen Bestände verdrängt und von Wohnungsämtern und Wohnungsbaugesellschaften in die weniger attraktiven Bestände eingewiesen, vielmehr können die »Bessergestellten« aufgrund der Vielfalt angebotener Alternativen unerwünschte Nachbarschaften verlassen, in denen dann die nicht mobilitätsfähigen Haushalte zurückbleiben. Ein homogenes Wohngebiet benachteiligter sozialer Gruppen entsteht also nicht mehr durch Verdrängung dieser Gruppen aus bestimmten Quartieren der Stadt und andere Zwänge, sondern durch den Fortzug der Mobilitätsfähigen. Diese Form der freiwilligen Segregation aufgrund erweiterter Optionen auf entspannten Wohnungsmärkten kann sehr viel schneller verlaufen und ist durch die Kommunen kaum zu steuern. Dadurch entstehen Quartiere, in denen sich Haushalte mit sozialen Problemen sammeln. Die Stadtstruktur wird fragmentiert und polarisiert (vgl. Keller 2005).

Infrastruktur: Eine abnehmende Einwohnerzahl führt zur Unterauslastung von sozialen und technischen Infrastruktureinrichtungen. Wenn eine Stadt einerseits von weniger Menschen und andererseits auch weniger dicht bewohnt wird, dann werden Kindergärten, Schulen, Krankenhäuser und andere soziale Einrichtungen überflüssig; der öffentliche Nahverkehr wird noch unrentabler und Ver- und Entsorgungssysteme sind plötzlich überdimensioniert (z. B. das Leitungsnetz für Gas- und Wasserversorgung, Kanalisation, Kläranlagen, Heizkraftwerke). »In den größeren Städten der neuen Bundesländer [verzeichnen wir] teilweise nur noch eine Auslastung der stadttechnischen Netze von weniger als 30 Prozent gegenüber der ursprünglichen Auslegung« (Koziol 2004, 195). Der Querschnitt einer Wasserleitung läßt sich aber nicht ohne weiteres verengen, die in der Erde versenkten Leitungen können nicht einfach von außen nach innen abgetrennt werden, um das Netz zu verkleinern, weil die Auflassung von Siedlungsgebieten nicht geschlossen erfolgen kann und die Netze komplexer angelegt sind. Die Schließung von Grundschulen und Kindergärten kann zu unzumutbaren Distanzen für Kinder führen. In Magdeburg, das zwischen 1990 und 1998 fast 28 000 Einwohner verloren hat, wurden in diesem Zeitraum bereits 83 Kindertagesstätten und 16 Schulen geschlossen (Peters/Volmann 2002, 59). Straßenbahnen und Busse fahren seltener und müßten zugleich teurer werden, weil sie weniger Fahrgäste haben und die Auslastung sinkt. Paßt man das Angebot an die nachlassende Nachfrage an, dann leidet die Attraktivität und die Auslastung sinkt weiter. Bei konstantem Einkommen gilt dasselbe auch für privatwirtschaftlich organisierte Güter- und Dienstleistungsangebote. Insgesamt verteuert sich die Infrastruktur pro Einwohner, wenn weniger Nutzer zu ihrer Finanzierung beitragen. Je stärker die Versorgung marktförmig organisiert ist, desto eher werden solche spiralförmigen Abwärtsentwicklungen entstehen, die nur durch eine öffentliche Subvention aufgehalten werden könnten, für die aber immer weniger Geld zur Verfügung stehen wird.

Kommunale Finanzen: Sinkende Einwohnerzahlen bedeuten geringere Einnahmen für die Städte und Gemeinden, weil sich die Höhe der Zuweisungen der Bundesländer an der Zahl der Bewohner bemißt. Die selektiven Abwanderungsprozesse tragen außerdem dazu bei, daß die potentiellen Steuerzahler wegziehen, diejenigen, die soziale Leistungen benötigen, jedoch bleiben. Schätzungen über die finanziellen Konsequenzen rückläufiger Einwohnerzahlen weisen zwar alle in dieselbe Richtung, dabei zeigt sich aber eine sehr große Variationsbreite. Das liegt an der schwer durchschaubaren Komplexität der Zusammenhänge und an der Vielfalt von Faktoren, die für die Höhe der Einnahmen und der Ausgaben eine Rolle spielen. Die Einnahmen variieren unter anderem mit der Erwerbsquote, dem Einkommen der Abwandernden und der Ausgestaltung der Schlüsselzuweisungen in den einzelnen Bundesländern. Essen rechnet mit einem Verlust von etwa 800 Euro pro nichteinkommenssteuerpflichtigen und von 1100 Euro pro einkommenssteuerpflichtigen Abwanderer, Stuttgart schätzt 850 Euro und Nürnberg 2000 Euro Verlust pro Abwanderungsfall. Die Ausgaben der Städte können jedoch wegen der bereits erwähnten Probleme der Versorgungsdichte und wegen der Dimensionierung von Infrastruktureinrichtungen nicht parallel zum Rückgang der Einwohnerzahlen gesenkt werden. Die Finanzkraft der Kommunen wird also in dem Maße geschwächt, in dem sie, relativ gesehen, mehr Geld zur Bewältigung der Folgen des Schrumpfens oder gar zur Gegensteuerung benötigen.

Urbanität: Die urbane Qualität einer Stadt steht nach Simmel in Abhängigkeit von Größe, Dichte und Heterogenität der Stadtbevölkerung. Nicht nur die Einwohnerzahlen, sondern auch die Einwohnerdichten werden in den Städten allgemein weiter zurückgehen. Steigender Wohlstand führt zu wachsendem Wohnflächenverbrauch pro Einwohner, und dies resultiert in sinkenden Einwohnerdichten, wenn die Stadt nicht sehr viel dichter bebaut (»nachverdichtet«) wird. Tatsächlich fällt die Einwohnerdichte in den deutschen Städten kontinuierlich seit dem Höhepunkt der industriellen Urbanisierung, der um 1910 lag. In den schrumpfenden Städten wird die Einwohnerdichte besonders stark sinken, wenn nicht die Zahl der Wohnungen im gleichen Tempo reduziert wird – was weder technisch noch organisatorisch machbar ist und ausschließlich mit der Aufrechterhaltung einer bestimmten Miethöhe zu rechtfertigen wäre. In schrumpfenden Städten wird es mehr Platz und zu einem günstigeren Preis als woanders geben, und die Bevölkerung wird sich auf größere Flächen verteilen.

Muß das einen Verlust an Urbanität zur Folge haben? Je kleiner die Zahl der Einwohner, desto geringer ist die Tragfähigkeit des städtischen Publikums für ein differenziertes Kulturangebot. Aber eine geringere Einwohnerzahl könnte kompensiert werden durch steigende Kaufkraft und höhere Subventionen, auf die ökonomische Entwicklung kommt es also mindestens ebenso an wie auf die demographische. Daß physische Dichte Voraussetzung für dichte Kommunikation sei, galt nur unter Bedingungen unterentwickelter Verkehrs- und Kommunikationstechniken. Dennoch ist zu erwarten, daß die Ausdünnung der Bewohnerdichte auch zu einem Rückgang der Vielfalt von Kultureinrichtungen und Dienstleistungsangeboten führt und damit das »urbane Milieu« geschwächt wird.

Die Heterogenität der Stadtbevölkerung nimmt angesichts der Zuwanderung aus dem Ausland und der Ausdifferenzierung der Lebensstile in den Städten eher zu – in schrumpfenden Städten wird das aber kaum in ähnlicher Weise der Fall sein. Denn zu bevorzugten Zielorten für ausländische Zuwanderer werden sie aufgrund ihrer desolaten Arbeitsmärkte nicht werden, und die Abwanderung – eine der Ursachen für das Schrumpfen – zieht ja gerade die Jüngeren und Qualifizierten ab, die auf anderen regionalen Arbeitsmärkten ihre Chancen suchen. Damit wird der Anteil derjenigen Stadtbewohner, die üblicherweise das politische und kulturelle Leben tragen und für Innovationen sorgen, geschwächt. Mit der demographischen Entwicklung kommt zwar nicht das Ende der urbanen Stadt – denn allein von der Größe ist diese Qualität nicht abhängig –, aber von Ruinen unterbrochene Straßenfassaden, ein dünnes Infrastrukturangebot und menschenleere Plätze werden auf Dauer nicht mit europäischer Urbanität vereinbar sein.

Alle bislang beschriebenen Konsequenzen sinkender Einwohnerzahlen können ein Ausmaß erreichen, das zu einer schweren Krise der Stadtgesellschaft führt. Aber die eigentliche Problematik schrumpfender Städte liegt nicht in einzelnen Entwicklungen. Erst aus dem Zusammenspiel von Bevölkerungsverlusten mit selektiver Abwanderung der qualifizierten, jungen Arbeitskräften, nicht gelingender Integration von Zuwanderern, negativen ökonomischen Entwicklungen, hoher Arbeitslosigkeit, verschwindenden kommunalen Finanzspielräumen, der Auflösung der Stadtgestalt und der Ausdünnung der Versorgung mit Gütern und Dienstleistungen entsteht eine städtische Krise, bei der sich verschiedene negative Entwicklungen gegenseitig zu einem nicht mehr zu durchbrechenden Teufelskreis der Abwärtsentwicklung verstärken können. Wenn in einem Stadtviertel die Zahl der Einwohner zurückgeht, dann sinkt dort auch die Kaufkraft. Wenn der Rückgang der Einwohnerzahl vorwiegend durch die Abwanderung der Bessergestellten bedingt ist, dann wird dieser Kaufkraftrückgang noch beschleunigt. Das veranlaßt die privaten Anbieter von Gütern und Dienstleistungen, ihr Angebot im Niveau anzupassen und einzuschränken. Auch die Versorgung mit öffentlicher Infrastruktur wird ausgedünnt. Das Image des Wohnortes verschlechtert sich, Banken lehnen die Vergabe von Krediten ab, weshalb einzelne Eigentümer nicht mehr in ihre Häuser investieren können. Heruntergekommene Häuser in der Nachbarschaft beeinträchtigen die Vermietbarkeit der benachbarten Immobilien, weshalb sich Instandhaltungs- oder gar Aufwertungsinvestitionen nicht mehr lohnen, also auch die noch solventen Eigentümer nicht mehr investieren; das Gebiet verkommt auch äußerlich, was weitere Haushalte, sofern sie sich Mobilität leisten können, motiviert fortzuziehen. Zurück bleiben die Armen und Diskriminierten, die keine anderen Optionen haben. Am Ende steht das, was in den Stadtverwaltungen als sozialer Brennpunkt bezeichnet wird. Unter Bedingungen entspannter Wohnungsmärkte, die es vielen Haushalten ermöglichen, ihre Wünsche nach größeren und besseren Wohnungen auch in »besseren« Nachbarschaften zu verwirklichen, vollziehen sich diese Prozesse außerordentlich schnell, und sie sind kaum steuerbar. Sowohl bei den Eigentümern als auch bei den Nutzern können sich also Punkte ergeben, an denen die Situation »kippt«, an denen eine negative Entwicklung zu einer sich selbst verstärkenden und unkontrollierbaren Bewegung wird. Daran scheitern die Hoffnungen auf eine passive Sanierung durch die stabilisierende Wirkung von Marktmechanismen.

12.3 Die Chancen des Schrumpfens

Schrumpfen beinhaltet aber durchaus auch Chancen: Über mehr Platz und über mehr privaten und öffentlichen Raum verfügen zu können, ist ein besonderer Luxus. Die drangvolle Dichte der europäischen Stadt, wie sie Simmel um 1900 in Berlin erlebte, verlangte den Individuen Distanz und blasierte Gleichgültigkeit ab, Kommunikation wurde eher vermieden als gesucht. Seit Beginn der industriellen Urbanisierung herrschte in den großen Städten Wohnungsnot, jetzt besteht zum ersten Mal auch für Haushalte mit geringem Einkommen die Chance, unter großzügigeren Verhältnissen in selbst gewählten Nachbarschaften zu wohnen. Schrumpfen beschleunigt einen Prozeß, der unter anderen Bedingungen als Gewinn an Lebensqualität begriffen wurde: die Ausdehnung der pro Kopf verfügbaren Wohn- und Freiflächen. Das war das Ziel fast aller städtebaulichen Leitbilder des vorigen Jahrhunderts. Die »gegliederte und aufgelokkerte Stadt«, das städtebauliche Leitbild der Bundesrepublik bis in die sechziger Jahre, war ein Entwurf gegen die Enge und das Elend der dichtbesiedelten Stadt des 19. Jahrhunderts (vgl. Becker/Jessen/Sander 1998). Aber die Verwirklichung solcher Ideen gelang nur im Umland der Städte, also auf Kosten urbaner Qualitäten. Wenn sie mit der Stadterneuerung in den Innenstädten verfolgt wurden, stießen sie auf den Widerstand der Bewohner, die angesichts von Wohnungsknappheit die Vernichtung preiswerten Wohnraums nicht hinnehmen wollten. Heute bietet Schrumpfen auch innerhalb der großen Städte die Chance auf ein von weniger Enge und Mangel geprägtes Leben, ohne daß auf die städtische Infrastruktur verzichtet werden müßte. Um 1900 wohnten auf einem Hektar Wohnbaufläche der Stadt Leipzig 407 Menschen, 1985 waren es nur noch 148. Diese Zahl hat sich nach der Wende noch einmal fast halbiert auf 76 Einwohner pro Hektar (Stadt Leipzig 2004, 61). Wenigstens zum Teil beruht dieser Rückgang auf den Wohnwünschen der Bewohner, und warum sollte der Prozeß nicht weitergehen? Kann der »Luxus der Leere« (Kil 2004) nicht attraktiv sein?

Leider sind dies unter den gegebenen Bedingungen sehr theoretische Überlegungen. Der entscheidende Unterschied liegt bei diesen Möglichkeiten in den Voraussetzungen, unter denen sich der Entdichtungsprozeß vollzieht. Die Ausdehnung der Fläche pro Kopf wurde bislang durch steigenden Wohlstand ermöglicht. Unter Bedingungen des Schrumpfens wächst zwar ebenfalls die Fläche pro Kopf, aber nur im rein räumlich-physischen Sinn, ohne daß diese Flächen privat oder öffentlich auch tatsächlich verfügbar würden. Der Immobilienmarkt funktioniert nicht, das heißt, die Preise für Häuser und Grundstücke sinken nicht der zurückgehenden Nachfrage entsprechend. Die mit fallenden Einwohnerzahlen sinkenden Einnahmen machen es den betroffenen Kommunen schwer, die Chancen des Schrumpfens zu nutzen, da ihnen das Geld fehlt, um ausgedünnte Quartiere neu zu ordnen und die brachgefallenen Flächen qualitätsvoll zu gestalten. Die Chancen des Schrumpfens für ökonomisch schwächere Haushalte würden sich nur einstellen, wenn auch bei den Mieten die Marktmechanismen tatsächlich funktionierten. Sie tun es aber nicht. In Leipzig z. B. werden für seit längerem brachliegende Grundstücke in Altstadtquartieren mit über 50 Prozent Leerstand immer noch Bodenrichtwerte von 250 Euro und darüber angesetzt (Krautzberger 2002, 101). Die Eigentümer reagieren auf sinkende Nachfrage so lange nicht mit Preissenkungen, wie sie hoffen, daß die Wohnung wieder Interesse findet.

Schrumpfende Städte können jedenfalls, das zeigen die bisherigen Überlegungen, kaum am Leitbild der wachsenden Stadt festhalten. Dazu haben sie nicht die Mittel und sie würden sich damit auch die Möglichkeiten verbauen, dem Schrumpfungsprozeß neue Qualitäten abzugewinnen.

12.4 Stadtpolitische Antworten

Die negativen Prognosen einer nicht steuerbaren Abwärtsentwicklung müssen nicht notwendig eintreffen. Eine bessere Politik könnte durchaus vieles vermeiden. Nicht einmal der Rückgang der Einwohnerzahl ist eine Naturnotwendigkeit. Wie viele Menschen künftig in der Bundesrepublik leben werden, hängt von drei Faktoren ab: der Geburtenrate, der Lebenserwartung und der Einwanderung. Unter der Annahme einer längeren Lebenserwartung und höherer Einwanderungszahlen kann man, wie eine Studie des Deutschen Instituts für Wirtschaftsforschung zeigt (Schulz 2004), auch eine Konstanz der Einwohnerzahlen bis 2050 prognostizieren. Allerdings müßten dazu weit über 300 000 Menschen jährlich zuwandern. Das ist nach heutigen Erkenntnissen wenig realistisch, aber damit verschöbe sich in den schrumpfenden Städten die Problematik: von der Zahl der Einwohner hin zu Fragen der Integration von Zuwanderern und zu Problemen der Gesundheitsversorgung älterer Menschen. Auch muß der Rückgang der Bevölkerung nicht notwendig Wohnungsleerstand zur Folge haben. Die Wohnungsnachfrage hängt von der Zahl und der Kaufkraft der Haushalte ab. Wenn die Tendenz, in immer kleineren Haushalten zu wohnen, anhält und die Einkommen steigen, dann wird auch mehr Wohnfläche nachgefragt werden. Es gibt – außer der finanziellen – auch keine irgendwie zu begründende Grenze, an der die Nachfrage nach mehr Wohnfläche zum Halten kommen müßte. In den neuen Bundesländern gab es um die Jahrtausendwende trotz der Abwanderung von gut einer Million Menschen 300 000 Haushalte mehr als kurz nach der Wende, also wurden auch 300 000 Wohnungen mehr nachgefragt. Aber da noch mehr Wohnungen neu gebaut wurden, bleibt ein Angebotsüberhang. Die von der Bundesregierung eingesetzte Kommission »Wohnungswirtschaftlicher Strukturwandel« hat daher empfohlen, bis 2012 etwa 300 000 bis 400 000 Wohnungen abzureißen – mit öffentlichen Subventionen in Höhe von voraussichtlich drei Milliarden Euro (Bericht der Kommission 2000, 6).

Die üblichen Reaktionen der Stadtpolitik – in Ost und West – verfolgen bei abnehmender Einwohnerzahl zwei zentrale Ziele: die Stabilisierung des Wohnungsmarktes und den Erhalt der »gewachsenen Stadt« (Fischer 2002, 75). Damit bewegt sich die Planungspolitik trotz der radikal gewandelten Bedingungen der Stadtentwicklung in den gewohnten Bahnen einer vorwiegend baulich-physischen Steuerung. Die kulturellen und sozialen Ressourcen einer Stadt sind bisher kaum Ansatzpunkte für Strategien zur Steuerung des Schrumpfens.

Zur inhaltlichen Verengung tritt eine räumliche: Den Städten fehlen das Geld und die handlungsfähigen privaten Aktionspartner für eine durchgreifende Erneuerungsstrategie in den innerstädtischen Altbaugebieten. Deshalb konzentrieren sich die Maßnahmen im Rahmen des Programms »Stadtumbau Ost« auf die Großwohnsiedlungen am Stadtrand. Die Chancen des Schrumpfens, die neue urbane Struktur der »perforierten Stadt« mit mehr Freiräumen und neuen Nutzungs- und Wohnqualitäten auch in der dichtbebauten Innenstadt durchzusetzen, bleiben daher weitgehend ungenutzt. Die bisherigen Maßnahmen richten sich auf eine möglichst effiziente Bereinigung des Wohnungsmarktes, womit hauptsächlich die Wirtschaftlichkeit des Gutes Wohnung sichergestellt werden soll (vgl. Glock 2006). Die überwiegende Zahl der leerstehenden Wohnungen befindet sich im Besitz kommunaler Gesellschaften (Bullinger 2002, 117). Im Konkursfall würden die Kommunen als Hauptgesellschafter einen Vermögensverlust erleiden. Das Abrißprogramm (»Stadtumbau Ost«) läuft konsequenterweise darauf hinaus, die den Kommunen nahestehenden Eigentümer und damit letztlich die Kommunen selber vor finanziellen Verlusten zu bewahren. Die Finanzpolitik hat Vorrang vor dem Städtebau.

Der Hauptmangel der stadtpolitischen Reaktionen auf Schrumpfen aber besteht darin, daß die Tatsache des Schrumpfens nicht wirklich akzeptiert wird. In einem vom Bundesforschungsministerium finanzierten Vorhaben trafen sich Stadtpolitiker aus Leipzig und Manchester, um exemplarische Strategien der Stadtentwicklung unter den Bedingungen der Deindustrialisierung zu diskutieren und so aus den Erfahrungen mit dem Schrumpfen wechselseitig zu lernen. Im Protokoll steht: »Beide Städte beantworteten die Frage nach der Schrumpfung mit der Gegenfrage: ›Wie können wir das verhindern?‹« (Stadt Leipzig 2004, 117) Alle bemühen sich um Trendumkehr, aus Schrumpfen soll wieder Wachstum werden, auch wenn unübersehbar ist, daß das nur für wenige Städte und dann nur auf Kosten verschärfter Krisen an anderen Orten möglich sein wird. Unter den Bedingungen rückläufiger Bevölkerungszahlen kann allein schon die Konstanz der Bewohnerschaft in einer Stadt nur durch vermehrte Abwanderung aus anderen Städten und aus ländlichen Regionen erkauft werden. Jede erfolgreiche Wachstumspolitik würde die großräumigen Disparitäten verschärfen.

Im Rahmen der Diskussion über ein Steuern des Schrumpfens wird deshalb auch eine Abkehr von den raum- und sozialpolitischen Zielen der Gewährleistung gleichwertiger Lebensbedingungen im gesamten Bundesgebiet offen gefordert. Früher hatte man geglaubt, Wachstums- und Ausgleichsziele seien vereinbar, weil die strukturschwachen Regionen längerfristig die besten Wachstumschancen aufgrund niedrigerer Löhne und Preise böten. Heute dagegen gelten Innovationen als die entscheidenden Wachstumsfaktoren. Diese Innovationen entstehen vornehmlich in urbanen Gebieten, also muß die Wachstumspolitik auf die Agglomerationen als Motoren des Wachstums setzen. Auf sie sollen, so die regionalpolitische Konsequenz, die Fördermittel konzentriert werden, in der Hoffnung, bei dadurch ausgelöstem Wachstum irgendwann wieder genügend öffentliche Mittel für eine kompensatorische Sozialpolitik zu haben (vgl. Zimmermann 2003).

Diesem Paradigmenwechsel in der Raumordnungspolitik entsprechend wird auch für die Stadtpolitik empfohlen, auf die Starken zu setzen, und im übrigen zu hoffen, es werde schon etwas für die Schwachen dabei abfallen. Zu dieser Strategie gehört es erstens, auf große Ereignisse zu setzen: auf Olympische Spiele, die Bundesgartenschau oder etwa den Titel »europäische Kulturhauptstadt« (vgl. Häußermann/Siebel 1993a). Zweitens werden die Anstrengungen auf die konkurrenzfähigen Höhepunkte des Stadtgebietes konzentriert: Die »weithin sichtbaren [...] Stadtbereiche [...] mit hohem Prestige« sollen aufgewertet werden.

»Die Erneuerung des letzten Arbeiterwohlfahrtsheimes ist für die Stadt und die Grundstimmung wenig bedeutsam. [...] Die Stadterneuerung [sollte] künftig stärker als bisher in den Dienst einer Imageverbesserung und eine Stärkung des Prestiges der Stadt gestellt werden. Die Wachstumsziele müssen [...] oberste Priorität haben, soziale Ausgleichsziele sollten demgegenüber zurückstehen«, lautet der Rat eines Beratungsunternehmens (Stadt Leipzig 2004, 122).

Drittens sollen die jungen, qualifizierten Arbeitskräfte bevorzugte Adressaten der Stadtpolitik werden, Städte könnten in Zukunft verstärkt um sie werben. Deshalb empfiehlt es sich, ihren Wohnwünschen entgegenzukommen, das heißt, wo immer es geht, insbesondere innerhalb des Stadtgebietes, Eigenheime und Eigentumswohnungen anzubieten. Dabei wird allein im Fall Leipzig der Subventionsbedarf für die Eigentumsbildung innerhalb der Stadt auf 1,1 Milliarden Euro geschätzt (Stadt Leipzig 2004, 43). Man kann sich leicht ausrechnen, welche Summen erforderlich wären, wenn alle Städte dieser Strategie folgten. Daß die Jungen und Qualifizierten primär an Eigenheimen interessiert sind, ist allerdings zu bezweifeln – räumliche Möglichkeiten für unkonventionelle Arbeits- und Lebensformen in funktional gemischten Stadträumen sind für kreative Berufe möglicherweise von größerer Bedeutung. Aber mit großer Sicherheit wird das Ganze ein Nullsummenspiel, bei dem die Schwachen den noch Schwächeren die Menschen abzujagen suchen. Und jeder Erfolg der einen wird erkauft mit verschärften Problemen an anderen Orten.

Die empfohlenen Politiken tragen somit notwendig zur Verschärfung großräumiger, kleinräumiger und sozialer Ungleichheit bei. Das läßt die immer wieder beschworene Beteiligungsoffenheit der Planung zum frommen Wunsch werden. Die Subventionierung von Festivals, die Förderung der Eigentumsbildung für Hochqualifizierte und von Abrißprogrammen für die kommunalen Wohnungsbaugesellschaften einerseits, gute Worte für die behutsame, aktivierende, aber nur mit Trostpflastern finanzierte Erneuerung in den durch diese Politik mit erzeugten sozialen Problemgebieten andererseits – eine solche Politik dürfte kaum intensive Beteiligungsverfahren überleben. Gerade bei der Festivalisierungspolitik gibt eine Stadtverwaltung ja viele Entscheidungen aus der Hand, die dann von den Veranstaltern und den organisierenden Public Private Partnerships getroffen werden, die die Stadt nur als einen Ort für ihre Events benutzen, aber von den sozialen Problemen wenig wissen wollen – außer wenn es um Sicherheitsprobleme geht (vgl. Burbank/Andranovich/Heying 2001). »Letztlich wird es immer Spannungen zwischen öffentlichen Konsultationen sowie der Partizipation der Bürger und den Forderungen der Investoren geben, die an schnellen und zuverlässigen Entscheidungsfindungsprozessen interessiert sind« (Hall/Mace/Gallent 2003, 37, Ü. d. V.).

12.5 Gibt es Alternativen?

Denkbar sind Alternativen durchaus, unter den gegebenen politischen und ökonomischen Bedingungen werden sie allerdings kaum realisiert werden. Die Chancen des Schrumpfens werden immer wieder aufgezählt: ein weniger von räumlicher Enge bestimmtes Stadtleben, höhere Qualität der Wohnungen und des Wohnumfeldes in den Altbaugebieten, familiengerechtes Wohnen in der Innenstadt, Räume für ökonomisch schwache kulturelle Initiativen und Existenzgründer, für lokale, informelle und ethnische Ökonomien (vgl. Läpple/Walter 2003 und Schuleri-Hartje/Floeting/Reimann 2005). Auch muß eine sinkende Einwohnerzahl nicht notwendig eine Erosion der kulturellen, sozialen und technischen Infrastruktur zur Folge haben. Ein solcher Zusammenhang ist nur dann zwingend, wenn die Produktivität und damit der private und öffentliche Wohlstand nicht wachsen. Die ökonomische Entwicklung ist entscheidend für den Wohlstand, weniger die demographische. Und die ökonomische Entwicklung ist mittlerweile von globalen und europäischen Faktoren abhängig, und nur noch mittelbar von nationalen und lokalen.

Das heißt nicht, daß Lokalpolitik zu einem vernachlässigbaren Faktor geworden wäre. Aber wenn eine zunehmende Knappheit qualifizierter Arbeitskräfte und ab 2020 ein genereller Mangel an Arbeitskräften prognostiziert wird, warum will man dann über eine Milliarde Euro ausgeben, um durch Eigentumsangebote die wenigen Qualifizierten auf den eigenen Acker zu locken, statt das Geld in die Qualifizierung der viel zu vielen Unqualifizierten zu investieren? Wenn bald in den großen Städten bis zu 50 Prozent und mehr der jüngeren Arbeitskräfte Migranten oder Kinder von Migranten sind (ILS 2002, 8), diese für den Arbeitsmarkt entscheidenden Gruppen aber nicht integriert werden können, das heißt, wenn sie weiterhin mehrheitlich nur einen Hauptschulabschluß oder nicht einmal diesen erreichen, dann wird das die Konkurrenzfähigkeit der Städte entscheidend beeinträchtigen. Auch herrscht weitgehend Einigkeit darüber, daß sowohl die Probleme als auch die Chancen des Schrumpfens nicht bewältigt bzw. genutzt werden können, solange es keine politisch und finanziell handlungsfähigen Stadtregionen, keine regionale Kooperation und keine Reform der Gemeindefinanzen gibt. Durchgriffe gegen das Privateigentum, wie sie unter der konservativen Regierung Thatcher in den Londoner Docklands möglich waren, wo ein Quadratmeter für ein Pfund enteignet wurde, um brachliegendes Hafengelände für die Planungen der öffentlichen Hand zu gewinnen, sind in der BRD praktisch undenkbar (Krautzberger 2002, 101). Vor allem scheint es relativ schwer zu sein, Veränderungen der Rahmenbedingungen durchzusetzen, wenn diese als Voraussetzung für eine Bewältigung von Schrumpfen gefordert werden, denn Schrumpfen ist der »Gottseibeiuns«, der nicht gedacht werden darf.

Die Mängel der gegenwärtigen Stadtpolitik beruhen nicht zuletzt auf Denkblockaden. Schrumpfen wird in unserer Gesellschaft reflexartig als Katastrophe wahrgenommen. Aber warum ist das so? Warum ist Schrumpfen nur als Katastrophe denkbar, die man, koste es, was es wolle, von der eigenen Stadt abwenden muß? Offenkundig gibt es Blockaden, die das Nachdenken über Schrumpfen behindern. Dazu stellen sich vier einfache Fragen:

– Was ist eigentlich so schlimm daran, wenn in Deutschland wieder so viele Menschen leben wie vor 75 Jahren in der damals sehr viel größeren Republik, nämlich 65 Millionen?

– Was ist eigentlich so schlimm daran, wenn die Zahl der Erwerbsfähigen zwischen 20 und 60 Jahren zurückgeht? Zum einen könnte das durch längere Lebensarbeitszeit, zum anderen durch eine höhere Erwerbsbeteiligung der Frauen kompensiert werden. Die heutigen Altersgrenzen stammen aus der Zeit extrem belastender Industriearbeit, die dazu führte, daß viele Arbeiter bereits im Alter von 50 Jahren arbeitsunfähig waren. Die Arbeitsbedingungen sind jedoch für die meisten Erwerbstätigen erträglicher geworden, die Lebenserwartung ist beträchtlich gestiegen, und viele sind auch noch jenseits der 65 arbeitsfähig. In Deutschland sind von den 55- bis 64jährigen nur 42 Prozent beruflich aktiv, in Schweden und der Schweiz sind es jeweils 70 Prozent (Geißler 2005, 17).

Die Erwerbsbeteiligung der Frauen in der Bundesrepublik ist im internationalen Vergleich niedrig. Auch kann eine sinkende Zahl an Erwerbstätigen durch höhere Produktivität ausgeglichen werden. Es ist nicht zuletzt eine Frage des Bildungswesens, ob der wachsende Anteil der Menschen mit Migrationshintergrund und der älteren Menschen den Qualifikationsanforderungen der Zukunft gewachsen sein wird. Gegenwärtig sind, stellt man die Dunkelziffern in Rechnung, gut sechs Millionen vorwiegend schlecht qualifizierte und ältere Menschen ohne Arbeit. Diese Defizite, nicht nur der Rückgang der bloßen Zahl der erwerbsfähigen Bevölkerung, sind der entscheidende

Engpaß künftiger Wohlstandssteigerung. Flexible Altersgrenzen, Integration der Frauen ins Berufsleben, bessere Schulen und lebenslange Weiterbildung könnten die Konsequenzen rückläufiger Bevölkerungszahlen für den Arbeitsmarkt ausgleichen.

– Was ist eigentlich so schlimm daran, wenn der Anteil der Älteren zunimmt? Damit würde, so ein gängiges Argument, die erwerbstätige Bevölkerung mit unzumutbaren Kosten für den Unterhalt einer wachsenden Zahl nicht mehr Berufstätiger belastet. Aber abgesehen von den obengenannten Argumenten für eine Verlängerung der Lebensarbeitszeit ist zu fragen, ob immer nur die Alten ein Kostenfaktor sind? Auch Kinder kosten Geld, je länger deren Ausbildung dauert, desto mehr. War ein Berufstätiger, der in einer traditionellen Familie drei Nichtberufstätige zu ernähren hatte, z. B. eine Hausfrau und zwei Kinder, weniger belastet, als wenn er heute für drei zu sorgen hat, nur weil es jetzt vielleicht zwei alte Menschen und ein Kind sind? Die Relation zwischen Erwerbstätigen und Nichterwerbstätigen hat sich gar nicht so grundlegend geändert, wohl aber die Art und Weise, wie die Gesellschaft die Transfers zwischen ihnen organisiert: Noch in den fünfziger Jahren des vorigen Jahrhunderts erfolgte dies vornehmlich informell und innerhalb des Verwandtschaftssystems, heute über die Sozialversicherungssysteme und in Geldform. Dadurch sind die Transfers deutlicher sichtbar und politisiert.

– Und schließlich: Woher weiß man denn, daß sich die Entwicklung nicht in hundert Jahren auf niedrigerem Niveau wieder stabilisiert? Thomas Malthus hatte im 19. Jahrhundert die unterschiedlichen Raten, mit denen die Bevölkerung und die Nahrungsmittelproduktion wuchsen, hochgerechnet zum Katastrophenszenario unausweichlicher Hungersnöte. Er meinte, die Gesellschaft müsse deshalb wieder zu den Werten und Kontrollmechanismen des Mittelalters zurückkehren: späte Heirat, Keuschheit, Seuchen und Kriege. Aber seine vermeintlich ehernen biologischen Gesetze haben sich als sozial bedingt und damit als höchst wandelbar herausgestellt. Heute werden Katastrophenszenarios aus dem gegenteiligen Trend, einer schrumpfenden Bevölkerung, abgeleitet, aber nach demselben Denkmuster: Die Bevölkerungsentwicklung wird isoliert von den gesellschaftlichen Bedingungen, unter denen sie stattfindet, und zur Ursache unausweichlicher Katastrophen erklärt. Angesichts dessen fordert man wiederum eine Umkehr ein, diesmal zu den alten Werten der Familie. Bei

Prognosen fährt man letztlich immer wie im Auto mit beschlagener Frontscheibe: Lediglich der Rückspiegel erlaubt eine klare Sicht. 150 Jahre lang war Stadtentwicklung identisch mit Wachstum. Schrumpfen kann daher offensichtlich nur als Bedrohung gedacht werden. Deshalb setzt man alles daran, dieses Schicksal wenigstens von der eigenen Stadt abzuwenden. Stadtpolitiker denken nicht nur immer noch in Kategorien des Wachstums, sondern auch in solchen des Bauens. 150 Jahre lang ging es in erster Linie darum, dem Wachstum im wörtlichen Sinne Raum zu verschaffen. Stadtplanung war Bauplanung. Heute muß Stadtplanung weit mehr beinhalten als physische Planung, nämlich vor allem Kultur-, Bildungs- und Sozialpolitik.

Versuche, eine andere Interpretation der Schrumpfungsprozesse anzuregen, stoßen auf harte Widerstände, denn die Rahmenbedingungen der Stadtpolitik verfestigen die Denkblockaden: Es fehlen die Instrumente, die Qualifikationen und die Leitbilder. Die Baugesetze und Ziele der Stadtplanung und die Ausbildung der Planer sind darauf ausgerichtet, Wachstum zu steuern, nicht Schrumpfen und räumliche, kulturelle, soziale und ökonomische Prozesse. Es fehlen auch die notwendigen regionalen Organisationsformen für ein Steuern von Schrumpfen. Wachstum ist eine Win-win-Situation. Die dabei entstehenden Konflikte lassen sich ohne größere Auseinandersetzungen lösen, weil für jeden etwas abfällt. Unter Bedingungen des Schrumpfens dagegen werden die Konflikte härter, denn nun müssen auch Verluste verteilt werden. Das kann in Abstimmungen unter gleichberechtigten Kommunen kaum geleistet werden. Um Schrumpfen zu steuern, wäre eine finanziell und rechtlich handlungsfähige sowie demokratisch legitimierte »regional governance« notwendig. Damit stellt sich eine ähnliche Problematik wie bei der europäischen Einigung, nämlich eine handlungsfähige übernationale Instanz zu schaffen, ohne die historisch gewachsenen Identitäten und die demokratischen Mitwirkungsmöglichkeiten der beteiligten Institutionen zu verletzen.

Das Denken in Kategorien des Bauens und des Wachstums ist in den Rahmenbedingungen der Stadtpolitik institutionalisiert. Solange es kein anderes Gemeindefinanzsystem und kein anderes Bodenrecht, keine handlungsfähige Region, keine adäquaten Qualifikationen, Planungsinstrumente, Leitbilder und Förderungsbestimmungen gibt, bleibt jedes Nachdenken über die Chancen des Schrumpfens graue Theorie. Also macht man gar nicht erst den Versuch, die Rahmenbedingungen bleiben unangetastet. Es wäre nur ein kleiner Schritt notwendig, um diesen Zirkel zu durchbrechen. Doch nach den goldenen fünfziger und sechziger Jahren, als das Wirtschaftswunder die deutsche Vergangenheit in den Hintergrund drängte und das ökonomische Wachstum die sozialen Probleme des Kapitalismus einhegte, wird daraus eine überaus schwierige Aufgabe.

13. Vom modernen zum postmodernen Regime der Stadterneuerung

13.1 Stadterneuerung und Stadtumbau

Im Baugesetzbuch sind die für die bauliche und städtebauliche Entwicklung verfügbaren rechtlichen Instrumente zusammengefaßt. Flächennutzungs- und Bebauungsplanung dienen dazu, die Maßnahmen, die der Erweiterung der städtischen Siedlungsflächen bzw. der Sicherung von Grün- und Verkehrsflächen dienen, rechtlich zu kodifizieren. Die Grundkonstruktion »öffentliche Planung auf privatem Terrain« (vgl. Kapitel 4) hat sich seit Beginn der Stadtplanung in den beiden letzten Jahrzehnten des 19. Jahrhunderts nicht geändert: Den Investitionen wird ein räumlicher Rahmen gesetzt; ob dieser ausgefüllt wird, ist den Entscheidungen der privaten Eigentümer überlassen. In der Praxis werden allerdings Bebauungspläne häufig dann aufgestellt, wenn durch ein privates Investitionsinteresse ein entsprechender Bedarf entstanden ist – und dann wird er »ausgehandelt«, d. h., dann werden die öffentlichen und die privaten Interessen abgewogen. Wer dabei die größere Macht hat, entscheidet sich daran, wie groß das Interesse der Stadt an den privaten Investitionen ist. Häufig können die privaten Eigentümer dann letztlich auch über die Bebauungsplanung entscheiden.

Während die Instrumente der Bebauungsplanung auf Wachstum, Erweiterung der Stadt und Neubau angelegt sind, dient das Städtebaurecht zur Stadterneuerung der Regelung von Eingriffen in die bestehende Stadt. Dafür wurden im Städtebauförderungsgesetz, das inzwischen in das Baugesetzbuch integriert worden ist, zweierlei Anlässe genannt: zum einen die Verbesserung und Modernisierung von Wohnbedingungen, zum anderen die Beseitigung von Funktionsmängeln der Stadt – kurz gekennzeichnet durch die Begriffe Substanzsanierung bzw. Funktionssanierung (vgl. Krautzberger 1999). Mit letzterem sind Umnutzungen von Flächen in der Stadt gemeint – entweder zur Ausdehnung der Flächen für Dienstleistungsgewerbe oder für die Erweiterung von Verkehrsflächen, um die Innenstädte leichter mit dem privaten PKW erreichbar und den Stadtverkehr insgesamt flüssiger zu machen – beides waren in den sechziger Jahren typische Probleme der Stadtentwicklung. Außer im Dienste des Verkehrs findet Stadtumbau selten statt. In der Praxis der Sanierung dominierte seit den siebziger Jahren die Verbesserung der Wohnverhältnisse und der Infrastrukturausstattung in innerstädtischen Altbaugebieten.

Baugesetzbuch § 136 (2):
Städtebauliche Sanierungsmaßnahmen sind Maßnahmen, durch die ein Gebiet zur Behebung städtebaulicher Mißstände wesentlich verbessert oder umgestaltet wird. Städtebauliche Mißstände liegen vor, wenn
1. das Gebiet nach seiner vorhandenen Bebauung oder nach seiner sonstigen Beschaffenheit den allgemeinen Anforderungen an gesunde Wohn- und Arbeitsverhältnisse oder an die Sicherheit der in ihm wohnenden oder arbeitenden Menschen nicht entspricht oder
2. das Gebiet in der Erfüllung der Aufgaben erheblich beeinträchtigt ist, die ihm nach seiner Lage und Funktion obliegen.

Bei der folgenden Darstellung des Wandels der Sanierungsstrategie konzentrieren wir uns deshalb auf Erneuerungsmaßnahmen in Wohnquartieren. Wir diskutieren dies am Beispiel der Berliner Stadterneuerungspolitik, die besonders umfangreich war und bei der auch Erfahrungen mit Sanierungen unter Transformationsbedingungen vorliegen, wie sie für die ostdeutschen Städte nach 1990 typisch waren. Da in Westdeutschland zwischen 1960 und 1990 in nahezu allen Städten Stadterneuerungsmaßnahmen mit öffentlicher Finanzierung durchgeführt worden waren, konzentrierte sich die Sanierungsförderung des Bundes in den neunziger Jahren fast ganz auf Ostdeutschland, wo es einen immensen Erneuerungsbedarf gab, denn die sozialistische Stadtpolitik hatte die Altbaugebiete weitgehend verkommen lassen. Am Berliner Beispiel kann auch gezeigt werden, welche Veränderungen bei der Stadterneuerung im Übergang von der modernen zur postmodernen Stadtpolitik zu beobachten sind.

In der Stadterneuerungspolitik lassen sich drei Vorgehensweisen unterscheiden, die zugleich Phasen darstellen: Bis in die siebziger Jahre des 20. Jahrhunderts wurde Sanierung in der Regel als *Flächensanierung* geplant, d. h., die Gebäude in einem Sanierungsgebiet wurden aufgekauft, vollständig abgerissen und anschließend auf verändertem Stadtgrundriß neu aufgebaut. Nach starker öffentlicher Kritik an solchen rabiaten Eingriffen in die bestehende Stadt und an der »Umsetzung« der teilweise lange ansässigen Mieter wandelte sich die Vorgehensweise bei der Sanierung zur *behutsamen Stadterneuerung.* Damit war das Ziel, die Altbausubstanz möglichst weitgehend zu erhalten, ebenso verbunden wie das Bemühen um einen Schutz der Wohnbevölkerung vor Verdrängung. Die Eingriffe in die vorhandene Bausubstanz wurden reduziert, Sozialpläne wurden eingeführt. Beide Strategien waren mit der Modernisierung der Infrastruktur verbunden. Nach der Wende wurden in den neuen Bundesländern zwar noch viele Sanierungsgebiete ausgewiesen, aber aus Kostengründen wurde die Sanierung weitgehend auf *Wohnungsmodernisierung* beschränkt. Im folgenden wird dargestellt, inwiefern sich diese drei Vorgehensweisen hinsichtlich der Anlässe, der Ziele, der Durchführung (einschließlich der Beteiligung der Bewohner) und ihrer Folgen unterscheiden.

13.1.1 Flächensanierung

1963 wurde das erste Stadterneuerungsprogramm in Westberlin verabschiedet. Der städtebauliche Mißstand, der mittels Sanierung beseitigt werden sollte, war in erster Linie die »Substanzschwäche« in Quartieren aus der Gründerzeit. In westdeutschen Städten spielte die Expansion der Cityfunktionen eine größere Rolle, weshalb Sanierung häufig mit einer Veränderung der Nutzungsart (Funktionssanierung) einherging (vgl. das Heidelberger Beispiel bei Wollmann 1975). Ein vergleichbarer Umnutzungsdruck fehlte in Westberlin. Stadterneuerung war daher wohnungspolitisch ausgerichtete Substanzsanierung (Bodenschatz 1988, 142; Tessin u. a. 1983, 17).

In den Sanierungsgebieten kauften treuhänderische Sanierungsträger – in der Regel gemeinnützige Wohnungsbaugesellschaften – im Auftrag der Stadt die Grundstücke den Einzeleigentümern ab, setzten die Mieter in Neubauwohnungen am Stadtrand um, rissen die Altbauten ab, legten die Grundstücke neu zusammen und bebauten sie neu. In Erwartung solcher Maßnahmen investierten die Alteigentümer nicht mehr in ihre Häuser, ließen sie verfallen, forderten aber immer höhere Preise. Obwohl die Altbauten in solchen »Sanierungserwartungsgebieten« zusehends verfielen, stiegen die Preise innerhalb von zehn Jahren um etwa 70 Prozent. Je dringender ein Grundstück für den weiteren Verlauf der Sanierung benötigt wurde, desto mehr verlangten die Alteigentümer dafür. Da der Sanierungsträger auf die Verfügung über alle Grundstücke angewiesen war, wurde er erpreßbar.

War ein Gebiet zum Sanierungsgebiet erklärt, ergaben sich bei Flächensanierungen in der Regel erhebliche sozialstrukturelle Veränderungen. Wer es sich leisten konnte, zog weg. Zurück blieben die »Problemgruppen«: Alte, Arme, Alleinerziehende, kinderreiche Familien und Ausländer, die dem Gebiet aufgrund besonders langer Wohndauer eng verbunden und auf die niedrigen Mieten angewiesen waren oder keine Alternativen auf dem Wohnungsmarkt fanden. Bei der oft jahrelangen Vorbereitung der Sanierung entstand dadurch in den Gebieten eine Bevölkerungsstruktur, die selbst als Begründung für die Sanierung diente: eine sogenannte »Sozialstrukturschwäche« (Becker/Schulz zur Wiesch 1982, 27).

Die Sanierung hatte somit zwei Ziele: Sowohl die Bau- als auch die Sozialstruktur der Gebiete sollten dem Durchschnitt der Gesamtstadt angeglichen werden (Ipsen 1992, 24). »Erklärtes Ziel dieser Politik war es, soziale und räumliche Disparitäten auszugleichen und gleichwertige Lebensbedingungen in allen Stadtteilen zu schaffen« (Schmoll 1989, 189). Da aber die Bewohner des Sanierungsgebiets auch nach Abriß und Neubau immer noch arm, alt, alleinerziehend, kinderreich und ohne deutsche Staatsbürgerschaft waren, lief diese Form der Sanierung darauf hinaus, die »Problemgruppen« in das nächstliegende »Sanierungsverdachtsgebiet« abzuschieben (Tessin u. a. 1983, 42). »Die Verdrängung kann als erkannte und gewollte Konsequenz der Sozialstrukturplanung [...] gelten« (Becker/Schulz zur Wiesch 1982, 127).

Die Flächensanierung beseitigte die billigen Altbauwohnungen und schaffte für die Dauer von fast 20 Jahren riesige Bauerwartungsgebiete und anschließend Baustellen, die mehrere Straßenblöcke umfassen konnten. Im Zuge dieser langwierigen Maßnahmen blieb bis zum Abriß eine marginalisierte Bewohnerschaft übrig. Die Sanierungsträger holten auch gezielt sozial marginalisierte Bevölkerungsgruppen, insbesondere Ausländer, in die für den Abriß vorgesehenen Altbauwohnungen als »Restnutzer« und setzten sie bei Beginn der Abrisse von einem Sanierungsgebiet ins nächste um (Becker/Schulz zur Wiesch 1982, 371 f.).

Bei einer Befragung von Mietern, die im Rahmen von Flächensanierungsmaßnahmen umgesetzt worden waren, verglichen 14 Prozent den Umzug mit einer Katastrophe, einer absoluten Zwangslage oder einem schlimmen Schicksalsschlag. Ein Viertel der Befragten bezeichnete die Umsetzung dagegen als Gewinn oder Glücksfall (Tessin u. a. 1983, 171). Die Auswirkungen auf die Bewohner waren also keineswegs einheitlich. Da die Sanierungsträger großes Interesse daran hatten, die Bewohner der Sanierungsgebiete in ihre eigenen Neubaubestände am Stadtrand umzusetzen, boten sie ihnen die Möglichkeit einer Zwischenumsetzung für die Dauer der Bauarbeiten nicht an, wie es später auf Druck der Bewohnervertretungen üblich wurde. Die umgesetzten Mieter wollten selten wieder zurück, denn wegen der langen Dauer der Sanierung hatten sie oft schon sechs und mehr Jahre in der Umsetzungswohnung gewohnt, bis die Neubauwohnungen schließlich bezugsfertig waren (Tessin u. a. 1983, 35).

Die neue Bebauung bestand aus sozialem Wohnungsbau. Deshalb wohnten auch hinterher wieder Angehörige der Unter- und der unteren Mittelschicht dort. Das Ziel der Angleichung der Sozialstruktur an den »Stadtdurchschnitt« hat die Flächensanierung mithin verfehlt: »Das erklärte Ziel der Stadterneuerung, bessere soziale Verhältnisse zu schaffen und sowohl die Segregation sozial schwacher Haushalte wie auch ethnische Segregation zu vermeiden, hat sich im sanierten Stadterneuerungsgebiet Rollberge nicht erfüllt« (Terlinden 1992, 214). Aber die alten Nachbarschaften waren zerstört, und die Schwächsten der früheren Bewohner waren an den Stadtrand und noch weiter an den Rand der Gesellschaft gedrängt.

13.1.2 Behutsame Stadterneuerung

Die wirtschaftliche Krise Mitte der siebziger Jahre hatte eine rapide Verknappung öffentlicher Mittel zur Folge, Sanierung in Form von Abriß und Neubebauung war aber langwierig und teuer. Die Flächensanierung geriet in eine finanzielle und zunehmend auch legitimatorische Krise. Es wurde offensichtlich, daß diese Strategie die soziale Marginalisierung der Bewohner nicht aufzuheben, sondern nur räumlich zu verschieben vermochte. Daher konnten sich in den siebziger Jahren, mühsam und zäh, erste Strategien einer »erhaltenden Erneuerung« durchsetzen. Die Sanierungsträger begegneten diesem Strategiewechsel mit hinhaltendem Widerstand.

»Sie hatten in den Gebieten, in denen sie bereits über Althausbesitz verfügten, die Gebäude nur insofern unterhalten, daß die Bewohnbarkeit bis zum prognostizierten Abrißzeitpunkt gewährleistet war, aber nicht in einer Weise, die dem langfristigen Erhalt der Bau- und Sozialstruktur diente. Jetzt sollten Mitte der siebziger Jahre ›plötzlich‹ Häuser, die seit oft mehr als 10 Jahren nur nach Minimalstandard instandgehalten worden waren, modernisiert, in ›quasi Neubauten‹ verwandelt werden« (Tessin u. a. 1983, 32).

Das aber war unverhältnismäßig teuer. Außerhalb der Gebiete, die in der Verfügung der Sanierungsträger standen, gewann die Modernisierung daher deutlich schneller an Boden (Rosemann 1981, 104f.; Tessin u. a. 1983, 23; Wießner 1990, 302).

Von staatlicher Seite wurden Förderprogramme zur Modernisierung von Altbauten eingerichtet. »Gewachsene« Sozialstrukturen wurden neu bewertet. Die »natürliche« Mischung, die Pluralität und das dichte Nebeneinander verschiedener Lebensformen wurden nicht nur akzeptiert, sondern zum Leitbild der Quartiersentwicklung. Die stadtplanerischen Leitbilder bewegten sich von der Funktionstrennung zur »urbanen« Mischung von Wohnen, Arbeiten und Erholung. Auch wurden die Altbauten kulturell und gesellschaftlich neu bewertet, nicht zuletzt ablesbar an der wachsenden Bedeutung des Denkmalschutzes in den siebziger Jahren (Harlander 1998, 7).

Auch der massive Widerstand von Bewohnern in »Sanierungserwartungsgebieten« hat zu der Wende in der Sanierungspolitik beigetragen. In Vorbereitung auf den Abriß hatten die Wohnungsbaugesellschaften Wohngebäude oft über Jahre leerstehen lassen (vgl. Hoffmann-Axthelm 1984). Ende der siebziger Jahre wurden als Reaktion darauf in Kreuzberg zahlreiche Häuser besetzt (Eichstädt 1984, 111). 1980/81 waren ca. 165 Häuser »instand besetzt«. 1981 verabschiedete der Berliner Senat zur Befriedung der Hausbesetzer und ihrer Unterstützer Förderprogramme zur baulichen Selbsthilfe in der Altbauerneuerung.

Mit der Internationalen Bauausstellung – Bereich Altbau (»Altbau-IBA«) – wurde das Modell der »behutsamen Stadterneuerung« endgültig etabliert. Anfang 1981 wurde die IBA im Kreuzberger Sanierungsgebiet Kottbusser Tor zum treuhänderischen Sanierungsträger von 18 Blöcken. Ihre Strategie der »behutsamen Stadterneuerung« erschien in der fachlichen und politischen Öffentlichkeit gegenüber der Flächensanierung als vernünftiger und umsichtiger Weg im Umgang mit Altbauquartieren. Die IBA hatte sich zum Ziel gesetzt, die

»Probleme der Quartiere in den Quartieren zu lösen« (Becker/Schulz zur Wiesch 1982, 380). »Stadterneuerung ohne Verdrängung« sollte praktiziert werden (Bodenschatz u. a. 1987, 1988 und 1989). Damit schied die »Sozialstrukturschwäche« als Sanierungsanlaß aus. Von einer in Kauf genommenen Verdrängung der Bevölkerung mit dem Ziel der Anpassung dieser »rückständigen« Bevölkerung an moderne Lebensstile bzw. von der »Verbesserung der Sozialstruktur« verschoben sich die Ziele hin zum Erhalt der Gebietsbevölkerung. Diese Zielsetzung wurde von sozialwissenschaftlichen Beratern unterstützt mit Hinweisen auf die Bedeutung der sozialen Netze in den Altbauquartieren, auf die gerade die älteren und die ärmeren Bewohner angewiesen seien. Die »einseitige« Sozialstruktur wurde also nicht mehr als »städtebaulicher Mißstand«, sondern als soziales Kapital definiert.

Auch die Organisation der Stadterneuerung änderte sich. Vermehrt wurden intermediäre Akteure als Vermittler zwischen Verwaltung und Bewohnern eingesetzt (Schubert 1998, 131) und partizipatorische Planungsverfahren eingerichtet. Ende der siebziger Jahre wurde eine eigentümerunabhängige Mieterberatung eingeführt. Planung, Vorbereitung und Durchführung der Erneuerung oblagen der IBA. »Ganzheitlich und kleinteilig« waren die Kennzeichen ihrer Strategie – und die Einsicht, daß die Erneuerungsziele nicht durch einen einmaligen Eingriff erreicht werden können, sondern daß Stadterneuerung eine Daueraufgabe ohne Dauerlösung ist.

Die Altbau-IBA ist als eine subtile Form der Machtausübung kritisiert worden, als »ein Modell der Verwaltung von marginalisierten Bevölkerungsgruppen«, deren Protestpotential durch die Einbindung in die Strukturen aktiver Mitarbeit geschwächt werde (Homuth 1984, 21; Rada 1997, 230). Aber jenseits solcher generellen Kritik am Gesellschaftssystem hat die behutsame Stadterneuerung auch ihre eigenen Ziele allenfalls eingeschränkt erreichen können. Das Ergebnis einer sozialwissenschaftlichen Untersuchung von zwei Blöcken im Sanierungsgebiet Kottbusser Tor ist ernüchternd: Es war nicht gelungen, die Angehörigen unterer sozialer Schichten im Gebiet zu halten. Die Mieten nach der Modernisierung waren trotz der umfangreichen Subventionierung für die Mehrheit der Altmieter nicht bezahlbar. Die »Verbleibequote« in den Häusern war entsprechend niedrig. Die behutsame Erneuerung zeigte, »wenn auch viel weniger spektakulär und subtiler wirkend, die gleichen Selektions- und Verdrängungsmechanismen [...] wie die überkommene Sanierungspraxis« (Dieser 1983, 202). Diese Verdrängungswirkungen waren nicht nur ökonomisch vermittelt. Terlinden (1992, 221) schreibt, die Altbau-IBA habe eine »kulturelle Aufwertung« bewirkt durch »Widerstand, Mitspracherechte der Bewohner, Partizipationsmodelle und Selbsthilfeprojekte«. Vor allem statushöhere, nicht unbedingt einkommenshöhere Gruppen fühlten sich davon angezogen und konnten sich besser durchsetzen. Nicht nur die Verfügung über ökonomisches Kapital trennt im Verlauf einer behutsamen Sanierung die Gewinner von den Verlierern, sondern auch die Verfügung über soziale und kulturelle Ressourcen. Das sollte sich in der folgenden, jüngsten Phase der Berliner Stadterneuerungspolitik nach der staatlichen Vereinigung bestätigen.

13.1.3 Wohnungsmodernisierung

Stadterneuerung beinhaltet immer Maßnahmen der Wohnungsmodernisierung. Bei der reinen Wohnungsmodernisierung werden dagegen nur die Ausstattungsstandards und ggf. auch der Zuschnitt der Wohnungen verbessert. Ordnungs- und Infrastrukturmaßnahmen, die zu einem ganzheitlichen Ansatz von Stadterneuerung im Sinne einer Gebietserneuerung gehören und die Arbeitsmarkt, Gewerbe, Grün- und Freiflächen und die Verkehrssituation betreffen, bleiben bei der Wohnungsmodernisierung unberücksichtigt. In Gebieten mit städtebaulichen Defiziten kann die Förderung der Wohnungsmodernisierung die Stadterneuerung daher nicht ersetzen.

Seit 1974 gibt es auf Bundesebene Förderprogramme zur Modernisierung von Wohnungen. In den Altbaugebieten, in denen allein mit der Modernisierung der Bausubstanz die städtebaulichen Mängel nicht zu beseitigen waren, war diese Förderung für die Eigentümer wenig lukrativ (Rosemann 1981, 106f.). Die Modernisierungstätigkeit nahm deshalb in besonders erneuerungsbedürftigen Gebieten trotz der öffentlichen Förderung nicht zu. Wo sie praktiziert wurde, war sie identisch mit Luxusmodernisierung, Umwandlung in Eigentumswohnungen, drastischen Mieterhöhungen und Verdrängung der Mieter (Wießner 1987, 15).

Im Gegensatz zur Stadtsanierung, für die es einen öffentlich beauftragten Träger gibt, werden die Einzelheiten der Wohnungsmodernisierung zwischen Vermieter und Mieter geklärt. Die Verwaltung oder ein Sanierungsträger sind daran nicht direkt beteiligt. Vermieter und Mieter haben im Rahmen von Modernisierungsmaßnahmen bestimmte Rechte und Pflichten: Der Vermieter muß die Modernisierung mindestens zwei Monate im voraus förmlich (schriftlich) ankündigen. Bei Maßnahmen, mit denen lediglich der »ortsübliche Standard« hergestellt werden soll, ist der Mieter gesetzlich zur Duldung verpflichtet. »Soziale Härte« durch eine zu stark steigende Miete kann in diesem Fall als Ablehnungsgrund nicht geltend gemacht werden. Die Kosten der Modernisierungsmaßnahmen können zu elf Prozent jährlich auf die Miete umgelegt werden.

Die Wohnungsmodernisierung erscheint zunächst als ein wenig weitreichender Eingriff in die Lebenssphäre der Bewohner, weil damit nicht zwangsläufig Umsetzung oder Verdrängung verbunden sind. Aber die modernisierungsbedingten Mietsteigerungen können einen Mieter dazu zwingen, seinen sonstigen Lebensstandard einzuschränken, was Blasius (1994, 408) »Verdrängung aus dem Lebensstil« genannt hat. Modernisierung kann für Mieter auch der Auslöser sein, langgehegte Umzugsabsichten zu realisieren, andere scheuen die Belastungen der Bauzeit und suchen sich allein deshalb eine andere Wohnung. Auch Modernisierung kann also eine erhöhte (freiwillige oder erzwungene) Umzugsmobilität zur Folge haben und darüber die soziale Zusammensetzung der Gebietsbevölkerung verändern. Umgekehrt kann Modernisierung aber auch Abwanderung verhindern, indem sie Bewohnern die Entscheidung ermöglicht, in der Wohnung zu bleiben, weil sie nun ihre gehobenen Wohnansprüche befriedigen können.

13.2 Behutsame Stadterneuerung nach der Wende: eine Quadratur des Kreises?

1982 ist nach den zum Teil heftigen und gewalttätigen Auseinandersetzungen in vielen Sanierungsgebieten in Deutschland (vgl. für Frankfurt am Main: Roth 1975) mit den »Grundsätzen der behutsamen Stadterneuerung« in Berlin-Kreuzberg ein Handlungsrahmen für die Stadterneuerung verabschiedet worden, auf den sich die heutige Praxis indirekt noch bezieht (vgl. ausführlich dazu Häußermann/Holm/Zunzer 2002). Diese Grundsätze definierten kein Ziel, sondern legten »Verfahrens- und Verhaltensweisen fest, mit denen bestimmte Fragen angegangen werden können« (IBA 1987, 203; vgl. auch Geffers 1999, 32; Tietzsch 1996, 135). Die Leitsätze wurden 1993 vom Berliner Senat neu formuliert. Rein formal ist die Organisation der Stadterneuerung auch nach 1990 weitgehend gleichgeblieben. Doch die Veränderungen der neunziger Jahre haben weitreichende Konsequenzen für die Rolle der drei Hauptakteure Staat, Eigentümer und Mieter und damit für die Durchführung der Stadterneuerung:

– Im Vergleich zu den 22 Sanierungsgebieten mit knapp 116 000 Bewohnern in etwa 81 500 Wohnungen in Ostberlin, die nach 1990 festgelegt wurden und »behutsam« erneuert werden sollten, umfaßte das Sanierungsgebiet »Kottbusser Tor« in Kreuzberg lediglich 5 000 Wohnungen, in denen etwa 10 000 Bewohner lebten (Eichstädt 1984, 111). Angesichts dieser Dimensionen des Erneuerungsbedarfs nach 1990 stellen die Leitsätze fest: »Die erforderliche Erneuerung der Altbausubstanz kann nur durchgeführt werden, wenn Eigentümerinvestitionen aktiviert und die Maßnahmen verstärkt durch privates Kapital finanziert werden« (Leitsatz 9).

– Verglichen mit der Kreuzberger Variante wurde die Reichweite der Beteiligung der Bewohner am Erneuerungsgeschehen in der Nachwendezeit verringert. Während in den achtziger Jahren eine aktive Beteiligung und Mitentscheidung der Bewohner intendiert oder zumindest akzeptiert war, sollten die Bewohner nun nur noch »mitwirken«, jedoch nicht mehr mitentscheiden.

– Die Ziele der Stadterneuerung wurden nach den Erfahrungen mit den weniger sensiblen Verfahren der sechziger und siebziger Jahre nun zweigleisig festgelegt. Erstens sollten die baulichen und städtebaulichen Strukturen zugleich erneuert und erhalten werden (Leitsatz 2) und zweitens die »soziale Zusammensetzung der Quartiersbevölkerung« nicht verändert werden (Leitsatz 3). Beide Ziele sollten gleichzeitig und gleichrangig erreicht werden. Das heißt: Alle Bewohner, die bleiben wollen, sollen auch bleiben können. Die Bedürfnisse und Interessen der sozial heterogenen Bevölkerung – wie sie im Unterschied zu den Sanierungsgebieten im Westen in vielen Sanierungsgebieten ostdeutscher Städte nach der Wende anzutreffen war – waren aber sehr unterschiedlich. Die Bewohner verfügten über sehr verschiedene materielle, kulturelle und soziale Ressourcen. Neben den Armen und Alten wohnten dort auch Studenten, intellektuelle Dissidenten, Künstler und politisch ins Abseits gestellte Durchschnittsverdiener. Neu aus dem Westen zugezogene Intellektuelle und Abenteurer kamen hinzu. Diese Mischung stellte die Erneuerung vor widersprüchliche Aufgaben: Einerseits mußte sie den Ansprüchen der Finanzstärkeren nach besserer Ausstattung Genüge tun, andererseits aber auch den einkommensschwächeren Haushalten ein Verbleiben ermöglichen, was bedeutete, Mietsteigerungen und damit den Investitionsumfang möglichst gering zu halten, wenn ein verträgliches Mietniveau nicht mit öffentlichen Zuschüssen gesichert werden kann.

Durch das Zusammentreffen von ambitionierten Zielsetzungen mit ungewöhnlich hohem Investitionsbedarf und öffentlicher Finanzknappheit erschien der Steuerungsanspruch als der Versuch, zu einer Quadratur des Kreises zu gelangen: Mit nur geringem Einsatz an öffentlichen Mitteln sollte die in großem Umfang stark verkommene Bausubstanz gründlich instand gesetzt und maßvoll modernisiert werden, ohne dabei die sehr unterschiedlichen Interessen einer heterogenen Bevölkerung zu verfehlen – eine typisch postmoderne Problemstellung. Wie wird unter solchen Bedingungen effektive Steuerung möglich?

In Berlin hat die Stadtentwicklungspolitik den Ausweg aus diesem Dilemma mit einer Mischung verschiedener Maßnahmen gesucht. Den Eigentümern wurden durch Bundesgesetz erhebliche steuerliche Abschreibungsmöglichkeiten für Modernisierungsinvestitionen angeboten, womit ein starker Handlungsanreiz für die privaten Eigentümer gegeben war. Gleichzeitig aber verzichtete die Stadt damit auf jede direkte Steuerung, denn wann und wo und in welchem Umfang die steuerliche Förderung, auf die ein Rechtsanspruch bestand, von den Eigentümern in Anspruch genommen wurde, d. h., wann und wo überhaupt von ihnen investiert wurde, darauf hatte die Politik keinen Einfluß. Da außerdem die privaten Eigentümer nicht in die Infrastruktur investieren, dominierte bei dieser Art der Stadterneuerung die Modernisierung von Wohnungen.

– Um die finanzielle Belastung der Mieter nach der Modernisierung zu begrenzen, wurden Mietobergrenzen festgelegt, was in Gebieten möglich ist, für die eine Sanierungs- oder eine Erhaltungssatzung[1] er-

1 Bundesbaugesetzbuch § 172 (1): »Die Gemeinde kann in einem Bebauungsplan oder durch eine sonstige Satzung Gebiete bezeichnen, in denen 1. zur Erhaltung der städtebaulichen Eigenart des Gebiets auf Grund seiner städtebaulichen Gestalt

lassen worden ist. Damit sollten die Haushalte mit niedrigen Einkommen geschützt werden. Dieser flächendeckende Schutz kam aber auch den Haushalten mit höheren Einkommen zugute, die für ein höheres Ausstattungsniveau aber durchaus bereit gewesen wären, auch eine höhere Miete zu zahlen (vgl. Häußermann/Kapphan 2002, 191). Die Einhaltung der Mietobergrenzen wurde zur Voraussetzung für die Erteilung einer Baugenehmigung gemacht (vgl. Tietzsch 1996; Geffers 1999) – eine Regelung, die von vielen Eigentümern nicht anerkannt und gegen die vom Grundeigentümerverband auch Klage eingereicht wurde.

– In Sanierungsgebieten war der Preis für Immobilienverkäufe genehmigungspflichtig. Dadurch sollte verhindert werden, daß Preise bezahlt werden, die innerhalb des festgelegten Niveaus der Mieten nicht hätten refinanziert werden können. Spekulativ orientierte Eigentümer, die mit der Absicht erheblicher Mietsteigerungen umfangreiche Investitionen tätigen wollen, wurden so aus den Sanierungsgebieten ferngehalten.

– Schließlich wurde versucht, mit rechtlichen Mitteln die Stellung der ökonomisch schwachen Bewohner im Modernisierungsprozeß so zu stärken, daß sie sich gegen eine Verdrängung aus ihrer Wohnung wehren konnten: Eine behördliche Genehmigung der geplanten Baumaßnahmen erhielten die Eigentümer nur, wenn sie die schriftliche Zustimmung der Mieter zu Art und Umfang der baulichen Maßnahmen sowie der späteren Miethöhe vorlegen konnten. Dadurch wurden die Mieter zu ernstzunehmenden Partnern im Entscheidungsprozeß und im Aushandlungsprozeß »strategiefähig«.

– Die nur in geringem Umfang verfügbaren öffentlichen Fördermittel konzentrierte die Verwaltung auf den Einsatz erheblicher Bera-

(Absatz 3), 2. zur Erhaltung der Zusammensetzung der Wohnbevölkerung (Absatz 4) oder 3. bei städtebaulichen Umstrukturierungen (Absatz 5) der Rückbau, die Änderung oder die Nutzungsänderung baulicher Anlagen der Genehmigung bedürfen. In den Fällen des Satzes 1 Nr. 1 bedarf auch die Errichtung baulicher Anlagen der Genehmigung. Auf die Satzung ist § 16 Abs. 2 entsprechend anzuwenden. Die Landesregierungen werden ermächtigt, für die Grundstücke in Gebieten einer Satzung nach Satz 1 Nr. 2 durch Rechtsverordnung mit einer Geltungsdauer von höchstens fünf Jahren zu bestimmen, daß die Begründung von Wohneigentum oder Teileigentum (§ 1 des Wohnungseigentumsgesetzes) an Gebäuden, die ganz oder teilweise Wohnzwecken zu dienen bestimmt sind, nicht ohne Genehmigung erfolgen darf.«

tungskapazitäten, um die Sanierungsziele in einer flexiblen Strategie aus Überredung und Verboten zu erreichen.
Gegenüber den vor 1990 in den alten Bundesländern durchgeführten Sanierungsvorhaben hat sich der Staat aus dem so organisierten Prozeß als zentraler Akteur zurückgezogen und sich auf das Moderieren und Verhandeln verlagert. Als Grundstückseigentümer und Investor tritt er – außer bei der öffentlichen Infrastruktur – nicht mehr auf. Was, wann und wo etwas geschieht, ist primär von den Entscheidungen der privaten Grundeigentümer abhängig. Für deren Handeln gibt die Sanierungsverwaltung einen Rahmen vor, dessen Einhaltung durch die Verweigerung einer Baugenehmigung erzwungen werden kann.

13.3 Individualisierung der Beteiligung und die Folgen

Baugesetzbuch § 137:
Beteiligung und Mitwirkung der Betroffenen:
Die Sanierung soll mit den Eigentümern, Mietern, Pächtern und sonstigen Betroffenen möglichst frühzeitig erörtert werden. Die Betroffenen sollen zur Mitwirkung bei der Sanierung und zur Durchführung der erforderlichen baulichen Maßnahmen angeregt und hierbei im Rahmen des Möglichen beraten werden.

Der Wandel im Steuerungsmodus der Stadterneuerung von einer vor allem staatlich induzierten, finanzierten und gelenkten Strategie zu einer moderierenden, die Marktprozesse ausnutzenden Steuerung hatte eine Dezentrierung des Staates zur Folge. Der Staat investiert selbst nur noch in geringem Umfang und überläßt die Durchführung der Stadterneuerung weitgehend privaten Investoren. Anstelle eines zentral gelenkten, hierarchisch gesteuerten Modells wird ein Verhandlungssystem etabliert, das die Rahmenbedingungen für Entscheidungen von Eigentümern und Bewohnern setzt. Den Eigentümern werden Anreize zur Investition in Form von Steuernachlässen oder auch öffentlicher Förderung geboten. Nur bei umfangreicher direkter Bezuschussung müssen die privaten Eigentümer Verpflichtungen und Bindungen eingehen, die dem Ziel einer sozialverträglichen Erneuerung dienen. Die indirekte Förderung über steuerliche Abschreibungen ist dagegen mit keinerlei sozialen Verpflichtungen verbunden. Während Zielformulierung und Durchführung der Stadterneuerung früher vollständig in der Kompetenz der staatlichen Steuerung lagen *(top-down)*, beschränkt sich die staatliche Rolle heute auf die Formulierung der Ziele und auf die Festlegung von Spielregeln. Das Ergebnis entsteht durch eine Vielzahl von Einzelentscheidungen in einem dezentralen Aushandlungsprozeß (*bottom-up*). Durch dieses Verhandlungssystem sind die kleinteiligen Entscheidungen zwischen Eigentümern und Mietern ins Zentrum des Erneuerungsprozesses gerückt (vgl. auch Selle 1996): In jedem Haus und für jede Wohnung wird neu darüber verhandelt, was baulich verändert werden darf oder soll, welches Erneuerungsniveau dabei entsteht und ob sich die Mietpreise im Gebiet insgesamt so entwickeln, daß die soziale Zusammensetzung der Wohnbevölkerung erhalten werden kann.

Bei der Beteiligung der Bewohner zeigt sich im Verlauf der letzten vier Jahrzehnte ein Wandel von Formen einer kollektiven Interessenvertretung zu individuellen Aushandlungen. Dabei entscheiden vor allem individuelle Ressourcen, ob es den Bewohnern gelingt, den Erneuerungsprozeß in ihrem Interesse zu beeinflussen, wobei es im Hinblick auf den Auszug oder den Verbleib, die Zufriedenheit oder den Frust der Mieter nicht oder nicht nur auf die Verfügbarkeit von Geld ankommt. Wichtiger sind für die Durchsetzung der eigenen Interessen soziale und kulturelle Ressourcen. Im Ergebnis zeigt sich bei der Analyse der sozialstrukturellen Veränderungen im Sanierungsverlauf ein deutlicher Zusammenhang zwischen Bildung und sozialer Kompetenz und dem Erfolg im Modernisierungsprozeß (vgl. Häußermann/Holm/Zunzer 2002, 143 ff.). Vor allem Studierende und Hochschulabsolventen waren besser in der Lage, die Verhandlungsmöglichkeiten zu erkennen und Forderungen zu formulieren, während ältere Haushalte und Arbeiterfamilien sich den Vorstellungen der Eigentümer weitgehend wehrlos ausgeliefert sahen. Sie verließen sich oft auf die Mustervereinbarungen der Mieterberatung. Andere dagegen suchten in mehreren Verhandlungsrunden eigene Vorstellungen durchzusetzen. Insbesondere die Drohung einer Zustimmungsverweigerung, aber auch eigenständige Vorschläge für bauliche Maßnahmen erwiesen sich dabei als Vorteil. Voraussetzung für den Erfolg waren neben einer allgemeinen Kommunikationsfähigkeit auch fachliche Kenntnisse bzw. die Möglichkeit, Anwälte und Architekten aus dem Bekanntenkreis zu konsultieren und bestehende Beratungs- und Unterstützungsangebote zu erkennen und zu nutzen. Die sozialen Netzwerke der einzelnen Bewohner waren also eine wichtige Ressource bei der Durchsetzung ihrer Interessen. Das Ergebnis der Sanierung war nicht der angestrebte »Erhalt der sozialen Zusammensetzung« der Bewohnerschaft, sondern ein sehr starker Anstieg des Anteils der Bewohner mit einem Hochschulabschluß.

Die alte, fordistische Sanierung hatte in der Regel dazu geführt, daß nach der Sanierung zwar nur noch ein geringer Anteil der früheren Mieter im Gebiet wohnte, daß aber die neuen Bewohner im großen und ganzen doch wieder der gleichen Schicht angehörten. Im neuen, postfordistischen Sanierungsregime werden die ansässigen Personen potentiell besser geschützt, aber aufgrund der Selektivität der individuellen Verhandlungen werden die sozial und kulturell weniger kompetenten Bewohner verdrängt. Man kann dieses Ergebnis so zuspitzen: Die alte Sanierungsstrategie hat zwar eine Verdrängung der Personen bewirkt, die soziale Zusammensetzung der Quartiersbevölkerung jedoch geschützt. Demgegenüber führt das neue Sanierungsregime zu einem Schutz der Personen, aber zu einer Verdrängung der unteren sozialen Schicht, deren Angehörige nur gering über solche kulturellen und sozialen Kompetenzen verfügen, wie sie in diesen rechtlich stark regulierten Verfahren benötigt werden.

Beispielhaft kann dies am Sanierungsergebnis von zwei Haushalten im gleichen Haus gezeigt werden. Eine Arbeiterfamilie, er Elektriker und sie arbeitslose Verkäuferin, auf der einen Seite, ein berufstätiger Sozialpädagoge und eine kurz vor dem Studienabschluß stehende Germanistin auf der anderen Seite. Beide Haushalte wohnten in übereinanderliegenden, gleich geschnittenen Wohnungen. Beide waren formal in denselben Ablauf des Modernisierungsprozesses eingebunden. Doch die Zufriedenheit mit dem Ergebnis könnte nicht unterschiedlicher sein: In der Wohnung der Arbeiterfamilie sind Kunststoffenster eingebaut, die sich im Oberlicht nicht öffnen lassen. Der Eßtisch steht jetzt in der Wohnstube, da durch die »zeitgemäße Einbauküche« nicht mehr genügend Platz in der Küche ist. Im Bad weisen die Fliesen Schäden auf – »ich glaube, die haben da ganz billiges Zeug genommen«, sagt der Bewohner. Die Mietsteigerung auf die Mietobergrenze wird als merklicher finanzieller Einschnitt bewertet. Insgesamt ist das Ehepaar sehr unzufrieden –

»sobald sich was Billigeres findet, ziehen wir aus«. Ganz anders eine Etage höher: Die frisch abgeschliffenen Dielen »passen gut zu den erhaltenen Holzfenstern«, die Küche wurde um die bisherige Speisekammer erweitert, so daß jetzt mehr Platz für einen Eßtisch vorhanden ist. Die Fliesen im Bad haben sich die Mieter selbst ausgesucht. Eine Mietsteigerung hat es nicht gegeben. »Der Eigentümer hat es bisher noch nicht geschafft, eine ordentliche Schlußabrechnung zu fertigen. Ohne die kann er auch die Miete nicht erhöhen. Und wenn, gilt ja erst mal die Mietobergrenze – für fünf Jahre.« Gesamturteil über die Erneuerungsmaßnahmen: »Wir sind sehr zufrieden.«

Wie das Beispiel zeigt, sind die Chancen zur Durchsetzung eigener Interessen in der Stadterneuerung recht ungleich verteilt. Die Individualisierung der Beteiligung bei der Wohnungsmodernisierung führt zu einem hochselektiven Prozeß: Mal ist mehr das ökonomische, mal das soziale, mal das kulturelle Kapital entscheidend. Die Individualisierung des Prozesses und die Heterogenität der Interessen verhindern auch die Entstehung kollektiver Willensbildungsprozesse. Einer großen Zahl von »Betroffenen« steht eine große Zahl von Eigentümern gegenüber – die alte Frontstellung zwischen dem Sanierungsträger und der Betroffenenvertretung ist einer unübersichtlichen Zahl von Einzelentscheidungen gewichen. Damit werden die Entscheidungsprozesse zwar deutlich flexibler, aber die Interessenberücksichtigung eben auch deutlich sozial selektiv. Man könnte auch sagen: Die neue Sanierungsstrategie ist von Juristen für Juristen gemacht. In dieser postmodernen Welt kann sich niemand mehr auf einen fürsorglichen Schutz durch die Gemeinschaft (die Stadt) verlassen, vielmehr muß sich jeder einzelne seinen Platz in rechtlichen Auseinandersetzungen erkämpfen.

13.4 Nach der sozialen Stadterneuerung

Die Städtebauförderung des Bundes hat vier Säulen: Neben dem Denkmalschutz sind dies die Stadterneuerung, der Stadtumbau (in Ost und West) und das Programm »Soziale Stadt«. Die klassische Stadterneuerung wird auch in Zukunft mit einer sehr viel geringeren öffentlichen Förderung auskommen müssen, als es in der Bundesrepublik vor 1990 der Fall war. Der ehemalige Berliner Stadtentwicklungssenator Peter Strieder hatte bereits die Parole ausgegeben: »Öffentliche Förderung nur noch für öffentliches Eigentum«. In der Praxis heißt dies, daß es zukünftig keine Sozialbindungen von modernisiertem Wohnraum mehr geben wird, die die Städte ja nur durch eine direkte Subvention der Investitionen erlangen konnten. Ein Umsetzungsmanagement, das auf der Verfügbarkeit von solchen Wohnungen beruhte, wird hinfällig, ebenso die hausbezogene Mieterberatung und entsprechende Sozialplanverfahren. Zwar könnte die Bindung der Baugenehmigungen an die Modernisierungsvereinbarungen zwischen Eigentümern und Mietern aufrechterhalten bleiben, weil diese ja kein Geld kostet, aber den Mietern stünde keine rechtliche Beratung seitens der Sanierungsverwaltung mehr zur Seite.

Nach dem Auslaufen des »Fördergebietsgesetzes« im Jahre 2001, in dem die erheblichen Steuerersparnisse durch Bauinvestitionen in den neuen Bundesländern kodifiziert worden waren, sind die finanziellen Spielräume für die Investoren geschrumpft, die es ihnen erlaubten, auf die Wünsche der Bewohner bei der Erneuerung auch bei nichtdeckender Refinanzierung über die Miete einzugehen. Die rechtlichen Regulierungen und die finanziellen Probleme sind am ehesten durch die Umwandlung von Miet- in Eigentumswohnungen zu umgehen. Diese bewirken nach allen Erfahrungen die stärksten Verdrängungseffekte. Zwar bleibt die Verfügung über soziales und kulturelles Kapital nach wie vor ein entscheidendes Kriterium für die Wahrung von Mieterinteressen, aber die Bedeutung des ökonomischen Kapitals nimmt unter solchen Umständen wieder stark zu. Stadterneuerung wird zu einer »akzeptierten Gentrification«, wenn den Marktprozessen freie Bahn gelassen werden muß, um die bauliche Erneuerung überhaupt in Gang zu halten.

Die Festlegung von Mietobergrenzen ist von den Verwaltungsgerichten inzwischen als nicht rechtmäßig gekippt worden. Sie hatte gleichsam ein Feld geschaffen, innerhalb dessen Verhandlungen zwischen Investoren und Vermietern geführt werden konnten und mußten. Die Einigungspflicht hatte die Mieter zu strategiefähigen Partnern gemacht, weil sie ihnen Verhandlungsmacht gab. Ohne diese gilt zwar immer noch das normale Miet- und Modernisierungsrecht des Bürgerlichen Gesetzbuches, das die Duldungspflichten der Mieter und auch einen generellen Rahmen für Mieterhöhungen festlegt, aber darüber hinaus gibt es nun keinen Verhandlungsspielraum mehr. Die Eigentümer haben das Recht, einen »ortsüblichen«, zeitgemäßen Standard zu realisieren, dessen Definition letztlich in Gerichtsverhandlungen festgelegt wird. Die Stadterneuerungspolitik hat als »Politik« im Grunde abgedankt, denn wie noch ein öffentliches Interesse durchgesetzt werden soll, ist nicht mehr erkennbar.

Die Absicherung der Sozialverträglichkeit, die auf »Zuckerbrot« (attraktive Steuerverzichte) und »Peitsche« (Mietobergrenzen, Modernisierungsgenehmigung) basierte, ist seit dem Auslaufen der besonderen Abschreibungsmöglichkeiten und dem absehbaren Ende der Geltung von Mietobergrenzen kaum noch zu erreichen, wenn für Investoren eine Verwertung über Luxusmodernisierung lukrativ erscheint. Die diffizile Balance zwischen baulicher Erneuerung und Erhaltung der Bevölkerungszusammensetzung gerät dann aus dem Gleichgewicht. Der Staat ist auf private Investitionen für die bauliche Erneuerung angewiesen, aber er hat faktisch keine Instrumente mehr, soziale Ziele durchzusetzen.

Die postfordistische Stadterneuerung zeichnet sich also durch einen weitgehenden Verlust staatlicher Steuerungsmöglichkeiten und durch eine Individualisierung von »Betroffenheiten« aus. Die Vertretung von Mieterinteressen wird in private Verhandlungen bzw. ins Rechtssystem verlagert und damit der politischen Sphäre entzogen. War für die fordistische Stadterneuerung staatliche Unterstützung beim Interessenausgleich zwischen Bewohnern und Investoren selbstverständlich, so ist dieser nunmehr von den individuellen Fähigkeiten betroffener Mieter abhängig. Eine kollektive Vertretung ihrer Interessen gibt es nicht mehr.

13.5 Gentrification

Das heißt nicht, daß Stadterneuerung nicht mehr stattfindet – sie nimmt aber, wenn sie sich unreguliert vollzieht, die Form von Gentrification an. Mit Gentrification wird die bauliche Aufwertung eines Quartiers mit nachfolgenden sozialen Veränderungen bezeichnet, die in der Verdrängung einer statusniedrigen sozialen Schicht durch eine höhere resultieren. Zu beobachten waren solche Prozesse in Deutschland zum ersten Mal in den späten siebziger Jahren, als Studenten und Künstler (»Pioniere«) sich in leerstehenden Wohnungen und Gewerbegebäuden in Quartieren aus der Zeit der Industrialisierung einrichteten, durch ihre baulichen, kulturellen und ökonomischen Aktivitäten das Milieu und das Image der verfallenden Nachbarschaften veränderten und so einen neuen Investitionszyklus auslösten, an dessen Ende dann das Quartier überwiegend in den Händen von überdurchschnittlich gut verdienenden, jungen Haushalten lag – überwiegend Haushalte von Alleinstehenden (von nun an als Singles bezeichnet), in hochwertigen Dienstleistungstätigkeiten beschäftigt. In den USA wurden sie als *young urban professionals* charakterisiert, und die Abkürzung Yuppies ist auch in Deutschland zum gängigen Begriff in der Beschreibung dieses ungeplanten Wandels von innerstädtischen Altbaugebieten geworden (vgl. Smith/Williams 1986; Dangschat 1988; Friedrichs/Kecskes 1996; Friedrichs 2000). Nach einer langen Phase, in der der Auszug aus den engen, verfallenden und unattraktiven Altbaugebieten der Innenstädte als das einzig erstrebenswerte Ziel einer gelungenen Wohnbiographie galt, entwickelte sich als Folge der Ausbreitung neuer Lebensstile und Wohnformen wieder eine stärkere, zahlungskräftige Nachfrage nach Altbauwohnungen – vorausgesetzt, diese waren modernisiert und hatten eine attraktive Lage in einer funktional gemischten Umgebung. Angebote einer Alternativökonomie und solche für einen distinguierten Geschmack ergänzten sich dabei zu einer Nachfrage, die eine »neue Urbanität« hervorbrachte (vgl. Häußermann/Siebel 1987).

In Städten mit einer hohen durchschnittlichen Kaufkraft und einer wachsenden Zahl von Singlehaushalten mit hohem Einkommen ergab sich daraus ein »Kampf um den Raum«: Die »Pioniere« der städtischen »Revitalisierung« versuchten, den durch ihre Aktivitäten kulturell aufgewerteten Raum gegen die Verteuerung durch die nun hereindrängenden Gentrifizierer zu verteidigen. Da nicht nur Studenten oder die kulturelle Avantgarde, sondern zunehmend auch »normale« Bewohner von den Verdrängungsinvestitionen in bestimmten Quartieren bedroht wurden, ergriffen Stadtverwaltungen die Möglichkeit, durch den Erlaß einer »Erhaltungs- bzw. Milieuschutzsatzung« die vorhandenen Mieter zu schützen. Die Festlegung eines Erhaltungsgebiets macht – wie im Sanierungsgebiet – die baulichen Investitionen genehmigungspflichtig, so daß die Stadt die Möglichkeit hat, Investitionen zu unterbinden, die unweigerlich zur Verdrängung der weniger zahlungskräftigen Bewohner führen müßten.

Baugesetzbuch § 172 (1):
Die Gemeinde kann in einem Bebauungsplan oder durch eine sonstige Satzung Gebiete bezeichnen, in denen
1. zur Erhaltung der städtebaulichen Eigenart des Gebiets auf Grund seiner städtebaulichen Gestalt (Absatz 3),
2. zur Erhaltung der Zusammensetzung der Wohnbevölkerung (Absatz 4) oder
3. bei städtebaulichen Umstrukturierungen (Absatz 5)
der Rückbau, die Änderung oder die Nutzungsänderung baulicher Anlagen der Genehmigung bedürfen.

Im ersten Fall geht es um das Ortsbild, die Stadtgestalt oder das Landschaftsbild, das erhalten werden soll. Die Versagung von baulichen Veränderungen dient also in erster Linie dem Denkmalschutz bzw. der Bewahrung historischer Substanz. Der zweite Fall betrifft die Vertreibung einer seit längerem ansässigen Wohnbevölkerung. Die Genehmigung von Modernisierungsinvestitionen oder der Umwandlung in Eigentumswohnungen kann dann versagt werden,

»wenn die Zusammensetzung der Wohnbevölkerung aus besonderen städtebaulichen Gründen erhalten werden soll. Sie ist zu erteilen, wenn auch unter Berücksichtigung des Allgemeinwohls die Erhaltung der baulichen Anlage oder ein Absehen von der Begründung von Wohnungseigentum oder Teileigentum wirtschaftlich nicht mehr zumutbar ist« (§ 172, 4).

Mit der Erhaltungssatzung wird also eine quartierliche Sozialstruktur gleichsam unter Denkmalschutz gestellt – mit der Begründung, daß es eine Korrespondenz zwischen genau dieser sozialen Zusammensetzung der Wohnbevölkerung und der Quartiersausstattung gibt, deren Auflösung bzw. Zerstörung so hohe Kosten für die Stadt nach sich ziehen würde, daß ein amtlicher Schutz gerechtfertigt erscheint (vgl. Stein 1990). Der Marktmacht von finanzstarken Nachfragern wird das Interesse der Allgemeinheit an einem langsamen Wandel im Quartier entgegengestellt. Damit wird der Gentrifizierungsprozeß allerdings nur verlangsamt, verhindert werden kann er letztlich nicht. Bereits der Vorbehalt, daß eine Versagung der Baugenehmigung wirtschaftlich zumutbar sein muß, eröffnet weite Spielräume, die dann letztlich von den Verwaltungsgerichten definiert werden müssen, vor denen konfliktreiche Fälle in der Regel landen.

Nicht alle Städte sahen oder sehen sich veranlaßt, die Bewohner innerstädtischer Altbaugebiete vor solchen Investitionen zu schützen, die das Wohnen anschließend so teuer machen, daß viele ansässige Haushalte das Gebiet verlassen müssen. Gentrification bedeutet ja auch, daß eine bauliche Erneuerung von Quartieren ohne öffentliche Förderung stattfindet. Da muß man die unerfreulichen Konsequenzen für Haushalte, die über wenig Geld verfügen, schon mal in Kauf nehmen – oder den Erneuerungsprozeß sogar unterstützen, weil er eine »problematische« Bewohnerschaft vertreibt und solche Leute ins Quartier bringt, die nicht nur über Miete oder Kaufpreis aufwendige Modernisierungen bezahlen, sondern mit ihrer Kaufkraft auch noch die Entwicklung einer Infrastruktur anstoßen, die dann weitere Angehörige der neuen Dienstleistungsberufe in die Innenstadt zieht. Stadterneuerung ohne Steuerung – das ist voraussichtlich der Regelfall von Stadterneuerung in postmodernen, postfordistischen Zeiten.

14. Postmoderne Stadtpolitik

Die veränderten Rahmenbedingungen für die Stadtentwicklung haben auch einen Wandel der stadtpolitischen Strategien zur Folge. Dieser kann als Übergang von der fordistischen zur postfordistischen Stadt beschrieben werden. Damit steht auch zur Diskussion, ob sich die Entwicklung der Städte weltweit einem einheitlichen Muster anpaßt, insbesondere, ob die Marktregulierung gegenüber dem Einfluß der lokalen Politik an Dominanz gewinnt. Das Modell der europäischen Stadt, das den Strukturen und Problemen von Städten in anderen Gesellschaften gegenübergestellt werden kann, steht damit zur Disposition (vgl. Häußermann 2001; Le Galès 2002; Siebel 2004).

Die vordringlichsten Steuerungsprobleme der Städte bestehen seither nicht mehr darin, Wachstum innerhalb der Stadt zu verteilen, sondern Wachstum selbst zu erzeugen. Dies geschieht vor allem durch die Ausgestaltung der Innenstädte zu Einkaufs- und Erlebniszonen, durch bevorzugte Förderung der internationalen Segmente im Büro- und Kulturbereich, durch die Förderung des Tourismus und durch die Unterstützung der Entwicklung von Informationstechnologien und der Kommunikationsindustrie.

Im Postfordismus ändert sich die politische Rolle des Staates und damit auch der Stadtverwaltungen. Große Bereiche staatlicher Steuerung werden aus finanziellen Gründen einem Prozeß der Privatisierung unterworfen. Dies gilt für die Wohnungsversorgung ebenso wie für die Stadterneuerung, für Versorgungs- bzw. Entsorgungsdienste sowie für andere Infrastrukturbereiche. Die Zusammenarbeit mit privatem Kapital, die sogenannte *Public Private Partnership* (PPP), wird zur Normalform der Stadtpolitik.

Gleichzeitig wachsen jedoch die Steuerungsprobleme. Die postfordistische Stadt ist geprägt durch eine wachsende Heterogenität, da

– durch eine Spreizung der Einkommensverteilung und des Wachstums des Anteils der armen Stadtbewohner mehr soziale Ungleichheit entsteht und
– die ethnische und kulturelle Differenzierung der Stadtbevölkerung zunimmt.

Dies verändert die Sozialstruktur, die in der Vergangenheit eine Tendenz zur Inklusion und zur kulturellen Homogenität hatte. Der wachsenden Heterogenität steht nun eine abnehmende Steuerungsfähigkeit gegenüber, da die Finanzausstattung der Städte kaum noch eigenständige Entscheidungen zuläßt, die mit Kosten verbunden sind.

Die anhaltende Suburbanisierung hat zu einer sozialen Differenzierung der Bevölkerung zwischen Kernstädten und Umland insofern geführt, als daß sich die Gruppen mit vielen sozialen Problemen in den Städten konzentrierten, während sich im Umland die Haushalte mit höheren Einkommen niedergelassen haben. Das hat nicht nur die Steuereinnahmen der Städte vermindert, sondern auch zu erheblichen Steigerungen der Ausgaben für soziale Zwecke geführt. Dieser Anteil an den kommunalen Ausgaben insgesamt ist in den alten Bundesländern von 11,8 Prozent im Jahr 1980 auf 21,8 Prozent im Jahr 2004 gestiegen (Gemeindefinanzbericht 2004, 83). Im gleichen Zeitraum ist der Anteil für Sachinvestitionen von 30,4 Prozent auf 13,0 Prozent gesunken (ebd.). Um die Schere zwischen niedrigen Einnahmen und notwendigen Ausgaben nicht noch weiter zu öffnen, als es bereits, wie die wachsende Verschuldung zeigt, der Fall ist, bauen die Städte Personal ab. Dadurch ist es gelungen, den Anteil für Personalausgaben zu stabilisieren, obwohl sich die Kosten pro Beschäftigten enorm erhöht haben. Dazu haben auch die Ausgliederung von Aufgaben aus der öffentlichen Verwaltung sowie die Privatisierung von öffentlichen Dienstleistungen beigetragen (vgl. dazu Kapitel 15).

Die Finanzprobleme der Städte signalisieren einen zweiten Aspekt der »Krise der Städte« (vgl. Jungfer 2005): die abnehmende Möglichkeit der Stadtpolitik, die wachsenden Probleme mit herkömmlichen Mitteln steuern oder bewältigen zu können. Die herkömmliche Art, Stadtentwicklungspolitik zu betreiben, ist aus verschiedenen Gründen nicht mehr möglich: Für die wirtschaftliche Entwicklung ist es weitgehend sinnlos geworden, einfach Flächen für einfliegende Investoren bereitzustellen; die sozialen und kulturellen Probleme lassen sich nicht mehr mit den Medien Geld und Recht steuern, sondern verlangen andere und neuartige Interventionen, eher Angebote als Befehle; die heterogenen Ansprüche an die Stadt sind nicht länger mit kohärenten Stadtentwicklungskonzepten zu befriedigen. Eine Simultanpolitik funktioniert nicht mehr, weil, selbst wenn es gelingt, ökonomisches Wachstum zu induzieren, nicht mehr garantiert ist, daß sich dies auch in Form höherer kommunaler Einnahmen und in einer Vermehrung der Zahl der Arbeitsplätze niederschlägt.

Die Finanznot bringt auch den lokalen Wohlfahrtsstaat an die Grenzen seiner Leistungsfähigkeit. Kürzungen bei den Ausgaben sind nur bei den »freiwilligen Leistungen« möglich, und dies sind vor allem solche Fachbereiche, die sich um eine spezielle Klientel kümmern sollen (Familie, Jugend, Alte, Behinderte, Ausländer) oder die in Bereichen stattfinden, die im herkömmlichen Spektrum der Verwaltungsaufgaben als mehr oder weniger entbehrlich gelten: Kultur, Sport, Freizeit und Bildung. Wo sich die Städte also als großzügige Sponsoren eines kultivierten Lebens oder als Förderer der soziokulturellen Integration gezeigt hatten, müssen sie sich nun zurückziehen. Damit werden die gemeinschaftlichen Aspekte des städtischen Lebens zumindest nicht gestärkt und Verteilungskämpfe inszeniert, die zu absurden Konflikten führen: Soll man nun den Behinderten den Zugang zur Volkshochschule ermöglichen oder den Einbau einer Küche im Begegnungszentrum eines türkischen Stadtteilvereins ermöglichen?

Mit dem grundlegenden Wandel der Rahmenbedingungen für die Stadtentwicklung ist ein Entwicklungsmodell unwiederbringlich verlorengegangen, das auf staatlicher Steuerung und Finanzierung beruhte, dem ein einheitlicher Fortschrittsbegriff zugrunde lag und in dem der formelle Arbeitsmarkt eine Integration zumindest der Männer garantiert hatte. Biographien und Lebensformen folgten dem Modell eines »modernen Lebensstils«, gekennzeichnet durch Kleinfamilie und hohes Konsumniveau. Die Städte hatten sich in den Jahren des größten Wohlstandes zunehmend als »Dienstleistungsunternehmen« definiert, die den Bewohnern möglichst viele Aufgaben abnehmen. Diese Option werden sie in Zukunft immer seltener wahrnehmen können, da die Nachfrage sich stark ausdifferenziert hat und die Mittel zu ihrer Befriedigung immer knapper werden.

14.1 Kulturalisierung der Stadtpolitik

In der Phase der industriellen Urbanisierung waren die Städte vor allem mit der güterproduzierenden Industrie groß geworden. Im Zuge der Globalisierung und des ökonomischen Strukturwandels setzt sich aber eine neue, internationale Arbeitsteilung durch, bei der die Güterproduktion aus den Städten wieder weitgehend verschwindet. Damit geht ein Fundament der bisherigen wirtschaftlichen Prosperität der Städte verloren. Im internationalen Standortwettbewerb wird die Imageproduktion für eine Stadt immer wichtiger. Mit ihr kann die Sichtbarkeit des Standortes weltweit kommuniziert werden, wenn es gelingt, eine »Marke« zu produzieren und diese über die Medien weltweit zu verbreiten. Gleichzeitig müssen sich die Städte in neuen ökonomischen Bereichen an neuen Funktionen orientieren. Während der industriellen Urbanisierung hatte die Stadtentwicklungsplanung einen geordneten Raum für gleichsam von selbst hereindrängende Nutzungen zu schaffen: güterproduzierende Industrie, erschwingliches Wohnen und die entsprechenden Infrastrukturen. Aufgabe der Stadtpolitik ist es heute, neue Nutzungen für vorhandene Räume zu suchen oder zu entwickeln, doch diese haben gänzlich andere Anforderungen an ihre Standorte als das güterproduzierende Gewerbe. Der tertiäre Sektor ist der Träger des neuen Wachstums. Dabei spielen neben den produktionsorientierten Dienstleistungen die kultur-, freizeit-, haushalts- und konsumorientierten Dienste eine herausragende Rolle: der Städtetourismus, Hoch- und Popkultur, Unterhaltung, Hotels, Restaurants, Kongresse, Sportereignisse und große Events jeder Art. Die Kulturindustrie ist selber ein gewichtiger Arbeitgeber. Während im Ruhrgebiet beispielsweise in den Bergwerken noch 39 000 Menschen beschäftigt sind, arbeiten 42 000 in der Kulturwirtschaft, nicht gerechnet weitere 10 000 nebenberuflich Kulturschaffende (Angaben des Regionalverbandes Ruhr). Shopping Malls, Hallen für Großveranstaltungen, Spaßbäder etc. sind mittlerweile typische Großinvestitionen in den Kernstädten.

Ebenso wichtig wie der direkte Beitrag der kultur-, freizeit- und konsumorientierten Betriebe zum lokalen Bruttosozialprodukt ist ihre indirekte Bedeutung für die wirtschaftliche Entwicklung einer Stadt. Die Städte werden in Zukunft weniger um Investitionen und stärker um Menschen konkurrieren. Zum einen, weil angesichts der künftigen demographischen Entwicklung Einwohner knapp werden, zum anderen, weil in Zukunft nicht mehr nur die Menschen zu den Arbeitsplätzen wandern, sondern umgekehrt die Arbeitsplätze zu den (qualifizierten) Menschen. »Die Verhältnisse hatten sich auf eine seltsame Art umgekehrt: Die Menschen wanderten nicht länger zu den Arbeitsplätzen, [...] die Firmen zogen an die Orte oder wurden dort gegründet, wo es qualifizierte *Arbeitskräfte* gab« (Florida 2004, XXVIII, Hervorhebung im Original, Ü. d. V.). Der Anteil der hochqualifizierten, gut verdienenden und kinderlosen Menschen ist gewachsen. Sie wählen ihre Arbeitsplätze zunehmend nach Gesichtspunkten der kulturellen und konsumistischen Qualitäten des Standortes (Lloyd/Clark 2000).

Die Städte müssen sich aber nicht nur um die differenzierten Kultur- und Konsuminteressen einer anspruchsvollen Bevölkerung kümmern, die sich am oberen Ende der insgesamt polarisierteren Dienstleistungsgesellschaft konzentriert. Am Gegenpol wird die Rolle der Stadt als Integrationsmaschine prekär. Die Migration ist vornehmlich auf die Kernstädte gerichtet. Dort sammeln sich auch die Verlierer des ökonomischen Strukturwandels. Angesichts der Probleme der systemischen Integration von Zuwanderern und Falsch- oder Unqualifizierten in den Arbeitsmarkt wachsen die Anforderungen an die Sozialintegration im urbanen Kontext. Wenn der Betrieb diese Funktion für immer weniger Menschen erfüllen kann, dann kommen der Schule und dem Wohnquartier um so mehr Bedeutung zu. Menschen aber hilft man nicht so sehr mit Mauersteinen als mit Menschen. Die Integration der von Ausgrenzung Bedrohten ist keine Aufgabe der physischen Planung, sondern eine der Kultur-, Bildungs- und Sozialpolitik. An beiden Enden des Aufgabenspektrums der Stadtpolitik, der Wirtschafts- wie der Sozialpolitik, treten klassische Gegenstände der physisch-räumlichen Planung wie Erschließung, Neubau und Sanierung gegenüber sozialen und kulturellen Themen in den Hintergrund. Planung wird kulturalisiert und ist auf sozialwissenschaftliche Erkenntnisse angewiesen.

Soziale und kulturelle Faktoren werden in der Regionalwissenschaft spätestens seit dem Auftreten der Probleme alter Industrieregionen diskutiert. Die Probleme dieser Gebiete paßten nicht in das alte Stadt-Land-Schema von zurückgebliebenen agrarischen Regionen und modernen urbanisierten Ballungsräumen (Friedrichs u. a. 1986). Anscheinend produzierte der ökonomische Strukturwandel von der Industrie- zur Dienstleistungsgesellschaft aus sich heraus neue Disparitäten, diesmal auf der Ebene der urbanisierten Regionen. Das verlangte andere Erklärungen für regionale Unterschiede, als es die simple Theorie der Zurückgebliebenheit auf einem allgemeinen Modernisierungspfad anbietet. Die Ausstattung mit harten Standortfaktoren (erschlossene Flächen, Verkehrsinfrastruktur, Betriebsgrößen, qualifizierte Arbeitskräfte) konnte das Zurückfallen des Ruhrgebiets, das in den fünfziger Jahren noch der Motor des Wirtschaftswunders gewesen war, nicht hinreichend erklären. Hier handelte es sich nicht um ein unzureichendes Maß solcher Faktoren, sondern um ein qualitatives Problem: Es waren die falschen Qualifikationen, Flächen, Gebäude und Infrastrukturen. Neben die klassischen Standortfaktoren traten die sogenannten weichen Standortfaktoren: soziale und kulturelle Aspekte der Lebensqualität, aber auch das regionale Milieu, die Mentalitäten, die Lebensweisen, die Qualität des Beziehungsgeflechts zwischen Unternehmen, der Politik und der Bevölkerung, kurz: das soziokulturelle Milieu. Die »Kulturalisierung« (Häußermann/Siebel 1993b) der Erklärungen regionaler Entwicklungsunterschiede hatte Konsequenzen für den Gegenstand von Planung und Politik. Sie hatten es jetzt gleichsam mit dem Intimbereich der Gesellschaft zu tun: mit Milieus, Denkweisen, Kommunikationsstrukturen, normativen Orientierungen, Lebensqualität.

14.2 Die Starken stärken – Abkehr vom Ausgleichsziel

Mit den Erklärungen und Gegenständen wandeln sich auch die Ziele der Planung. Solange Strukturschwäche ein Phänomen gering industrialisierter Räume gewesen war, hatte sich die Strukturpolitik auf Umverteilungsmaßnahmen beschränken können, um den Zurückgebliebenen auf die Beine zu helfen. Mit der Krise des Ruhrgebietes aber stellte sich eine ganz andere Problematik ein. Hier handelte es sich um eine hoch urbanisierte und industrialisierte Region, deren einstige Modernität in eine Sackgasse geführt hatte (vgl. Läpple 1994). Strukturpolitik hatte in diesem Fall nicht die vorhandenen Strukturen zu stärken, denn sie waren das Problem und mußten grundlegend geändert werden. Es ging nicht um schnelleres Vorankommen auf einer vorgegebenen Bahn, sondern um das, was Schumpeter als Innovation definiert hat: »Die Veränderung der Bahn« (Svedberg 1994, 55).

Betrachtet man die in der Literatur angeführten Bedingungen von Innovation, so lassen sich innovative Milieus vorwiegend in urbanen, großstädtischen Gebieten ausfindig machen. Innovationspolitik hat damit fast automatisch ein Bias zugunsten der urbanen Zentren, nicht der strukturschwachen Regionen.

Bis in die siebziger Jahre trug Wachstumspolitik auch zum Abbau regionaler Disparitäten bei. Die Politik konnte sich auf ein extensives Wachstum stützen, das durch Einbeziehung noch ungenutzter Produktionsfaktoren gekennzeichnet war. Soweit diese – vornehmlich Flächen und Arbeitskräfte – sich außerhalb der Agglomerationen, in den ländlich-strukturschwachen Gebieten befanden, hieß Wachstumspolitik, die ländlichen, strukturschwachen Regionen in den Prozeß der industriellen Urbanisierung einzubeziehen. Somit konnte das Postulat des Grundgesetzes, gleichwertige Lebensverhältnisse in allen Regionen der Bundesrepublik herzustellen, zusammen mit dem Ziel verfolgt werden, das gesamtwirtschaftliche Wachstum zu fördern.

Diese Simultanität ist zerbrochen. Damit treten die Widersprüche zwischen Ausgleichs- und Wachstumszielen stärker hervor. Sie werden durch selektive Wanderungen, politische Veränderungen und finanzielle Mechanismen verschärft. Gerade die strukturschwachen Regionen verlieren ihre junge und qualifizierte Bevölkerung durch Abwanderung. Der Flächentarif wird aufgeweicht und damit ein zentraler Mechanismus des großräumigen Ausgleiches der Einkommen geschwächt. Die negativen Folgen gesundheits- und sozialpolitischer Reformen für die verfügbare Kaufkraft kumulieren sich voraussichtlich in den strukturschwachen Regionen (und Stadtteilen mit hohen Anteilen ökonomisch schwacher Gruppen). Die Bindung der kommunalen Einnahmen an die Zahl der Einwohner schwächt die Möglichkeiten von Kommunen, Abwanderungstendenzen entgegenzusteuern, und die EU-Erweiterung relativiert die innerdeutschen Disparitäten, so daß strukturschwache Regionen in Deutschland in Zukunft auch weniger von den europäischen Ausgleichspolitiken profitieren werden. Soweit diese ökonomischen, sozialen, politischen und demographischen Entwicklungen zusammentreffen, können sie sich gegenseitig zu kaum steuerbaren Abwärtsbewegungen verstärken, an deren Ende einzelne Regionen und soziale Gruppen von der gesellschaftlichen Entwicklung abgekoppelt werden. Der sozialen Ausgrenzung entspräche die Auflösung des »territorialen Zusammenhalts«.

Trotzdem wird seit längerem das Ziel der Gleichwertigkeit politisch in Frage gestellt. Angesichts des ökonomischen Strukturwandels und der demographischen Entwicklung gilt es als illusionär. Wirtschafts- und Regionalpolitik der EU wie der BRD setzen auf die Stärkung der Starken (Konzept Metropolregionen). Es ist aber keineswegs erwiesen, daß solche Entwicklungen aus sich heraus auf niedrigerem Niveau zu einer neuen Stabilität führen werden. Auch werden entvölkerte Regionen nicht von selbst zu ökologischen Ausgleichsräumen. Damit sprächen nicht nur normative Argumente (Gleichwertigkeitsgebot des Grundgesetzes, europäisches Prinzip des territorialen Zusammenhangs) für eine Politik der Sicherung gleichwertiger

Lebensverhältnisse, sondern auch funktionale Zusammenhänge: Eine Tourismusregion, soll sie attraktiv bleiben, aber auch der Erhalt einer bestimmten (Kultur-)Landschaft erfordern eine Mantelbevölkerung, die die notwendigen Leistungen für Service, Unterhalt der Infrastruktur und Erhalt der Landschaft erbringt. Für diese Bevölkerung müssen Mindeststandards garantiert bzw. »Kernangebote der Bildung, der kommunikativen Erreichbarkeit und der medizinischen Grundversorgung gewährleistet« sein (Groth/Helbrecht/Rommelspacher 2006, 50), wenn man ihrer Abwanderung entgegensteuern möchte.

14.3 Die »Soziale Stadt« – ein neuer Ansatz in der Stadtpolitik

Mit der räumlichen Konzentration von Bevölkerungsgruppen, die aufgrund ihrer marginalen Position am Arbeitsmarkt und aufgrund des Wandels sozialstaatlicher Sicherungssysteme in Armut und ins »soziale Abseits« geraten, ist die Gefahr einer dauerhaften Ausgrenzung verbunden. Durch die Mechanismen des Wohnungsmarktes und durch Zuweisungen durch die Wohnungsämter sammeln sich die Armen, die Langzeitarbeitslosen und die Unqualifizierten in »Problemgebieten«, die häufig auch städtebaulich nicht besonders attraktiv sind. Ausgrenzung bedeutet den Ausschluß aus verschiedenen Teilbereichen der Gesellschaft und soziale Isolation (vgl. Kronauer 2002). Da in den Quartieren der Modernisierungsverlierer Westdeutschlands und in Berlin regelmäßig auch viele Migranten leben, die um preiswerte Wohnungen und um Arbeitsplätze konkurrieren, entstehen gerade dort konfliktbeladene Nachbarschaften. Aber gleichzeitig drohen diese Quartiere aufgrund einer Mischung von Apathie ihrer Bewohner und Desinteresse der kommunalpolitischen Eliten an den Rand der Aufmerksamkeit der Stadtpolitik zu geraten.

Die mit der neuen Qualität von Segregation verbundenen Folgen sind seit etwa einem Jahrzehnt auch zu einem politischen Thema geworden: In Nordrhein-Westfalen gibt es seit 1993, in allen Bundesländern seit 2000 ein städtebauliches Programm, das die Veränderung der Entwicklung von stark segregierten Quartieren zum Ziel hat: das Bund-Länder-Programm »Stadtteile mit besonderem Entwicklungsbedarf – die Soziale Stadt« (vgl. Häußermann 2000; Walther 2002; Difu 2003).

Das Programm »Soziale Stadt« ist Teil der Städtebauförderung, d. h., es stellt nur investive Mittel bereit. Der Bund hat aus verfassungsrechtlichen Gründen nicht das Recht, in die soziale Entwicklung der Städte unmittelbar einzugreifen, kann jedoch im Rahmen von Mischfinanzierungen Investitionsmaßnahmen unterstützen. Das Programm »Soziale Stadt« stellt solche Mittel bereit, verlangt aber als Voraussetzung für die Vergabe, daß in den Städten Strategien für ausgewählte Quartiere entwickelt werden. Die Gebietsorientierung des Programms ähnelt derjenigen der klassischen – baulich orientierten – Stadterneuerung, die Kriterien für die Auswahl von Fördergebieten sind jedoch ausgeweitet worden um soziale Merkmale wie z. B. Arbeitslosenquote und Ausländeranteil.

Die bisher rein baulich orientierte Stadterneuerungspolitik hat die oben beschriebenen Entwicklungen nicht verhindern können. Die Wohnungspolitik unternimmt schon gar keine Anstrengungen mehr, präventiv soziale Entmischungsprozesse zu steuern. »Soziale Stadt« ist als ein »Leitprogramm« konzipiert, das ergänzt werden soll durch soziale Maßnahmen, die allerdings aus anderen Fördertöpfen finanziert werden müssen. Die städtebauliche Fachpolitik soll also eingebettet werden in eine Quartierspolitik, die auch soziale Zielsetzungen hat. Somit geht es beim Programm »Soziale Stadt« nicht mehr nur um Stadterneuerung, sondern auch um Politikerneuerung. Diese soll sich in einem Gebietsbezug der Stadtpolitik äußern, in der ressortübergreifenden Kooperation und Koordination von politischen Maßnahmen mit Bezug auf das Programmgebiet, in der Bündelung von Mitteln aus verschiedenen Fachressorts und in der Etablierung eines neuen Steuerungsmodells, das von der Top-down-Orientierung abgeht und eine Bottom-up-Orientierung einleitet. Dabei sollen drei traditionelle Grenzen staatlichen Handelns überwunden werden: die Grenzen zwischen den Fachressorts, die Grenzen zwischen der Verwaltung und den Bürgern und die Grenzen zwischen öffentlichen und privaten Akteuren. So wird ein neues Regime bzw. eine neue Form von städtischer Governance angestrebt, bei dem die Mitwirkung der Bewohner und der privatwirtschaftlichen Akteure eine entscheidende Rolle spielt. Durch intensive Beteiligung der Bewohner sollen die zivilgesellschaftlichen Kräfte im Quartier mobilisiert werden. Dies ist die innovative Konzeption eines politischen Programms für die neue Problemlage in den Städten – die Realität entspricht diesem Modell allerdings in der Regel nicht.

Angesichts der oben beschriebenen grundsätzlichen Veränderungen in der gesellschaftlichen und in der städtischen Entwicklung ist der Versuch, die Folgen dieser Trends durch eine koordinierte Quartierspolitik aufzufangen, jedoch nicht besonders erfolgversprechend. Man fühlt sich an die frühe Phase der politischen Reaktion auf ökologische Probleme erinnert, in der sich die Aufmerksamkeit vor allem auf Symptome und weniger auf Ursachen richtete. In der Umweltpolitik hat sich das inzwischen geändert, in der Stadtpolitik hingegen muß wohl bereits das Eingestehen von Problemen, die sich aus der sozialräumlichen Struktur ergeben, als ein wichtiger Fortschritt gesehen werden. Kohärente Maßnahmen, mit denen man der Entstehung von ausgegrenzten Quartieren begegnen könnte, gibt es in der bundesdeutschen Politik allerdings bisher nicht.

Die Anerkennung der Rolle der Stadtbürger für die Entwicklung ihrer Quartiere, die im Programm »Soziale Stadt« erkennbar wird, erinnert an die Konzeption der europäischen Stadt. Die Besonderheit und der dynamische Aufstieg der mittelalterlichen Städte Europas waren von Max Weber erklärt worden mit der Selbstorganisation und Selbstbestimmung der schwurgemeinschaftlichen Körperschaften, die die Städte damals bildeten (Weber 2000). Die Stein-Hardenbergschen Reformen haben daran angeknüpft, als der preußische Staat an seiner obrigkeitsstaatlichen Gängelei zu ersticken drohte (vgl. Ribhegge 2002). Ob es in der postfordistischen Stadt gelingen kann, Ausgrenzungsprozesse durch bürgerschaftliches Engagement zu verhindern und soziale Inklusion zu sichern, ist dagegen eine offene Frage.

Das Programm »Soziale Stadt« beinhaltet einen ausdrücklich gebietsbezogenen Ansatz und macht die sozialen Verhältnisse zum Ausgangspunkt der politischen Intervention. Dies ist im Baugesetzbuch explizit so formuliert:

§ 171e: Maßnahmen der Sozialen Stadt
(2) Städtebauliche Maßnahmen der Sozialen Stadt sind Maßnahmen zur Stabilisierung und Aufwertung von durch soziale Mißstände benachteiligten Ortsteilen oder anderen Teilen des Gemeindegebiets, in denen ein besonderer Entwicklungsbedarf besteht. Soziale Mißstände liegen insbesondere vor, wenn ein Gebiet auf Grund der Zusammensetzung und wirtschaftlichen Situation der darin lebenden und arbeitenden Menschen erheblich benachteiligt ist. Ein besonderer Entwicklungsbedarf liegt insbesondere

vor, wenn es sich um benachteiligte innerstädtische oder innenstadtnah gelegene Gebiete oder verdichtete Wohn- und Mischgebiete handelt, in denen es einer aufeinander abgestimmten Bündelung von investiven und sonstigen Maßnahmen bedarf.

Ein Gebiet wird durch soziale Mißstände benachteiligt – und zwar dann, wenn es »auf Grund der Zusammensetzung und wirtschaftlichen Situation der darin lebenden und arbeitenden Menschen erheblich benachteiligt ist«. Hier werden gar keine städtebaulichen Probleme als Anlaß genannt, sondern nur soziale – speziell die soziale Zusammensetzung der Bewohnerschaft. Zur Verfügung stehen dann aber nur Mittel aus dem Bereich des Städtebaus. Wie bereits erwähnt, ist das Programm Teil der Städtebauförderung, neben den anderen Programmen zu Denkmalschutz, Stadtsanierung und Stadtumbau Ost und West. Nach dem Grundgesetz darf der Bund den Städten nur indirekt über die Länder Mittel zur Verfügung stellen, und zwar nur für Investitionen. Diese Beschränkung wurde in der Praxis in manchen Ländern so umgangen, daß nichtinvestive Projekte als Vorbereitungs- oder Begleitmaßnahmen zu städtebaulichen Interventionen deklariert wurden. Dem Grundsatz nach aber müßten Länder und Gemeinden – oder nichtstaatliche Organisationen – die nichtinvestiven Aktivitäten finanzieren.

In der Diskrepanz zwischen dem Gesetzestext und den Zuständigkeiten und Kompetenzen des zuständigen Ministeriums zeigt sich ein tiefergreifendes Problem: Für »Städte« ist auf Bundesebene im Grunde niemand zuständig. Die Bundesländer, insbesondere jene, die keine finanziellen Sorgen haben, reklamieren dafür die alleinige Zuständigkeit. Dem Bund wird nur die Gewährung von Investitionshilfen zugestanden. So wird das (Miß-)Verständnis von »Stadtpolitik« als Baupolitik perpetuiert. Das zeigte sich deutlich in den ersten Jahren des Programms »Soziale Stadt«, als sein integrierter Politikansatz deshalb nicht zur Geltung kommen konnte, weil die anderen Fachministerien sich überwiegend als nicht zuständig betrachteten (vgl. IfS 2004). Stadt ist eine komplexe Realität, die in der bürokratischen Arbeitsteilung – vom Bund bis zu den Städten – von den Fachämtern bearbeitet wird. Wenn sich die Probleme, wie im vorliegenden Fall, nicht den bürokratischen Zuständigkeiten fügen, dann kommt die herkömmlich organisierte Politik ins Stocken. Diese Einsicht war – theoretisch – der Ausgangspunkt für den gebietsbezogenen Ansatz des Programms. Auf allen Ebenen – Bund, Länder, Städte – sollten integrierte Politikansätze entwickelt, also die Fachpolitiken verschränkt werden, um Synergieeffekte zu erzielen. Gleichzeitig sollte grundsätzlich die Kooperation mit privaten Partnern angestrebt und die Bewohner in neuen und wirksamen Formen in die Quartierspolitik einbezogen werden. Das Programm zielte also auf eine horizontale und vertikale, gebietsbezogene Integration und Kooperation ab. Damit wurde es zu einem exemplarischen Fall jener neuen Politik, die die rot-grüne Bundesregierung 1998 angekündigt hatte: schlanker, aktivierender Staat, Stärkung der Zivilgesellschaft, flexible neue Formen von Governance. Es sollte ein experimentelles Programm sein, das nicht nur soziale Probleme lindert, sondern auch politische Innovation hervorbringt. Dazu gehörte auch, daß dieses Programm nach vierjähriger Laufzeit auf Bundesebene evaluiert wurde (IfS 2004), ergänzt durch Evaluierungsprogramme auf Länderebene (vgl. z. B. ILS 2002).

Die bislang ausschließliche Orientierung auf Investitionen, die die Stadtpolitik des Bundes kennzeichnete, prägte zwangsläufig auch das Programm »Soziale Stadt«. Nicht nur, daß die Finanzhilfen vorwiegend für Investitionen verwendet werden mußten, auch die Amtswege und Zuständigkeiten, auf die das intersdisziplinäre Programm stieß, lagen vorwiegend in den Händen von Architekten, Stadtplanern und Bauingenieuren, die ihre spezielle Sicht auf die Probleme eines Quartiers haben.

Der Gebietsansatz des Programms ist zu begründen mit der Grundannahme, daß die Summe der Probleme in einem Stadtteil mehr ist als die Addition der individuellen Problemlagen (vgl. Grimme/Hinte/Litges 2004). Es geht also bei dem Programm »Soziale Stadt« nicht um die Bearbeitung individueller Probleme, sondern um die Entwicklung des Quartiers, das einen spezifischen Kontext darstellt, der aus der Überlagerung von sozialen, baulichen und infrastrukturellen Problemen gebildet wird. Diese Komplexität macht den integrierten Handlungsansatz notwendig und begründet den strategischen Gebietsbezug.

Worin die Problematik eines Quartiers besteht, läßt sich bekanntlich auf verschiedene Weise definieren, und diese Sichtweisen hängen mit der fachwissenschaftlichen Perspektive zusammen. Sowohl in der politischen Praxis als auch in der wissenschaftlichen Diskussion lassen sich drei paradigmatische Ansätze unterscheiden, mit denen die Diagnosen von »Problemstadtteilen« analysiert werden. Die Essenz der verschiedenen Theorien läßt sich jeweils in einer einfachen Aussage ausdrücken:

– »Wenn die baulichen Mißstände behoben werden, werden sich auch die sozialen Verhältnisse verbessern.«

Dem Satz entspricht die *Container-Theorie*. Aus dieser Sicht werden »städtebauliche Mißstände« als Hauptursache für die Konzentration sozialer Probleme in einem Quartier angesehen. Die Maßnahmen, die für eine Veränderung ergriffen werden müssen, liegen dann auf der Hand: Die Erneuerung der Bausubstanz, die Verbesserung der Wohnumwelt und der öffentlichen Räume sowie der Ausbau der öffentlichen Infrastruktur sind die geeigneten Mittel, das Quartier aufzuwerten und so sozialen Wandel einzuleiten. Da das negative Image eines Quartiers sehr stark von seinem baulichen Zustand abhängt, kann eine bauliche Erneuerung die damit verbundene Stigmatisierung abbauen und die weitere Abkoppelung des Quartiers von der Entwicklung der gesamten Stadt verhindern.

– »Wenn es allen bessergeht, geht es auch dem Quartier besser.«

Nach der *Soziale-Lage-Theorie* sind die Probleme eines Quartiers ausschließlich auf die soziale Lage seiner Bewohner zurückzuführen – und diese ist überwiegend abhängig von Entwicklungen, deren Ursachen nicht im Quartier zu suchen sind: Armut, Arbeitslosigkeit und geringe Qualifikationen können eigentlich nur durch gezielte Anstrengungen in den jeweiligen Fachpolitiken bekämpft werden, und das heißt: nicht von der Quartiersebene aus.

– »Eine hohe Arbeitslosenquote wirkt ansteckend.«

Dies ist eine Annahme der *Kontext-Theorie*. Aus ihrer Sicht bildet das Quartier ein soziales und kulturelles Milieu, das erheblichen (negativen) Einfluß auf die Lebenschancen, Mentalitäten, Lebensweisen und das Verhalten seiner Bewohner hat (vgl. Häußermann 2003a/3b). Darin bestehen die Kontexteffekte (vgl. Wilson 1996). Es geht also um eine zusätzliche Beeinträchtigung der Lebenschancen, die aus dem Wohnen in einem Quartier entsteht, das durch eine hohe Konzentration von benachteiligten Personen charakterisiert ist.

Die beiden ersten Perspektiven erfassen jeweils nur einen Teil der Probleme, die für die »Stadtteile mit besonderem Entwicklungsbedarf« charakteristisch sind. Die Container-Theorie ist die Grundlage für städtebauliche Strategien, die eine Verslumung von Stadtteilen vor allem durch Beseitigung »baulicher Mißstände«, durch Aufwertung und Investitionen zu verhindern sucht. Desinvestition und Verfall werden als Ursache für die Abkoppelung eines Quartiers von der »allgemeinen Entwicklung« gesehen. Die klassischen Programme der Stadterneuerung erschienen als adäquate politische Antwort auf diese Probleme. Die Container-Theorie verabsolutiert den baulich-physischen Aspekt, die Soziale-Lage-Theorie ignoriert den Milieueffekt. Die Kontext-Theorie berücksichtigt beides und müßte daher einer Strategie für die Entwicklung derjenigen Quartiere zugrunde gelegt werden, die ins »soziale Abseits« zu geraten drohen.

In den Paradoxien der Formulierungen des § 171 e des Baugesetzbuches schlagen sich die Zuständigkeitsregeln der Verfassung nieder, die in der sogenannten Föderalismusreform des Jahres 2007 noch einmal verfestigt wurden. So, wie der Paragraph formuliert ist, legt er als Remedur durchaus eine Desegregationspolitik nahe: Wenn die soziale Zusammensetzung der Quartiersbevölkerung einen Mißstand begründet, muß entweder auf die soziale Lage der Bevölkerung oder auf deren Zusammensetzung Einfluß genommen werden. Das heißt: Wenn der Mißstand beseitigt werden soll, muß der Kontext verändert werden durch eine Veränderung des Erscheinungsbildes und der Infrastruktur eines Quartiers, durch eine Veränderung der sozialen Situation bzw. des Milieus oder durch eine Veränderung der sozialen Zusammensetzung der Quartiersbevölkerung. Das Programm »Soziale Stadt« begründet eine neue gebietsbezogene Politik, die den baulichen und sozialen Zustand des Gebiets gleichsam endogen verändern will – durch die Entwicklung seiner Potentiale und durch »Empowerment« seiner Bewohner. Da diese Zielsetzung neu und noch weitgehend unbestimmt ist, gibt es eine große Bandbreite von Ansätzen in der Quartierspolitik, bei der in den inzwischen ca. 400 Programmgebieten neben rein baulichen Interventionen auch innovative Ansätze im Bildungsbereich, bei der Integrationspolitik oder bei der lokalen Ökonomie zu beobachten sind. Die Stadtpolitik ist zu einem Experimentierfeld geworden.

Das Quartier bildet einen Raum für soziale, kulturelle und ökonomische Prozesse, eine Umwelt, die wiederum intern von solchen Prozessen geprägt ist – das ist der Sinn des Begriffs »Sozialraum« (Kessl u. a. 2005). Die Umwelt ist sowohl durch soziale und kulturelle Merkmale seiner Bewohner als auch durch die ökonomische und bauliche Situation bestimmt. Die Perspektiven der Container-Theorie und der Soziale-Lage-Theorie werden in der Kontext-Theorie miteinander verwoben. Die bisherige Forschung über Kontexteffekte hat allerdings gezeigt, daß individuelle Merkmale der Bewohner wie soziale Herkunft, Bildungsstand oder berufliche Qualifikation deutlich besser abweichendes Verhalten bzw. mangelnde Teilhabe an den gesellschaftlichen Möglichkeiten erklären als der Wohnort (vgl. Oberwittler 2004; Murie/Musterd 2004; Friedrichs/Galster/Musterd 2003; Andersson/Bråmå 2004). Diese Erkenntnis wird ignoriert von einer Quartierspolitik, die vor allem auf »soziale Mischung« zielt und diese durch mehr oder weniger rigorose Eingriffe (wie z. B. Zuzugssperren in Rotterdam oder die Förderung von Gentrification durch den Bau gehobener Wohnungen in Kopenhagen) herstellen will. Damit wird bestenfalls ein »Wasserbetteffekt« erreicht, d. h., das, was an der einen Stelle weggedrückt wird, taucht an einer anderen Stelle wieder auf. Das Erscheinungsbild eines Quartiers wird dadurch zwar verändert, die Situation der Bewohner jedoch nicht verbessert (vgl. die Kritik an den früheren Sanierungsverfahren in Kapitel 8).

14.4 Stadtentwicklung durch Festivals und Projekte

Planung zielt auf weiche Standortfaktoren und greift unter einer schwer faßbaren Zielsetzung ebenso schwer faßbare soziale und kulturelle Themen auf: die Verbesserung der Lebensqualität und die Organisation von Innovation. Die entscheidende Veränderung liegt in dieser weitgehenden Verschiebung des Gegenstands der Planung weg von der physischen Planung, die Raum für die Kräfte des Wachstums schafft, hin zu einem anderen Management des Bestandes, zu weichen Standortfaktoren, institutionellen Regelungen und Organisationsformen. Planung wird pädagogisch. Sie versucht, Denk- und Verhaltensweisen zu verändern, sie zielt auf Werte, Einstellungen und Mentalitäten. Das verlangt auch eine entsprechende Änderung der Planung und eher »weiche« Strategien der Kooperation, Verhandlung, Koordination, aber auch das Wecken von Begeisterung und die Mobilisierung eigener Kräfte – die »Verführung durch das Projekt«. Der »communicative turn« in der Planung hat hier eine seiner Ursachen. Lernprozesse lassen sich nicht hierarchisch organisieren. Man kann schließlich den Akteuren einer Stadt nicht befehlen, sich als endogene Potentiale zu definieren, ihr Verhalten und Denken zu ändern und umgehend innovativ zu werden. Dazu braucht es Verfahren, in denen die Akteure die Chance erhalten, ihre Interessen einzubringen.

Notwendig sind dabei allerdings Projekte, die zum Mitmachen begeistern und die, anders als die langfristige und hochkomplexe Entwicklungsplanung, in absehbarer Zeit zu greifbaren Erfolgen führen. An die Stelle einer langfristig orientierten, auf verläßlichen Daten beruhenden Stadtentwicklungspolitik treten immer häufiger einzelne Projekte. Unter diesem Stichwort konzentriert sich die Planung auf ein inhaltlich, zeitlich und räumlich eng umschriebenes Vorhaben. Auf ein solches Projekt, wie etwa die Umnutzung einer Industriebrache oder die Veranstaltung einer Weltausstellung, werden für einen bestimmten Zeitraum die Aktivitäten der städtischen Akteure und die städtischen Investitionen gebündelt. Dabei wird die zeitliche und akteursmäßige Trennung von Zielformulierung und Durchführung aufgehoben in vielfältigen Kooperationsformen zwischen öffentlichen und privaten Akteuren. Im Gegensatz zur komprehensiven Stadtentwicklungsplanung, die langfristig orientiert war und die die ganze Stadt mit all ihren Facetten im Blick zu halten versuchte (vgl. Häußermann 2005), zieht sich die projektorientierte Politik gleichsam auf einen Punkt zusammen. Damit tritt die Dominanz eines klar umrissenen Ziels an die Stelle einer diffusen Ansammlung von zum Teil widersprüchlichen Vorgaben, die lange typisch für die Stadtentwicklungsplanung waren. Es geht dabei einerseits nicht länger um die Planung und umfassende, flächendeckende und langfristige Steuerung der gesamten Stadtentwicklung, andererseits aber wird der Aktionsraum erweitert, indem die klassische Arbeitsteilung zwischen rahmensetzender staatlicher Steuerung und privater Umsetzung aufgegeben wird (Mayer/Siebel 1998). Die Vorbereitung und Organisation eines Projektes, besonders wenn es sich um Großereignisse handelt, wird in der Regel Sonderorganisationen übertragen, die nicht von den eingefahrenen Routinen und bürokratischen Blockaden des normalen politischen Betriebes belastet sind. Außerdem werden häufig neue Unternehmen gegründet, in denen private und öffentliche Akteure, die beide zu den Investitionen beitragen, miteinander – anstelle gegeneinander – arbeiten (PPPs). Schließlich wird ein möglichst eindeutiger Termin für die Fertigstellung des Projektes festgelegt, was Zeitdruck für die Entscheidungsabläufe bedeutet. Bei Großprojekten wie Olympischen Spielen, wo solche Terminsetzung auch noch von außen kommt, versetzt das die Politik in einen ebenso heilsamen wie riskanten Ausnahmezustand.

Zwei Strategien markieren die Extreme einer Planung durch Projekte, wobei daran zu erinnern ist, daß es sich um eine idealtypisierende Unterscheidung handelt, in der Praxis zeigen sich nur unterschiedliche Mischungsverhältnisse von Elementen beider Strategien: die Faustschlagstrategie der Festivalisierung, durch die die Veranstaltung eines Großereignisses verkrustete Strukturen aufbrechen, die Akteure mobilisieren und Kapital sowie Subventionen von außen in die Region/Stadt umlenken soll; und die Mobilisierung der endogenen Potentiale mit einer »Strategie der tausend Blumen«, die eine Vielzahl von Projekten initiiert, in denen beispielhafte Lösungen für die verschiedenen Probleme einer Region/Stadt entwickelt werden. Diese sollen wiederum, mittels einer Propaganda der guten Tat, die Akteure mobilisieren und zu neuen Denkweisen und neuem Verhalten anregen (zur Projektorientierung als Strategie der Planung von Innovation vgl. ausführlich Siebel/Ibert/Mayer 2001).

14.5 Großereignisse

Großveranstaltungen, sogenannte *big events*, spielen seit drei Jahrzehnten eine wachsende Rolle in der Stadtpolitik (ausführlich hierzu: Häußermann/Siebel 1993a; Stratmann 1999; Simons 2003). Sie bieten einer Stadt die Chance, etwas überregional Sichtbares und Investitionsintensives zu realisieren, was im laufenden kommunalpolitischen Geschäft sonst nicht möglich wäre. Die immer häufiger veranstalteten Festivals bedeuten jedoch auch ein Fest für eine Stadt, und daher erfahren sie in der Regel auch breite Unterstützung durch die Bewohner. Diese Strategie birgt allerdings große Risiken, denn das geplante Ereignis kann auch ein Flop werden. Die Ziele einer Politik der Big Events lassen sich unterscheiden nach jenen, die nach außen gerichtet, und solchen, die nach innen, an die eigene Bevölkerung gerichtet sind.

a) Nach außen gerichtete Ziele: Großveranstaltungen sollen dazu dienen, einer Stadt ein neues Image zu geben und dieses überregional zu kommunizieren. Damit soll die drohende Unsichtbarkeit im weltweit wachsenden Standortwettbewerb überwunden werden. Mit Großveranstaltungen kann eine Medienpräsenz erreicht werden, die

Umsätze in der Stadt – insbesondere im Bereich des Tourismus – können gesteigert und die Steuereinnahmen erhöht werden. Da Großereignisse praktisch nie von einer Stadt allein finanziert werden können, sondern im besten Fall nationale Ereignisse darstellen und entsprechend gefördert werden, sind sie gleichsam Subventionsumlenkungsmaschinen, die die mangelnde Finanzkraft der Stadt für einige Zeit zu überwinden helfen.
b) Nach innen gerichtete Ziele: Großereignisse funktionieren wie Zeitmaschinen. Große Veränderungen der Stadt und weitgehende Verbesserungen der Infrastruktur werden innerhalb kürzester Zeit möglich, die Entwicklungsdynamik der Stadt wird gleichzeitig erhöht und verdichtet. Die Organisation und Durchführung eines Großereignisses sichert die Legitimation der Kommunalpolitik gegenüber ihren Bürgern, dient sie doch dazu, Handlungsfähigkeit zu demonstrieren und eine Aufbruchstimmung zu erzeugen, die im grauen Alltag der städtischen Politik ansonsten eher eine Ausnahme darstellt.
Der Druck, etwas Vorgedachtes zu einem bestimmten Zeitpunkt vor den Augen der Welt fertigzustellen, motiviert die Beteiligten zu besonderen Anstrengungen und beschleunigt die Planungsverfahren in der Regel erheblich. Wenn alles gutgeht, wenn die Gelder bereitgestellt werden können, wenn die Organisation klappt, wenn das Ereignis selbst weltweit kommuniziert wird, erlebt eine Stadt gleichsam einen Sprung nach vorne.

Man kann die politische Funktion von Großereignissen als eine »Reinszenierung« städtischer Politik bezeichnen:
– Da der räumliche Alltag der Stadtbevölkerung sich heute immer stärker über verschiedene Teile der Stadt und der Region verteilt, kann die Inszenierung der Stadt als kohärenter und handlungsfähiger Akteur dazu dienen, die bereits eingetretene oder drohende Fragmentierung der Bevölkerung zu überwinden.
– Im Gestrüpp des Pluralismus der Werte und der Differenzierung der Lebensstile entsteht bei den Eliten der Stadt häufig der Eindruck, daß eine kohärente Stadtpolitik nicht mehr möglich sei. Bereits in den achtziger Jahren war das Schlagwort von der »Unregierbarkeit der Städte« gebräuchlich geworden. Großereignisse haben die Funktion, heterogene Interessen zumindest für eine gewisse Zeit zu bündeln und die wachsenden Differenzen zu überbrücken oder zumindest zu übertünchen.

– Die Identifikation der Bürger mit ihrer Stadt und mit ihrer Stadtpolitik kann erhöht werden durch ein Gemeinschaftsgefühl, das erzeugt wird, wenn »unsere Stadt« durch eine große Herausforderung vor eine Bewährungsprobe gestellt wird. Dies kann dazu dienen, die Divergenz der Interessen zu überwinden und sie einem gemeinschaftlichen Ziel unterzuordnen.
– Schließlich sind Großereignisse ein gutes Instrument, um innerhalb kurzer Zeit sichtbare Erfolge zu erzielen. Wenn entsprechende Investitionen vorgenommen werden, verändert sich eine Stadt innerhalb kurzer Zeit, und dadurch wird sichtbar: Genau das hat man gewollt, es wurde geplant und auch realisiert. Handlungsfähigkeit bzw. *leadership* wird demonstriert. Das kann die Legitimitätsprobleme der Kommunalpolitik, die in letzter Zeit stark gewachsen sind, mildern.

Großereignisse bieten sowohl Chancen als auch Risiken. Mögliche Erfolge dieser Politik sind:
– Die Erneuerung und der Ausbau der städtischen Infrastruktur, die angesichts der Finanzprobleme, die gerade in den von Deindustrialisierung betroffenen Städten besonders groß sind, nur langsam vorangehen, werden innerhalb kurzer Zeit möglich.
– Der Umsatz im Tourismus wird nicht nur während des Events, sondern möglicherweise auch danach gesteigert, wenn eine Stadt durch die Medienpräsenz überregional und international bekannt geworden ist.
– Schließlich sollte man die angesprochene Mobilisierung der Bewohner und die wachsende Identifikation mit der Stadt nicht unterschätzen.

Die möglichen Risiken und Nebenfolgen sind leider ähnlich vielgestaltig:
– Vor allem besteht die Gefahr, daß nach dem Großereignis ein Schuldenberg zurückbleibt, der für viele Jahre das städtische Budget belastet.
– Die überdimensionierten Infrastrukturen und Veranstaltungsorte, die extra für das Ereignis errichtet werden, können später eventuell nicht adäquat und kostenneutral genutzt werden.
– Ein weiteres Risiko stellt die Möglichkeit dar, daß nicht die Infrastruktur insgesamt, nicht alle Stadtteile von der Dynamik eines Großereignisses erfaßt und mit Investitionen bedacht werden, son-

dern daß sich die Modernisierung auf einen räumlich begrenzten Bereich beschränkt.

– Da Großereignisse primär das Ziel haben, ein sichtbares Image der Stadt zu produzieren und international zu verbreiten, besteht unweigerlich die Tendenz, daß alles Unsichtbare in der Stadt im Zuge der Großereignispolitik auch tatsächlich als unwichtig angesehen wird. Dazu gehören selbstverständlich die vielen sozialen Probleme, die nicht in ein positives Image integriert werden können.

– Zeitdruck und Ausnahmezustand führen zur Installation eines Expertenkarussells, das hohe Kosten verursacht und von der Stadtverwaltung nicht in traditioneller Weise kontrolliert werden kann.

– Eine häufige Begleiterscheinung von Großereignissen, zu deren Vorbereitung und Durchführung große Summen umgesetzt werden, ist Korruption. Damit ist nicht nur die finanzielle Bestechung von Mitgliedern derjenigen Komitees gemeint, die die Veranstaltungsorte auswählen (vgl. Yarbrough 2000), sondern auch der Fluß von Bestechungsgeldern zwischen öffentlichen und privaten Akteuren, die in der Komplexität und Dichte des Vorbereitungsprozesses schwer zu entdecken sind.

– Großereignisse gehen im 21. Jahrhundert mit außergewöhnlichen Sicherheitsproblemen einher. Seit dem Anschlag auf die israelische Mannschaft während der Spiele in München haben internationale Terrornetzwerke ihre Logistik perfektioniert, über jeder Veranstaltung schwebt das Damoklesschwert eines furchtbaren Anschlags.

An dieser Stelle soll nur nebenbei darauf hingewiesen werden, daß die Prognosen über Kosten und Nutzen, die üblicherweise zur Rechtfertigung großer Ausgaben angestellt werden, nicht seriös durchgeführt werden können. Meist explodieren unter Zeitdruck die Kosten, langfristige Wirkungen sind monetär kaum zu bewerten.

Zu den Risiken und Nebenfolgen von Großereignissen gehört es außerdem, daß die Rolle externer Akteure bei der Vorbereitung und Finanzierung solcher Veranstaltungen immer mehr zunimmt, wodurch städtische Akteure an Kontrolle verlieren. Olympische Spiele zum Beispiel sind Medienereignisse, die mit immensen Umsatzsummen verbunden sind. Ihre Organisation muß perfekt beherrscht und ihre Kommunikationsfähigkeit sichergestellt werden. Untersuchungen, die zu den Spielen in amerikanischen Städten und in Australien durchgeführt worden sind, kommen zu einem besorgniserregenden Befund: Je näher das Ereignis rückt, desto mehr entgleitet der

Stadtpolitik die Kontrolle über die Entscheidungsprozesse (vgl. Burbank/Andranovich/Heying 2001 und Lenskyj 2002). Um finanzielle Risiken zu vermeiden, hat Los Angeles 1984 auf einer ausschließlich privaten Organisation der Spiele beharrt. Dies führte dazu, daß die Stadt nach dem Ereignis tatsächlich ohne Schulden dastand, allerdings hat sie auch nicht von dem erzielten Gewinn in Höhe von 250 Millionen Dollar profitiert. Neue Infrastruktureinrichtungen für eine »zivile« Nutzung sind auch nicht entstanden. Im Gegensatz dazu hat die Stadt Atlanta 1996 bei der Durchführung auf dem öffentlichen Einfluß bestanden. Dies war, wie sich zeigte, nicht durchzuhalten. Eine ähnliche Erfahrung machte die Stadt Salt Lake City, die aufgrund ihrer geringen Finanzreserven zunehmend die Entscheidungen dem Staat Utah überlassen mußte.

Wie schwerwiegend die Gefahr der Entmachtung der Stadt durch ein Großereignis ist, hängt nicht zuletzt vom Typus des Ereignisses ab. Olympische Spiele sind da ein negatives Extrem. Hier müssen für einen sehr kurzen Zeitraum – zwei Wochen – Unterbringungsmöglichkeiten, Verkehrsinfrastrukturen, Kommunikations- und Medienkapazitäten sowie Betreuungs- und Überwachungsapparate aufgebaut werden, die anschließend überflüssig oder doch überdimensioniert sind, weil nie mehr solche Menschenmassen in so kurzer Zeit an diesen Ort kommen. Vor allem werden Sportstätten geschaffen, die später nicht mehr benötigt werden. Das jüngste Beispiel sind die Athener Spiele. Sie haben 8,9 Milliarden Euro gekostet, die jährlichen Unterhaltskosten für die Sportstätten belaufen sich auf 100 Millionen. Athen aber benötigt keine Gewichtheberhalle für 5000 Zuschauer und Volos, eine Stadt mit 80 000 Einwohnern, kein Fußballstadion für 20 000. Auch für die Wettbewerbe in Säbelfechten, Dressurreiten, Modernem Fünfkampf, rhythmischer Sportgymnastik und Feldhockey wurden Anlagen gebaut, die heute nicht ausreichend genutzt werden und daher inzwischen geschlossen wurden (Martens 2005a, 2005b). Ähnliche Probleme entstehen oft in Städten, die sich mit dem Titel der »europäischen Kulturhauptstadt« schmücken dürfen. Doch Olympische Spiele haben eine Besonderheit: Sie nivellieren die Eigenschaften der Städte, in denen sie abgehalten werden. Man darf einem Einhundert-Meter-Lauf nicht ansehen, ob er auf einer Bahn in Athen oder in Los Angeles stattfindet, der potentielle Ausrichter muß zuallererst unter Beweis stellen, daß er den von einem internationalen Gremium, ohne jede Rücksicht auf lokale Gegebenheiten und Bedürfnisse, formulierten Standards genügt. Olympische Spiele und Weltausstellungen nutzen eine Stadt als Standort für eine Veranstaltung, die überall auf der Welt stattfinden könnte. Zur europäischen Kulturhauptstadt dagegen wird man nicht, indem man sich internationalen Normen anpaßt. Die Stadt ist vielmehr gefordert, ihre Einmaligkeit und Unverwechselbarkeit unter Beweis zu stellen und ihren besonderen Beitrag zur europäischen Stadtkultur bekanntzumachen.

Ob ein Event als Motor der Stadtentwicklung betrachtet werden kann, hängt nicht nur vom Großereignis selber ab, sondern vor allem von der Phase der Entwicklung, in der sich eine Stadt befindet. Die Beispiele München und Barcelona zeigen, daß ein Großereignis einen bestehenden Trend unterstützen und beschleunigen kann, es ist allerdings kein Fall bekannt, in dem allein die Durchführung eines singuläres Ereignisses die Entwicklungsrichtung einer Stadt umgekehrt und neu justiert hätte.

Im Zusammenhang mit Großereignissen und der Rolle von privaten und öffentlichen Akteuren bei ihrer Vorbereitung stellt sich also insbesondere eine wichtige Frage: Wem gehört eigentlich die Stadt?

14.6 Public Private Partnership und Sponsoring

Unter Public Private Partnership (PPP) versteht man »Kooperationen zwischen staatlichen bzw. kommunalen, privatgewerblichen und nichtöffentlichen Akteuren zur Erstellung bestimmter Werke oder Leistungen«. Sie sind dadurch gekennzeichnet, »daß unterschiedliche Handlungslogiken zu einer gemeinsamen Zielperspektive vermittelt werden« (Landtag Nordrhein-Westfalen 2004, 280). Vor allem durch die Finanznot der Städte begründet, werden bei Investitionen, aber auch bei Kultur- oder Sportveranstaltungen immer häufiger Kooperationen dieser Art gewählt. Dabei ist es selbstverständlich, daß nur solche Vorhaben Gegenstand einer PPP werden, bei der am Ende auch ein geldwerter Profit erreicht werden kann, denn andere Anreize für private Investoren gibt es nicht. Wenn privates Kapital für gemeinnützige Zwecke gespendet oder eine kostenlose organisatorische Kooperation bei der Durchführung von städtischen Veranstaltungen vereinbart wird, spricht man dagegen von Mäzenatentum oder Sponsoring.

PPPs gibt es seit Mitte der siebziger Jahre in den USA und seit den achtziger Jahren auch in Europa (vgl. Heinz 1993). Weitere Gründe für die Suche nach Partnern aus der privaten Wirtschaft oder auch aus der Zivilgesellschaft sind die wachsende Komplexität der Aufgaben, denen sich die Städte gegenübersehen, und die zunehmende Bedeutung wirtschaftlicher Gesichtspunkte in der Stadtentwicklungsplanung. Als Hintergrund nennt Heinz (2005, 824)

»zunehmende, der wettbewerbsbedingten Aufwertung der Städte und ihrer Zentren und der Priorisierung wirtschaftlicher Gesichtspunkte entsprechende Ablösung multisektoraler Planungsansätze durch kommunale Marketingstrategien und/oder eine sich auf einzelne, ökonomisch bedeutsame Großvorhaben mit hohem Imagewert konzentrierende Projektplanung«.

Ökonomisierung und Festivalisierung der Stadtpolitik sind also treibende Kräfte dafür, daß die Städte immer öfter Unterstützung durch PPPs suchen müssen. Die Formen reichen von der informellen Zusammenarbeit lokaler Führungskräfte über vertraglich geregelte Kooperationen bis zu gemischtwirtschaftlichen Unternehmen.

Erste Untersuchungen zu PPPs zeigen, daß damit tatsächlich Einsparungen für die öffentliche Hand zu erzielen sind, die sich teilweise aus der nichtöffentlichen Organisationsform und der flexibleren Handhabung der Budgets, aber auch aus größerer Effizienz ergeben. Bei der Risikoverteilung scheint es jedoch noch die Regel zu sein, »daß ein angemessener Risikotransfer hin zu den privaten Akteuren eines Partnership häufig nicht erfolgt« (Landtag Nordrhein-Westfalen 2004, 280).

Radikal neu ist die öffentlich-private Kooperation ganz sicher nicht. Bei den großen Projekten der Stadterweiterung und der Stadterneuerung in den sechziger und siebziger Jahren war z. B. der Wohnungsbaukonzern Neue Heimat (vgl. Fuhrich u. a. 1983) ein finanzstarker Partner in vielen Städten – und in vielen Fällen konnten sich die Planer der Neuen Heimat gegen die Vorstellungen der öffentlich bediensteten Stadtplaner durchsetzen (vgl. z. B. Schöller 2005). Die immer größer werdenden Neubaugroßsiedlungen der Nachkriegszeit sind überhaupt nur zu erklären aus dem engen Zusammenwirken von Politikern und privatwirtschaftlichen Technokraten, die sich gegen jegliche Kritik und alternative Planungen hatten immun machen können.

Insbesondere im Baubereich sind in den letzten beiden Jahrzehnten immer wieder neue Fälle von Bestechung und Korruption aufgetaucht, deren Wahrscheinlichkeit natürlich wächst, je intensiver und vertrauensvoller die Kooperation zwischen öffentlicher Verwaltung und privaten Investoren wird. Diese Beziehungen werden noch enger, wenn das Personal zwischen den kooperierenden Institutionen wechselt. Ein Beispiel, das gut dokumentiert ist (vgl. Rügemer 2002), zeigt dies: Der Kölner Oberstadtdirektor Ruschmeier (SPD) wechselte zur Geschäftsführung des Esch-Fonds beim Bankhaus Oppenheim, der u. a. den Bau der Köln-Arena durch die Firma Holzmann (Konzernmutter RWE) finanzierte. Dieses Projekt hatte der Oberstadtdirektor politisch durchgesetzt. Er hat also den – überteuerten – Mietvertrag faktisch für beide Seiten abgeschlossen. Die Kölner SPD/CDU-Netzwerke setzten in den neunziger Jahren den Bau einer 800 Millionen Mark teuren Müllverbrennungsanlage durch, die heute aus überteuerten Gebühren bezahlt werden muß. Auch bei der Auswahl des Betreibers zeigten sich gute Freunde großzügig bei den Konditionen zu Lasten der Stadt (vgl. Scheuch/Scheuch 1992). Bundesweit bekannt wurden die Korruptionsbeziehungen unter dem Begriff des »Kölner Klüngels«, was aber bereits eine Verharmlosung darstellt. Denn »was sich in Köln hinter dem Begriff Klüngel verbirgt, nämlich ein gut funktionierendes Netzwerk aus Kommunalpolitik, Verwaltung, Wirtschaft, Kultur und Gesellschaft – wobei viele Akteure mit verschiedenen Hüten operieren –, ist die typische Sozialstruktur einer größeren Kommune. Köln ist überall«, formulierte der stellvertretende Vorsitzende von Transparency Deutschland, Peter von Blomberg, in einem Interview (vgl. auch von Arnim 2003; Leyendecker 2003). Besonders begünstigend wirken sich lange Regierungszeiten einer Partei aus (vgl. z. B. Rose 1998, 2004a und 2004b).

Als Reaktion auf die aufgedeckten Korruptionsfälle hat der Rat der Stadt Köln 1998 einen 10-Punkte-Katalog zur Bekämpfung und Vermeidung von Korruption beschlossen. Seit 1. März 2005 gibt es in Nordrhein-Westfalen ein Korruptionsbekämpfungsgesetz. Seit Mitte der neunziger Jahre bauen viele Städte institutionelle Sicherungen gegen die Korruption auf. Die Stadt München betrieb eine Antikorruptionskampagne, um für die Beschäftigten ein deutliches Zeichen im Kampf gegen Bestechlichkeit zu setzen. Dies war nötig geworden, da immer wieder städtische Mitarbeiterinnen und Mitarbeiter in die Schlagzeilen geraten waren – mit mehreren Millionen Schaden für die Stadt. Die Stadt hat von 1994 bis 2004 insgesamt 46 Millionen

Euro Schadensersatz realisieren können. Zu den beschlossenen Maßnahmen gehören die Personalrotation auf besonders gefährdeten Positionen, die Einrichtung eines Antikorruptionsstabes und die Benennung von Beauftragten, denen die Angehörigen der Verwaltung vertrauliche Mitteilungen übergeben können.

14.7 Partizipation

Die theoretische Konstruktion der liberalen Demokratie fußte auf der Vorstellung, daß autonome Bürger die öffentlichen Angelegenheiten diskutieren und darüber mehrheitlich Entscheidungen treffen. Ihre privaten Angelegenheiten, insbesondere ihre Geschäfte, sollten Privatsache bleiben. Man muß daran erinnern, daß die Forderung nach einer parlamentarischen Demokratie gegen die Willkür des absolutistischen Staates gerichtet war und die Beteiligung der Bürger an der Gesetzgebung eine Einschränkung der staatlichen Gewalt zum Ziel hatte. Der Bürger (damals wirklich nur männlich und wirklich nur der Bürger!) verfügte über ein Privatvermögen, das ihm eine unabhängige Existenz sicherte – und daraus schöpfte er auch jenes Selbstbewußtsein, das zu den bürgerlich-revolutionären Forderungen nach einer Begrenzung des staatlichen Einflusses führte.

Bürger sind heute nur noch in Ausnahmefällen ökonomisch so unabhängig, daß sie ohne gesellschaftliche Sicherungssysteme ihre Existenz dauerhaft und selbständig organisieren könnten. Die Verflechtung zwischen Staat und Gesellschaft ist so weit fortgeschritten, daß der Staat nahezu omnipräsent geworden ist. In der heutigen Diskussion über die Ausgestaltung einer bürgernahen Demokratie geht es nicht mehr darum, einen Freiraum für das ungestörte Handeln vermögender Bürger zu erkämpfen, sondern darum, mehr Einfluß zu gewinnen auf die Ausgestaltung der staatlichen Aktivitäten – und Wege für die bessere Kooperation zwischen den Menschen und der Bürokratie zu finden.

Vor dem Hintergrund undurchsichtiger Verflechtungen zwischen Staat und Zivilgesellschaft genügt es heute jedoch nicht länger, Vertreter in Parlamente zu wählen, die dann versuchen, über die Gesetzgebung die Exekutive zu steuern. Viele administrative Maßnahmen greifen in komplexe soziale und lokale Zusammenhänge ein. Sollen die Menschen daran effektiv und effizient partizipieren, so setzt das neue, direktere Formen der Kontrolle voraus. Die Diskrepanz zwischen dem relativ schwachen Einfluß, den die Bürger über Wahlen in vierjährigem Abstand auf staatliches Handeln haben, und dem gewachsenen Einfluß, den der Staat im Laufe des 20. Jahrhunderts in sämtlichen Lebensbereichen gewonnen hat, ist eine der Ursachen für die häufig beklagte Entfremdung vom politischen System und die sogenannte Politikverdrossenheit.

Im Gegensatz zu diesen allgemeinen Tendenzen einer Abwendung von der Politik steht das gewachsene Interesse an direkter Beteiligung in lokalen Angelegenheiten (vgl. Klein/Schmalz-Bruns 1997). Bürgerbeteiligung wird für die lokale Politik im 21. Jahrhundert von größter Bedeutung sein. Dabei treffen wachsende Partizipationswünsche von unten auf zunehmende Beteiligungsangebote von oben. Gerade die neuen Formen einer aktivierenden Stadtpolitik haben bei der Administration die Einsicht gefördert, daß ohne Mitwirkung und Mitbestimmung der Adressaten lokale Politik weder effektiv noch effizient sein kann. Jenseits der Wahlbeteiligung stehen folgende Instrumente zur Verfügung:

Tabelle 14.1: Beteiligungsinstrumente im Überblick

punktuelle Beteiligung	dauerhafte Beteiligung
Bürgerforen	Ausländerbeiräte
Mediationsverfahren	Seniorenbeiräte
Perspektivenwerkstatt, Open Space	Kinder- und Jugendparlamente
E-Democracy	Bürgerhaushalt
Bürgerversammlungen	Agenda 21
Bürgerbefragungen, Planungszelle	
Bürgerbegehren/Referendum	
Bürgerinitiative	

Quelle: nach Bogumil/Holtkamp/Schwarz 2003, 39, mit eigenen Ergänzungen

Angefangen hat alles mit ersten Machtkämpfen in den sechziger Jahren. Damals wuchs die Überzeugung, daß man die Planer und die Verwaltung nicht einfach ohne jegliche Mitwirkung machen lassen könne, was sie wollten. Die Initiative ging dabei einerseits von bürgerlichen Kreisen aus, die sich für den Schutz historischer Bausubstanz vor dem Erneuerungsfuror der Stadtsanierung einsetzten, andererseits von studentischen Milieus, die die alten Häuser vorwiegend deshalb bewahren wollten, weil es dort billige Wohnungen und ein anregendes Wohnumfeld gab. Die ersten Partizipationsbegehren entstanden also aus dem Widerstand gegen modernistische Stadtzerstörung.

Aufgeklärte Lokalpolitiker erkannten bereits damals das Potential, das in diesem Widerstand steckte: Die Beteiligung der Bewohner bei der Planung der Stadterneuerung schuf eine erheblich bessere Grundlage für deren Implementation als die technokratische Planung von oben. Bürgerbeteiligung konnte Widerstände abbauen, die Legitimation der Planung stützen und die Informationen über soziale Zusammenhänge und mögliche Hindernisse verbessern. Daher wurde die Beteiligung von »Betroffenen« auch in die gesetzlichen Grundlagen für die Bauleitplanung und in die Routinen der planenden Verwaltung aufgenommen.

Unter dem Begriff »Bürgerkommune« werden Ansätze zusammengefaßt, durch die die Bürger stärker in die Kommunalpolitik einbezogen werden können, womit Politikverdrossenheit abgebaut, Engagement gefördert und gravierende Haushaltsprobleme reduziert werden sollen (vgl. Roth 2001). Das Bild der Bürgerkommune baut auf dem Leitbild der kundenorientierten Verwaltung auf, das in den siebziger Jahren propagiert worden war, und will das Engagement der Bürger fördern, indem diese einerseits stärker an kommunalen Planungsprozessen beteiligt werden, andererseits aber auch in Eigeninitiative traditionelle Aufgaben der Stadtverwaltung übernehmen sollen. Die Vorstellung der Bürgerkommune zielt also »auf eine Neugestaltung des Kräftedreiecks zwischen Bürgern, Kommunalvertretung und Verwaltung« (Bogumil/Holtkamp/Schwarz 2003, 7). Es geht um Ergänzungen der repräsentativen Entscheidungsformen durch kooperative (vgl. Sack 2005) und direktdemokratische Formen der Demokratie (vgl. Haus 2005).

Bürger können in der Kommune drei Rollen übernehmen: als Kunde, als Mitgestalter und als Auftraggeber der Verwaltung. Die Beteiligung in der Auftraggeberrolle setzt bei der Politikformulierung und -planung an, die Kundenrolle besteht in einer eher passiven Beurteilung der Verwaltungstätigkeit, die Mitgestalterrolle bezieht sich auf aktive Teilnahme bei der Entstehung von Verwaltungsergebnissen (Bogumil/Holtkamp/Schwarz 2003, 24ff.). Anhand von Beispielen werden diese unterschiedlichen Rollen deutlich.

Tabelle 14.2:

Kundenrolle	Mitgestalterrolle	Auftraggeberrolle
Kundenbefragungen	Freiwilligenagenturen	Bürgerversammlungen
Beschwerdemanagement	Bürgerstiftungen	Bürgerforen
Bürgerämter	Aufgabenübertragung	Perspektivenwerkstatt
E-Government		E-Democracy

Quelle: Bogumil/Holtkamp/Schwarz 2003, 25

Fünf Ziele für die Bürgerkommune lassen sich identifizieren:
- höhere Bürgerzufriedenheit (Akzeptanz),
- stärkere Teilnahme der Bürger (Demokratisierung),
- Stärkung der Unterstützungsnetzwerke der Bürger (Solidarität),
- Entlastung der kommunalen Haushalte (Effizienz),
- bessere Politikergebnisse im Sinne der politischen Zielsetzungen (Effektivität) (ebd., 22).

Die Überlegungen zur Bürgerkommune stehen im Zusammenhang mit der »partizipatorischen Revolution«, die Wollmann (2000) beschrieben hat und die in der Ausweitung von Mitbestimmungs- und Beteiligungsmöglichkeiten der Bürger in den neunziger Jahren besteht. Dazu gehören die Einführung von lokalen Referenden in allen Bundesländern (allerdings mit sehr unterschiedlichen Barrieren für ihre Durchführung) sowie die Direktwahl von Bürgermeistern in allen Städten und Gemeinden in Deutschland (vgl. Bogumil/Heinelt 2005; Kost/Wehling 2003).

Eine gänzlich neue Definition erfährt die Bürgerbeteiligung in jüngerer Zeit dadurch, daß die Erreichung staatlicher Ziele vom Engagement der Bürger abhängig gemacht wird. Der »mündige Bürger« soll nicht mehr länger nur »Kunde« staatlicher Einrichtungen oder Fürsorgeempfänger sein, sondern selbst an der Produktion von Dienstleistungen mitarbeiten. Nicht Partizipation, sondern Koproduktion nennt sich dieses Konzept. Dies ist überall dort notwendig, wo die Lösung von Problemen weder eindeutig bestimmbar noch ihre Realisierung allein mit Geld oder Anordnung sicherzustellen ist. Die klassischen Medien politischer Steuerung – Geld und Recht – versagen vor den Aufgaben, die sich mit dem Ende der Industriegesellschaft und mit dem Niedergang der fordistischen Steuerungsmodelle stellen. Es geht ja nicht mehr nur darum, ökonomischen Aktivitäten, die in die Stadt drängen, geeignete Orte zuzuweisen und diese mit der notwendigen Infrastruktur zu versehen. Heute und in Zukunft wird es auch darum gehen, wie leerstehende Gebäude oder Brachflächen wieder neu genutzt, wie für anscheinend überflüssig gewordene Bevölkerung Beschäftigung geschaffen, wie die Bildungsreserven in den abgehängten Stadtvierteln mobilisiert und wie die wachsende Zahl von Migranten integriert werden kann. Das alles läßt sich nicht von oben durch Blaupausen regeln – zumal auch noch das Geld, das dafür notwendig wäre, nicht in ausreichendem Maße vorhanden ist. Es gilt also, ein Wunder zu vollbringen: Aus Problemen sollen Ressourcen werden.

Aber die Suche nach einem neuen Verhältnis zwischen Zivilgesellschaft und Staat ist von Ambivalenzen und möglichen Mißverständnissen belastet. Alle normativ oder auch funktionalistisch argumentierenden Debatten über die Notwendigkeit zivilgesellschaftlichen Handelns und bürgerschaftlicher Selbstorganisation schweben so lange im freien Raum, wie unklar ist, inwiefern hierfür überhaupt die Voraussetzungen bei den Stadtbewohnern vorhanden sind.

Ohne Vertrauen in die institutionalisierten Mechanismen kann die kommunale Ebene kaum wesentliche Integrationswirkungen entfalten. Vertrauen wird bestimmten Autoritäten als direkte Belohnung bzw. Anerkennung ihrer Leistungen gewährt. Das allein genügt jedoch nicht, um ein demokratisches System auch in Krisenzeiten stabil zu halten. Dazu bedarf es eines generellen Vertrauens in das politische System, denn nicht zu jeder Zeit können den Bürgern Angebote gemacht werden, auf die sie mit politischer Loyalität reagieren. Das Vertrauen in (kommunal-)politische Institutionen nimmt mit dem Alter, der sozialen Position und dem Bildungsabschluß zu, es ist daher ebenso wie die Bereitschaft zu Engagement und die Forderung nach politischer Mitbestimmung in marginalisierten Quartieren weniger stark ausgeprägt als in privilegierten.

Dort entfaltet sich in der Regel ein bunter Reigen von verschiedensten Formen der Partizipation und Eigeninitiativen. Dagegen müssen Angebote auf Beteiligung und Mitwirkung von Sozialarbeitern, Quartiersplanern und engagierten Planern in jene Quartiere hineingetragen werden, wo die Mehrheit der Bewohner keinen höheren Schulabschluß hat, ja zum Teil gar nicht lesen und schreiben kann oder die deutsche Sprache nicht beherrscht – und sie haben in der Regel größte Probleme, Leute zu finden, die diese Angebote wahrnehmen wollen. Gerade die, die am meisten auf staatliche Unterstützung angewiesen sind, sind am wenigsten in der Lage, diese einzufordern und inhaltlich zu bestimmen. Die Wahlbeteiligung z. B., ein Indikator für politische Integration, variiert zwischen den Quartieren einer Stadt erheblich (vgl. Häußermann/Läzer/Wurtzbacher 2008). Je größer die sozialen Probleme sind, desto niedriger ist die Wahlbeteiligung. Wer aber nicht zur Wahl geht, der wird in der Regel auch andere Formen der Kommunalpolitik nicht nutzen und ist uninteressant für die um Stimmen werbenden Parteien. Die politische Repräsentation solcher Quartiere ist sehr prekär: Rechnet man den in der Regel hohen Anteil an ausländischer – und deshalb nicht wahlberechtigter – Bevölkerung hinzu, dann zeigt sich ein tiefer Graben bei der politischen Partizipation zwischen privilegierten und marginalisierten Gebieten. An den Wahlen zum Stadtrat oder zum Bürgermeister nimmt dort kaum ein Fünftel der Bewohner teil.

Allzu raschen Erfolgen bei der Veränderung dieser Situation dürfen von Interventionen wie Quartiersmanagement oder »aktivierenden Befragungen« nicht erwartet werden. Wer auf dem Arbeitsmarkt oder im Umgang mit Behörden demütigende und deprimierende Erfahrungen gemacht hat, läßt sich nicht so ohne weiteres »aktivieren«. Mißtrauen und Enttäuschung, die aus sozialem Mißerfolg oder Abstieg resultieren, sitzen tief und begründen ein Einstellungssyndrom, das auf keinen Fall durch oberflächliche Retuschen korrigiert werden kann. Wer nach Partizipation verlangt, tut dies in der Regel aufgrund der Erfahrung, durch eigene Anstrengung etwas bewirken zu können. Wer nie etwas hat bewirken können, wird auch in Partizipationsangebote keine großen Hoffnungen setzen.

Wenn in den Projekten des Programms »Soziale Stadt« vielfach über das Desinteresse und die fehlende Bereitschaft zur Beteiligung bei den Bewohnern geklagt wird, dann ist dies offenbar Ausdruck von fehlender sozialer Einbettung, von Enttäuschung und Diskriminierungserfahrung. Das führt insgesamt zu eher abwartenden oder resignativen Einstellungen. Durch Angebote zur Partizipation oder gar durch die Aufforderung zur »Aktivierung« ist dieser Zusammenhang wohl kaum zu durchbrechen. Für die Partizipation, die zur

Integration führen soll, ist die Integration selbst die wichtigste Voraussetzung. Ein fataler Kreislauf, der insbesondere für die politische Teilhabe von Jugendlichen von hoher Bedeutung ist. Fern vom Arbeitsmarkt, fern vom Bildungssystem, fern von politischer Partizipation – das ist ein eng verwobener Zusammenhang, der nicht (nur) von seinem Ende her aufgezwirbelt werden kann. Nur eine integrierte Bildungs-, Integrations- und Stadteilpolitik wird die Grundlagen für jene Formen der Partizipation legen, auf die unsere Städte im 21. Jahrhundert angewiesen sein werden. Planung wird dabei immer mehr zu Kommunikation (vgl. Bischoff/Selle/Sinning 2005).

14.8 Die Stadtpolitik der Postmoderne

In den beschriebenen Veränderungen von Form und Inhalt der Partizipation macht sich der grundlegende Wandel von Staatlichkeit in der Postmoderne bemerkbar. Er besteht in der Auflösung bzw. Erweiterung der hierarchischen Konzeption von Macht, die der Top-down-Konzeption von Government zugrunde liegt. Wurden früher die Ansprüche der Bürger auf Beteiligung und Mitbestimmung eher als lästig und unberechtigt abgewehrt, so wird heute vom Bürger die Übernahme von Verantwortung und die selbständige Problembearbeitung erwartet – er wird gleichsam vom Betroffenen zum Mitspieler. Mit Empowerment soll er dazu befähigt werden, selbst Macht auszuüben, vor allem aber, Kontrolle über die eigenen Lebensumstände zu bekommen. Dies dient zur Entlastung des Staates, eröffnet Handlungsmöglichkeiten für die Individuen und soll Selbstregulierungen anstoßen, weil die komplexen gesellschaftlichen und politischen Verhältnisse nicht mehr zentral und von oben gesteuert werden können. Die Ambivalenzen dieser Veränderungen liegen auf der Hand. Sie werden als »Verräumlichung sozialer Kontrolle« und als Wandel von der *welfare-* zu einer *workfare-*Politik beschrieben (vgl. Michel 2005).

Städte sind nicht mehr länger vor allem als lokale Wohlfahrtseinrichtungen zu begreifen – eine Rolle, die sie im Rahmen fordistischer Regulierung ausgebaut hatten. Sie sind aber auch keineswegs schon weit entfernt von dieser Rolle, auch wenn andere Orientierungen stärker geworden sind. Zweifellos hat die Wettbewerbsorientierung oberste Priorität gewonnen, und die noch verfügbaren Mittel werden dafür eingesetzt: für die Pflege des Wirtschaftsstandortes, für die Imageproduktion, für die Schaffung von Wohngelegenheiten und kulturellen Highlights für die neue, qualifizierte Dienstleistungsklasse, für die Förderung des Tourismus und der Unterhaltungskultur, für den Aufputz der Innenstadt als Ort des Erlebniseinkaufs usw. Die Sicherung der sozialen Kohäsion bzw. der Integration der Stadtgesellschaften wird aber auf der anderen Seite ein immer wichtigeres, zweites Ziel der Stadtpolitik. Weder sollen »Schandflecken« in der Stadt das aufpolierte Image beschädigen, noch möchte man die gewaltförmige Zuspitzung von Marginalisierungen riskieren, wie sie in den vergangenen Jahren in England und Frankreich zu beobachten war.

Die radikale Orientierung an den »Leuchttürmen« riskiert die Spaltung der Stadt. Stadtpolitische Aufmerksamkeit genießen dann nur noch die Inseln des Wachstums in einem urbanen Spektrum, das von sehr heterogenen Soziallagen geprägt ist, und die hohen Kosten der spektakulären Events oder Projekte, die zur Erzeugung von wirtschaftlichem Wachstum für notwendig gehalten werden, entziehen den lokalen Initiativen im Kultur-, Sport- und Sozialbereich immer mehr die Mittel. Durch die Hartz-IV-Regelungen können die Städte sogar ein Interesse daran entwickeln, daß Viertel der Desinvestition entstehen, wo es billige Wohnungen für die Ausgegrenzten gibt.

Wachstums- und Integrationsziele stehen in Konkurrenz, aber sie bestehen (noch) nebeneinander. Das Bild der postmodernen Stadt als einer vollkommen fragmentierten, von allen guten Solidaritätsgeistern verlassenen Beute des Neoliberalismus entspricht sicher nicht der Realität. Empirische Untersuchungen zeigen, daß es in den Städten durchaus eine anhaltende Aufmerksamkeit und Besorgnis gegenüber den Folgen von wachsender Armut und Arbeitslosigkeit gibt. Nicht zufällig fand das Programm »Soziale Stadt« sofort nach seiner Einführung starke Resonanz. Die marginalisierten Stadtteile werden von den Verwaltungen im Rahmen ihrer Möglichkeiten politisch beachtet, obwohl dort die Zahl der Wahlberechtigten (wegen des in der Regel hohen Ausländeranteils) und die Beteiligung an den Wahlen darüber hinaus besonders niedrig sind (vgl. Häußermann/Läzer/Wurtzbacher 2008). Aber die überlokale Determinierung der Marginalisierung durch den Arbeitsmarkt, durch die eine große Zahl von »Überflüssigen« in den Städten entstanden ist, läßt nicht erwarten, daß durch eine Quartierspolitik ein grundlegender Wandel in den Lebensperspektiven herbeigeführt werden könnte. Vernetzung, neue Formen der Partizipation, Empowerment, Quartiersmanagement – all dies ist sinnvoll, um Kommunikation zu stärken und Netzwerke zu stiften – aber das zu erwartende Optimum ist voraussichtlich lediglich eine ordentlich verwaltete Marginalität.

15. Die privatisierte Stadt

Die Städte sind Gemeinden im Sinne des Grundgesetzes, d. h., daß sie die örtlichen Angelegenheiten selbständig regeln sollen. Sie erfüllen darüber hinaus Aufgaben, die ihnen von Bund und Ländern per Gesetz vorgegeben werden. Dafür erhalten sie Mittelzuweisungen, die allerdings nicht genau nach den übertragenen Aufgaben errechnet werden, sondern nach einem komplizierten Schlüssel, in dem die Steuereinnahmen und die Zahl der Einwohner eine wichtige Rolle spielen. Die Städte sind nicht »Staat«, sondern kommunale Selbstverwaltung. Die unterste staatliche Ebene bilden formell die Länder, die die fachliche Aufsicht über die Tätigkeit der Kommunen ausüben. Sie genehmigen die Haushalts- und auch die Bauleitpläne. An fast allen größeren Investitionsentscheidungen sind Länder und Bund beteiligt, weil sie durch Zuschüsse die Investitionen ermöglichen.

Dadurch üben sie erheblichen Einfluß auf die lokale Politik aus. Sie führen die Kommunen am »goldenen Zügel«. Nur die Grundsteuer und einige Bagatellsteuern (wie die Hundesteuer) sind originäre Gemeindesteuern. Die wichtigsten Steuerquellen, die Gewerbe-, die Einkommens- und die Umsatzsteuer, teilen sie sich mit den Ländern und dem Bund – und allein diese entscheiden darüber, welcher Anteil den Städten und Gemeinden zur Verfügung gestellt wird. Letztlich können also die Städte ebensowenig entscheiden, welche politischen Ziele sie verfolgen und welche Aufgaben sie im Interesse ihrer Bürger übernehmen wollen, wie es ihnen unmöglich ist, die Höhe ihrer Steuereinnahmen zu bestimmen. Lediglich der Hebesatz bei der Gewerbesteuer erlaubt eine gewisse Variation, die aber quantitativ unerheblich ist.

Von einer Autonomie, wie sie im Mittelalter typisch für die deutschen Städte war, sind sie heute weit entfernt. Die Kommunalverfassung erinnert zumindest an den Grundgedanken, daß die Bürger einer Stadt selbständig und gemeinschaftlich über die nur sie betreffenden Angelegenheiten entscheiden können sollen. In der Schweiz, einer kommunalistischen Konföderation, ist das tatsächlich der Fall. In Deutschland allerdings sind die Städte – spätestens seit der 1969 beschlossenen Einführung der Finanzplanungsinstrumente und der Gemeinschaftsaufgaben ins Grundgesetz – viel zu eng in die Wirtschafts-, Finanz- und Infrastrukturpolitik eingebunden, als daß von Selbständigkeit in einem nennenswerten Umfang die Rede sein könnte (vgl. Blanke u. a. 1991).

15.1 Privatisierung, Deregulierung, Ökonomisierung

Aus regulationstheoretischer Perspektive werden den Städten in der postfordistischen Epoche mehr Aufgaben und auch mehr Handlungsfreiheit als zuvor zugeschrieben (Mayer 1990). Die typische postfordistische Stadt ist demnach die »unternehmerische Stadt«, die wie ein Unternehmer agiert und in ihrem Handeln von ökonomischer Rationalität geleitet ist. Empirische Untersuchungen zur lokalen Politik kommen dagegen zum genau entgegengesetzten Urteil: Das Aufgabenspektrum der Kommunen wird demnach laufend eingeschränkt, und zwar vor allem, um Ausgaben zu reduzieren. Wohlfahrt und Zühlke (2005) sehen eine starke Tendenz zum Abbau öffentlicher Verantwortung für die Daseinsvorsorge durch Privatisierung.

Die Probleme der kommunalen Haushalte sind nicht der einzige Grund, warum sich die Städte zur »Selbstentmachtung« (Bogumil/Holtkamp 2002, 79) veranlaßt sehen. Von der Deregulierungs- und Wettbewerbspolitik der Europäischen Union ausgehend, setzt der Bund per Gesetz Privatisierungsgebote durch, denen sich die Kommunen beugen müssen. Aber auch im Rahmen der »Modernisierung der Verwaltung« sorgen die Gemeinden für eine stärkere Dominanz betriebswirtschaftlicher Rationalität – die Verwaltung selbst wird wie ein Unternehmen betrachtet, das »Kunden« hat und diese möglichst kostengünstig und effektiv bedienen soll. Seit 1991 propagiert die Kommunale Gemeinschaftsstelle zur Verwaltungsvereinfachung (KGSt) ein »Neues Steuerungsmodell« (NSM), das sich an das amerikanische New Public Management anlehnt. Demnach sollen Kosten- und Effizienzgesichtspunkte das Verwaltungshandeln rationalisieren, und die Organisation richtet sich nicht mehr nach Aufgabenbereichen und Kompetenzen, wie es beim klassischen Bürokratiemodell der Fall war, sondern nach Produkten. Effizienzsteigerung ist dabei das wichtigste Ziel, und auch hierfür ist natürlich die Geldnot die wichtigste Antriebskraft.

Die Finanzprobleme der Städte sind das Ergebnis politischer Entscheidungen. Die Bundesregierung hat seit 1990 die Steuergesetze an verschiedenen Stellen so geändert, daß die Einnahmen der Städte aus der Gewerbesteuer dramatisch zurückgingen. Durch die gesamtwirtschaftliche Lage und die dadurch vor allem in den Städten bewirkte Verarmung von Teilen der Bevölkerung sind gleichzeitig die Sozialausgaben so stark gestiegen, daß die Verschuldung jährlich größer wurde (vgl. Pohlan 2005). Vergeblich forderten die Städte von Bund und Ländern eine Reform der Gemeindefinanzen, denn diese konnten sich wegen parteipolitischer Differenzen bis zum Jahr 2005 nicht auf eine gemeinsame Linie einigen. Die Opfer sind die Städte und ihre Bewohner. Die Städte haben zur Ausgabensenkung auf verschiedene Instrumente zurückgegriffen (vgl. Kodolitsch 2002):

– Rückzug aus freiwilligen Leistungen vor allem in den Bereichen Kultur, Sport und Soziales, aber auch Jugendeinrichtungen und andere Wohlfahrtsbereiche sind davon betroffen;
– die Übertragung von Aufgaben an Dritte, z. B. an zivilgesellschaftliche Akteure, die ehemals öffentliche Einrichtungen nun in Eigenregie weiterbetreiben; aus dem Sport- und Freizeitbereich sind Beispiele für diese »kooperative Demokratie« bekannt, aber auch aus dem Kulturbereich;
– die Planung und Durchführung von großen Investitionen mit privaten Partnern (Public Private Partnership); da viel privates (internationales) Kapital nach Anlagemöglichkeiten sucht und die Städte sich nicht mehr höher verschulden können bzw. dürfen, sind PPPs eine der letzten Möglichkeiten, überhaupt noch eine kommunale Investition zu realisieren. Das Investitionskapital wird privat aufgebracht, die öffentliche Hand zahlt Miete, die die Zinsen und die Rendite abdeckt; eine höhere Belastung wird dadurch häufig lediglich in die Zukunft verschoben, wenn die Immobilie abgeschrieben ist und von der Kommune gekauft werden muß;
– die laufenden Kosten für die Verwaltung und für die Bereitstellung von öffentlichen Dienstleistungen werden durch die Übernahme von betriebswirtschaftlicher Kalkulation rationalisiert und verbilligt; das läuft auf eine Intensivierung der Arbeit im öffentlichen Dienst hinaus, die bei Dienstleistungen selten mit Qualitätsverbesserungen verbunden sein dürfte, und auf eine Leistungsorientierung, die die geschmeidige Kooperation der Kunden voraussetzt – die damit aber in vielen Fällen überfordert sind (und dann dafür beschimpft werden);

– schließlich die Privatisierung der Aufgabenerledigung; dafür gibt es verschiedene Stufen, mit denen die Abnahme des öffentlichen Einflusses und der öffentlichen Kontrolle korreliert: die Ausgliederung in Eigenbetriebe, die formale und die materielle Privatisierung (vgl. Libbe/Tomerius/Trapp 2002).

Globalisierung, Europäisierung, Finanznot – diese Motoren der Deregulierung und Privatisierung werden häufig wie Sachzwänge genannt, und die Städte, ja sogar die Staaten sind dann nur die wehrlosen Opfer von unvermeidlichen Trends. Die Finanznot der Kommunen ist jedoch, wie gesagt, kein Sachzwang, sondern Ergebnis politischer Entscheidungen. Es gibt bisher keine überzeugende Untersuchung, die nachgewiesen hätte, daß Aufgaben privatwirtschaftlich effizienter erledigt würden als von öffentlichen Betrieben oder Verwaltungen. Es gibt aber seit etwa zwei Jahrzehnten ein propagandistisches Trommelfeuer zugunsten der Privatisierung öffentlicher Aufgaben und für eine schlanke Verwaltung, das besonders auch durch private Stiftungen (wie im Bereich der Kommunalpolitik z. B. die Bertelsmann-Stiftung) mit großem Aufwand verstärkt wird. Für die Privatisierungen der Thatcher-Regierung in Großbritannien ließ sich letztlich kein anderer Grund finden als der, daß die konservative Regierung es einfach so wollte (vgl. Offe 1994).

Die Bevorzugung privatwirtschaftlicher Organisation ist eine ordnungspolitische Frage, an der sich in den achtziger Jahren in Europa noch die Geister von rechten und linken Parteien schieden, seit den neunziger Jahren aber gibt es keinen ernsthaften Widerstand mehr (vgl. Schneider/Tenbücken 2004) – es sei denn, die Wähler werden gefragt. Wie in Städten in Nordrhein-Westfalen stimmten bei einem Referendum über die Frage, ob die Stadtwerke privatisiert werden sollen, überwältigende Mehrheiten für das traditionelle Kommunalmodell (vgl. Bogumil/Holtkamp 2002, 84).

Privatisierung ist ein unscharfer Begriff, weil damit sehr verschiedene Organisationsformen gemeint sein können. Die Ausgliederung von Dienstleistungen in Eigenbetriebe ist die sanfteste, denn im Grunde bleibt alles unter öffentlicher Kontrolle. Es ist letztlich nur die Buchhaltung, die sich von einer öffentlichen Verwaltung unterscheidet. Tiefgreifender sind die formelle und die materielle Privatisierung. Bei ersterer wird zwar ein privatwirtschaftliches Unternehmen gegründet (häufig eine GmbH), aber Eigentümer bleibt die Stadt. Nur bei der materiellen Privatisierung gibt die Verwaltung alles aus der Hand: Unternehmensführung, Finanzierung, Organisation.

Entscheidende Punkte bei der Privatisierung sind die Preisgestaltung und die Frage, inwieweit die öffentliche Verwaltung und damit die Politik Einfluß und Kontrolle behält. Bei der materiellen Privatisierung kann sie das nur noch sehr eingeschränkt, indem sie nach Ablauf eines Vertrags bei der nächsten Vergabe einen anderen Anbieter bevorzugt. Aber was geschieht, wenn es keinen adäquaten Ersatz gibt? Mit der Privatisierung haben die Städte ihre eigenen Ressourcen und Kompetenzen aufgelöst, sie können also nur noch auswählen, aber nicht mehr selbst gestalten. Die formale Privatisierung sieht zunächst wie ein Etikettenschwindel aus, ist aber sehr viel mehr. Die Privatisierung wird de facto vorgenommen, um Ausgaben zu senken – und da wäre es kontraproduktiv, wenn die Verwaltung über Aufsichtsräte etc. nun ihre politischen Ziele aufrechterhalten wollte, wenn diese aus Kostengründen vom Auftragnehmer abgelehnt werden. Öffentliche Unternehmen pochen oft sogar rigider auf einem Rationalisierungskurs, weil sie sich vor den Konkurrenten als besonders effektiv beweisen wollen – und das, wie aus dem Bereich des Wohnungswesens bekannt, sogar auch auf Kosten einer sozial orientierten Politik (für die das Eigentum einst von der Kommune gebildet worden war).

In den größeren Städten waren bis zur Jahrtausendwende etwa 50 Prozent der Beschäftigten, die öffentliche Aufgaben erledigen, in privaten Unternehmensformen engagiert (Kodolitsch 2002, 50). Mehr als 50 Prozent der öffentlichen Investitionen werden durch solche Unternehmen getätigt. Im Energie-, Ver- und Entsorgungsbereich ist die Privatisierung am weitesten fortgeschritten. Aber auch im Gesundheitswesen gibt es starke Bemühungen, die öffentliche Verantwortung abzugeben, und in der Wasserversorgung drängen seit vielen Jahren internationale Konzerne auf den deutschen Markt. Die Stadt Rostock z. B. läßt sich das Wasser von einem privaten Unternehmen liefern.

Wo liegen die Probleme der Privatisierung? Wenn der Bürger zum Kunden wird, hat dies sicher manchmal Vorteile, insbesondere wenn die Kosten für eine Dienstleistung sinken oder wenn sie zeitlich flexibler, unbürokratischer und mit einem freundlichen Lächeln angeboten wird. Aber wo ist das der Fall? Die bisherigen Erfahrungen mit der Privatisierung zeigen, daß dies nur sehr selten erzielt wird. Ein Ergebnis, daß fast immer mit Privatisierungen verbunden ist, sind niedrigere Einkommen für die Beschäftigten, die schlechter bezahlt werden als die Angestellten oder Beamten im öffentlichen Dienst. Doch deshalb arbeiten sie nicht automatisch effizienter und freundlicher.

Für die »Entkommunalisierung« von öffentlichen Aufgaben gibt es im Grunde keine Grenzen. Zwar wird selbst von liberaler und konservativer Seite daran festgehalten, daß die »Kernaufgaben« der öffentlichen Verwaltung als öffentliche Dienste erhalten bleiben sollen, aber es gibt bisher keine überzeugende Definition dessen, was eine »Kernaufgabe« sei. Letztlich wird es immer eine politische Entscheidung sein, welche Aufgaben wie erledigt werden sollen. Kommunalpolitiker freunden sich mit der Privatisierung auch deshalb gerne an, weil sie dann der politischen Auseinandersetzung über Qualität und Kosten aus dem Weg gehen können. Die ständig steigenden Nebenkosten für das Wohnen in einer Stadt sind dann eben den privaten Versorgungsbetrieben anzulasten. Aber warum sollen dann die Bürger überhaupt noch Vertreter in die Kommunalparlamente wählen? Die politische Wertschätzung der Kommunalpolitik ist seit Jahren so niedrig wie nie zuvor. Daß die Politiker der Politik ausweichen und sich der Demontage der Kommune als eines gemeinschaftlichen Versorgungswerkes widmen, könnte ein Grund dafür sein.

Daß die Kontrollmöglichkeiten seitens der Verwaltung und vor allem der Parlamente mit der Privatisierung abnehmen, liegt auf der Hand. Die Geschäftsführung und die Bilanzen dürfen oft genug von den Ratsmitgliedern nicht einmal eingesehen werden, weil es sich um Betriebsgeheimnisse handelt. Und je weniger fachliche Kompetenz noch in der Verwaltung vorhanden ist, weil man sich mit den Aufgaben materiell gar nicht mehr befaßt, desto schwieriger wird es auch für die politisch Verantwortlichen, ihrer Kontrollpflicht nachzukommen. Die Korruptionsgeschichten im Zusammenhang mit Auftragsvergaben (Köln) oder mit privatisierten öffentlichen Betrieben (Berlin) sprechen eine deutliche Sprache (vgl. Kapitel 14).

Um den Schuldenstand nicht noch weiter wachsen zu lassen, verkaufen die Städte öffentliches Eigentum. Dabei handelt es sich – leider – nicht um das vielzitierte Tafelsilber, sondern um Grund und Boden und z. B. auch um Wohnungen. Je weniger eine Stadt selbst über Grundstücke verfügt, desto geringer wird ihr Gewicht bei den Planungs- und Entwicklungsentscheidungen auf ihrem Gebiet sein.

Stadtpolitiker, die nichts anderes repräsentieren als die »politische Verantwortung«, sind bei Planungen weitgehend hilflos dem Entgegenkommen privater Grundeigentümer ausgeliefert. Sie haben keinen Tauschwert in die Verhandlungen einzubringen, und entsprechend schwach ist der Nachdruck, der ihren Forderungen nach bestimmten urbanen Gebrauchswerten unterliegt. Für die europäischen Städte war es seit Jahrhunderten typisch, daß sie über einen großen Teil des Bodens in der Stadt verfügen konnten. Mit diesem Pfund konnten sie wuchern – beim Umbau der Innenstädte und bei der Stadterweiterung. Sie waren ein ernstzunehmender Partner, ohne dessen Zustimmung nichts lief. Das wird so nicht bleiben, wenn die Städte ihr Grundeigentum verschleudern, um weniger Zinsen zahlen zu müssen. Dann werden vielleicht die Verhältnisse, die in den Theorien zur »Growth Machine« (vgl. Logan/Molotch 1987) oder zu »Urban Regimes« in den USA beschrieben werden, auch in Deutschland die Zukunft der Planung sein (vgl. Kapitel 18.5).

15.2 Der Verkauf kommunaler Wohnungsbaugesellschaften

Kann und darf eine Stadt ihre Wohnungsbaugesellschaft(en) restlos verkaufen? Das ist eine eminent politische Frage, weil sie das Selbstverständnis von Stadt- und Kommunalpolitik betrifft. Sie kann nur im Rahmen einer Vorstellung davon, welche Rolle die Stadt als Körperschaft für das Zusammenleben in der Gemeinde spielen soll, beantwortet werden. Man kann in dieser Frage ja auch nicht experimentell verfahren nach dem Motto: Probieren wir's doch einfach mal aus – denn rückgängig zu machen sind solche Verkäufe nie, jedenfalls nicht ohne starke finanzielle Einbußen. Es handelt sich also um eine stadtpolitische Grundsatzentscheidung und nicht um einen betriebswirtschaftlichen Imperativ, wie es uns die alerten Absolventen diverser Business Schools in den Beratungsunternehmen glauben machen wollen.

Zwei Grundsatzfragen müssen beantwortet werden: Soll die Stadtpolitik Verantwortung übernehmen für die Wohnungsversorgung der Haushalte, die aufgrund ihres geringen Einkommens im privatwirtschaftlichen Angebot keine angemessene Wohnung finden können? Eigentlich ist das gar keine Frage, denn die Städte sind ja dazu verpflichtet – die Frage ist also nur: wie? Aber der gesellschaftspolitische Zweck des öffentlichen Wohneigentums ging in der Vergangenheit sehr viel weiter. Die zweite grundsätzliche Frage lautet: Will und soll eine Stadt auf die Entwicklung ihrer sozialräumlichen Struktur Einfluß nehmen, oder will sie das ausschließlich den Marktprozessen überlassen?

1) Warum haben sich Städte überhaupt eigenen Wohnungsbestand zugelegt? Die Ursprünge liegen in der Weimarer Republik. Nachdem Wohnungs- und Städtebaureformbewegungen vor dem Ersten Weltkrieg immer wieder das Wohnungselend und die krassen sozialen Gegensätze innerhalb der Städte angeprangert hatten, ohne den Staat zu einer politischen Intervention bewegen zu können, schufen das Ende der Monarchie und die neue Demokratie die Gelegenheit dazu. Nun wurden von den staatlichen Ebenen Instrumente für Stadtplanung und öffentliche Wohnungsbauförderung bereitgestellt, mit denen die Städte eine aktive Städtebau- und Wohnungspolitik verfolgen konnten. Da sich privates Kapital damals kaum im Mietwohnungsbau engagierte, entstanden zivilgesellschaftliche Initiativen (Berufsvereinigungen, Gewerkschaften, sozialpolitische Institutionen), die zur Gründung von Genossenschaften führten, und Wohnungsbaugesellschaften in öffentlicher Trägerschaft, die sich alle auf gemeinnützige Zwecke verpflichteten. Sie schufen den Grundstock für ein Segment des Wohnungsangebotes in der Stadt, das explizit marktfern angesiedelt war und mit Hilfe öffentlicher Subventionen qualitativ hochstehende Wohnungen auch für jene Stadtbewohner bieten sollte, die sich das mit ihren niedrigen Einkommen auf dem offenen Markt nie hätten leisten können. Es ging also um die Verbreitung humaner Wohnstandards auch in den proletarischen Schichten.

Beim öffentlich geförderten Wohnungsbau handelte es sich nicht um eine Armenfürsorge, sondern um eine gesellschaftspolitische und stadtstrukturelle Initiative, die der Reform von Stadt und Wohnverhältnissen dienen sollte. Die proletarischen Viertel mit ihren gesundheitsgefährdenden Wohnbedingungen sollten nach und nach durch »moderne«, durchgrünte und besonnte Wohnmöglichkeiten ersetzt werden. Dies diente der Entproletarisierung und Integration der Arbeiterklasse. Sozialräumliche Mischung sollte möglich gemacht und Wohnkultur durch vorbildliche Gestaltung verbreitet werden.

Diesen Zielen kamen die Wohnverhältnisse in den Städten im Laufe des 20. Jahrhunderts immer näher – in Ost und West, wenn auch mit jeweils spezifischen Defiziten und Errungenschaften. Die soziale Aufgabe, auch für Haushalte, die in Not geraten und von staatlichen Transfers abhängig sind, angemessene Wohnungen bereitzustellen, stellt sich daher heute ganz anders als in Zeiten größter Wohnungsnot – aber sie bleibt eine Aufgabe, voraussichtlich von wachsendem Umfang. Bei einem hart kalkulierenden privaten Vermieter gilt: Für wenig Geld gibt es nur schlechte Wohnungen. Will die Stadt diese zusätzliche Diskriminierung vermeiden, muß sie höhere Mieten zahlen. Sie wird erpreßbar, wenn sie keine eigenen Bestände für diese Aufgabe einsetzen kann. Wo also liegt langfristig der finanzielle Vorteil?

2) Die zweite Frage ist heute gerade deshalb von besonderer Brisanz, weil – wie die Entwicklung seit Mitte der neunziger Jahre deutlich zeigt – die Armut in den Städten zunimmt und die Zahl von Haushalten, die an oder unterhalb der Armutsgrenze leben, auch in Zukunft nicht abnehmen wird. Bund und Länder haben mit dem Programm »Soziale Stadt« die räumliche Konzentration von Haushalten, die große soziale Probleme haben, zum Anlaß für besondere Eingriffe gemacht. Gemeint ist damit eine starke räumliche Konzentration von Armut. Die Städte brauchen einen Wohnungsbestand, auf den sie als Eigentümer Einfluß haben, um sowohl die Herausbildung neuer Obdachlosensiedlungen zu verhindern, als auch, um den sozialen Zusammenhalt in der Stadt festigen und erhalten zu können. Die Verkäufe kommunaler Wohnungsbaugesellschaften an renditeorientierte Anleger widersprechen dieser Zielsetzung und berauben die Städte der ohnehin schwindenden Möglichkeiten, auf die räumliche Verteilung der bedürftigsten Haushalte Einfluß nehmen zu können.

Der Kauf von kommunalen oder ehemals gemeinnützigen Wohnungsunternehmen erscheint den privaten Investoren als lukratives Geschäft, weil sie in diesen viel Potential für Ertragssteigerungen sehen. Damit haben sie zweifellos recht, es ist aber gerade diese Distanz zur ausschließlich an der Rendite orientierten Geschäftsführung, die es rechtfertigt, daß diese Unternehmen als öffentliches Eigentum geführt werden. Sie erfüllen nämlich nicht primär einen Bereicherungszweck, sondern haben eine stadtpolitische Aufgabe. Selbst wenn auf den Beständen keine Sozialbindungen mehr liegen, können kommunale Unternehmen über die Definition der Unternehmensziele und über die Kontrolle durch die Aufsichtsräte, die wenigstens zum Teil aus lokalen Politikern bestehen, eine Geschäftsführung durchsetzen, die sich an den Geboten der sozialen Integration und Kohäsion und an der Vermeidung von räumlicher Ausgrenzung orientiert.

Kommunalpolitiker haben in der jüngeren Vergangenheit immer häufiger von ihren Wohnungsunternehmen eine höhere Rendite eingefordert, aber noch nie haben sie es gewagt, die Höhe der Rendite über das Gemeinwohl zu stellen. Für einen Investor, für den die höchste Rendite das zentrale Ziel des Unternehmens ist, gilt das nicht. Er müßte Skrupel haben, wenn er darauf verzichten würde, die maximale Rendite zu erwirtschaften. Der Übergang von öffentlichen Wohnungsbeständen in die Hände von Anlagefonds bedeutet also nicht nur einen Verlust von Einflußmöglichkeiten, vielmehr würden die stadtpolitischen Effekte des Umgangs mit diesen Beständen in ihr direktes Gegenteil verkehrt. Die sozialpolitische Rücksichtnahme und die Gemeinwohlorientierung sind nämlich die Gründe dafür, daß aus den Unternehmen bisher nicht die höchstmögliche Rendite herausgepreßt wurde.

Die kommunalen Wohnungsbaugesellschaften beanspruchen für sich, nicht nur eine bescheidene Rendite an die Kommunen abzuliefern, sondern zusätzlich eine »Stadtrendite«. Diese liegt darin, daß die Wohnungsunternehmen auch Aufgaben übernehmen, die über den einzelbetrieblichen Zweck hinausgehen und der sozialen Integration in der Stadt dienen – sei es durch die Aufnahme von Wohnungsnotfällen oder durch Gemeinwesenarbeit, die präventiv soziale Probleme vermeidet und so zu Ersparnissen im Sozialetat der Stadt beiträgt. Insbesondere aber besteht die »Stadtrendite« darin, daß die Wohnungsbaugesellschaften ein Belegungsmanagement in ihren multilokalen Beständen pflegen können, das die Entmischung von Quartieren verhindert oder zumindest verlangsamt. Daß sich die kommunalen Wohnungsbaugesellschaften in der Vergangenheit nicht immer und nicht überall freundlich gegenüber dem Gemeinwesen oder ihren Bewohnern verhalten haben, ist bekannt. Aber im Gegensatz zu renditeorientierten Anlagefonds sind sie lokale Partner, mit denen über solche Themen diskutiert werden kann – und zwar auch öffentlich. Denn als Unternehmen in öffentlichem Eigentum sind sie letztlich Teil jenes institutionellen Systems, das von den Bewohnern als ihre Stadtverwaltung angesehen wird. Und daher stellen die Bürger der Stadt die Fragen nach der Legitimation und Effektivität ihres Handelns – und nicht die Broker der Londoner City.

Der primäre Anreiz besteht für die Finanzinvestoren darin, daß deutsche Wohnungsbestände im internationalen Vergleich außerordentlich preisgünstig sind und daher Reserven für Preissteigerungen vermuten lassen. Die Kreditkosten sind gegenwärtig extrem niedrig, sie liegen um mehr als zwei Prozent unter den erzielbaren Renditen. Also setzen die Investoren ein Minimum an Eigenkapital ein und kaufen die Bestände auf Kredit. Die Zinsen lassen sich ohne weiteres aus den laufenden Einnahmen finanzieren, was nicht zuletzt durch den deutschen Sozialstaat ermöglicht wird, der mittels Wohngeld und der Übernahme von Wohnungskosten für ökonomisch schwache Haushalte durch die Kommunen den stetigen Fluß der Mieteinnahmen garantiert. Daß die neuen Eigentümer ihre Mieter vergraulen, ist daher auf entspannten Wohnungsmärkten nicht zu erwarten – und gerade die Haushalte, für die das Wohnungsamt die Miete überweist, gehören zu den verläßlichsten Kunden. Aber wo und wie werden sie wohnen?

Die rein marktförmige Organisation der Wohnungsversorgung führt immer zu stärkerer sozialer, kultureller und ethnischer Segregation, als dies auf sozialstaatlich moderierten oder regulierten Märkten der Fall ist. Das liegt schlicht daran, daß die Wohnumwelt Teil der Qualität einer Wohnung ist, und dazu zählt neben der Lage, neben den landschaftlichen oder städtebaulichen Qualitäten und neben der Infrastruktur auch das Image eines Gebiets, das von seinen Bewohnern geprägt wird. Jeder Immobilienführer bezeichnet das soziale Milieu eines Quartiers als ein Qualitätskriterium, und bei den höchsten Preislagen werden oft auch die Namen von Prominenten genannt, die in dieser Nachbarschaft leben oder gelebt haben. Kulturelle Distanzen werden in räumliche Distanzen übersetzt, und zu einer Vermarktungsstrategie, die höhere Einkommensgruppen im Blick hat, gehört immer die Versicherung, daß das Gebiet »exklusiv« sei, d. h. die Garantie, daß da kein störendes Volk wohnt, das unter Umständen lärmt oder ein seltsames Konsum- und Freizeitverhalten an den Tag legt – besonders wichtig bei Familien mit Kindern, die durch die Auswahl des Wohnortes den Umgang ihrer Kinder beeinflussen möchten. Nebenbei wird durch solche Strategien auch die erwünschte komplementäre Segregation in den Schulen, die die Kinder besuchen müssen, herbeigeführt. Sozialer Wohnungsbau und der bewußte Einsatz von kommunalen Wohnungsbeständen folgten dieser Logik gerade nicht – in jüngerer Zeit bemühte man sich mancherorts sogar um die Integration von Minderheiten, denen man Wohnungsangebote außerhalb der stark segregierten »Ausländerviertel« machen konnte. Daß ein privater Anbieter, um sich eine hohe Rendite zu sichern, anders verfahren muß, liegt auf der Hand.

Welche Folgen muß man in Betracht ziehen, wenn die öffentlichen Wohnungsbestände in die Verfügung von Kapitalanlagefirmen übergehen? Je nach Umfang des Wohnungsbestandes wird ein auf kurzfristige Rendite orientierter Anleger eine Differenzierungsstrategie einschlagen und Produkte für ein Marktsegment mit hoher Kaufkraft, für einen Käufermarkt und für eine wenig kaufkräftige Nachfrage herstellen. Die Bestände werden also aufgeteilt, hier wird kräftig investiert, dort gar nicht – und ein Teil wird an andere, risikofreudigere Investoren weitergereicht oder an Mieter und andere Interessenten verkauft. Durch die Verkaufserlöse und den Überschuß der Einnahmen, der die Kreditkosten übersteigt, können enorme Gewinne auf das, im Verhältnis zum Gesamtvolumen, geringe Eigenkapital erzielt werden.

Was mit den nicht verkauften Beständen längerfristig passiert, ist unklar. Zumindest kann nicht ausgeschlossen werden, daß die nicht weiterverkäuflichen Wohnungen einer juristisch selbständigen Gesellschaft übertragen werden, die nicht mehr investiert, dadurch noch eine Weile Geld herauszieht und dann pleite geht. Ähnlich wie bei der Sanierung vergifteter Industriebrachen muß dann am Ende wieder die öffentliche Hand einspringen und die heruntergekommenen Wohnungen übernehmen.

Mitte der sechziger Jahre, als sich die Studentenbewegung auch für stadtpolitische Themen zu interessieren begann, entstand eine Veröffentlichung, die den plakativen Titel trug: »Wohnung darf nicht länger Ware sein«. Die Übertragung der marxistischen Analyse der Warenform auf das Wohnen war ein ganz unüblicher Vorgang, der auch ganz ungewohnte Einsichten brachte. Die Stoßrichtung der Studie richtete sich grundsätzlich gegen die Annahme der wohnungswirtschaftlichen Theorien, daß man Wohnungen produzieren, handeln und verbrauchen könne wie Autos, Kühlschränke oder Käse. Dagegen wurde das naheliegende Argument gehalten, daß Wohnungen nicht transportiert werden können, also bei der Analyse von Angebot und Nachfrage immer nur lokale Märkte betrachtet werden dürfen. Die Ware Wohnung weist Spezifika auf, die sie von den übrigen Waren signifikant unterscheidet. Dazu gehört auch der Gebrauchswert der Wohnung, der oft mit dem Marktwert sehr wenig zu tun hat – insbesondere bei jenen Wohnungseigentümern, die viel Eigenarbeit in das Haus bzw. die Wohnung investiert haben. Darüber hinaus handelt es sich bei der Wohnung bzw. dem Haus um ein wesentliches Element zur Konstruktion des Selbst: Es ist vollgestopft mit Erinnerungen, mit erfüllten und enttäuschten Hoffnungen, mit Materialisierungen aus dem Leben der Mitbewohner. Die Wohnung gibt im besten Fall Sicherheit, sie ist ein Ort der Privatheit und des Rückzugs, ja des Schutzes in einer Umwelt, von der erhebliche Erschütterungen ausgehen können.

Die Wohnung ist also nicht nur Ware, vielmehr ist die wahre Wohnung Heimat. Hier berühren sich der marxistische und der konservative Blick auf Wohnung und Haus: Beide sehen ihren Gebrauchswert nur gesichert, wenn sie auf Distanz gebracht sind zu den Bewegungen und Dynamiken von Märkten. Die Wohnungsreformer im 19. Jahrhundert, vor allem die Propagandisten des Wohnungseigentums als eines Weges zur Lösung der Wohnungsfrage, hatten dies immer im Auge. Für die Reichen war es nie eine Frage: Man baut oder kauft sich sein Haus nach eigenen Vorstellungen. Für die unteren Einkommensschichten sollte dies durch Genossenschaften oder Bausparen ermöglicht werden. Und auch der erst in der Demokratie nach dem Ende des Kaiserreichs möglich gewordene gemeinnützige Sektor sollte mit öffentlicher Unterstützung denjenigen Wohnungen bieten, die am stärksten dem Markt ausgeliefert waren. Insbesondere sollte die Unterprivilegierung auf dem Arbeits- und Wohnungsmarkt nicht direkt verkoppelt bleiben und so zur Verfestigung einer sozialen Lage führen, von der selbst weitere negative Effekte für die nachwachsenden Generationen befürchtet wurden. Die Kommunen wollten seit den zwanziger Jahren durch ihren eigenen Wohnungsbestand dazu beitragen, daß diese Entkoppelung der Schicksale auf dem Arbeits- und Wohnungsmarkt für mehr Haushalte möglich wird, als es ohne dieses Angebot der Fall gewesen wäre.

Der englische Historiker Eric Hobsbawm 1980 ist in einer summarischen Betrachtung der Sozialgeschichte seit Beginn der Industrialisierung zu der Erkenntnis gekommen, daß die schwerste Belastung der Arbeiterexistenz die Unsicherheit gewesen sei – überall: bei der Beschäftigung, beim Einkommen, bei der Wohnung, in der Krankheit und im Alter. Die Beherrschung von vielen dieser Risiken durch den Aufbau kollektiver Sozialversicherungssysteme sei eine herausragende zivilisatorische Leistung der Sozialstaaten. Durch sozialen

Wohnungsbau und durch Mieterschutzgesetze sind auch die Unsicherheiten im Wohnbereich vermindert worden.

Der Verkauf dieser Bestände an renditeorientierte, international agierende Anleger bringt zumindest Unruhe und Unsicherheit in diese Wohnungen und in die Quartiere. Das kann zu einer steigenden Zahl von freiwilligen und erzwungenen Umzügen führen, die die Grundlage für Entmischungsprozesse sind. Wie die neuen Muster aussehen, wird man erst nach etwa einem Jahrzehnt beobachten, denn der Schutz des Bürgerlichen Gesetzbuches gilt in Deutschland ja auch dann noch, wenn internationale Geldanleger Eigentümer geworden sind. Zwar scheinen sich einige Kommunalpolitiker sehr darüber zu freuen, wenn ihnen die Käufer per Vertrag noch einmal bestätigen, was bereits gesetzlich geregelt ist – aber das Wohngefühl leidet auf jeden Fall darunter, wenn man damit rechnen muß, früher oder später gezwungen zu sein, seine Rechte über den Rechtsanwalt oder Gerichtsprozesse durchsetzen zu müssen. Eine Wohnung sollte Schutz und Ruhe bieten und nicht Anlaß für Ängste um die eigene Sicherheit sein.

Wenn die Folgeprobleme der jetzigen Verkaufsentscheidungen auftreten, werden allerdings die Politiker, die diese Entscheidungen getroffen haben, nicht mehr im Amt sein. Deshalb wird sie auch niemand zur Rechenschaft ziehen. Eine kurzsichtige und gemeinschaftsfeindliche Politik durchzusetzen ist leider ohne jedes Risiko. Daß in Dresden die unglaubliche Zahl von 45 000 Unterschriften gegen die Privatisierung gesammelt wurde, hat die vom Gedanken eines Befreiungsschlages betäubten Mitglieder des Stadtrates nicht beeindrucken können. In Köln hat die Koalition aus Liberalen und Konservativen, die den Verkauf der kommunalen Wohnungsbaugesellschaft beschlossen hatte, ein Bürgerbegehren, das von Grünen, SPD, Gewerkschaften und Mieterbund unterstützt wurde, nicht zugelassen – und ist an dieser Frage dann doch selbst gescheitert. Es scheint so, daß überall dort, wo die Bürger über die Verwendung ihres Vermögens entscheiden können, ein Verkauf an spekulative Anleger abgelehnt wird. Befürwortet wird er von Unternehmensberatern und von den höheren Etagen der Finanzministerien.

15.3 Business Improvement Districts

Privatisierungstendenzen machen sich auch in den originären Bereichen der Stadtplanung bemerkbar. Nach der Gründung des ersten »Business Improvement District« im Jahre 1970 in Toronto wurde dieses Konzept in vielen anderen Städten überall auf der Welt nachgeahmt. In Nordamerika sind heute mehr als 1200 BIDs bekannt. Inzwischen gibt es auch in Deutschland die ersten Projekte dieser Art.

Das Konzept des »Business Improvement District« (BID) ist darauf ausgerichtet, durch einen gesetzlichen Rahmen die Selbstorganisation von lokalen Einzelhändlern und Grundstückseigentümern durch die Bildung von verbindlichen Standortgemeinschaften zu stärken. Das Spektrum der wahrgenommenen Aufgaben und Funktionen eines BID reicht von Maßnahmen der Sicherheit und Sauberkeit über Aufgaben des Stadtmarketings, der Werbung und der Entwicklung von Gesamtkonzepten bis hin zur Bewirtschaftung und Pflege des öffentlichen Raumes und der Bereitstellung sozialer Dienste. Sie ersetzen damit zum Teil das Handeln der öffentlichen Verwaltung und gewinnen erheblichen Einfluß auf das Quartier.

Einzelhandels- und Dienstleistungsbetriebe in historisch gewachsenen Zentren leiden unter einem Defizit gegenüber professionell verwalteten Einkaufszentren (Shopping Malls oder Shopping Center), in denen zahlreiche Läden unter einem Dach und der zentralen Organisation eines Centermanagements zusammengefaßt sind. Während die Verwaltung der Shopping Center nicht nur für Vermarktung und einheitliches Erscheinungsbild sorgt, sondern auch Maßnahmen zur Förderung der dort angesiedelten Betriebe ermöglicht, stehen den selbständigen Einzelhandels- und Dienstleistungsbetrieben solche Instrumente nicht zur Verfügung. Ihr Erscheinungsbild ist oft wenig attraktiv, das Angebot meist einseitig und unübersichtlich. Immer mehr Filialbetriebe verdrängen die inhabergeführten Betriebe, was zu einer weiteren Banalisierung des Angebotes führt. Die organisatorischen und finanziellen Lasten freiwilliger Initiativen, wie beispielsweise Standort- und Werbegemeinschaften, lasten meist auf wenigen Schultern. Trittbrettfahrer unterlaufen eine effektive Selbstorganisation.

An diese Problemlage knüpft das Modell des BID an (vgl. Bloem/Bock 2001; BCSD 2003; HDE 2004). Im Gegensatz zu freiwilligen Zusammenschlüssen werden beim BID-Modell die damit verbundenen Aufwendungen durch eine verpflichtende Sonderabgabe aller Grundstückseigentümer in dem betroffenen Gebiet gedeckt. Die Finanzierung in Form einer Zwangsabgabe erfolgt also nicht durch die Gewerbetreibenden, sondern durch die Grundeigentümer im Interesse einer nachhaltigen Verwertung ihrer Immobilien. Die Mehrheit kann einzelne Grundeigentümer auch gegen ihren Willen an der Finanzierung beteiligen. Der Beitrag wird von der Stadtverwaltung eingezogen und an den BID weitergereicht.

Die Aufgaben eines BID können rein privater Natur sein, etwa ein gemeinsames Standortmarketing. Sie können jedoch auch durch öffentlich-private Partnerschaften, z. B. Baumaßnahmen im öffentlichen Raum, ergänzt werden. Primäres Ziel derartiger Maßnahmen soll es sein, das strukturelle Ungleichgewicht zwischen großen Shopping Malls und gewachsenen Zentrumslagen zu kompensieren und innerstädtische Einkaufsorte wettbewerbsfähig zu halten.

Hamburg hat im Januar 2005 als erstes Bundesland mit einem »Gesetz zur Stärkung der Einzelhandels- und Dienstleistungszentren« (HmbGVBl. 2004) die rechtlichen Voraussetzungen für die Umsetzung lokaler Standortgemeinschaften nach dem Vorbild des BID geschaffen. BID-Projekte sind zeitlich befristet und in der Regel auf eine Laufzeit von fünf Jahren begrenzt. Nach Ablauf dieser Frist ist der Aufgabenträger auf die erneute Zustimmung der Betroffenen angewiesen. Proklamiertes Ziel der Hamburger Initiative ist die Belebung der Innenstadt und die Stärkung von Bezirks- und Stadtteilzentren. Auch in anderen Bundesländern wie Saarland, Berlin, Bremen und Hessen werden entsprechende Gesetze vorbereitet.

BIDs schaffen private Eingriffsmöglichkeiten in öffentliche Räume – und zwar weitgehende. Sie haben die gesetzliche Legitimation, sich um Ordnung und Sauberkeit in ihrem Gebiet zu kümmern. Damit kommen sie natürlich auch mit der städtischen Vielfalt von Verhaltensweisen und Lebensstilen in Konflikt, die nicht in das Konsummuster passen, dessen erfolgreiche Pflege durch ein BID ermöglicht werden soll. Auf die ambivalenten Folgen der Privatisierung öffentlicher Räume gehen wir in Kapitel 16 ausführlicher ein.

15.4 Neues Steuerungsmodell und Ökonomisierung des Verwaltungshandelns

In der traditionellen Ordnung kapitalistischer Gesellschaften standen sich Ökonomie und Staat als zwei Sphären gegenüber, die unterschiedliche Logiken repräsentieren: Effizienz und Wettbewerb waren die Merkmale des (privaten) ökonomischen Bereichs, Rechtmäßigkeit und die Lenkung durch politischen Willen die des (öffentlichen) Staates. Sollte die staatliche Aufgabenerfüllung stärker am Kriterium der Effizienz orientiert werden, wurde sie in den anderen Sektor überführt, also privatisiert (vgl. Nullmeier 2001). Seit Beginn der neunziger Jahre vollzieht sich aber in der Kommunalpolitik ein grundlegender Wandel, bei dem die Grenzen verschwimmen und die ökonomische Logik in immer mehr Bereiche des staatlichen Handelns eindringt. Bogumil spricht von einer »Ökonomisierung der Verwaltung« (Bogumil 2004). Unter Ökonomisierung wird dabei die zunehmende Bedeutung wirtschaftlicher Rationalitäten in Staat und Verwaltung verstanden (vgl. Reichard 1994). Dies äußert sich in der Einführung von Managementmodellen in der Verwaltung anstelle von bürokratischen Hierarchien und in der Vermarktlichung von öffentlichen Dienstleistungen, die sich also immer mehr an den Wünschen der »Kunden«, d .h. der Bürger orientieren – wofür diese aber auch immer häufiger kostendeckende Preise zahlen sollen. Schließlich bilden Staat und private Ökonomie gemeinsame Trägerschaften für Projekte, die die Politik nicht mehr allein organisieren und finanzieren kann oder will.

Das *Neue Steuerungsmodell* (NSM) ist ein umfassendes Modell zur Neuorganisation und zur Modernisierung der Verwaltung, das 1991 von der Kommunalen Gemeinschaftsstelle (KGSt) entwickelt wurde und seither in den Städten schrittweise verwirklicht wird. Es orientiert sich am *New Public Management* (NPM), das, vom angelsächsischen Raum ausgehend, mit der Stoßrichtung propagiert wird, Staatsaufgaben zu reduzieren und die verbleibenden Bereiche wie privatwirtschaftliche Betriebe zu organisieren. Steigerung von Effektivität, Bürgerorientierung und Effizienz in der Verwaltung sind die Ziele, die u. a. durch Deregulierung, Dezentralisierung, Kosten- und Leistungsrechnung, Controlling und Auslagerung (Privatisierung) erreicht werden sollen. Eine Neubestimmung staatlicher Aufgaben geht also einher mit einer Binnenmodernisierung des staatlichen Apparats (vgl. Wollmann 2004a).

Begleitet bzw. begründet wird diese Neuorientierung mit einem neuen Staatsverständnis, das sich vom hoheitlichen Ordnungsstaat zum Dienstleistungsstaat gewandelt hat und sich nun in Richtung des schlanken, gewährleistenden und aktivierenden Staats weiterentwickelt, was ein neues Verhältnis zwischen Staat und Zivilgesellschaft impliziert. Die Bürger und die Assoziationen, die sie gebildet haben (Vereine, Verbände), sollen als Partner für die staatliche Aufgabenerfüllung gewonnen und aktiviert werden. Damit sind Motive sowohl der Kostenreduktion als auch der Staatskritik verbunden. Die Kritik an Überregulierungen, an übermäßiger Expansion der Aufgabengebiete, an der Reformunfähigkeit und am Staatsversagen, die sich auch in Politikverdrossenheit und sinkendem Vertrauen in die Politik äußert, soll mit der Neubestimmung der Aufgaben und der Reform der Staatsorganisation aufgefangen werden. Diese Veränderungen sind mit einem Übergang von »Government« zu »Governance« verbunden, d. h., daß das hierarchische Verhältnis zwischen anordnender und kontrollierender, hierarchisch organisierter Staatsverwaltung ersetzt wird durch die Vorstellung von Kooperation und Arbeitsteilung zwischen verschiedenen öffentlichen und privaten Akteuren, die an der Steuerung des Gemeinwesens beteiligt sind. Regieren heißt demnach nicht mehr Top-down-Anweisung, sondern Steuern in verflochtenen Verhandlungssystemen (vgl. Mayntz/Scharpf 1995; Mayntz 1997; Görlitz/Burth 1998; Schröter 2001 und Benz 2004).

Das Modell des NPM setzt sich aus zwei Reformdimensionen zusammen (vgl. Klenk/Nullmeier 2004): Einerseits geht es um den Neuzuschnitt des politisch administrativen Systems vor dem Hintergrund des Leitbildes des Gewährleistungsstaates. Hinsichtlich der inneren Struktur geht es um die Neuordnung von Aufbau- und Ablaufstrukturen. Damit sind ergebnisbezogene Steuerung und die Dezentralisierung verbunden.

In der Entwicklungspolitik wurde schon in den achtziger Jahren das *Good-Governance-Konzept* entwickelt, das von der Weltbank in vier Bereiche aufgegliedert wurde:
- Leistungssteigerung im öffentlichen Sektor,
- Accountability (Festlegung von Zuständigkeiten und Rechenschaftspflichten),
- rechtliche Rahmenbedingungen,
- Transparenz des öffentlichen Sektors und Verläßlichkeit von Informationen.

Das Konzept des NPM ist durch folgende Merkmale gekennzeichnet (vgl. zum Folgenden Reichard/Röber 2001):
- stärkere Marktorientierung (Wettbewerbsdenken),
- Einführung von Managementkonzepten,
- strikte Trennung von (strategischer) Politik und (operativer) Verwaltung,
- ziel- und ergebnisorientierte Steuerung,
- Schaffung dezentraler Organisationsstrukturen (mit Teilautonomie).

Im NPM konvergieren zwei theoretische Ansätze: die Public-Choice- bzw. neue Institutionenökonomie sowie die Managementlehre. Nach der Public-Choice-Theorie soll der Staat zugunsten des privaten Sektors zurückgedrängt werden; antibürokratische, marktorientierte Reformen sollen den Bürgern mehr Wahlmöglichkeiten bringen. Dazu gehört die Auflösung der staatlichen Verwaltung in kleinere, dezentrale Einheiten. Da es sich um einen weitgehend ökonomisch-rationalen Ansatz handelt, ist er stark individualistisch geprägt. Es geht darum, vom Zuteilungsmodus des traditionellen Wohlfahrtsstatus zum Kundenmodus eines offenen Systems überzugehen, in dem die Bürger die für sie notwendigen Dienste auswählen und kaufen. Nach der Managementlehre gibt es universell gültige Gestaltungsprinzipien, die sowohl auf öffentliche als auch auf private Einrichtungen angewendet werden können (strategische Unternehmensführung, Center-Modelle, Finanzmanagement, Management by Objectives usw.). Während die Vorstellungen der Public-Choice-Theorien sich eher auf die Beschränkung des Einflusses der Bürokratie richten, zielen Managementkonzepte auf eine weitere Stärkung der Freiräume der Bürokratie.

Durch die Vermarktlichung öffentlicher Leistungen können in der Regel Effizienzerfolge erzielt werden, allerdings treten auch Qualitätsverluste ein:

»Ferner wird eine Reihe teilweise problematischer indirekter Effekte beobachtet, beispielsweise hinsichtlich von unerwünschten Verteilungseffekten, von Kostenexternalisierung sowie von Gefährdungen des Angebots von Leistungen, auf die vor allem sozial und wirtschaftlich schwache Teile der Bevölkerung besonders angewiesen sind« (Reichard/Röber 2001, 379).

Je leistungsfähiger und effizienter die Bürokratie arbeitet, desto selbstbewußter und schwerer kontrollierbar wird sie. Die Verselbständigung dezentraler Organisationseinheiten birgt die Gefahr einer Fragmentierung in sich – und dies angesichts von Aufgaben, die in wachsendem Maße die Überwindung und die Kooperation der Verwaltung erfordern würden.

Die Rolle des Staatsbürgers wird immer stärker zugunsten der Rolle eines (zahlenden) Konsumenten verengt. »Am Ende einer solchen Entwicklung könnte ein Staatsmodell stehen, das diesen Konsumenten die Möglichkeit eröffnet, sich von Bürgerpflichten freizukaufen« (Reichard/Röber 2001, 385). Demokratisierung und Aspekte sozialer Gerechtigkeit können dabei immer stärker zugunsten einer einseitig ökonomischen Perspektive vernachlässigt werden. Dabei stehen auch die »traditionellen Werte des öffentlichen Dienstes wie Gleichheit, Integrität, Professionalität, Unberechenbarkeit des Verwaltungshandelns« in Gefahr (ebd.).

Der Professionalitätsvorsprung des Verwaltungshandelns kann zur Folge haben, daß die politisch-strategische Steuerung der Politik nicht mehr gelingt, was zu einem weiteren Verlust von Vertrauen in die Politik führen könnte. Die Strategien des NSM bedürfen daher unbedingt der Ergänzung und Korrektur durch Modelle der Selbststeuerung und Demokratisierung.

15.5 Private oder öffentliche Stadt?

Ziel und Ergebnis der sozialstaatlichen Politik war die Verringerung sozialer Ungleichheit, die Absicherung gegenüber sozialen Risiken und die Integration der Gesellschaft. Wesentlicher Bestandteil des sozialstaatlichen Instrumentariums und seiner Organisation war die »Wohlfahrtsstadt«. Im Vergleich zu den amerikanischen Städten, deren soziale und räumliche Struktur weitgehend das Ergebnis von Marktprozessen ist, repräsentierten die europäischen Städte eine »moderate Moderne« (vgl. Kaelble 2001), in der die Steuerungsmöglichkeiten durch die Kommunalpolitik unvergleichlich größer waren. Die Verfügung über Boden – als Ergebnis einer kommunalen Bodenpolitik – und die Beeinflussung der sozialräumlichen Struktur – als Ergebnis der Steuerung des Wohnungsbaus – waren zentrale Instrumente dieser Politik, die dazu beitrug, jene extremen sozialen Zuspitzungen in der Stadt zu vermeiden, die für amerikanische Städte so typisch sind.

Diese Stadt der »moderaten Moderne« droht sich aufzulösen, die privatisierte Stadt der Postmoderne weist viele Züge der amerikanischen Stadt der radikalen Moderne auf. Nicht nur die stärkere Rolle der privaten Investoren in der Stadtentwicklung und der Abbau der öffentlichen Boden- und Wohnungsbestände weisen in diese Richtung. Es gibt eine ganze Reihe von Entwicklungen, die sich entlang dieser Logik ordnen und einordnen lassen: Die Privatisierung der öffentlichen Sicherheit gehört in erster Linie dazu, die der öffentlichen Dienstleistungen ebenfalls. Durch die Garantie von Sauberkeit, Ordnung und Sicherheit in den privat kontrollierten Räumen der Einkaufszentren und Unterhaltungseinrichtungen, die durch Videokontrollen und private Sicherheitsdienste sichergestellt werden, verändern sich die Qualität und das Image der öffentlichen Räume, für die ein solcher Aufwand nicht betrieben werden kann und auch nicht betrieben werden darf. Schönheit, Sauberkeit und Sicherheit werden zu Qualitäten der privaten Stadt, die von Konsumenten begeistert begrüßt werden – ohne daß man öffentlich darüber diskutiert, was auf Dauer aus jenen Bevölkerungsgruppen und jenen Räumen wird, die aus diesem Regime ausgegrenzt bleiben.

Die privatisierte Stadt wird politisch weniger kontrollierbar sein, weil sich die Kontrolle durch den Markt im Falle von privatwirtschaftlich organisiertem Handeln und die Kontrolle durch die Politik widersprechen oder einander ausschließen. Die Ökonomie kann für einige Zeit ohne Kommunalpolitik auskommen, die Kommunalpolitik allerdings nicht ohne die private Ökonomie, solange der gesellschaftliche Kontext von neoliberalen Ideologien und tatsächlichen globale Effekten bestimmt wird, die national kaum mehr beherrschbar sind. Die privatisierte Stadt wird ihre Ausgleichs- und Integrationsfunktion aber gerade in einer Zeit nicht mehr leisten können, in der durch die Verschärfung sozialer Ungleichheit und die Marginalisierung eines relevanten Teils der Stadtbewohner die Spannungen und Konflikte zunehmen. Der Markt ist kein verläßlicher Integrationsmechanismus, wenn es nicht allen gleichermaßen möglich ist, daran teilzunehmen – und zumindest auf dem Arbeitsmarkt ist dies unsicherer denn je.

Gesellschaften können durch drei Bindemittel zusammengehalten werden: durch Marktmechanismen, durch Solidarität oder durch Herrschaft. Die Vorräte an Solidarität scheinen in den postfordistischen Gesellschaften geringer geworden zu sein, die Marktprozesse nehmen im Zeitalter der Globalisierung immer weniger Rücksicht auf lokale Problembestände. Bleibt da am Ende nur die Integration durch Herrschaft, d. h. durch die Polizei, so wie wir sie aus vielen Weltstädten kennen? Die Tradition der europäischen Stadt wäre damit an ihr Ende gekommen – als privatisierte Stadt kann sie durchaus weiterexistieren, aber sie wäre keine »europäische« mehr.

Der originäre Sinn staatlichen Handelns ist es, einen politischen Willen, der sich an den Grundwerten des demokratischen Gemeinwesens mißt, gegenüber einer Realität durchzusetzen, die diese Werte nicht aus sich selbst produziert. Wenn man dies dem Markt überlassen könnte, bedürfte es keines staatlichen Handelns. Aus dieser Differenz zwischen der Logik politischen und marktorientierten Handelns ergibt sich eine systematische Unverträglichkeit zwischen einer Projektpolitik des geschilderten Typs und politisch gesetzten Zielen der Stadtentwicklung. Wenn sich die Stadt (der Staat) auf den Markt begibt, muß sie auch den Gesetzen des Marktes gehorchen. Das funktioniert nur so lange, wie die dem Projekt zugrunde gelegten Wachstumserwartungen erfüllt werden. Geraten die großen Entwicklungsvorhaben in eine kritische Realisierungsphase, dann sind es nicht mehr die Gesetze des Marktes, die das Projekt aufrechterhalten, sondern der öffentliche Haushalt, der zum Auffangbecken wird.

16. Wandel des öffentlichen Raumes

Die Stadt ist eine soziale Tatsache, die sich räumlich geformt hat. Die soziale Tatsache, die in der europäischen Stadt ursprünglich Gestalt gewonnen hat, ist die bürgerliche Gesellschaft. Eines ihrer wesentlichen Merkmale ist die Polarisierung einer öffentlichen und privaten Sphäre. Diese prägt daher auch die Struktur der europäischen Stadt. Darauf bezieht sich die Definition Hans-Paul Bahrdts (1998, 83f.):

»Eine Stadt ist eine Ansiedlung, in der das gesamte, also auch das alltägliche Leben die Tendenz zeigt, sich zu polarisieren, d. h. entweder im sozialen Aggregatzustand der Öffentlichkeit oder in dem der Privatheit stattzufinden. Es bilden sich eine öffentliche und eine private Sphäre, die in engem Wechselverhältnis stehen, ohne daß die Polarität verloren geht. [...] Je stärker Polarität und Wechselbeziehung zwischen öffentlicher und privater Sphäre sich ausprägen, ›desto städtischer‹ ist, soziologisch gesehen, das Leben einer Ansiedlung.«

Die Polarität öffentlicher und privater Räume kann in vier Dimensionen beschrieben werden:

– *Funktional*: Dem öffentlichen Raum der Straßen und Plätze sind die Funktionen Markt und Politik zugeordnet, den privaten Räumen von Betrieb und Wohnung die der Produktion und Reproduktion.

– *Juristisch*: Öffentliche Räume unterliegen öffentlichem Recht, private dem Hausrecht des Eigentümers.

– *Sozial*: Der öffentliche Raum ist die Bühne einer hochstilisierten Selbstdarstellung, bei der stets nur ein kleiner Ausschnitt des eigenen Selbst sichtbar gemacht wird. Im öffentlichen Raum der Stadt begegnet man einander grundsätzlich als Fremder, man hält Distanz und nimmt nur sehr spezialisierte Kontakte auf.

– *Symbolisch*: Mit einer Fülle von architektonischen und städtebaulichen Merkmalen werden Offenheit und Geschlossenheit, Exklusivität und Zugänglichkeit signalisiert.

In allen vier Dimensionen lassen sich nachhaltige Veränderungen beobachten, die diese Polaritäten aushöhlen. Die Politik hat sich schon lange aus den Straßen und Plätzen zurückgezogen in die Parteien, die Verbände und die Medien. Wenn eine politische Bewegung den öffentlichen Raum einer Stadt für die Artikulation ihrer Interessen benutzen muß, ist dies eher ein Zeichen ihrer strukturellen Schwäche. Auch die Marktfunktion zieht sich aus dem öffentlichen Straßenraum zurück. Schon vor 1900 begann deren Einhausung in den großen Passagen und Kaufhäusern. Mit den Shopping Malls und Urban Entertainment Centers hat dieser Prozeß heute eine höhere Stufe erreicht. Mit der Einhausung geht die Verschiebung aus Räumen, die dem öffentlichen Recht unterliegen, in solche unter Privatrecht einher. Dabei entwickeln sich vielfältige juristische Zwischenzonen: von der privaten Nutzung formell öffentlicher Räume durch Cafétische oder Verkaufsstände über dauerhafte vertragliche Regelungen in Public Private Partnerships bis zu den Business Improvement Districts (BID), die mittlerweile auch in Deutschland Einzug gehalten haben (vgl. Kapitel 15). Bei der Etablierung eines BID wird privaten Vereinigungen von Geschäftsleuten und Immobilienbesitzern ein Teil des öffentlichen Raumes zur Verwaltung übertragen.

Auch in der sozialen Dimension verwischt sich die Polarität von Öffentlichkeit und Privatheit. Lange Zeit war Körperlichkeit im öffentlichen Raum nicht präsent. Sie hatte ihren Ort hinter den Mauern der eigenen Wohnung und allenfalls an spezialisierten Orten wie Badestränden und Turnhallen. Der Körper mußte, mit Ausnahme von Händen und Gesicht, im öffentlichen Raum der Stadt verhüllt sein. Heute stellen Jogger, Inlineskater und auch normale Fußgänger ihren Körper kaum verhüllt in der Öffentlichkeit zur Schau; Handynutzer belästigen andere, ob sie wollen oder nicht, mit ihren Geschäfts- und Familienangelegenheiten; und Wohnungslose essen, trinken und schlafen im öffentlichen Raum. Jedesmal werden Verhaltensweisen in die Öffentlichkeit getragen, die der bürgerliche Städter in einem langen Prozeß der Zivilisation gelernt hatte, hinter den Mauern der Privatheit zu verbergen.

Häufig wird die These vom *Verlust* des öffentlichen Raumes mit der wachsenden Bedeutung von Sicherheit in der Kommunalpolitik vorgebracht, man verweist auf den damit einhergehenden Wandel von Kontrolltechniken (vgl. Beste 2000). Unter dem Stichwort kommunale Kriminalprävention haben die deutschen Städte seit Beginn der neunziger Jahre die Sicherheit im öffentlichen Raum zu einem zentralen Thema ihrer Politik erklärt (Deutscher Städtetag 2003). Dies hat zu neuen Formen der »Machtintervention im urbanen Raum« (De Marinis 2000) in den Dimensionen Recht, Organisation, Technik und städtebauliche Gestaltung beigetragen (vgl. Wehrheim 2006). Sicherheits- und Ordnungsgesetze wurden novelliert, um den Zugang zu und die Nutzung öffentlicher Räume über den Einsatz von Videoüberwachung, verdachtsunabhängigen Personenkontrollen, Platzverweisen und Aufenthaltsverboten genauer reglementieren zu können. Mit der Ausdehnung von Räumen, in denen öffentliche Nutzungen unter privatem Recht organisiert sind, etwa in Bahnhöfen, Malls oder den Plazas in den Erdgeschossen von Hochhäusern, dehnen sich die Bereiche aus, in denen Partikularnormen in Form von Hausordnungen Zugang, Nutzung und zulässige Verhaltensweisen bis hin zu »angemessener Kleidung« detailliert regeln.

Mit den juristischen Verschiebungen aus dem öffentlichen Recht in den Herrschaftsbereich der privaten Eigentümer gehen organisatorische Veränderungen einher. Sicherheit wird zu einer von privaten Sicherheitsfirmen produzierten Ware. Deren Zahl hat sich von 1992 bis 2002 mehr als verdoppelt auf ca. 3000 Betriebe mit 145 000 Beschäftigten (Wehrheim 2006, 65). Daneben entstehen vielfältige Mischformen privater und öffentlicher, formeller und informeller Kontrollen in Gestalt der »neighbourhood watch«, des »community policing«, der Sicherheitswachten in Bayern oder der kommunalen Sicherheitspartnerschaften in Brandenburg (vgl. Wurtzbacher 2004).

Bei den technischen Veränderungen spielt die Videoüberwachung eine dominante Rolle. Da hier besonders viele private Betreiber aktiv sind, ist eine Schätzung der Zahl der Überwachungskameras in deutschen Städten schwierig. Gössner (2000, 6) sprach von 500 000 Kameras, heute dürften es weit mehr sein. Die Kameras können auch auf Bewegungsmuster, Objektgrößen und Geschwindigkeiten programmiert werden. In London und Washington wird bereits mit Systemen experimentiert, die automatisch Gesichter in der Menge der Passanten identifizieren. Neben optischer Überwachung spielt die Registrierung von Geräuschen und sogar Gerüchen eine immer wichtigere Rolle (Wehrheim 2006, 81 ff.). Die so erhobenen Informationen sind technisch gesehen überallhin transportier- und beliebig lagerbar. Die Omnipräsenz von Überwachungsapparaturen und ihre allein juristisch einschränkbare Verfügbarkeit durchbrechen die Anonymität der Nutzer des öffentlichen Raumes.

Schließlich vollzieht sich auch in der vierten, in der symbolischen Dimension ein Wandel. Die modernen Überwachungstechniken haben Konsequenzen für die Gestaltung des öffentlichen Raumes: Er soll von möglichst wenigen Kameras möglichst lückenlos überschaubar sein, also ohne Sichthindernisse wie Büsche und Nischen und möglichst gut ausgeleuchtet. Architektur und Städtebau spielen darüber hinaus in den Konzepten des »wehrhaften Raums« (Newman 1972) und der »Kriminalitätsprävention durch die Umweltgestaltung« (Crowe 1991) eine wichtige Rolle, die die Polarität von öffentlichen und privaten Räumen berühren. Vor allem aber wird der öffentliche Raum im Wortsinne exklusiv. Um die Innenstädte für eine zahlungskräftige Kundschaft attraktiv zu machen, werden sie gestalterisch aufgerüstet. Marmor, verspiegelte Glasflächen, goldfarbene Einfassungen, Palmen und andere elitäre Zeichen wirken als stumme, aber wirksame soziale Filter: Den einen signalisieren sie Zugehörigkeit, den anderen das Gegenteil. Öffentlicher Raum wird schließlich auch dadurch exklusiv, daß dort Minderheiten symbolische Präsenz versagt bleibt. Der Streit um Moscheen in deutschen Städten liefert dafür genügend Beispiele.

Einhausung, juristische Privatisierung, Auflösung der Codes urbanen Verhaltens, Überwachung und exklusive Gestaltung – es gibt viele empirische Belege für die These von der Privatisierung des öffentlichen Raumes, und diese Veränderungen werden zu Recht als Bedrohung der Öffentlichkeit städtischer Räume kritisiert. Dennoch hat diese Kritik auch unrecht, denn sie übersieht die Gegentendenzen und die Ambivalenzen dieser Entwicklungen. Um letztere am Beispiel der Kritik an den neuen Formen der Kontrolle im öffentlichen Raum zu verdeutlichen: Dabei wird häufig übersehen, daß Sicherheit eine Grundbedingung für die Öffentlichkeit städtischer Räume ist (vgl. Siebel/Wehrheim 2003, 19f.). Öffentliche Anlagen, in denen Frauen Vergewaltigung und Männer Raubüberfälle fürchten, sind für jene, die unter dieser Furcht leiden, Vermeidungsräume. Furcht ist auch ein Mechanismus der Exklusion aus städtischen Räumen. Sicherheit für Leib, Leben und Eigentum ist eine Bedingung sine qua non für öffentlichen Raum. Zugleich aber drohen alle Formen der Kontrolle die Anonymität, die Verhaltensoffenheit und die Zugänglichkeit des städtischen Raumes einzuschränken, der durch eine unaufhebbare Ambivalenz von Sicherheit und Verunsicherung, Anonymität und sozialer Kontrolle, Vertrautem und Fremdem gekennzeichnet ist.

Bahrdt hat mit der Polarität von Öffentlichkeit und Privatheit eine idealtypische Definition von Stadt entwickelt, die das Besondere der europäischen Stadt zu erfassen erlaubt. Aber die Begriffe Öffentlichkeit und Privatheit sind mehr als ein heuristisches Instrument der soziologischen Analyse. Sie sind durch die Geschichte der bürgerlichen Gesellschaft und der europäischen Stadt normativ aufgeladen. Die privaten Räume von Betrieb und Wohnung sind das Reich des freien Unternehmers und damit der ökonomischen Selbstbestimmung des bürgerlichen Individuums bzw. das Reich der bürgerlichen Familie und damit des Glücksversprechens auf lebenslange Liebe und Vertrauen. Die europäische Stadt als der Ort, an dem sich die bürgerliche Gesellschaft entwickelt hat (Weber 2000), ist Stätte einer dreifachen Emanzipation: des Wirtschaftsbürgers, des Bourgeois, aus den unproduktiven Kreisläufen geschlossener Hauswirtschaft zu freiem Tausch auf ungeregelten Märkten; des politischen Bürgers, des Citoyen, aus feudalistischer Herrschaft zur demokratischen Selbstverwaltung einer zivilen Gesellschaft; und des bürgerlichen Individuums aus den dichten sozialen Kontrollen dörflicher Nachbarschaften zur Polarität einer öffentlichen und einer privaten Sphäre, in der eben diese Kontrollen unstatthaft sind. Damit ist der öffentliche Raum der europäischen Stadt historisch assoziiert mit den Emanzipationsversprechen der bürgerlichen Gesellschaft: Demokratie, offene Märkte, Individualisierung und gesellschaftliche Integration ohne Vernichtung von Differenz. »Öffentlich nennen wir Veranstaltungen, wenn sie [...] allen zugänglich sind«, schreibt Habermas (1990, 54), und ähnliches gilt für öffentliche Plätze.

Deshalb geben für die Qualität des öffentlichen Raumes der europäischen Stadt auch nicht allein sein Rechtsstatus, seine Erreichbarkeit, seine Nutzungsvielfalt, die Qualität seiner architektonischen und städtebaulichen Gestaltung und eine gelungene Balance zwischen Verunsicherung und sozialer Kontrolle den Ausschlag. Entscheidend für den Öffentlichkeitscharakter städtischer Räume ist die Art und Weise, wie sie produziert und verwaltet werden, also die Funktionsfähigkeit der Märkte und der demokratische Charakter der politischen Herrschaftsstrukturen, in die sie eingebunden sind. Die Stadt, so ließe sich sagen, stellt die Bühne und die Kulisse für ein Theaterstück dar, das vom ökonomischen System verfaßt, vom politischen System inszeniert und von Stadtbürgern aufgeführt wird. Wenn die Bürger die urbanen Verhaltensweisen nicht gelernt haben, die Politik undemokratisch und der Markt vermachtet sind, dann kann auch das schönste Bühnenbild daraus kein gutes Theater machen. Die Karl-Marx-Allee, vormals Stalinallee, in Berlin führt die städtebaulichen Versatzstücke des öffentlichen Raumes der europäischen Stadt vor, aber solange die SED die Kontrolle darüber hatte, war es kein öffentlicher Raum, wenn man darunter mehr versteht als gelegentliche Menschenansammlungen unter freiem Himmel. Unter den Bedingungen diktatorischer Herrschaft und einer Zentralverwaltungswirtschaft kann es keinen öffentlichen Raum im emphatischen Sinn geben. Im folgenden wird dieser zentrale Zusammenhang zwischen der Herrschaftsstruktur und der Qualität des öffentlichen Raumes an einem Beispiel erläutert, das häufig als Beleg für die Privatisierung des öffentlichen Raumes angeführt wird: die großen Shopping Malls (vgl. u. a. Gestring 2005).

Shopping Malls sind ein häufig zitiertes und besonders gewichtiges Beispiel für die Tendenzen der Privatisierung der Stadt, weil es sich dabei um eine neue Form der Organisation der Gründungsfunktion der europäischen Stadt handelt: des Marktes. Malls werden im Feuilleton als ästhetisch sterile, funktional monotone, bloße Simulationen von Markt kritisiert. Aber die fortgeschrittensten Malls sind perfektionierte Nachbildungen innerstädtischer Einzelhandelsstandorte. Sie stehen der Fußgängerzone in nichts nach, weder hinsichtlich der Vielfalt der Geschäfte noch der Heterogenität der Besucher, noch dem Abwechslungsreichtum der Gestaltung. Nur sind sie ohne deren negative Begleiterscheinungen: ohne Schmutz, ohne Bettler und ohne schlechtes Wetter. Sauberkeit, das Fehlen störender Personen und ein angenehmes Klima sind durchaus mehrheitsfähige Annehmlichkeiten, also werden auch die Innenstädte gesäubert, von unerwünschten Personen und Verhaltensweisen freigehalten, verkehrsberuhigt und videoüberwacht, und daß sie noch nicht überdacht sind, ist vornehmlich den Kosten und technischen Schwierigkeiten zu danken. Mall und Fußgängerzone sind sich gegenseitig Vorbilder. Die Unterschiede zwischen ihnen nivellieren sich auf ein Mehr oder Weniger vom gleichen: die gleichen Filialbetriebe, die gleichen Spiegel, Granitplatten und Videokameras, die gleichen Marktkarren, Kunstwerke und Versatzstücke von Natur. Mittlerweile suchen Malls auch Standorte in den Innenstädten. Besonders deutlich werden diese Tendenzen bei den Business Improvement Districts (BIDs). Dabei geht es »nicht länger [...] darum, Einkaufs- und multifunktionale Zentren *in* der Innenstadt zu bauen und zu betreiben, sondern darum, sie *nach dem Vorbild* von Stadtzentren zu gestalten« (Mallett 1994,

282, Hervorhebungen im Original). Angesichts dieser Tendenzen einer wechselseitigen Angleichung von innerstädtischem Einzelhandelsstandort und Mall bleibt anscheinend nur eine akademische Kulturkritik, die darauf beharrt, auf der Bühne der Stadt auch mit den negativen Seiten städtischen Lebens konfrontiert zu werden: dem Elend der Drogenabhängigen, der Armut der Obdachlosen und auch mit den Verunsicherungen, die die Stadt bereithält. Aber solche Appelle an einen heroischen Urbanismus sind nicht mehrheitsfähig gegenüber dem ja durchaus legitimen Ruf nach Sicherheit, Sauberkeit und Service.

Die Erscheinungsformen städtischen Lebens in den Fußgängerzonen und Shopping Malls haben sich einander angeglichen, dennoch bleibt ein entscheidender Unterschied. Er ist in der Art und Weise, wie diese Räume produziert und verwaltet werden, begründet, also in der Struktur von Herrschaft, in die sie jeweils eingebunden sind. Das International Council of Shopping Centers definiert die Mall als »[e]ine Gruppe von Geschäften oder anderen kommerziellen Einrichtungen, die wie ein einzelnes Unternehmen geplant, entwickelt und verwaltet wird und auch die entsprechenden Besitzverhältnisse aufweist« (Falk 1998, 15). Mall und innerstädtische Geschäftsstraße sind also durch die Besitzverhältnisse und durch die Art ihrer Produktion und Verwaltung voneinander zu unterscheiden. Die Mall wird von einem Akteur geplant und verwaltet. Er verfügt über die Eigentumsrechte und Investitionsmittel, er kann sich alle relevanten Informationen verschaffen und verfolgt ein widerspruchsfreies Ziel, nämlich die Maximierung des Ertrags. Innerstädtische Geschäftsstandorte dagegen sind beladen mit den durch Denkmalschutz und die emotionalen Identifikationen der Bevölkerung abgesicherten Zeugnissen der Geschichte, eingeengt von den wechselnden Förderrichtlinien und planungsrechtlichen Bestimmungen der verschiedenen öffentlichen Hände und abhängig von den Unwägbarkeiten des Immobilienmarktes und jenen der kommunalen Politik. Während die Mall nur ein allmächtiges Subjekt hat, wird die Innenstadt in dauernden Aushandlungsprozessen zwischen Eigentümern, Konkurrenten, Pächtern, Bürgerinitiativen und Anwohnern laufend verändert durch die selten koordinierten Handlungen einer unüberschaubaren Zahl von Akteuren, die teilweise widersprüchliche Ziele mit unzureichenden Mitteln und auf Basis unvollständiger Informationen verfolgen. Kurz: Die Innenstadt wird nach dem Modell inkrementalistischer Planung als einer Stückwerkstechnik produziert und verwaltet.

Diese Unterschiede in der Herrschaftsstruktur haben weitreichende Folgen für die Kontrolle der jeweiligen Räume. Die Mall ist eine potentiell vollständig kontrollierte Umwelt, in der Außenanlagen, Architektur, innere Organisation, Gestaltung, Warenangebot, Mietermix und Kundenzugang, Binnenklima und Beleuchtung auf das Ziel der Profitmaximierung hin optimiert werden können. Drei Ebenen von Kontrolle lassen sich in der Gestaltung einer Mall analytisch differenzieren (für eine ausführliche Darstellung vgl. Sievers 2005):
1) Disziplinierende und ausschließende Kontrollen: Sie dienen der Ausgrenzung unerwünschter Personen und der Vermeidung störender Verhaltensweisen. Als alleiniger Eigentümer kann der Betreiber der Mall darüber bestimmen, wer zu welchen Bedingungen welche Flächen anmietet. Nicht die Mechanismen des Immobilienmarktes und schon gar nicht die Prozesse demokratischer Willensbildung bestimmen den Mix der Geschäfte, das Warenangebot, die Standorte und die Gestaltung der Läden. Es sind die Strategien des Mallmanagements, und zwar bis in die Details der Reklame und der Auslage der Waren. Das Management wird dabei die unterschiedliche Marktmacht der potentiellen Pächter beachten müssen, ist aber dennoch alleiniger Entscheidungsträger. Die Herrschaftsstruktur der Mall hat wenige Ähnlichkeiten mit Markt und Demokratie und viele mit feudalistischen Lehnsverhältnissen. Damit ist nicht gesagt, die Selektivität der Mall gegenüber Standortinteressenten sei grundsätzlich höher als die der 1A-Lagen der Innenstadt – im Gegenteil: Die Tatsache, daß der Immobilienmarkt hier ausgeschaltet ist, kann paradoxerweise zu einer größeren Angebotsvielfalt in der Mall führen. Das Management differenziert die Mieten, um auch Geschäfte mit geringerer Flächenproduktivität anzusiedeln, sofern diese den räumlichen und sozialen Einzugsbereich der Mall erhöhen. Typische Beispiele sind der Laden mit Holzspielzeug für Mütter mit kleinen Kindern oder das Geschäft für Autozubehör, wovon man sich eine überregionale Attraktivität für Männer verspricht. Die Mischkalkulation der Mieten in der Mall erlaubt es, Geschäfte, die durch die Mechanismen des Immobilienmarktes aus den Innenstädten verdrängt werden, in der Mall zu halten und dadurch eine insgesamt höhere Attraktivität und mehr Umsätze zu erzielen, da die so in die Mall gelockten Kunden dort auch noch andere Einkäufe erledigen. Die Mall bietet

das perfekte Bild eines vielfältigen Marktes – aber ohne dessen entscheidendes Merkmal: ohne Konkurrenz. In der Mall gibt es nur Monopollagen. Sorgfältig wird bei der Vermietung der Flächen und der Vertragsgestaltung mit den Nutzern darauf geachtet, daß sich die einzelnen Betriebe untereinander keine Konkurrenz machen.

Analoges zum Warenangebot gilt für die Regelung des Zugangs für Besucher. Es sollen Konsumenten kommen, nicht irgendwer. Die Hausordnung einer Mall verbietet beispielsweise »Herumlungern« oder »unnötige[n] Aufenthalt« (Sievers 2005, 85). Ausgrenzende Kontrollen durch Polizei, private Sicherheitsdienste, Videokameras und Ordnungsvorschriften gibt es auch im öffentlichen Raum der Stadt, unerwünschte Personen werden von den innerstädtischen Einzelhandelsstandorten mittels Aufenthaltsverboten und Platzverweisen ferngehalten. Aber die Machtverhältnisse sind jeweils andere: In der Mall kann man sich nur dadurch wehren, daß man sich nicht dort einmietet oder nicht kauft, also durch den Verzicht auf die Nutzung der ökonomischen Chancen des Standortes seitens potentieller Mieter und Verzicht auf die dortigen Einkaufsmöglichkeiten seitens der Kunden. In der Stadt dagegen kann man sich politisch oder juristisch wehren, ohne gleich die eigenen Interessen aufs Spiel setzen zu müssen. Auch wenn empirisch dieselben Verbote existierten und durchgesetzt würden, bliebe der städtische Raum dennoch insofern öffentlicher Raum, als daß seine Exklusivität, im Unterschied zur Mall, durch öffentliches, politisches Handeln verändert werden könnte.

2) Normalisierende Kontrollen: Kontrolle in der Mall beschränkt sich nicht darauf, zu disziplinieren und unerwünschte Besucher fernzuhalten. Es geht darüber hinaus darum, erwünschtes Verhalten zu ermutigen. Dazu wird die Mall auf Basis gründlicher Informationen über Profile und Präferenzen der anvisierten Kundschaft so eingerichtet, daß der Besucher sich in einer Umwelt wiederfindet, die ihm ebenjene Verhaltensweisen nahelegt, die er sich selber gewünscht hat. Legnaro und Birenheide (2005) haben dieses Doppelgesicht der Mall als Ort der Souveränität und Ort der Kontrolle des Konsumenten brillant beschrieben. Wie der Slogan einer Boulevardzeitung »Dir Deine Meinung« verspricht, verspricht die Mall ihrem Kunden die exakte Erfüllung seiner Wünsche. So entsteht ein geschlossener Kreislauf von Konsumforschung, Gestaltung der Mall und dadurch induziertem Verhalten, aus dem nur ausgeschlossen bleibt, was einem gesitteten Konsum nicht förderlich wäre. Die Mall ist ein Ort der

Normalisierung: Sie unterstützt das im statistischen Sinne normale und im normativen Sinn erwünschte Verhalten.

3) Kontrollierbare Umwelt: Disziplinierende und normalisierende Kontrollen haben den Kunden als direktes oder indirektes Objekt. Es gibt aber auch eine Art der Kontrolle in der Mall, die darauf zielt, dem Kunden das Gefühl zu vermitteln, jederzeit Herr der Situation zu sein. Der Kunde soll sich sicher sein, daß er über alles, was ihm in der Mall begegnen könnte, die Kontrolle behält. Er ist der König. Solche Erwartungssicherheit wird erzeugt, indem jede mögliche Verunsicherung des Kunden vermieden wird. Dadurch aber wird quasiprivater Raum geschaffen.

Unsicherheit ist Strukturmerkmal des öffentlichen Raumes. Die Stadt ist ein Ort, an dem Fremde leben. Auf dem Dorf gibt es keine Fremden, nur gute oder schlechte Nachbarn, und wer nicht dazugehört, fällt auf. In der Stadt fällt umgekehrt auf, wenn man einen Bekannten trifft, und kommt das oft vor, beschleicht einen das Gefühl, nicht in einer richtigen Stadt zu wohnen. Situationen im öffentlichen Raum der Stadt sind Situationen, in denen Fremde einander begegnen. Der Fremde aber ist in doppeltem Sinn verunsichernd: als der Unbekannte und als der Andersartige. Das Verhalten eines Unbekannten kann man nicht kontrollieren. Begegnungen mit Fremden sind Situationen, die verunsichern, weil keiner über genügend Informationen verfügt, um die Situation kontrollieren zu können (vgl. Baumann 1997). Der Fremde als der Andersartige ist ein bevorzugtes Objekt von Projektionen. Ihm werden typischerweise ungehemmtere Aggression und Sexualität unterstellt. In der Begegnung mit dem Fremden wird der ordentliche Bürger an die eigenen verdrängten Wünsche erinnert, die er sich in einem mühsamen Prozeß der Zivilisierung abgewöhnen mußte. Der öffentliche Raum der Stadt, als ein Ort der Begegnung mit dem Fremden, verunsichert also nicht nur durch den Verlust der Kontrolle über die äußere Situation, sondern auch, weil man dort die innere Kontrolle verlieren könnte. Um diese strukturelle Unsicherheit zu vermeiden, zielt das Arrangement der Mall darauf, eine vertraute, quasiprivate Situation zu schaffen, »eine Ausweitung des Zuhause« (Gilette 1985, 454). Die Mall soll die Anmutung einer »familiären Umgebung« haben: »sauber, warm, sicher, freundlich und einladend« sein (Miller u. a. 1998, 104). In dem Maße, in dem es gelingt, jegliche Verunsicherung vom Kunden fernzuhalten, indem ein Raum geschaffen wird, in dem der Kunde den

Eindruck haben kann, jederzeit Herr der Situation zu sein, wird nichtöffentlicher Raum produziert (für Details entsprechender Maßnahmen vgl. u. a. Gestring 2005; Sievers 2005).

Die Vermeidung von Unannehmlichkeiten, die Erfüllung der Kundenwünsche und das Gefühl, Herr der Situation sein zu können, sind Ziele, die sich auch jede kommunale Partei aufs Panier schreiben muß, will sie die nächsten Wahlen nicht von vornherein verloren geben, aber nur die Bedingungen, unter denen Malls produziert und verwaltet werden, erlauben es, diese Ziele auch zu verwirklichen. Die widerspruchsfreie Verwirklichung dieser Ziele bringt allerdings den öffentlichen Raum zum Verschwinden. Es ist jedoch gerade die scheinbare Schwäche der kommunalen Politik, als nie ganz gelingender Aushandlungsprozeß zwischen widerstreitenden Interessen, die die Möglichkeit offenhält, daß immer wieder öffentliche Räume entstehen.

Shopping Malls sind einleuchtende Beispiele für die These von der zunehmenden Privatisierung des öffentlichen Raumes. Juristisch stehen sie unter dem privaten Hausrecht des Eigentümers, funktional ist der Markt um sein zentrales Prinzip, die Konkurrenz, bereinigt, sozial sind es exklusive Räume, und baulich wird durch Einhausung und Gestaltung die Assoziation einer familialen, nichtöffentlichen Umwelt geweckt. Dennoch ist damit die allgemeine These vom Verfall des öffentlichen Raumes nicht belegt. Es gibt gegenläufige Entwicklungen einer Veröffentlichung privater Räume, aber auch grundsätzliche Einwände.

Über die europäische Stadt sind immer wieder Verfallsgeschichten erzählt worden: im 19. Jahrhundert die vom Verfall von Sitte und Ordnung in der Großstadt, im 20. die vom Verlust der Urbanität durch den funktionalistischen Städtebau und heute eben die von der Privatisierung des öffentlichen Raumes. Aber diese Thesen messen die Gegenwart an einem verklärten Bild der Vergangenheit. Öffentlichen Raum im emphatischen Sinn hat es nie gegeben. Der öffentliche Raum europäischer Städte war immer exklusiv. Im Verlauf der Geschichte hat sich vor allem geändert, wer mit welchen Mitteln aus welchen Räumen herausgehalten wurde. Auf der griechischen Agora hatten Sklaven, Frauen und Fremde keinen Zutritt. In mittelalterlichen Städten gab es detaillierte Vorschriften, wer sich in welcher Kleidung zu welchen Zeiten wo aufhalten durfte. In der Stadt des 19. Jahrhunderts galt eine Frau, die sich ohne Begleitung im öffentlichen Raum bewegte, als Prostituierte. Heute gelten Obdachlose, Drogenabhängige und Gruppen männlicher Jugendlicher aus der Unterschicht oder mit Migrationshintergrund als unerwünscht. Shopping Malls sind da nicht unbedingt exklusiver als die »geleckten« Fußgängerzonen deutscher Innenstädte, und denkt man nicht nur an die Situation der Frauen, sondern auch an die des Industrieproletariats im 19. Jahrhundert, so dürfte die Mitte der Stadt damals für sehr viel weniger Menschen zugänglich gewesen sein als eine heutige Mall. Und mit der Öffnung der ehemals verbotenen Zonen großer Militärareale, Zechen, Stahlwerke und Hafenanlagen im Zuge von Demilitarisierung und Deindustrialisierung dürfte zumindest die mengenmäßige Bilanz von veröffentlichten zu privatisierten Flächen zugunsten des öffentlichen Raumes ausfallen.

Was sich geändert hat, sind die Gefährdungen des öffentlichen Raumes. Frauen hatten im 19. Jahrhundert keinen Zugang zum politischen und zum ökonomischen System, sie galten als nicht geschäftsfähig. Deshalb durften sie sich auch im öffentlichen Raum der Stadt nur mit (männlicher) Begleitung bewegen. Auch heute ist der öffentliche Raum der Stadt durch die ökonomische und politische Ausgrenzung bestimmter Gruppen bedroht. Wenn die soziale Ungleichheit sich zur Spaltung der Gesellschaft vertieft, weil die Arbeitsmärkte nicht funktionieren, und wenn politische Konflikte nicht mehr demokratisch verhandelbar sind, weil Minderheiten keinen Zugang zum politischen System und zu den Medien haben, dann läßt das auch heute die Qualität des öffentlichen Raumes als eines für jedermann zugänglichen Raumes nicht unberührt. Das Versagen von Demokratie und Markt ist die eigentliche Bedrohung des öffentlichen Raumes. Das soll nicht heißen, Städtebau und Architektur spielten keine Rolle. Es wäre falsch, wenn die Innenstädte nun versuchen würden, selbst zu werden wie Malls. Das kann ein Developer im Zweifelsfall immer besser. Die Innenstädte werden auch als Standorte des Einzelhandels nur dann auf Dauer konkurrenzfähig bleiben, wenn sie mehr sind als Einzelhandelsstandorte, nämlich Stadt, das heißt Markt, Kirche, Rathaus, Wohnung und Büro, also nicht nur Ort des Handels, sondern auch des Wohnens und Arbeitens, der Kultur und der politischen Auseinandersetzung.

17. Integration

Relativ langsam, aber stetig und nachhaltig verändert sich die ethnisch-kulturelle Zusammensetzung der deutschen Bevölkerung. Insbesondere in den Städten wächst der Anteil der Bevölkerung »mit Migrationshintergrund« immer rascher. Wenn man die multikulturelle Realität in den Städten beschreiben will, macht die Unterscheidung zwischen Deutschen und Ausländern immer weniger Sinn, weil mittlerweile 1,2 Millionen Zuwanderer eingebürgert wurden und von den Neugeborenen inzwischen die Mehrheit eine deutsche Staatsbürgerschaft annimmt. Da die amtlichen Statistiken aber bisher nur nach Staatsangehörigkeit unterscheiden, müssen wir uns im folgenden noch mit dieser Unterscheidung begnügen.

Ohne Immigration würde die Bevölkerungszahl in Deutschland bald sehr stark abnehmen – die Entwicklung einer städtischen Zuwanderungs- oder Integrationspolitik befindet sich jedoch immer noch in den Anfängen (vgl. dazu Krummacher/Waltz 1996; Gesemann 2001; Oltmer 2003). Es gibt wenige Politikbereiche, in denen die ideologischen Positionen der meisten Politiker so weit von den Realitäten und Notwendigkeiten entfernt sind wie im Hinblick auf die Migration. Wir wollen in diesem Kapitel den Begriff *Integration* diskutieren, denn ein klares Verständnis davon, was er beinhaltet, sollte die Grundlage einer migrationsbezogenen Politik auf allen Ebenen des staatlichen Systems darstellen.

Da sich Zuwanderung vornehmlich auf die großen Städte konzentriert, sind sie die Orte, in denen sich entscheidet, ob Integration gelingt oder ob die Zuwanderer an den Rand der Gesellschaft gedrängt werden. Das heißt nicht, daß die Städte darüber allein entscheiden. Der Arbeitsmarkt, das Bildungssystem, das politische System, der Wohnungsmarkt und die mehr oder weniger vorurteilsbeladenen Verhaltensweisen der einheimischen Bevölkerung bedingen die Integration. Diese Bereiche sind wiederum in einen gesamtgesellschaftlichen Rahmen eingebettet, so daß kommunaler Politik hier nur ein begrenzter Spielraum für Steuerungsmöglichkeiten bleibt. Aber es sind der regionale Arbeitsmarkt, das örtliche Bildungssystem, die konkrete Nachbarschaft und die lokale Politik, in denen strukturelle Prozesse und individuelle Verhaltensweisen in Wechselwirkung treten. Und in der Überlagerung und Wechselwirkung objektiver und subjektiver Faktoren in den Räumen eines Stadtteils, einer Stadt oder einer Region formen sich Karrieren der Integration oder der Ausgrenzung. Zugleich entscheidet sich mit der gelungenen oder mißlungenen Integration das Schicksal der Städte. Bereits heute sind mehr als 40 Prozent der Einwohner von Frankfurt am Main, Stuttgart oder München Migranten oder Kinder von Migranten. Das wird in den westdeutschen Großstädten in wenigen Jahrzehnten Normalität sein. Gut die Hälfte der jüngeren Arbeitskräfte (unter 40 Jahren) auf den großstädtischen Arbeitsmärkten wird schon bald einen Migrationshintergrund haben. Wenn die Kinder der Zuwanderer genauso schlecht ausgebildet sein werden, wie sie es heute sind – 60 Prozent verfügen lediglich maximal über einen Hauptschulabschluß –, dann wird das der entscheidende Engpaß für die wirtschaftliche Entwicklung der Städte sein.

Die Bundesrepublik ist ein Einwanderungsland. Gegenwärtig leben 7,3 Millionen Menschen ohne deutschen Paß in der BRD. Hinzu kommen über 1,2 Millionen, die die deutsche Staatsbürgerschaft erworben haben (Bericht der Beauftragten der Bundesregierung 2005, 597). Bei einem Saldo von 200 000 Zuwanderern pro Jahr wandern jährlich 800 000 Menschen zu und 600 000 wieder fort. Unterstellt man den sich nur vorübergehend in der Bundesrepublik aufhaltenden Ausländern eine durchschnittliche Verweildauer von fünf Jahren, so leben circa drei Millionen Ausländer im Bundesgebiet, die eher dem Bild des Gastarbeiters der sechziger Jahre des vorigen Jahrhunderts entsprechen. Aber auch unter denen, die sich auf Dauer in der Bundesrepublik angesiedelt haben, gibt es eine wachsende Zahl von Menschen, die nicht in das Bild des klassischen Einwanderers passen, der sich in die Mehrheitsgesellschaft integriert. Die modernen Transportmittel und der wachsende Wohlstand erlauben regelmäßige Aufenthalte im Herkunftsland, die Verfügbarkeit der heimischen Massenmedien ermöglicht es, sich physisch in der deutschen Wohnung aufzuhalten, aber seine Informationen und Unterhaltung aus der Heimat zu beziehen. Ist die ethnische Gruppe groß genug, können sich ethnische Ökonomien und Infrastrukturen entwickeln, die die Kultur des Herkunftslandes auch außerhalb der Wohnungstür präsent machen. Bei den Migranten sind also drei Gruppen zu unterscheiden: die klassischen Einwanderer, die Transitorischen und die Transnationalen. Sie alle leben in der Bundesrepublik, aber die Probleme der Integration stellen sich jeweils anders. Im folgenden konzentrieren wir uns allein auf die Integration der Zuwanderer, die dauerhaft in der Bundesrepublik leben werden, obwohl die Städte auch für die drei Millionen transitorischen Zuwanderer Arbeits-, Wohn- und Lebensmöglichkeiten bereitstellen müssen.

Bei der Frage nach der Integration von Zuwanderern in die Mehrheitsgesellschaft, also der sozialen Integration, sind zwei Aspekte zu unterscheiden: zum einen die strukturelle Integration einer Person. Damit ist die Teilhabe an den Ressourcen und Positionen des Aufnahmelandes gemeint, z. B. die Integration in den Arbeits- oder Wohnungsmarkt. Zum zweiten die kulturelle Integration, die die Übernahme bestimmter Normen und Regeln durch den einzelnen meint. Gelungene strukturelle Integration, die Teilhabe aller an den Chancen einer Gesellschaft, ist die entscheidende Voraussetzung für kulturelle Integration. Eine Mindestvoraussetzung für subjektive Bemühungen um Integration ist eine gesicherte Aufenthaltsperspektive. Es wäre für einen Migranten wenig rational, in eine Ausbildung für den deutschen Arbeitsmarkt zu investieren, wenn seine Aufenthaltsbewilligung bald abläuft. Aber der Umkehrschluß gilt genauso: Der einzelne muß die wichtigsten Qualifikationen erworben und die geltenden Regeln und Normen der Mehrheitsgesellschaft übernommen haben, um die Chancen, die diese bietet, auch ergreifen zu können.

Wann kann man sagen, daß Integration gelungen ist? Integration beginnt mit jedem Neugeborenen und mit jedem Einwanderer aufs neue. Trotzdem läßt sich ein Maßstab für Integration benennen: Sie ist in dem Maße gelungen, wie es zwischen den Gruppen – etwa zwischen Migranten und Einheimischen – keine systematischen Unterschiede hinsichtlich der Verteilung von Positionen und Ressourcen gibt, z. B. Geld, Ansehen, Beruf oder Wohnqualität.

Man kann leicht nachweisen, daß die Situation der Zuwanderer in fast allen Bereichen sehr viel schlechter ist als die der Deutschen. Aber das ist noch kein Beleg für gescheiterte Integration, da diese einen sehr langwierigen Prozeß darstellt. Die Integration der Ruhrpolen ist erst in der dritten und vierten Generation gelungen. Man kann nicht erwarten, daß der Einwanderer oder die Einwanderin mit dem Überschreiten der Landesgrenze bereits alle notwendigen Qualifikationen und normativen Orientierungen erworben hat. Ebenso braucht jede Gesellschaft Zeit, um sich auf Einwanderung einzustellen. Entscheidend für eine Beurteilung ist daher die Richtung der Entwicklung: Geraten die Zuwanderer im Zeitverlauf mehr und mehr an den Rand oder in die Mitte der Gesellschaft? Verringern oder vergrößern sich die Abstände zu den Deutschen?

Die für strukturelle Integration wichtigsten gesellschaftlichen Systeme sind der Arbeitsmarkt, das Bildungssystem, der Wohnungsmarkt und die Politik (alle Angaben dazu – wenn nicht anders vermerkt – sind dem Tabellenband des Berichtes der Beauftragten der Bundesregierung für Migration, Flüchtlinge und Integration von 2005 entnommen). Diese Reihenfolge ist auch eine Rangfolge der Relevanz: Der wichtigste Schritt auf dem Weg der Integration ist die Integration in den Arbeitsmarkt. Über die Position auf dem Arbeitsmarkt werden nicht nur die Konsumchancen verteilt. Die erreichte Position auf dem Arbeitsmarkt ist auch wesentlich für soziale Anerkennung und das eigene Selbstwertgefühl.

17.1 Arbeitsmarkt

Die Zuwanderer haben zunächst die unteren Positionen auf dem Arbeitsmarkt besetzt. Sie sind im Vergleich zu den Deutschen häufiger prekär oder nur informell beschäftigt, häufiger Arbeiter und seltener Angestellte und Beamte, viel häufiger im verarbeitenden Gewerbe tätig und sehr viel seltener auf qualifizierten Arbeitsplätzen und besonders selten in den modernen produktionsorientierten Dienstleistungen zu finden. Ihre Beschäftigung bei Banken und Versicherungen liegt weit unter Durchschnitt, im öffentlichen Dienst stagniert sie seit 2001 bei 2,4 Prozent.

Aber im Zeitverlauf gibt es Anzeichen dafür, daß die Kluft kleiner wird, ein Zeichen gelingender Integration: So ist der Abstand zwischen Deutschen und Ausländern hinsichtlich ihrer Stellung im Beruf merklich geringer geworden. Das gilt besonders für Frauen. Bei selbständiger Arbeit erreichen Menschen mit Migrationshintergrund annähernd gleiche Werte wie die einheimischen Einwohner (9,7:10,9). Allerdings sind deren Tätigkeiten zu drei Vierteln in Handel und Gastgewerbe angesiedelt und die durchschnittliche Lebensdauer solcher Betriebe beträgt nur knapp zwei Drittel im Verhältnis zu denen mit einem einheimischen Eigentümer, nämlich 3,9 zu 6,4 Jahre (Bremer 2000, 66). Selbständigkeit bei Einwanderern ist häufiger als bei Einheimischen Reaktion auf Diskriminierung und Arbeitslosigkeit.

Andererseits gibt es auch negative Entwicklungen. Entsprechend ihrer Situation auf dem Arbeitsmarkt verdienen Ausländer sehr viel weniger als Deutsche. Und das Armutsrisiko von Personen mit Migrationshintergrund ist im Zeitverlauf sogar von einem Fünftel 1998 auf ein Viertel 2003 gestiegen. Die Ausländerbeschäftigung fungiert als ein Konjunkturpuffer. Ausländer werden deshalb sehr viel stärker von konjunkturellen Schwankungen berührt. Da sie überproportional häufig in stagnierenden oder schrumpfenden Branchen tätig sind, trifft sie auch der ökonomische Strukturwandel stärker. Deshalb hat ihre sozialversicherungspflichtige Beschäftigung zwischen 1999 und 2003 sehr viel schneller abgenommen als die der Deutschen. Dem entspricht, daß ihre Beschäftigung in sogenannten Minijobs sehr viel schneller zugenommen hat, ebenso ihre Arbeitslosigkeit. Bis Anfang der siebziger Jahre spielte Arbeitslosigkeit bei Ausländern fast keine Rolle. Seitdem ist sie kontinuierlich und überdurchschnittlich gestiegen. Die Arbeitslosenquote unter Ausländern ist heute fast doppelt so hoch wie die der Deutschen. Sie stieg von 2001 bis 2004 von 17,4 auf 20,5 Prozent an. Deshalb ist auch der Ausländeranteil an allen Arbeitslosen kontinuierlich von 9,1 Prozent 1992 auf 12,5 Prozent 2003 gestiegen. Das gilt allerdings nicht für die Jugendlichen: Der Anteil der Arbeitslosen unter den ausländischen Jugendlichen ist stetig gesunken, während der ihrer deutschen Altersgenossen gestiegen ist. Beunruhigend ist vor allem, daß sich von einer Million Ausländern, die sich 2003 aus der Arbeitslosigkeit abgemeldet haben, dies nur ein knappes Drittel wegen Arbeitsaufnahme getan hat. Für die überwiegende Mehrheit mündete die Abmeldung in dauernder Beschäftigungslosigkeit, ein Anzeichen für soziale Ausgrenzung.

17.2 Bildung

Erfolg auf dem Arbeitsmarkt entscheidet sich immer häufiger bereits im Bildungssystem. Deshalb ist das Bildungssystem für die Integration mindestens ebenso wichtig wie der Arbeitsmarkt. Die PISA-Studien belegen, daß in Deutschland im Vergleich zu anderen Ländern Kinder mit Migrationshintergrund besonders schlechte Lernchancen haben. Besonders beunruhigend ist, daß in der Bundesrepublik geborene Migrantenkinder noch schlechter abschneiden als im Ausland geborene. Ausländerkinder sind unter den Sonderschülern überproportional vertreten. Bei einem Anteil von 9,8 Prozent an der Gesamtschülerschaft stellen Ausländerkinder zwischen 16 Prozent und 19 Prozent der Sonderschüler.

Jeder fünfte ausländische Jugendliche verläßt die Schule ohne Abschluß, bei den Deutschen nur jeder zwölfte. Lediglich 40 Prozent der ausländischen Jugendlichen erreichen einen höheren Abschluß als den der Hauptschule, bei den Deutschen sind es 70 Prozent, nur knapp jeder zehnte erreicht das Abitur, unter Deutschen jeder vierte. Fast 40 Prozent der 24-29jährigen Erwachsenen ohne deutschen Paß haben keine berufliche Ausbildung im Vergleich zu 10,4 Prozent der Deutschen.

Ganz gleich, welchen Indikator man betrachtet, ausländische Kinder schneiden schlechter ab als deutsche. Im Zeitverlauf zeigt sich aber eine ambivalente Entwicklung. Einerseits ist der Bildungserfolg gestiegen. In den siebziger Jahren verließ noch fast die Hälfte der ausländischen Jugendlichen die Schule ohne einen Abschluß. Heute betrifft das nur noch jeden fünften. Andererseits sinkt seit Mitte der neunziger Jahre der Anteil der ausländischen Jugendlichen an der beruflichen Ausbildung – von 43,5 Prozent in 1994 auf 34 Prozent im Jahre 2002. Und die ausländischen Ausgebildeten konzentrieren sich auf sehr wenige und weniger zukunftsträchtige Berufe. Am anderen Ende der Bildungshierarchie, den Hochschulen, ist der Anteil sogenannter Bildungsausländer sehr niedrig und sogar rückläufig – von 3,5 Prozent in den Jahren 1999/2000 auf 3,3 Prozent 2003/2004.

17.3 Wohnen

Nach allen Indikatoren der Wohnqualität wohnen Migranten schlechter als Deutsche: beengter, in älteren und schlechter ausgestatteten Wohnungen, für die sie mehr zahlen müssen; an schlechteren Standorten und mit weniger Sicherheit vor Kündigung. Allerdings hat sich die Ausstattung ihrer Wohnungen weitgehend an die der Deutschen angeglichen, ein Effekt der enormen Sanierungsanstrengungen in der BRD. Außerdem ist die Quote der Ausländer, die im Eigentum wohnen, von sechs Prozent in 1995 auf 15,5 Prozent in 2002 gestiegen. Aber: Sie bilden Eigentum vorwiegend in den weniger attraktiven Segmenten des Wohnungsmarktes.

17.4 Politik

Insgesamt haben etwas über 1,2 Millionen Ausländer die deutsche Staatsbürgerschaft erworben, gegenüber 7,3 Millionen mit ausländischem Paß. Nur knapp jeder sechste hier lebende Ausländer besitzt also die Voraussetzungen für eine vollberechtigte Mitwirkung am politischen System der Bundesrepublik. Die Zahl der jährlichen Einbürgerungen ist bis 2000 kontinuierlich gestiegen, seitdem ist sie wieder rückläufig, trotz des neuen Einbürgerungsrechts.

17.5 Zusammenfassung

Faßt man zusammen, so ergibt sich kein eindeutiges Bild: Am besten erscheint die Entwicklung auf dem Wohnungsmarkt. Hier verhindern die sozialstaatlichen Regulierungen durch sozialen Wohnungsbau und Wohngeld anscheinend Ausgrenzungskarrieren. Inwieweit die gegenwärtigen Tendenzen einer Globalisierung und Privatisierung auf dem Wohnungsmarkt daran etwas ändern werden, bleibt abzuwarten. Im Bildungssystem und im Arbeitsmarkt und damit in den für die Integration entscheidenden Systemen bleiben die Zuwanderer hinter den Deutschen zurück, es gibt sogar Anzeichen, daß die Kluft größer wird.

Aber teilweise sind die Verhältnisse besser, als es diese Daten zeigen: Die 1,2 Millionen Eingebürgerten erscheinen nicht mehr in den Statistiken zur Situation von Ausländern. Die Annahme ist plausibel, daß sie strukturell besser integriert sind als Nichteingebürgerte. Die sinkende Beschäftigungsquote hängt auch mit dem Wandel der demographischen Struktur der Zuwanderer zusammen. Aus einer erwachsenen, männlichen Gastarbeiterbevölkerung ist eine »Normalbevölkerung« geworden mit höheren Anteilen an nichtberufstätigen Hausfrauen und Kindern, also ist es kein Wunder, daß die Beschäftigungsquote sinkt.

Vor allem aber ist es wenig sinnvoll, *die* Deutschen mit *den* Ausländern zu vergleichen. Sowohl zwischen als auch innerhalb der ethnischen Gruppen gibt es erhebliche Unterschiede. Türken und Italiener haben die schlechtesten Schulergebnisse, Spanier die besten, Mädchen haben sich verbessert, Jungen kaum. Die Durchschnittszahlen verdecken die internen Polarisierungen: Innerhalb der ethnischen

Gruppen gibt es eine große, sich kaum verringernde Gruppe ohne jeden Abschluß bzw. ohne berufliche Ausbildung. Bei den jugendlichen Italienern und Türken sind es über 50 Prozent. Konfrontiert man diese Zahlen mit den auch künftig steigenden Anforderungen an Bildung und Ausbildung, dann ist die Befürchtung fundiert, daß eine wachsende Minderheit der Zuwanderer dauerhaft aus dem Arbeitsmarkt ausgegrenzt sein wird und dieser Anteil beträchtlich höher liegen wird als der der Deutschen. Für sie droht Integration zu scheitern.

17.6 Bedingungen gelingender Integration

Mit der Einwanderung stellt sich das alte Problem der Integration der Individuen in eine bestehende Gesellschaft auch jenseits der klassischen Fragen der Sozialisation. Der Zuwanderer ist eben anders als das Neugeborene kein unbeschriebenes Blatt, das im Verlauf seiner Sozialisierung mit den in dieser Gesellschaft erforderlichen Fähigkeiten und Orientierungen beschrieben werden muß. Er ist bereits sozialisiert, aber für eine andere Gesellschaft, d. h., er ist ein Fremder. Anders als dem Neugeborenen begegnet man ihm deshalb nicht mit Freude, sondern mit Befürchtungen. Er ist der Unbekannte und sein Verhalten nicht kalkulierbar. Begegnungen mit dem Fremden schaffen Situationen, die man nicht kontrollieren kann.

Die klassischen Konzeptionen des Fremden in der Soziologie gingen von nach außen relativ geschlossenen, in sich homogenen Nationalgesellschaften aus, in die Fremdheit durch Migration gleichsam importiert wurde. Moderne Gesellschaften produzieren aber aus sich heraus vielfältige und tiefgreifende Differenzen. Der Grundgedanke in allen Theorien moderner Gesellschaften ist die Konzeption sozialen Wandels als eines Prozesses fortschreitender Differenzierung. In diesem Prozeß erzeugen moderne Gesellschaften aus sich heraus Fremdheiten, die denen, die durch Wanderungen vermittelt werden, in nichts nachstehen. Deshalb haben moderne Gesellschaften auch unabhängig von Zuwanderung Mechanismen zur Bewältigung von Fremdheit entwickelt.

Mechanismen der Integration sind Markt, Demokratie und die urbane Lebensweise. Sie erlauben ökonomische und politische Integration und das Zusammenleben im Alltag, ohne daß Fremdheit zum Verschwinden gebracht werden müßte. Der Markt ist farbenblind. Hier zählt nur, ob jemand über Ressourcen verfügt, nach denen Nachfrage besteht. Das können Waren sein oder Qualifikationen oder auch nur Geld. Wer darüber verfügt, kann in das ökonomische System integriert werden, unabhängig von seiner ethnischen Zugehörigkeit und seinen politischen Überzeugungen. Spiegelbildlich erlaubt das demokratische System politische Teilhabe ohne ökonomische Vorbedingung, man muß auch nicht über die deutschen Bildungsgüter verfügen, sondern allein über die politischen Bürgerrechte.

Die urbane Lebensweise ist Voraussetzung für eine zwanglose und konfliktfreie Koexistenz von Fremden. Typisch für Kontakte unter Städtern im öffentlichen Raum sind segmentierte, auf einen spezifischen Zweck hin eingeengte Beziehungen, bei denen bewußt alle anderen Aspekte der Persönlichkeit, der eigenen wie der des Gegenübers, ausgeklammert bleiben. Das Modell dafür ist der Markt, auf dem man sich allein in der Rolle des Käufers und Verkäufers begegnet – ohne Ansehen der Person.

Dieser Großstadtcharakter basiert auf Unabhängigkeit und setzt ökonomisch die sichere Integration in den Arbeitsmarkt oder wenigstens in die sozialstaatlichen Sicherungssysteme voraus. Psychische Stabilität und eine gesicherte private Sphäre als geschützter Raum für nicht gleichgültige Beziehungen sind ebenso unabdingbar, denn ein Leben in Gleichgültigkeit gegenüber allem und jedem ist auf Dauer wohl kaum mit psychischer Gesundheit vereinbar. Wer über diese Voraussetzungen nicht verfügt, ist auf Einbindung in die informellen Netze von Verwandtschaft und Nachbarschaft angewiesen, allein schon, um ökonomisch überleben zu können. Diese aber gelingt nur auf Basis lange bewährter gegenseitiger Beziehungen und von Vertrauen, also dem genauen Gegenteil von Blasiertheit, Gleichgültigkeit und rein verstandesgemäßen Kontakten. Simmels Großstadtcharakter hätte da wenig Chancen, es sei denn, er wäre ein wohlhabender Rentier. Das aber sind die wenigsten, die gegenwärtig in deutschen Städten leben. In den Vierteln, deren Bewohner nicht über die Voraussetzungen der urbanen Lebensweise verfügen, findet man deshalb auch eher Beziehungsmuster ähnlich denen in dörflichen Nachbarschaften. Der Gegentyp zu Simmels gelerntem Großstädter ist der *urban villager*, wie ihn Gans im Westend von Boston gefunden hat (Gans 1962).

Wenn also der Integrationsmodus der urbanen Indifferenz, wie ihn

Simmel entwickelt hat, allenfalls für Minderheiten praktikabel ist, welche anderen Konzepte gelingender Integration sind dann unter den Bedingungen moderner Gesellschaften vorstellbar? In der folgenden Übersicht sind vier Konzepte von Integration nach zwei Kriterien geordnet. Erstens: Wie wird gelungene Integration vorgestellt – als durchgesetzte Homogenität oder als ertragene Differenz? Zweitens: Wer ist Träger der Integrationsleistung – das Individuum oder die Stadtgesellschaft als Ganzes?

Schaubild 17.1: Integrationsmodi

Träger der Integration / Ziel der Integration	Individuum	Stadt
Herstellung von Homogenität	Assimilation	*melting pot*
Aufrechterhaltung von Differenz	urbane Lebensweise	Mosaik

Assimilation bezeichnet einen Anpassungsprozeß, in dessen Verlauf Fremdheit verschwindet, indem sich eine Gruppe oder ein Individuum spurlos in eine dominante Kultur einfügt. Integration ist eine Leistung der Zugewanderten und sie ist durch Verinnerlichung eines homogenen Satzes von Werten und Normen gewährleistet.

Auch bei dem amerikanischen Modell des *melting pot* steht am Ende eine homogene Kultur. Aber sie entsteht dadurch, daß die verschiedenen Einwanderungsgruppen ihre mitgebrachten Kulturen in den großen Schmelztiegel Amerikas einbringen, wo sie zu einer neuen, nun allen gemeinsamen Kultur eingeschmolzen werden, dem *American way of life*: Integration durch Homogenität. Aber diese ist Ergebnis der produktiven gegenseitigen Anpassung aller Gruppen einer Gesellschaft.

Die Stadt als Mosaik kleiner Lebenswelten ist das Gegenmodell zur urbanen Indifferenz Simmels. In beiden Konzepten wird Integration als ausgehaltene Differenz begriffen, während es bei Simmel Sache des Individuums ist, Fremdheit durch Distanz einzuhegen, ist es im Modell der Stadt als Mosaik die Leistung der Stadtstruktur, bei aufrechterhaltener kultureller Differenz dennoch ein Zusammen- bzw. ein Nebeneinanderherleben in der Stadt zu ermöglichen. Die Menschen leben in quasidörflichen Gemeinschaften, die sich untereinander ethnisch und kulturell mehr oder weniger stark unterscheiden, die aber räumlich voneinander separiert sind. Segregation, die Konzentration der verschiedenen ethnischen oder Lebensstilgruppen der Stadtbevölkerung in verschiedenen Räumen der Stadt, entschärft die möglichen Konflikte zwischen verschiedenen Fremdheiten, indem soziale und kulturelle Distanzen in räumliche Distanzen übersetzt werden. Die verschiedenen Welten berühren einander, aber sie durchdringen sich nicht, wie es Robert Park, ein Schüler Simmels und einer der Gründer der sogenannten Chicagoer Schule der Soziologie, auf die dieses Modell zurückgeht, formuliert hat.

Welches dieser Modelle ist unter den Bedingungen moderner Gesellschaften praktikabel und sollte von der Stadtpolitik unterstützt werden? Basisannahme aller soziologischen Theorien moderner Gesellschaften ist die These von der zunehmenden Differenzierung, sei es durch fortschreitende Arbeitsteilung, sei es durch die Verselbständigung der gesellschaftlichen Teilsysteme wie Politik, Wirtschaft und Wissenschaft, sei es durch Migrationsbewegungen als einer der Folgen der Globalisierung oder sei es durch den ökonomischen Strukturwandel zur Dienstleistungsgesellschaft. Mit diesen strukturellen Differenzierungen korrespondiert eine kulturelle, die durch Wertewandel und die Ausbildung unterschiedlicher Milieus und Lebensstile hervorgerufen wird.

Angesichts dieser Entwicklungen sind Vorstellungen von sozialer Integration in eine homogene Kultur überholt. Integration kann in modernen sozial und funktional differenzierten Gesellschaften nur als ausgehaltene kulturelle Differenz gedacht werden. Das Modell der urbanen Indifferenz ist allenfalls für eine Minderheit realistisch. Bleibt das Modell der Stadt als Mosaik verschiedener Lebenswelten. Die räumlich getrennten kleinen Welten, in denen sich die verschiedenen Einwanderergruppen konzentrieren, bilden einen Puffer zwischen dem eingewanderten Individuum und der Aufnahmegesellschaft, einen Brückenkopf in der Fremde, wo der Einwanderer vertraute Sitten, Einrichtungen und Menschen findet, wo seine Sprache verstanden und so der Schock der Migration gemildert wird. Und indem sie soziale und kulturelle Distanzen in räumliche Distanzen übersetzen, schließen sie die Konflikte zwischen verschiedenen Lebensweisen ein. Park und Ernest Burgess haben deshalb am Beispiel der Stadt Chicago ein Grundmuster der Integration entwickelt, das sich in allen Einwanderungsgesellschaften findet: die Integration durch Segregation.

Die Stadt- und Wohnungspolitik in der Bundesrepublik war jedoch immer eine Politik der Vermeidung von Segregation. Dafür gab es gute Gründe, solange es um eine vorwiegend ökonomisch bedingte Segregation ging. Unter Bedingungen moderner Einwanderungsgesellschaften aber entstehen ethnisch und kulturell bedingte Segregationen, für die diese Gründe nicht mehr gelten. (Wir haben das an anderer Stelle ausführlich dargestellt; vgl. Häußermann/Siebel 2004, 179ff.)

Markt, Demokratie und die urbane Distanz im öffentlichen Raum sind Mechanismen, die es modernen Gesellschaften erlauben, Fremdheit zu integrieren, ohne Differenz zu beseitigen. Sie verlangen nie die ganze Person, sondern immer nur einen kleinen Ausschnitt derselben: Um als Maschinenbauer eingestellt zu werden, sind Parteipräferenzen unerheblich, umgekehrt muß man nicht Ingenieur sein, um wählen zu dürfen, und die Straßen der Stadt stehen jedem offen, gleich ob er zu Hause den Koran liest oder atheistische Pamphlete, solange nur die Codes des Verhaltens im öffentlichen Raum eingehalten werden. Die Leistung besteht dabei in mehr als resignierter Toleranz, die die Tatsache der Fremdheit hinnimmt. Im Gegenteil: Die Kreativität der Stadt, die Legitimität der Politik und die Produktivität der Wirtschaft beruhen auf der Fähigkeit dieser Systeme, Integration bei zunehmender Differenz zu gewährleisten. Aber damit sie so funktionieren, bedarf es einer Fülle struktureller und subjektiver Voraussetzungen.

Wenn die Aufnahmegesellschaft den Zuwanderern keine dauerhaften und attraktiven ökonomischen und politischen Beteiligungsmöglichkeiten bietet und ihnen obendrein mit vorurteilsbeladener Abwehr begegnet, ist kaum zu erwarten, daß diese ihrerseits die Mühen der Integration auf sich nehmen. Subjektive Anstrengungen sind aber ebenso unabdingbar für gelingende Integration wie objektive Möglichkeiten. Integration in den Arbeitsmarkt einer Dienstleistungs- und Wissensgesellschaft verlangt von Katholiken wie Mohammedanern die Tugenden der protestantischen Ethik. Auch die Massen verarmter Deutscher, die in der zweiten Hälfte des 19. Jahrhunderts im Zuge der industriellen Urbanisierung vom Land in die Städte strömten, hatten enorme Anpassungsleistungen zu erbringen: die Gewöhnung an die vom natürlichen Tageslauf abstrahierte Uhrzeit, an die mechanische Disziplin der maschinenvermittelten Arbeit, an das Leben unter städtischen Bedingungen.

Ähnliches gilt für die Integration in das politische System. Wer glaubt, mit seinen Fäusten den politischen Meinungskampf ausfechten zu müssen, wird in der Politik nicht weit kommen. Die Teilnahme an politischen Prozessen setzt seitens der Subjekte Organisations-, Artikulations- und Konfliktfähigkeit sowie die Beherrschung der demokratischen Spielregeln voraus. Dazu zählen nicht nur die Verfassung, sondern auch die Prinzipien der Trennung von Religion, Wirtschaft, Wissenschaft und Politik.

Die vielleicht schwierigste Voraussetzung gelingender Integration ist die Einsicht – auf seiten der aufnehmenden Gesellschaft wie auf seiten der Zuwanderer – in die Janusköpfigkeit dieses Prozesses. Die soziologischen Theoretiker der Modernisierung haben mit wechselnden Formulierungen auf die Risiken und Verluste der Modernisierung hingewiesen: Anomie, Entfremdung, Verlust von Gemeinschaft, ein neues Fellachentum, das Übergewicht des objektiven Geistes über den subjektiven. Aber der Prozeß der Modernisierung ist unumkehrbar, es sei denn, man verzichtete auch auf seine Erträge: auf materiellen Wohlstand, Rechtssicherheit, politische Freiheit und die schillernden Chancen der Individualisierung, auf Erträge also, derentwegen die meisten der Flüchtlinge wie Zuwanderer überhaupt die Mühen der Migration auf sich genommen haben.

Die von den Zuwanderern zu erbringenden Anpassungsleistungen brauchen nicht nur Zeit – die Zeit von Generationen –, sondern auch Räume des Übergangs. Die Stadt als Mosaik verschiedener Lebenswelten ist ein solcher Raum, wenn sie den Individuen geschützte Heimaten für ihre Besonderheiten bietet, Brückenköpfe in der Fremde, wo ihre durch die Migration prekarisierte Identität gestützt wird. Aber zugleich müssen Wege aus diesen Übergangsräumen in die »Normalgesellschaft« offengehalten werden. Die Stadt ist zugleich Struktur und Prozeß. Die Struktur der Stadt als Mosaik verschiedener Lebenswelten ist stabil, aber die einzelnen Individuen oder sozialen Gruppen müssen sich zwischen den einzelnen Quartieren bewegen können. Nur dann sind die Dörfer der Stadt keine Fallen, sondern Stufen im Integrationsprozeß. Also sind auch in deutschen Städten Einwanderungsquartiere als dauerhafte Institutionen zu akzeptieren, aber zugleich ist alles daranzusetzen, daß die Individuen sich nur vorübergehend darin aufhalten bzw. aufhalten müssen.

17.7 Diagnosen der Desintegration: Individualisierung – Entsolidarisierung

Über Integration müßte nicht viel geredet werden, würde sie nicht als in irgendeiner Form gefährdet oder prekär eingeschätzt. Anzeichen für diese Einschätzung werden – je nach Position – in »Desintegrationserscheinungen« gesehen, etwa in zunehmender Gewalt, wachsenden ethnischen Konflikten, anhaltenden Mißerfolgen einer bestimmten Gruppe bei der Teilhabe an den genannten Dimensionen der Integration, politische Apathie und Entsolidarisierung mit der Folge sozialer Ausgrenzung. Solche Erscheinungen können entweder als mehr oder weniger »normal« eingeschätzt werden (vgl. Krämer-Badoni 2001) oder als beunruhigend und als Anzeichen dafür, daß Eingriffe nötig sind (vgl. Anhut/Heitmeyer 2000). Die Situation auf dem Arbeitsmarkt und die soziale Lage der Zuwanderer beispielsweise sind hochrangige politische Themen. Sie werden zweifellos zu Recht als Gefährdungen der Integration oder als mißlungene Integration diskutiert. Dabei werden die Konsequenzen der unterschiedlichen Integrationsperspektiven deutlich: Handelt es sich beim »Ausländerproblem« um die Frage, ob und wie die Zuwanderer am besten in die deutsche Mehrheitsgesellschaft integriert werden können, oder hat die bundesdeutsche Gesellschaft (inklusive der Zuwanderer) ein Integrationsproblem? Nur wenig anders treten die Unterschiede bei der Diskussion über Arbeitslosigkeit zutage: Funktioniert der Arbeitsmarkt nicht richtig, oder müssen sich die Arbeitslosen einfach an die veränderte Situation besser anpassen?

Daß die Stadt zur Integration nichts Wesentliches beitrage, beruht auf einem Mißverständnis moderner Gesellschaften. Integrationsprozesse in die verschiedenen gesellschaftlichen Funktionssysteme wie Bildung, Arbeitsmarkt, Familie, Politik, Recht, Kultur etc. haben nämlich doppelte Voraussetzungen: Es bedarf einerseits der Herausbildung und Bereitstellung entsprechender gesellschaftlicher Strukturen und Institutionen und andererseits entsprechender Mentalitäten und subjektiver Fähigkeiten, um diese Integrationsstrukturen auch adäquat nutzen zu wollen und zu können. Mit anderen Worten: Die Multiinklusion moderner Gesellschaften beruht auf sehr komplexen strukturellen und subjektiven Voraussetzungen – und beide haben räumliche Implikationen:

»Damit eine weitgehend gleichzeitige, also synchrone Inklusion in unterschiedliche Funktionssysteme möglich wird, bedarf es offensichtlich räumlicher Nähe bzw. räumlicher Wechselseitigkeit. Städte bieten dafür gewissermaßen die ökologische Bedingung« (Nassehi 2002, 223).

Die strukturellen Inklusionsangebote müssen korrespondieren mit den vielfältigen Aktionsräumen der sehr unterschiedlichen alltäglichen Lebensführungen moderner Menschen.

»Nicht zufällig ist denn auch die gesellschaftliche Modernisierung mit ihrer Umstellung von Inklusion in multifunktionale Einheiten der alten Welt zur synchronen Multiinklusion der Moderne mit massenhaften Bewegungen von Menschen in die Städte verbunden gewesen. Nur hier ließen sich jene Lebenslagen erzeugen, die die gesellschaftsstrukturell unkoordinierte Form der Multiinklusion zu Lebenslagen verdichten konnte« (ebd., 236).

Als Erscheinungen, die die Integration gefährden, werden gegenwärtig im allgemeinen der Wertewandel, die Ausdifferenzierung der Lebensformen und die mit der Globalisierung verbundenen Veränderungen in Wirtschaft und Politik betrachtet. Der Wandel von Wertorientierungen spiegelt sich in den veränderten Lebensformen wider, und beides wird der Tendenz der Individualisierung zugerechnet. Mit Individualisierung wird die Herauslösung des einzelnen aus traditionellen Einbindungen bezeichnet: Die Lebensführung ist weniger als früher eingebettet in soziale Kontrolle und Fürsorge durch Verwandtschaft oder andere Gemeinschaften. Große Verbände oder Subkulturen, die verbindliche Weltbilder und normative Orientierungen vermittelten – etwa die Arbeiterbewegung oder die Kirchen –, haben demgegenüber an Bedeutung verloren. Honneth spricht vom »Fehlen einer identitätssichernden und kommunikationsstiftenden Meta-Erzählung« (Honneth 1984, 14). Die sozialen Bindungskräfte unterliegen – so die Konsequenz – einem beschleunigten Zerfall.

Zudem sind die Wahlmöglichkeiten beim Konsum und bei der Entscheidung für bestimmte Weltbilder oder für die Selbstdefinition enorm ausgeweitet worden. Es bilden sich kleinere und differenziertere Milieus, die sich um bestimmte Lebensstile oder kulturelle Praktiken kristallisieren und die sich zudem rasch verändern. Zugehörigkeiten werden im Laufe eines Lebens häufiger gewechselt, die Biographie kann zu einer Abfolge von Zugehörigkeiten zu verschiedenen Milieus werden. Das Leben zu gestalten, das sich früher in mehr oder weniger vorgezeichneten Bahnen vollzog, ist zu einer Aufgabe geworden, der allerdings nicht alle Menschen gewachsen sind – möglicherweise immer weniger. Dadurch ist die Stabilität der individuellen Lebensläufe brüchiger geworden, und viele befürchten, daß dadurch auch die Integration der Gesellschaft insgesamt schwieriger oder prekär geworden ist.

Die Auflösung der integrierten Stadtgesellschaft in viele unverbundene oder gar sich bekämpfende Fragmente wird begleitet von einer Erosion von Weltbildern, die die Gesellschaft übersichtlich ordneten und die Perspektiven für das eigene Handeln und für die eigene Existenz boten. Der Marxismus war ein solches Theoriegebäude für die lohnabhängigen Massen, indem er zugleich Erklärungen für die anhaltende Ungleichheit wie für den Weg zum historischen Fortschritt anbot. Die postmodernen gesellschaftlichen Verhältnisse bringen zwar nach wie vor soziale Ungleichheit und damit »materielle Gründe des Neides hervor, doch kaum noch symbolische Mittel seiner rationalen Bewältigung« (Neckel 1999, 160). Entsprechende Orientierungen sind weggefallen, gleichzeitig wird die Verteilung des gesellschaftlichen Reichtums zunehmend ungleicher.

Mit der Individualisierung verändert sich auch das individuelle Ethos. Wenn die Existenz gesichert und durch ein ausreichend hohes Einkommen Wahlmöglichkeiten für die eigene Lebensführung entstanden oder vergrößert worden sind, weichen »materialistische« Werte »postmaterialistischen«, das heißt, an die Stelle der Sorge um das tägliche Brot treten Wünsche nach Unterhaltung, Erlebnis und distinktem Konsum. Wenn man sehen muß, wie man in der bunten und unübersichtlicher werdenden Welt zurechtkommt, wenn Erfolg wichtiger ist als Leistung (vgl. Neckel 2001), dann hat man vor allem mit sich selbst zu tun und weniger Zeit und Sinn für andere – jedenfalls nicht für ein abstraktes Kollektiv, wie es die Gesellschaft darstellt.

Die Folge ist Entsolidarisierung, d. h. die Schwächung jener moralisch-politischen Energien, die eine Voraussetzung für die inklusiven Politiken gewesen sind, die den Aufbau des sozialen Sicherungssystems seit Ende des 19. Jahrhunderts gefordert und ermöglicht haben (Kaufmann 1997). Damit geraten die herkömmlichen Institutionen, die für eine verläßliche Integration auch der Leistungsschwächeren gesorgt haben, in eine strukturelle Krise: Diejenigen, die sich stark genug fühlen, ihren eigenen Integrationsweg zu planen und zu realisieren, sehen zunehmend weniger Gründe dafür, sich an Umverteilungsmechanismen zu beteiligen, die die Integration auch für diejenigen gewährleisten könnten, die dazu aus eigener Kraft nicht in der Lage sind. Individualisierung hat demnach ambivalente Folgen: Sie bedeutet zwar Emanzipation aus institutionellen Abhängigkeiten und sozialer Kontrolle, aber sie bringt auch den Verlust von Sicherheiten mit sich.

17.8 Auflösung gemeinsamer sozialer Räume

In der deutschen Öffentlichkeit und aus der Sicht der meisten Stadtverwaltungen gelten sozial gemischte Quartiere als ein Anzeichen von gelungener Integration, während Segregation als Ausdruck von Desintegration gesehen wird (vgl. Friedrichs 1995, 80). Bereits die obige Gegenüberstellung der Integrationskonzepte von Simmel und Park hat deutlich gemacht, daß diese Verknüpfung keineswegs zwingend ist. Es gibt keine Beweise dafür, daß Arme oder kulturell Diskriminierte Vorteile davon haben, wenn sie in einem Quartier leben, in dem nur wenige Arme wohnen (vgl. Buck 2001). Allerdings gibt es gute Gründe dafür, anzunehmen, daß zwar nicht alle, aber doch bestimmte Formen von Segregation ein Integrationshindernis darstellen. Zu unterscheiden sind Formen der Segregation, die nicht auf freiwilliger Wahl des Wohnstandorts beruhen, sondern Ergebnis von Beschränkungen sind (erzwungene Segregation), und solchen, die sich allein aus den Präferenzen der Bewohner ergeben (freiwillige Segregation). Letztere setzt aber voraus, daß die Haushalte in der Lage sind, sich ihren Wohnstandort selbst auszusuchen – und dies ist vor allem eine Frage des Einkommens, aber nicht ausschließlich: Diskriminierung kann die Wahlmöglichkeiten ebenfalls einschränken. Urbane Integration, wie Simmel sie konzipiert hat, geht von einem gemeinsamen Erfahrungsraum der kulturell unterschiedlichen Individuen aus, wie ihn der öffentliche Raum der Großstädte darstellt. Die von Simmel beschriebenen produktiven Effekte gehen in kultureller Hinsicht darauf zurück, daß die Stadt als gemeinsamer Raum erlebt wird. Spezialisierungen und Innovationen entstehen demnach vor allem dann, wenn sich die Individuen in einem gemeinsamen sozialen Raum kulturell oder in ihrem Waren- oder Dienstleistungsangebot voneinander unterscheiden wollen. Der Prozeß der Differenzierung, ein Grundmerkmal moderner Gesellschaften, wird dann nicht unterstützt oder beschleunigt, wenn sich die heterogenen Gruppen in ihre jeweiligen Biotope zurückziehen und weitgehend auf sich selbst bezogen existieren. Dies kann in Form privilegierter Exklusivität der Fall sein, aber auch in der Form erzwungener Segregation von marginalisierten und diskriminierten Stadtbewohnern. Sozial geteilte Räume vermitteln zumindest symbolisch Zugehörigkeit und haben mithin Bedeutung für die Integration. Dieser Effekt ist nicht zu unterschätzen, was rasch deutlich wird, wenn man sich das Gegenteil vorstellt: den Rückzug verschiedener sozialer und ethnischer Gruppen in eigene, jeweils deutlich abgegrenzte Räume, die – und dabei muß man nicht einmal an den Extremfall der *gated communities* denken, jener eingezäunten und streng bewachten Enklaven von Privilegierten (vgl. Glasze/Webster/Frantz 2006) – für die übrigen Bewohnerinnen und Bewohner der Stadt dann kaum noch zugänglich sind. Jedenfalls sind Vielfalt und Heterogenität dann nicht mehr unmittelbar erfahrbar. Suburbanisierung, soziale Entmischung von Quartieren aufgrund von Statuspanik und ethnische Segregation sind Anzeichen der Auflösung gemeinsamer Erfahrungsräume. Dabei bilden sich neue Milieus und neue Räume, die die Kulisse für Integrationsprozesse in der multikulturellen Stadt bilden. Eine multikulturell orientierte Stadtpolitik müßte die Bildung von sozialen und räumlichen Strukturen von Integrationsprozessen verschiedenster Art unterstützen und dabei auch die Bildung von Räumen akzeptieren, die von einer kulturellen Minderheit geprägt werden, anstatt irreale Forderungen nach sozialer Mischung oder rascher Anpassung zu stellen (vgl. Häußermann/Siebel 2007).

18. Theorie der Stadtpolitik

18.1 Institutionen der Stadtpolitik

In Deutschland gibt es 39 Städte mit mehr als 200 000 Einwohnern. In ihnen lebt etwa ein Viertel der Einwohner des Landes, mehr als 40 Prozent leben in Gemeinden mit weniger als 20 000 Einwohnern. Alle Städte sind Gemeinden im Sinne des Grundgesetzes, d. h., sie haben das Recht zur Selbstverwaltung und übernehmen die Durchführung von Bundes- und Landesgesetzen, wenn sie dazu beauftragt werden. Laut Grundgesetz sind sie für alle örtlichen Angelegenheiten zuständig. Ihre »Allzuständigkeit« wird nur durch die explizit im Grundgesetz enumerierten Kompetenzen von Ländern und Bund eingeschränkt, doch diese Einschränkungen sind mittlerweile direkt durch Rechtssetzung und indirekt durch finanzielle Abhängigkeiten und Verflechtungen fast allumfassend. Die Kommunen haben daher eine eigentümliche Stellung im politisch-administrativen System: Sie sind Körperschaften des öffentlichen Rechts, also nicht Teil des Staates, aber sie können auch nicht selbständig handeln, weil sie einerseits staatliche Aufgaben zu erledigen und andererseits finanziell davon abhängig sind, welche Einkommensquellen ihnen von Bund und Ländern zugewiesen werden. Autonom wie im Mittelalter sind die Städte und Gemeinden seit ihrer Einordnung in die Territorialstaaten während des Absolutismus nicht mehr. Ihre Handlungsspielräume waren jedoch im Verlauf der weiteren Geschichte mal mehr, mal weniger groß.

Arnaldo Bagnasco und Patrick Le Galès haben in der Einleitung zu dem von ihnen herausgegebenen Buch *Cities in Europe* (2000) die Erinnerung an die historische Rolle und an die Verfassung der Städte in Europa beschworen und dabei vor allem auch auf das Zugehörigkeits- und Selbstbewußtsein der Stadtbürger hingewiesen, das zusammen mit einer großen Vielfalt von lokalen Assoziationen die These begründen soll, daß die europäischen Städte kollektive Akteure seien. Damit wandten sie sich gegen Theorien über die lokale Politik, in denen eine weitgehende Abhängigkeit der Kommunen unterstellt wird und die Städte vorwiegend als Opfer von Globalisierung und staatlicher Bevormundung gelten. Die Frage, inwieweit die deutschen Städte als eigenständige politische Akteure angesehen werden können und wer eigentlich über den Lauf der lokalen Angelegenheiten bestimmt, wollen wir in diesem Kapitel auf zweierlei Weise angehen: Zunächst beschreiben wir kurz die Stadt als politische Institution und geben dann einen Überblick über die Theorien zur Stadtpolitik, in die wir am Ende die deutschen Städte einordnen wollen.

18.2 Die politisch-administrative Struktur der Stadt

Wenn davon die Rede ist, daß »die Stadt« etwas tut, dann ist damit das politisch-administrative System gemeint, das sich aus Stadtrat, Verwaltung und einer Vielzahl an- oder nachgelagerter Einrichtungen zusammensetzt. Städtische Betriebe und die Stadtverwaltung zusammen sind häufig der größte Arbeitgeber in den Großstädten.

Der Verwaltungsapparat einer Stadt ist in Form einer Bürokratie organisiert, d. h., es gibt klare Aufgabenzuweisungen für die einzelnen Abteilungen – und damit auch Verantwortlichkeiten – sowie eine hierarchische Anordnung der Kompetenzen. Das Verwaltungshandeln muß sich an Gesetze und Vorschriften halten und alle Amtshandlungen müssen ohne Ansehen der Person den gleichen Regeln folgen. Verwaltungsvorgänge werden schriftlich dokumentiert, damit sie jederzeit auch vor einem Verwaltungsgericht nachprüfbar sind. In Form der kommunalen Verwaltung tritt uns in den kreisfreien Städten auch der Staat gegenüber, weil die Kommunen die meisten von Ländern und Bund beschlossenen Gesetze ausführen müssen. Der Bund hat (außer bei der Verteidigung und beim Grenzschutz) keinen eigenen Verwaltungsunterbau, der Verwaltungsapparat der Länder endet oberhalb der lokalen Ebene, also bei den Regierungspräsidien oder Landkreisen.

Oberster Leiter der Verwaltung ist der Bürgermeister, der zugleich Vorsitzender des Stadtrates und aller seiner Ausschüsse ist und die Gemeinde nach außen repräsentiert. Dies ist eine Schlüsselfunktion in der Stadtpolitik, zumal die Bürgermeister direkt von der Bevölkerung gewählt werden. Die Stadtbewohner wählen auch den Gemeinde- oder Stadtrat, der Beschlüsse zum Haushalt und zu Verordnungen und Satzungen (das sind die lokalen Gesetze) faßt. Dem Bürgermeister zur Seite gestellt sind Stadträte, Dezernenten bzw. Beigeordnete, die vom Stadtrat gewählt werden. Die rechtliche Ausgestaltung dieser vom Grundgesetz (Art. 28) vorgesehenen Selbstverwaltung liegt bei den Bundesländern, und daher lassen sich kaum einheitliche Aussagen zu den Details der Organisation der lokalen Politik in Deutschland machen (vgl. Kost/Wehling 2003).

Allerdings handelt es sich bei diesen Institutionen nicht um ein parlamentarisches System (wie es bei den Stadtstaaten Berlin, Bremen und Hamburg der Fall ist), denn Bürgermeister, Beigeordnete und Stadtparlament zusammen bilden die kommunale Selbstverwaltung, aus der auch die politischen Minderheiten nicht auszuschließen sind. »Der Gesetzgeber hat [...] mehr oder weniger verlangt, daß alle politischen Gruppierungen im Rat entsprechend ihrer Stärke bei der Vergabe von Beigeordnetenpositionen berücksichtigt werden sollen oder müssen« (Wehling 2003, 306). Bei den Wahlen der Stadträte bzw. Dezernenten können sich im Gemeinderat zwar Koalitionen bilden, aber in der Regel werden bei der Besetzung alle Fraktionen berücksichtigt – was dann wie eine ganz große Koalition aussieht. Da die Wahlperioden von Gemeinderat und Bürgermeister unterschiedlich lang sind, werden sie auch nicht gleichzeitig gewählt. Daher können die Mehrheit im Rat und die politische Zugehörigkeit des Bürgermeisters auseinanderfallen, wodurch der Zwang zu Verhandlungslösungen verstärkt wird. Durch verschiedene institutionelle Regelungen ist also auf der Ebene der kommunalen Selbstverwaltung ein Druck in Richtung Konsens eingebaut.

Ihrem Selbstverständnis nach ist die Selbstverwaltung keine politische Arena, sondern eine von allen gemeinsam getragene, allein vom Sachverstand geleitete und am Wohl der Stadt orientierte Angelegenheit. Das ist historisch durch die genossenschaftliche Verfassung der freien Städte (vgl. Wollmann 2001) und durch die Tradition der Honoratiorenverwaltung bedingt (vgl. Saldern 1999). In der rechtlichen und theoretischen Definition der lokalen Selbstverwaltung überlagern sich verschiedene historische Schichten, die zu einer kaum überschaubaren Literatur geführt haben, in der sich traditionelles Verwaltungsrecht, Staatslehre und politische Theorie gegenüberstehen. Die politischen Parteien spielen seit ihrer Entstehung im 19. Jahrhundert eine wichtige Rolle, aber dies ist von konservativen Theoretikern als ein Bruch mit der »vorstaatlichen« Selbstverwaltung der lokalen Gesellschaft gewertet worden.

In den großen Städten dominieren die politischen Parteien die lokale Politik. Sie stellen die Listen für die Wahlen zum Stadtrat auf, und in der Regel sind es auch ihre Kandidaten, die eine Mehrheit bei der Direktwahl zum Oberbürgermeister finden. Ein stadtweiter Wahlkampf ist für Nichtparteimitglieder auch kaum zu finanzieren – denn anders als in den USA engagieren sich in Deutschland Milliardäre nicht in der lokalen Politik.

Lokal bekannte Persönlichkeiten spielen in der Kommunalpolitik eine größere Rolle als auf der Ebene der Länder oder des Bundes, wo allein die Parteien die Kandidaten bestimmen können. Zwar werden die Bürgermeister, die keiner Partei angehören, auch immer seltener, aber es gibt sie noch. In mehreren Bundesländern gilt ein Wahlrecht, das es den Bürgern ermöglicht, Korrekturen an den von den Parteien vorgegebenen Listen vorzunehmen, indem sie ihre Stimmanteile auf bestimmte Personen konzentrieren (»kumulieren«) oder indem sie Kandidaten von verschiedenen Listen wählen (»panaschieren«). Elemente einer Persönlichkeitswahl sind also im Kommunalwahlrecht noch vorhanden. Auch gibt es nur in etwa der Hälfte der Bundesländer eine Fünfprozentklausel bei den Kommunalwahlen, was es auch kleineren Parteien oder Bürgerinitiativen leichter möglich macht, in den Kreis der Selbstverwaltungsgremien vorzudringen.

Der Einfluß von Bürgern auf die lokale Politik ist formell in den letzten beiden Jahrzehnten gestiegen. Ausgehend von den neuen Bundesländern, haben inzwischen alle Länder Regelungen für Bürgerentscheide oder Bürgerbegehren geschaffen. Wollmann (2000) spricht in diesem Zusammenhang von einer »partizipatorischen Revolution«, denn nie zuvor war die Möglichkeit für Bürger, jenseits der normalen Wahlen auf die Entscheidungen in der Stadt Einfluß zu nehmen, so groß wie heute.

Die Großstädte waren bis in die siebziger Jahre eine Domäne der SPD, seither jedoch hat auch die CDU in vielen Städten eine Mehrheit erreicht bzw. stellt den Oberbürgermeister (vgl. Tabelle 18.1). Die Gründe für diese politischen Verschiebungen liegen im sozialstrukturellen Wandel der Großstadtbevölkerung (vgl. Hennig/Homburg/Lohde-Reiff 1999) und in den politischen Skandalen, die sich regelmäßig einstellen, wenn eine Partei über mehrere Jahrzehnte die Macht nicht teilen muß und daher die Kontrollen nachlassen.

Ob und wie sich verschiedene politische Positionen auswirken können, hängt von den Aufgaben bzw. Kompetenzen und den Ressourcen der lokalen Politik ab.

Tabelle 18.1: Anteile der Parteien/Gruppen an der Gesamtheit der Ratssitze in den Städten in Prozent

	1990	1995	2000	2004
CDU/CSU	36,59	35,49	42,34	40,58
SPD	42,59	39,55	34,29	35,22
FDP	5,28	1,28	2,32	3,70
Bündnis 90/ Die Grünen	7,85	13,31	10,84	10,24
PDS	1,84	4,96	6,27	6,61
Andere Wählergruppen	6,24	5,41	3,95	3,65

Quelle: Prigge/Schwarzer 2006

Aufgaben und Finanzierung: Der Zwitterstellung der Städte entspricht es, daß sie Aufgabenkreise mit unterschiedlichen Graden von Selbstbestimmung haben. Zu unterscheiden sind – in der Reihenfolge zunehmender Fremdbestimmung (vgl. Wehling 2003, 17f.):
– *freiwillige Aufgaben*, die ganz ins Belieben der Gemeinde gestellt sind; dazu gehören kulturelle Aktivitäten, Sport- und Freizeiteinrichtungen, aber auch viele soziale und sozialpädagogische Leistungen, die über die gesetzlichen Ansprüche hinausgehen – wozu z. B. auch die Integration von Zuwanderern gehört.
– Bei den *Pflichtaufgaben ohne Weisung* wird zwar die Aufgabe durch den Staat festgelegt, aber nicht die Details der Ausführung geregelt.
– Bei den *Pflichtaufgaben nach Weisung* sind dagegen die Aufgaben und die Art und Weise ihrer Erledigung vom Land und/oder vom Bund vorgegeben.
– Schließlich gibt es die *staatlichen Auftragsangelegenheiten*, wobei die Gemeindeverwaltung als staatliche Unterbehörde fungiert.

Welchen Stellenwert die freiwilligen Aufgaben einnehmen können, ergibt sich aus der Haushaltslage.

Die Städte beziehen ihre Einnahmen aus Steuern, Zuweisungen von den Ländern und aus Gebühren (vgl. Karrenberg/Münstermann

1999). Seit der Finanzreform im Jahre 1969, die die Politikverflechtung aller Gebietskörperschaften festschrieb, befinden sich die Städte in einem Steuerverbund mit den übergeordneten staatlichen Ebenen, und daher können sie nur marginale Entscheidungen über ihre Steuereinnahmen treffen. Die Kommunen beziehen einen Anteil an den Gemeinschaftssteuern (Einkommens-, Körperschafts- und Umsatzsteuer) sowie Schlüsselzuweisungen, die sich am Aufgabenkreis und an der Einwohnerzahl orientieren. 15 Prozent des örtlichen Aufkommens der Einkommenssteuer verbleiben bei den Gemeinden sowie 2,2 Prozent der Umsatzsteuer und der größte Teil der Gewerbesteuer. Die Steuereinnahmen machen insgesamt etwa ein Drittel der Einnahmen der Kommunen aus, etwa ein Viertel kommt als Zuweisungen von den Ländern in die Kassen. Diese beruhen auch auf einem kommunalen Finanzausgleich, dessen Ausgestaltung in jedem Bundesland separat geregelt ist. Die an der Einwohnerzahl bemessenen Schlüsselzuweisungen werden auch als allgemeine Zuweisungen bezeichnet, um sie von den Zweckzuweisungen zu unterscheiden, die die Gemeinden auf Antrag für bestimmte Projekte erhalten. Dabei geht es vor allem um Investitionen.

Für viele Dienstleistungen der Stadt muß man Gebühren bezahlen. Dadurch können theoretisch öffentliche Angebote aufrechterhalten werden, auch wenn der kommunale Haushalt keine Spielräume mehr läßt. Die Kosten für Abwasser- und Abfallbeseitigung werden bereits heute fast zu 100 Prozent durch Gebühren gedeckt – daher werden diese Dienste vielerorts auch schon von privaten Unternehmen übernommen. Kindergärten, Volkshochschulen, Theater, Büchereien und Museen dagegen erreichen sehr viel niedrigere Kostendeckungsgrade (Jungfer 2005, 137). Bei kostendeckenden Gebühren könnten sich viele Haushalte die Nutzung solcher Einrichtungen nicht leisten und diese verschwänden entweder ganz oder würden zu teuren Luxusveranstaltungen (vgl. Häußermann/Siebel 1995).

Die vielfältigen Aufgaben, die das Funktionieren einer Stadt ermöglichen und die Lebensqualität der Bewohner sichern, werden nicht alle von der Stadtverwaltung erledigt, sondern sind auf eine Vielzahl von sehr unterschiedlichen Einrichtungen, öffentlichen und privatrechtlich geführten Betrieben sowie Organisationen aller Art, verteilt. Dieses kaum überschaubare Geflecht von Institutionen läßt eine Vorstellung von zentraler, hierarchischer Steuerung von vornherein naiv erscheinen. Städte sind komplexe institutionelle Gebilde, die vertikal und horizontal mit anderen Institutionen verflochten sind und ihre alltäglichen Dienstleistungen zu einem guten Teil in dezentralen Entscheidungsprozessen sicherstellen.

18.3 Theorie der Stadtpolitik

Daß es eine politische Theorie der Stadt- oder Kommunalpolitik geben könne, die für alle westlichen Gesellschaften gilt, erscheint angesichts der großen Unterschiede, die im politischen Institutionensystem der Länder herrschen, als eine absurde Idee. Die Bandbreite reicht vom lokalistischen System der Schweiz bis zum zentralistischen Modell Frankreichs, in dem die Gemeinden bis vor einigen Jahren faktisch keine Selbständigkeit hatten. In Großbritannien und Frankreich kann der Zentralstaat Entscheidungen für Initiativen oder Investitionen auf Gemeindeebene treffen – nicht aber in Deutschland, wo ein zentralstaatlicher Einfluß nur auf Umwegen, z. B. über Zweckzuweisungen, ausgeübt werden kann. Immer wieder gibt es daher auch Versuche, die Effektivität und Qualität kommunaler Politik im internationalen Bereich zu vergleichen und Elemente aus dem einen Land einem anderen zu empfehlen (vgl. Haus/Heinelt/Stewart 2005). So hat in Frankreich die sozialistische Regierung in den neunziger Jahren im Rahmen eines Dezentralisierungsprogramms den Kommunen mehr Selbständigkeit gegeben, und in Großbritannien wurde die Direktwahl des Bürgermeisters aus Deutschland übernommen. In der international vergleichenden Forschung gilt die starke *leadership* der deutschen Bürgermeister als eines der Erfolgsgeheimnisse bei der Bewältigung des ökonomischen und politischen Wandels.

Trotz starker institutioneller Differenzen im Bereich lokaler Politik dominieren in den theoretischen Diskussionen über Stadtpolitik auch in Deutschland angloamerikanische Modelle. Das ist im wesentlichen darauf zurückzuführen, daß in Deutschland die Erforschung von Stadtpolitik im Wissenschaftsbetrieb bis heute ein Schattendasein führt. Es gibt wenig Kontinuität, und sie ist kaum institutionalisiert. Bis zur Gründung einer Sektion »Lokale Politikforschung« in der Deutschen Vereinigung für Politische Wissenschaft im Jahr 1972 war die Beschäftigung mit Kommunalpolitik von Verwaltungsjuristen dominiert, die sich ausführlich mit der Verwaltungsorganisation befaßten, aber den politischen Prozeß – und damit auch Fragen der Demokratie – eher als einen Appendix der Arbeit der kommunalen Selbstverwaltung betrachteten.

In den USA hatte sich die politische Wissenschaft in den sechziger Jahren der Stadtpolitik zugewandt und auf Basis empirischer Untersuchungen allgemeine Theorien über Machtverteilung und politischen Einfluß zu entwickeln versucht. Dabei stand zunächst die Kontroverse im Mittelpunkt, ob eine kleine Elite die Macht in den Händen hält oder ob es eine pluralistische Struktur der Machtverteilung auf lokaler Ebene gebe. Die Kritik an diesen Positionen führte bald zu der grundsätzlicheren Frage nach Autonomie und Funktion von lokaler Politik überhaupt – und zu der methodischen Frage, wie Macht überhaupt empirisch erforscht werden könne (vgl. Bachrach/Baratz 1962). Damit wurden auch strukturelle Determinanten lokaler Politik in die Analyse einbezogen.

Stadtpolitik kann in drei Dimensionen analysiert werden:

– Als *Polity*, das ist der politisch-institutionelle Aspekt von lokaler Politik; dabei werden die Strukturen, die institutionellen Ordnungen und Regelsysteme thematisiert – am sinnvollsten im Wandel der Zeit oder im (internationalen) Vergleich. Bis heute liegt leider z. B. noch keine Analyse zu den Institutionen der lokalen Politik in Europa vor, auch wenn die europäische Dimension in der Stadtforschung inzwischen an Boden gewinnt (vgl. Le Galès 2002).

– Bei der *Policy* steht der inhaltlich-materielle Aspekt von Politik im Vordergrund. Die Policy-Analyse untersucht die politische Bearbeitung gesellschaftlicher Probleme, nimmt eine Bewertung dieser Politiken im Hinblick auf Verteilungsgerechtigkeit, Effizienz und Zielgenauigkeit vor und formuliert praktische Empfehlungen (vgl. Héritier 1993).

– Unter *Politics* werden die Prozesse der Politik verstanden: die Formen der Willensbildungs- und Entscheidungsprozesse, die Struktur und der Verlauf von Konflikten, die Entstehung von Kompromiß und Konsens. Auf diese Dimension beziehen sich die im folgenden geschilderten Theorien der lokalen Politik vorwiegend.

18.3.1 Zentrale Fragen

In der Politik sind Machtfragen zentral. Wer hat den größten Einfluß auf die Entscheidungen in der Stadt? Das ist die klassische Frage der »Community Power«-Forschung, die seit den sechziger Jahren immer wieder leitend für empirische Untersuchungen geworden ist. Diese Frage kann ausgeweitet werden auf das generelle Interesse, wie Bürger einer Stadt an den dort zu treffenden Entscheidungen beteiligt werden. Das ist das Thema der Partizipationsforschung. Die genaue Kenntnis der Mechanismen der Entscheidungsbildung ist Voraussetzung für eine wirksame Mitbestimmung der Bürger, die in verschiedenen Varianten in unterschiedlichen Kontexten möglich ist.

Damit eng verbunden, aber nicht mit ihr identisch, ist die Frage danach, wer eigentlich von den politischen Entscheidungen in der Stadt profitiert, d. h., zu wessen Gunsten die Stadtpolitik wirkt. Wohin wandern die verfügbaren Mittel? In »Leuchtturmprojekte«, die das Image der Stadt nach außen verbessern sollen, oder in Projekte, die örtliche Probleme lösen sollen. Und welchen Interessen dienen diese Projekte: den Bewohnern der Stadt oder überlokal orientierten Akteuren? Werden die Starken gestärkt oder versucht man, die Abwärtskarrieren der Verlierer des ökonomischen Strukturwandels wenigstens notdürftig aufzufangen? Spielen die Bewahrung sozialer Kohäsion bzw. der Kampf gegen soziale Exklusion überhaupt eine wichtige Rolle?

18.3.2 Macht lokale Politik einen Unterschied? Zum Handlungsspielraum lokaler Politik

Angesichts der starken äußerlichen Ähnlichkeiten der Städte und angesichts der Ähnlichkeiten von politischen Konzepten, die die Städte im Ablauf stadtpolitischer Konjunkturen zeigen, stellt sich die Frage, ob lokale Politik überhaupt einen ernstzunehmenden Einfluß auf die Stadtentwicklung ausübt. Die Art und Weise, wie die Einnahmen der Städte entstehen, und inwiefern sie bei der Gestaltung der Ausgaben unabhängig entscheiden können, ist die wichtigste Grundlage für die Beurteilung der Frage, ob die Städte heute – wenn schon keine Autonomie mehr – überhaupt noch Handlungsspielräume haben oder ob ihre Ausgabenpolitik weitgehend durch externe Regelungen festgelegt ist (vgl. Häußermann 1991).

In welchen Dimensionen können sich unterschiedliche politische Richtungen oder unterschiedliche Machtkonstellationen in einer Stadt überhaupt bemerkbar machen? Welchen Unterschied macht es, ob eine Stadt von einem konservativen oder progressiven Bürgermeister regiert wird? Ob es eine linke oder rechte Mehrheit im Stadtrat gibt? Ob es absolute Mehrheiten oder den Zwang zu Koalitionen gibt? Diese Fragen müssen diskutiert werden, bevor wir danach fragen, ob und wie man den Einfluß auf die Stadtpolitik empirisch untersuchen und theoretisch konzeptualisieren kann. Die Städte sind ja keine autonomen politischen Einheiten, wie es im Mittelalter die freien Reichsstädte waren. Städte sind mehr und mehr abhängig von den Investitionsentscheidungen überlokal agierender Global Players und sie sind rechtlich, ökonomisch und politisch eingebunden in nationalstaatlich und europäisch organisierte Systeme, die gewichtige Teile der Investitionstätigkeit und der Lebensumstände der Stadtbewohner regeln. Welchen Handlungsspielraum die Städte überhaupt haben, ist heftig umstritten.

Von praktischen Erfahrungen ausgehend, lassen sich folgende Bereiche benennen, bei denen man Unterschiede zwischen Städten je nach politischer Mehrheit feststellen kann:

– Relevant waren politische Mehrheiten nach dem Ende des Zweiten Weltkriegs bei den Entscheidungen für den Wieder- oder Neuaufbau der Innenstädte, wenn diese durch den Bombenkrieg stark zerstört waren. Hier stellte sich die weltanschaulich aufgeladene Frage: Soll man das alte Stadtbild wiederherstellen, oder soll man dem Rat der meisten Stadtplaner folgen und die Gelegenheit für eine vollkommene Neuorientierung im Städtebau und in der funktionalen Gliederung der Städte nutzen? Die modernistische Variante hat sich – vor allem bei der Verkehrsplanung – z. B. in Hannover oder Kassel durchgesetzt. Dagegen betrieben konservative Mehrheiten eine möglichst weitgehende historische Rekonstruktion wie in Münster, Freiburg oder Freudenstadt (vgl. von Beyme 1987).

– Die Konturen der städtischen Sozialpolitik sind zwar für einen Besucher nicht zu erkennen, aber für die Bewohner einer Stadt können sich erhebliche Unterschiede im Leistungsniveau ergeben. Dies gilt für Dienste und Einrichtungen in den Bereichen der Jugend-, Kultur- und Sportpolitik, aber insbesondere auch im Bereich der Sozialpolitik. Je geringer die finanziellen Spielräume sind, desto geringer dürften auch die Unterschiede in der lokalen Sozial- und Kulturpolitik sein.

– Wie groß der Anteil des sozialen Wohnungsbaus an der Wohnungsversorgung einer Stadt ist – und wie große und wie viele Siedlungen des sozialen Wohnungsbaus in einer Stadt realisiert wurden –, war in den sechziger und siebziger Jahren ein Merkmal zur Unterscheidung zwischen einer sozialdemokratischen und einer konservativen Ratsmehrheit. Das gewerkschaftseigene Wohnungsbauunternehmen Neue Heimat hat damals mit sozialdemokratisch dominierten Stadtverwaltungen ein schlagkräftiges Bündnis gebildet und in sehr vielen Städten solche Projekte durchgesetzt (vgl. Schöller 2005). Christdemokratische Mehrheiten gab es damals in Großstädten kaum, aber wo sie Einfluß hatten, bevorzugten sie den Kleinhausbau für Familien zur Eigentumsbildung. Hinter diesen Differenzen stecken unterschiedliche Gesellschaftsbilder, und diese konnten auch auf lokaler Ebene wirksam werden. Ein großer Anteil von sozialem Wohnungsbau gibt der Stadtpolitik auch die Möglichkeit, in begrenztem Maße auf die sozialräumliche Gliederung der Stadt, d. h. auf die Verteilung der sozialen Gruppen im Stadtgebiet, einzuwirken; diese Möglichkeit ist in solchen Städten kaum gegeben, die den sozialen Wohnungsbau nie unterstützt oder die jetzt ihre Bestände radikal privatisiert haben.

– Solche grundlegenden Orientierungen spielen auch im Bereich der Infrastrukturversorgung eine Rolle. Einrichtungen für den kollektiven Gebrauch, wie z. B. Bürgerhäuser oder öffentliche Personentransportsysteme, hatten aus sozialdemokratischer Perspektive einen höheren Stellenwert als aus christdemokratischer oder liberaler. Der Vorrang für den Individualverkehr wurde entschiedener von liberalen und konservativen Lokalpolitikern vertreten als von sozialdemokratischen – energisch bekämpft wurde er aber erst von den Grünen, die ab den achtziger Jahren in den kommunalen Räten auftauchten.

– Auch an der Wirtschaftspolitik können sich politische Kontroversen entzünden. Sollen vorrangig Arbeitsplätze geschaffen werden – und für wen? Oder geht es um die Erhöhung des Steueraufkommens? Fördert man die modernen Formen des Handels und läßt große Shopping Malls zu, oder stärkt man die Konkurrenzposition des innerstädtischen Einzelhandels durch bessere Erreichbarkeit der Innenstadt (vgl. dazu die instruktive Untersuchung von Rudolph/Potz/Bahn, 2005)? Daß sich eine Stadtverwaltung um wirtschaftliches Wachstum bemühen und damit das langfristige Interesse der Stadt verfolgen muß, darüber gibt es nirgends Kontroversen. Städte sind dabei auf eine »Umwegpolitik« angewiesen: Sie können das Ziel der Arbeitsplatzsicherung und der Erhöhung der Steuereinnahmen nur indirekt verfolgen, indem sie private Investoren fördern und unterstützen. Selbst dürfen sie nach der Gemeindeordnung nicht unternehmerisch tätig werden, wenn private Anbieter bereitstehen.

Diese Beispiele werden bestätigt durch städtevergleichende Untersuchungen, die in den neunziger Jahren durchgeführt wurden (vgl. Benzler/Heinelt 1991; Cattacin 1994; Schneider 1997). In diesen Studien zeigt sich, daß Städte, die vergleichbaren Herausforderungen ausgesetzt sind, unterschiedlich reagieren. Das ist explizit auch das Thema der Untersuchung von Birgit Glock (2006), die die Reaktionen von Leipzig und Duisburg auf das Schrumpfen ihrer ökonomischen und demographischen Basis verglichen hat. Sie kommt zu dem Ergebnis, daß sowohl die Struktur der lokalen Politik (offen und konsensual orientiert in Leipzig, geschlossen und konfrontativ in Duisburg) die Innovationsfähigkeit der lokalen Politik beeinflußt als auch die Pfadabhängigkeit.

Die Ursachen für unterschiedliche politische Reaktionen liegen einerseits in lokalen Traditionen, ökonomischen Altlasten, wirtschaftsgeographischen Besonderheiten usw. – insbesondere aber auch in der Formulierung lokaler Politik, in der Formierung lokaler Koalitionen und in der Überwindung von Normen und Werten, die aus der traditionellen Entwicklung stammen und diese stabilisiert haben. Dies ist das Thema des Neoinstitutionalismus (vgl. Hasse/Krücken 2005), dessen Grundannahme ist, daß sämtliche ökonomischen, sozialen und politischen Prozesse eingebettet sind in vorhandene Regel- und Normsysteme, von denen das Denken und Handeln der Akteure beeinflußt wird. Er richtet sich gegen den Rational-Choice-Ansatz, in dem eine Denken und Handeln beherrschende Marktlogik unterstellt wird. Politik ist nicht nur Interessenausgleich und Machtkampf, sondern besteht auch aus Interpretations- und Deutungsprozessen, in die die lokale Kultur hineinspielt. Entscheidungen sind also kontextabhängig, abhängig von Regeln, Prozeduren, Normen, symbolischen Systemen, kognitiven Skripten und moralischen Schemata (Hall/Taylor 1996, 947). In der lokalen politischen Kultur sind die Interpretationsroutinen verankert, die einen Rahmen für die Analyse von politischen Problemen und für die entscheidbaren Handlungsalternativen bilden *(policy frames)*. Diese Pfadabhängigkeit kann Innovationsblockaden bewirken, sie bildet aber auch einen Schutz gegen allzu rasche Politikwechsel, die modischen Realitätsdeutungen folgen und möglicherweise soziales Kapital vernichten.

Stadtpolitik kann also durchaus einen Unterschied für die Struktur oder die Lebensqualität in einer Stadt hervorrufen. Verschiedene Optionen müssen im politischen Prozeß irgendwie miteinander in Einklang gebracht werden, und die gewählten Vertreter müssen sich dafür in regelmäßigen Wahlen die Legitimation von den Bürgern einholen. Deshalb beziehen sich zentrale Fragen der sozialwissenschaftlichen Stadtforschung darauf, welche Ziele die Stadtpolitik unter jeweils wechselnden Rahmenbedingungen verfolgt, welche Instrumente sie dafür hat und einsetzt, wie die Balance zwischen den verschiedenen Interessen gelingt und warum Städte so und nicht anders handeln – also auf Fragen der kommunalen Machtstrukturen.

18.4 Theorien kommunaler Macht

Das Interesse daran, wer das Sagen in der Stadt hat, war bereits bei den ersten Versuchen der empirischen Gemeindeforschung zentral (Lynd/Lynd 1937). Doch verlagerten sich mit den Konjunkturen der sozialwissenschaftlichen Konzepte und mit dem Wandel der realen Probleme, mit denen die Stadtpolitik konfrontiert ist, auch die theoretischen Formulierungen der Ergebnisse. Stand in der Frühphase der Stadtpolitikforschung die Auseinandersetzung zwischen »Elitisten« und »Pluralisten« im Zentrum, so rückte in den siebziger Jahren der sogenannte strukturelle Ansatz in den Vordergrund, der die Stadtpolitik aus dem Gesamtzusammenhang von Ökonomie und Gesellschaft des Landes erklärte. Heute dominieren wieder handlungstheoretische Modelle, die das Geflecht der öffentlichen und privaten Akteure (Governance) innerhalb einer von strukturellen Bedingungen vordefinierten lokalen Arena in den Mittelpunkt ihrer Untersuchungen stellen.

18.4.1 Elitisten

In der ersten umfassenden Studie über die Machtstruktur einer Gemeinde durch das Ehepaar Lynd war Anfang der dreißiger Jahre festgestellt worden, daß eine kleine, um den wichtigsten Arbeitgeber in der Stadt zentrierte Machtelite, ohne formell demokratisch dazu legitimiert zu sein, das gesamte Gemeindeleben beherrschte – teils direkt, teils indirekt wußte Familie X zu verhindern, daß Dinge in der Stadt geschehen, die ihren Interessen zuwiderliefen. Dies galt für die Presse, die öffentliche Verwaltung, die Banken und die Wirtschaft. Dieser Einfluß wurde von den Leuten in der Stadt auch bewußt wahrgenommen, was dazu führte, daß bestimmte Projekte erst gar nicht angeschoben wurden, damit man mit Familie X nicht in Konflikt geriet. Die Lynds betonten den strukturellen Unterschied zwischen den Besitzern von Produktionsmitteln und den Lohnabhängigen. Durch den Klassengegensatz und die unterschiedliche Position in der Sozialstruktur ist sozusagen die Machtausübung grundsätzlich vorentschieden – die Lynds hatten sich einer marxistischen Analyse angenähert.

Diese Ergebnisse stimmten so gar nicht mit dem Selbstbild eines demokratischen Amerika überein, in dem es jeder zu etwas bringen kann, wenn er sich nur genug Mühe gibt. Auch in der Wissenschaft regte sich Kritik, und diese induzierte eine große Zahl von empirischen Untersuchungen zur Machtstruktur in Gemeinden. Die erste, inzwischen klassisch gewordene Studie stammt von Floyd Hunter, der 1953 die Machtstruktur in New Haven untersuchte. Er wollte methodisch der Tatsache Rechnung tragen, daß man Machtpositionen nicht nur an der tatsächlich ausgeübten Macht festmachen darf, sondern daß es sich um eine soziale Tatsache handelt, die nicht direkt beobachtbar ist. Daher benutzte er die sogenannte Reputationsmethode. Er ging davon aus, daß die Mächtigen in der Stadt bekannt sind und daß sich ihre Macht in einer entsprechenden Reputation widerspiegele. Er ließ wichtige Funktionsträger anhand einer vorgegebenen Liste die Namen von angeblich mächtigen Personen kennzeichnen. Diejenigen, bei denen es große Übereinstimmungen gab, hielt Hunter für tatsächlich mächtig. Damit glaubte er, die Einflußreichsten in der Stadt ermittelt zu haben – also auch die, die ihren Einfluß informell und privat ausübten, gleichsam graue Eminenzen. Er entdeckte so eine kleine Clique von Lokalpolitikern, die eng mit der Wirtschaft der Region verbunden war und die Politik bestimmte – sein Ergebnis stimmte also mit den Beobachtungen der Lynds überein. Hunter gilt seither als der Begründer der Elitentheorie in der »Community Power«-Forschung.

An seinem Konzept ist vor allem methodologische Kritik geübt worden. Bei der Ermittlung einer Machtelite durch das Reputationsverfahren könne es sich um eine Reifikation handeln, also um die Produktion des Ergebnisses durch die Methode: Wenn ich nach einer Elite frage, werde ich ihre Mitglieder auch genannt bekommen. Außerdem sei es nicht zulässig, von der Reputation auch direkt auf tatsächliche Einflußnahme zu schließen. Der Ruf, daß jemand mächtig sei, zeige nicht ohne weiteres auch seine wirkliche Macht an – und vielleicht wolle er sie auch gar nicht ausüben. Von Machtressourcen dürfe also nicht unmittelbar auf ausgeübte Macht geschlossen werden. Außerdem wäre es ja immerhin denkbar, daß diejenigen, die wirklich entscheiden, gar nicht bekannt sind.

18.4.2 Pluralisten

David Riesman hatte bereits 1950 in seinem Buch *Die einsame Masse* (die deutsche Übersetzung erschien 1958 bei Rowohlt) die Machtstruktur in den Vereinigten Staaten ganz anders beschrieben: Es gebe eine Reihe von mächtigen Interessengruppen, die aber nicht alle gleichzeitig und nicht in allen Bereichen eingriffen. Es handele sich vielmehr um Vetogruppen, die nur dann aktiv würden, wenn sie die Interessen ihrer eigenen Einflußsphäre berührt sähen. Solange dies nicht der Fall wäre, würden sie nicht aktiv. Aber hatten sie deshalb auch keine Macht?

Aus solchen Überlegungen entwickelte sich ein neuer methodischer Ansatz der Untersuchung von Machtstrukturen: der »Decision Making Approach«. Macht wird dabei – in der Tradition von Max Weber – als das Durchsetzen von Interessen gegen Widerstände interpretiert. Die Verteilung der Macht entspricht also dem faktischen Einfluß auf Entscheidungen. Empirisch untersucht werden müssen demnach Entscheidungsprozesse, und zwar am besten solche von umstrittenen Entscheidungen. Dabei kann ermittelt werden, wer jeweils Einfluß zu nehmen versucht und wer sich letztlich durchsetzt.

In einer bahnbrechenden Studie von Robert Dahl (1961) wurden zu Beginn der sechziger Jahre in einer »Community Power«-Studie drei Entscheidungsbereiche untersucht: Stadtentwicklungsplanung, Schulpolitik und die Nominierung von Kandidaten für Wahlen. Deutlich wurde, daß nicht alle Bürger gleich großen Einfluß in allen Bereichen hatten, sondern daß jeweils relative Minoritäten agierten. Es handelte sich allerdings nicht um eine geschlossene Machtclique, sondern um – je nach eigener Entscheidung – verschieden aktive Gruppen der Bevölkerung. Dahl kam zu dem Ergebnis, daß zwar nur wenige Personen die politischen Entscheidungen trafen, daß sich aber ihr Einfluß je nach Politikfeld unterschied. Die Einflußnahme war also spezialisiert, und diejenigen, die im einen Feld das Sagen hatten, konnten in einem anderen ohne Einfluß sein. Daraus schloß er auf eine pluralistische Machtstruktur, in der es durchaus konkurrierende Gruppen gab. Die Verwaltung bzw. der Bürgermeister spielten dabei eine moderierende Rolle – und das heißt auch, daß sie eine gewisse Entscheidungsfreiheit hatten. Dahl gilt als Begründer der pluralistischen Machttheorie. Bei den Lynds und bei Hunter erscheint Macht als Ausdruck der Klassenposition (Besitz von Produktionsmitteln), ist also ableitbar aus der Klassenlage, die der Bevölkerung bekannt ist; bei Dahl hingegen rekrutiert sich die politische Elite im wesentlichen aus den Mittelschichten.

Gegen die Befunde, die auf einer empirischen Erforschung von Machtstrukturen beruhen, ist eingewandt worden, daß Macht gerade auch darin bestehen könne, bestimmte Themen gar nicht zum Gegenstand kontroverser Debatten werden zu lassen. Etwas von der Tagesordnung auszuschließen könne eine viel effektivere Form der Machtausübung sein, als in einer Debatte seine Interessen gegen Widerstand durchsetzen zu müssen. Die Untersuchung von umstrittenen Entscheidungen könnte daher von der wirklichen Machtstruktur ablenken. Diesen Tatbestand haben Bachrach und Baratz in ihrem Aufsatz »Two Faces of Power« (1962) durch die Unterscheidung von Entscheidungen und Nichtentscheidungen zu fassen versucht: Politische Prozesse finden innerhalb von Strukturen statt, die durch Gesetze, Regeln und Institutionen geformt sind. In dieser Formierung stecken bereits Machtentscheidungen: Was kann überhaupt Gegenstand von Entscheidungen werden? Der Entscheidungsprozeß findet also in einem Feld statt, das seinerseits durch Entscheidungen strukturiert ist, die aber nicht mehr als solche erkennbar bzw. virulent werden.[1]

1 Diesen Gedanken formulierte der sozialistische Theoretiker Franz Neumann bereits früher: »Die Nicht-Intervention des Staates in einer kapitalistischen Gesell-

Macht besteht also auch darin, den Bereich dessen, was überhaupt Gegenstand von Entscheidungen wird, einzugrenzen. Wenn nun bei der Bestimmung der Wichtigkeit von Entscheidungen nach den Einschätzungen der Bevölkerung verfahren wird, werden die Probleme der Reputationsmethode reproduziert. Denn wie kann festgestellt werden, daß in bestimmten Bereichen überhaupt keine Initiativen formuliert werden, weil die Mächtigen dies nicht wollen, ohne daß sie selbst aktiv werden? Beim Entscheidungsprozeßansatz müssen die Mächtigen, wenn sie in bestimmte Entscheidungsverfahren nicht eingreifen, als machtlos erscheinen – aber das sind sie nicht.

18.4.3 Strukturalisten

Aus alldem folgt, daß die komplexe Struktur der politischen Macht durch empirische Beobachtung niemals vollständig zu erfassen ist. Die strukturelle Machtverteilung, die zum Beispiel durch die Institution des Privateigentums vorgegeben ist, tritt in der Untersuchung von Entscheidungsprozessen gar nicht auf den Plan, weil sie gleichsam a priori ist und im Entscheidungsverfahren selbst nicht mehr thematisiert wird. »In die Rahmenbedingungen des politischen Systems [...] ist ein Mechanismus eingebaut, der Machtverschiebungen nur in engen Grenzen gestattet und die in der Umwelt bestehende Asymmetrie der Einflußchancen gleichsam internalisiert« (Offe 1972, 137).

Ein weiterer Einwand gegen die Aussagekraft von Stadtstudien betrifft die Abgrenzung der möglichen Einflußfaktoren bzw. Akteure. Eine Untersuchung, die sich darauf beschränkt zu fragen, wer in der Stadt die Macht hat, übersieht möglicherweise Einflüsse, die von externen Akteuren ausgehen. Dies betrifft zum einen die ökonomischen Akteure, die häufig nur die lokalen Statthalter von Eigentümern sind, die in der lokalen Arena gar nicht auftreten oder nicht einmal bekannt sind; das betrifft aber zum anderen auch die politischen und rechtlichen Rahmenbedingungen, denen das Handeln der Lokalpolitiker unterworfen ist. Städte, so läßt sich dieser Einwand resümieren, sind so vielfältig mit überlokalen Akteuren und Einflüssen

schaft bedeutet in Wahrheit die Intervention zugunsten der herrschenden Klasse; sie bedeutet, daß der wirtschaftlich Starke dem wirtschaftlich Schwachen die Existenzbedingungen diktieren kann« (Neumann 1930/1978, 71).

vernetzt, daß eine Untersuchung der lokalen Strukturen zwangsläufig in die Irre führen muß.

In diesem Sinne gingen neomarxistische Theorien, die in der Stadtforschung in den siebziger Jahren stark an Boden gewannen, so weit, zu behaupten, eine Untersuchung der lokalen politischen Prozesse lohne erst gar nicht, weil die Handlungsspielräume der städtischen Akteure durch ökonomische und politische Determinanten so festgelegt seien, daß es keine relevanten Variationen in Zielen und Strategien der Stadtpolitik geben könne. Lokale Politik könne gleichsam deduktiv aus den herrschenden ökonomischen Verhältnissen abgeleitet werden – ebenso wie die staatliche Politik insgesamt, die letztlich nur den Imperativen des Kapitalverwertungsprozesses folge.

Makrosoziologische Begriffe wie Sozialstruktur, Klasseninteresse, Privateigentum bzw. der Akkumulations- und Zirkulationsprozeß des Kapitals umreißen das analytische Instrumentarium des politisch-ökonomischen Ansatzes. Den städtischen sozialen Bewegungen, die als räumlicher Reflex des Klassenkampfes angesehen wurden, galt die besondere Aufmerksamkeit der neomarxistischen lokalen Politikforschung auf der Akteursseite. Die Kommunen, über die zwei Drittel aller öffentlichen Investitionen getätigt werden und die deshalb in den Dienst einer keynesianischen Wirtschaftspolitik genommen wurden, galten dieser Analyse zufolge nur als verlängerter Arm des Zentralstaates. Die lokalen Politikergebnisse waren durch die Strukturen und Prozesse des kapitalistischen Staates determiniert. Dahinter stand eine Theorie, in der dem bürgerlichen Staat vor allem die Aufgabe zukam, die Akkumulationsvoraussetzungen zu sichern, wozu auch die Sorge um die Reproduktion der Arbeitskraft als die zentrale Aufgabe der Städte gehörte.

Die Regulationstheorie (vgl. Aglietta 2000) als eine neuere Variante der marxistischen Analyse unterscheidet sich von einem solchen »Ableitungsmarxismus« insofern, als sie dem Staat eine gewisse Eigenständigkeit zuschreibt. Zwar gelten auch ihr die Interessen des Kapitals letztlich als die dominanten, aber die Machtverhältnisse zwischen Arbeit und Kapital sind doch so balanciert, daß die Lohnabhängigen an den Produktivitätsfortschritten der kapitalistischen Industrie in Form von gesteigertem Konsum beteiligt werden müssen. Dies wird nicht zuletzt durch den Staat gewährleistet, der durch Bildungs-, Infrastruktur- und Sozialpolitik zugleich für die Absicherung des Kapitalverhältnisses und für eine beständige Verbesserung der Lebensbedingungen und so auch für die Loyalität der Lohnarbeiter sorgt. Da die Regulationstheorie ein Steuerungsmodell auf der Makroebene von Gesellschaft und Ökonomie entwickelt, wird in ihrem Paradigma den lokalen Akteuren jedoch kaum Aufmerksamkeit geschenkt.

18.4.4 Urban Governance

Der Begriff Governance bezieht sich auf die Strukturen, in die Handeln eingebettet ist. Nach dem Steuerungsbegriff der neoinstitutionalistischen Theorien können Institutionen die Bandbreite an Problemwahrnehmungen, Interpretationen und Handlungsmöglichkeiten lediglich begrenzen. Handlungen werden kanalisiert, indem ein Handlungsspielraum definiert wird. Im Unterschied zu Government beschränkt sich Governance nicht nur auf die Verfahren und Instrumente staatlicher Regulierung. Governance umfaßt alle interagierenden und intervenierenden Kräfte im Zusammenspiel von Politik, Wirtschaft und Gesellschaft. Governance bezeichnet also ein Netzwerk von verschiedenen Akteuren aus dem öffentlichen und privaten Bereich (vgl. Benz 2004).

Die Strukturtheorien des Marxismus haben das Kind der Stadtforschung insofern mit dem Bade ausgeschüttet, als die Erforschung der lokalen Politikprozesse überflüssig erschien. Mit der Governance-Theorie wird die Aufmerksamkeit wieder auf die lokale Politikarena gelenkt – aber mit einer signifikanten Verschiebung der Fragestellung: Nicht mehr, wer die Macht hat, seine Interessen durchzusetzen, soll beantwortet werden, vielmehr stellt sich nun die Frage: Wie kommt angesichts des ökonomischen Wandels und der politischen Fragmentierung der Stadtgesellschaften überhaupt Handlungsfähigkeit zustande? Macht ist nicht mehr einfach vorhanden, und es kommt nicht mehr lediglich darauf an, wer sie ergreift und in wessen Interesse ausübt – Macht im Sinne von Handlungsfähigkeit muß hergestellt werden. Man fragt nicht, wie, von wem und zu welchem Zweck vorhandene Macht eingesetzt wird, sondern, wie Macht in sozialen Prozessen erzeugt wird; nicht, wer regiert, sondern: Wie kann man überhaupt etwas erreichen?

Eine der Grundannahmen dieses Perspektivenwechsels ist, daß

sich die Rahmenbedingungen für die lokale Politik in den letzten drei Jahrzehnten so radikal verändert haben, daß die hergebrachten Handlungsroutinen nicht mehr hinreichen, um die Entwicklung einer Stadt zu steuern. Ging es in der Phase des Fordismus bis zur Mitte der siebziger Jahre vor allem darum, dem autonomen ökonomischen Wachstum den Weg zu bereiten und seine Folgen innerhalb der Stadt mehr oder weniger gerecht zu verteilen, so sind den Städten inzwischen die finanziellen Mittel für eine solche Politik ausgegangen, denn das Wachstum ist kein Selbstläufer mehr. Städte sehen sich zunehmend gezwungen, Initiativen zur Förderung des Wachstums zu unterstützen oder selbst anzustoßen. Die Stadtpolitik übernimmt eine aktive Rolle in der ökonomischen Entwicklung der Stadt und wird zugleich zu einer stärkeren Anpassung an ökonomische Interessen privater Akteure gezwungen. Daher passen auch die alten Theorien nicht mehr so richtig zur Realität.

Mit dem Begriff Governance wird das klassische Gegenüber von der Regierung, die entscheidet, und der Gesellschaft, über die entschieden wird, ebenso verlassen wie die vulgärmarxistische Vorstellung vom Kapital, das sich der Regierung bemächtigt, um seine Interessen durchzusetzen. Governance ist »ein Prozeß der Koordination von Akteuren, sozialen Gruppen und Institutionen, um Ziele, die diskutiert und kollektiv festgelegt wurden, in einer fragmentierten und unsicheren Umwelt zu erreichen« (Le Galès 2002, 495). Es handelt sich um die Fähigkeit, lokale Interessen, Organisationen und soziale Gruppen zu koordinieren und zu integrieren, sie nach außen zu repräsentieren und mehr oder weniger einheitliche Strategien gegenüber Markt, Staat, anderen Städten und übergeordneten Regierungsebenen zu entwickeln. Bei der Beschreibung und Bewertung von Governance ist es daher zentral, danach zu fragen, wer dazu gehört bzw. ausgeschlossen wird. Wir erläutern dies weiter unten am Beispiel der Stadt als Wachstumsmaschine.

18.5 Regimetheorie

Die meisten Formen von Governance sind fragil, schwach und fragmentiert. Eine langfristig stabile Governance kann man als Regime bezeichnen. Die Regimetheorie fragt danach, wie und unter welchen Bedingungen stabile Koalitionen entstehen, sich verfestigen und Hegemonie erreichen oder sich wieder verändern. Ein Regime kann also definiert werden als »eine informelle, aber relativ stabile Gruppe mit Zugang zu institutionellen Ressourcen, die sie in die Lage versetzen, eine nachhaltige Rolle im politischen Entscheidungsprozeß zu spielen« (Stoker 1995, 58f.). Zwei Gruppen sind die zentralen Partner in den meisten amerikanischen Städten: die gewählten Amtsinhaber und Geschäftsleute. Wissen ist neben der ökonomischen Position eine Schlüsselressource, die einen privilegierten Zugang zu Entscheidungsprozessen eröffnet. Deshalb bilden die professionellen Kader der Administration einen weiteren und gewichtigen Teil urbaner Regimes. Wahlen und lokale Parteiorganisationen können ebenfalls eine Rolle spielen, aber auch eine Reihe anderer Interessen, die auf Minoritäten, Nachbarschaften oder der organisierten Arbeit beruhen. Etablierte Regimes versuchen häufig, marginale Gruppen zu inkorporieren, sie können allerdings auch eine Politik der Exklusion praktizieren, um bestimmte Interessen von den Entscheidungsprozessen auszuschließen.

Die Regimetheorie hat seit den neunziger Jahren in der amerikanischen Stadtforschung an Bedeutung gewonnen. Sie bietet einen Rahmen für die Analyse der typischen Formen von Urban Governance am Beginn des 21. Jahrhunderts. Ihr Vorteil liegt darin, daß sie die steril gewordene Debatte zwischen Elitenansatz und pluralistischer Interessengruppentheorie, zwischen ökonomischem Determinismus und politischer Routinepolitik, zwischen strukturellen Determinanten und lokalen oder sozialen Strukturen überwindet.

Die Regimetheorie setzt eine relative Autonomie der lokalen Stadtpolitik voraus: Die systemische Macht, vor allem die Ökonomie, begrenzt zwar den Handlungsspielraum, aber es bleibt ein Spielraum für den Einfluß lokaler Akteure. Sie fragt also nach den sozialen Prozessen, in denen Macht produziert wird, um bestimmte Probleme lösen zu können (vgl. Stoker 1995, 55). Die paradigmatische Form der Macht ist nicht die Unterdrückung oder Ausbeutung, sondern die, bestimmte Interessen in die Lage zu versetzen, ihre Kapazitäten für das Erreichen gemeinsamer Ziele zu kombinieren

In vieler Hinsicht knüpft die Regimetheorie an die Überlegungen der Pluralisten an. Auch sie geht von einer privilegierten Position der Wirtschaft aus, sie teilt die pluralistischen Bedenken über die Fragmentierung und Komplexität von Regierungsentscheidungen, setzt sich allerdings von »Hyperpluralisten« ab, die Städte wegen der enormen Vielfalt von Interessen als unkontrollierbar und unregierbar darstellen (vgl. Yates 1977). Danach resultieren die gewachsene Zahl organisierter Interessen, die Schwäche von Regierungen und die Menge der sozialen und ökonomischen Probleme in politischer Instabilität und fragmentierten, uneffektiven Entscheidungsprozessen. Die Regimetheorie interessiert sich im Gegensatz dazu gerade dafür, wie im Strudel von Verschiedenheit und Komplexität in einem politischen System dennoch die Möglichkeit zu regieren entsteht.

Die Regimeperspektive zielt auf das Regieren in einer komplexer werdenden Umwelt, in der sich auch die Interessen der Akteure ausdifferenzieren und Konsens immer weniger wahrscheinlich ist. Die politische Kontrollmacht ist begrenzt auf bestimmte Aspekte oder Segmente der Gesellschaft, und die meisten Prozesse laufen ohne aktive Intervention »von oben« (vgl. Mayntz/Scharpf 1995). Der Typus autoritativer Politik, mit dem gesellschaftspolitische Ziele durch hierarchische Steuerung aus einem Zentrum heraus verwirklicht werden konnten, gehört weitgehend der Vergangenheit an, ebenso der Typus einer pluralistisch-vermittelnden Politik, bei der ein Interessenausgleich unter wenigen mächtigen Akteuren hergestellt werden konnte. Die Regimeanalyse verweist neben diesen beiden Steuerungstypen auf einen dritten Modus der Koordination: das Netzwerk. »Der Netzwerkansatz betrachtet effektive Handlungen als Ergebnis der kooperativen Anstrengungen von unterschiedlichen Interessen und Organisationen« (Stoker 1995, 59). Die Kooperation wird dabei erreicht durch Beziehungen, die eher auf Solidarität, Loyalität, Vertrauen und wechselseitige Unterstützung gebaut sind als auf Hierarchie oder Verhandlung.

Ob die Regimetheorie lediglich eine formale Theorie in dem Sinne ist, daß sie einen Formwandel lokaler Politik beschreibt, ohne einen Inhalt zu antizipieren, oder ob es sich um eine substantielle Theorie lokaler Macht handelt, wird aus den bisherigen Beiträgen nicht ganz klar. Mit der Regimetheorie lassen sich nach Stone (1993) verschiedene Varianten von Reaktionen auf den städtischen Wandel beschreiben und verstehen – der Begriff Regime beschränkt sich also nicht auf eine Vernetzung bestimmter Interessen, sondern erlaubt unterschiedliche Konstellationen. Er identifiziert vier Regimetypen:

– Das *Erhaltungsregime* strebt keinen größeren Wandel an, sondern versucht, den Status quo zu erhalten – es kann also auch eine sozial-

politische Perspektive sein, die die Interessen der vom ökonomischen Wandel negativ betroffenen Stadtbewohner berücksichtigt.
– Das *Entwicklungsregime* zielt auf ökonomisches Wachstum, braucht also umfängliche Ressourcen und visiert komplexe Projekte an.
– Das *progressive* Mittelklasseregime stützt sich auf eine Antiwachstumsideologie und verteidigt die Lebensqualität in der Stadt gegen die Verwertungsinteressen von Großindustrie und Immobilienverwertern.
– Schließlich gibt es auch Regimes, die die Lebenschancen der Unterschichten verbessern wollen und in denen *soziale Bewegungen* eine große Rolle spielen.

Mit dieser Aufzählung wird deutlich, daß es eine unbegrenzte Menge verschiedener Regimes geben kann. Den Anstoß, spezifische Regimes zu identifizieren, gaben verschiedene Studien über die Wachstumspolitik in amerikanischen Städten (vgl. Molotch 1976; Mollenkopf 1983; Logan/Molotch 1987; Feagin 1988), für die der Begriff der Stadt als »Growth Machine« paradigmatisch wurde. In der Klassifikation von Stone fiele dieser Typus unter die Entwicklungsregimes. Stone hat in einer eigenen empirischen Studie (1989) über die Stadtpolitik in Atlanta zwischen 1946 und 1988 ein solches Regime als den Triumph einer partikularen Perspektive geschildert. Zwei Gruppen dominierten dieses Regime: die Geschäftswelt (Banken, Kaufhäuser, Tageszeitungen, Großunternehmen – in diesem Fall Coca-Cola) und die Vertreter der politischen Macht. Die aktive Mobilisierung der Ressourcen auf beiden Seiten durch ein Netzwerk ziviler Kooperation schuf ein Regime, das einen Entwicklungsplan verfolgte, der beiden Partnern nutzte.

Das Konzept der »Growth Machine« wurde von Molotch ursprünglich als Kritik an einer lokalen Politik entwickelt, die zwar das Wachstum der Wirtschaft förderte, von dem die lokale Bevölkerung aber nicht zu profitieren schien. Es ging also um die Kritik an den Verteilungseffekten der lokalen Politik, aber davon ausgehend wurde eine verallgemeinerte städtische, politische Ökonomie entwickelt. Sie versteht die Städte als Wachstumsmaschinen, die den Interessen der Eliten dienen, soziale Ungleichheit befördern und die Umwelt beschädigen. Die Wachstumsmaschinen bestehen aus vernetzten Pro-Wachstums-Vereinigungen und Einrichtungen der Lokalverwaltung.

Logan und Molotch wenden sich gegen die verbreitete Ideologie, daß Wachstum in jedem Fall gut sei und allen Stadtbewohnern nutze. Um dies als Ideologie zu entlarven, weisen sie nach, daß die Grundstückspreise in der Stadt nicht einfach das Ergebnis von Angebot und Nachfrage, sondern von gesteuerten Prozessen sind, in deren Verlauf durch Interventionen manche Standorte auf- und andere abgewertet werden. Die Grundeigentümer, Finanziers, Developers, Verkehrs- und Infrastrukturunternehmen, Banken und andere Unternehmen machen Gewinne durch die Entwicklung von Standorten. Diese »Place Entrepreneurs« bilden Wachstumskoalitionen mit Verwaltungseinheiten und anderen ökonomischen Interessen, um Infrastruktur und städtische Entwicklung in Gebieten anzustoßen, die die Profitabilität ihrer eigenen Investitionen verstärken. Sie tendieren dazu, Initiativen zu unterdrücken, die auf Gebrauchswerte für die Bevölkerung zielen, also etwa Infrastruktureinrichtungen schafft, die den Bedürfnissen der Stadtbewohner dienen. Sie befördern ein gutes Businessklima und propagieren eine Ideologie von Wachstum als Allgemeinwohl. Das öffentliche Bewußtsein für die negativen sozialen und ökologischen Konsequenzen der städtischen Entwicklung wird soweit wie möglich unterdrückt.

Logan und Molotch haben mit ihren Thesen die angebliche Neutralität der Wachstumspolitik angegriffen. Sie zeigen, daß diese vor allem einer kleinen Interessengruppe nutzt. Im historischen Rückblick machen sie deutlich, daß alle Entscheidungen im Bereich der öffentlichen Infrastrukturinvestitionen von Kapitalinteressen beeinflußt waren. Gemeinden können die Gemeinkosten von Unternehmen durch eine nachgiebige Umweltpolitik, durch die Senkung von hygienischen Standards und durch Steuerpolitik vermindern.

»Die Arbeitskosten können indirekt vermindert werden, indem man die Wohlfahrtsempfänger in niedrig bezahlte Jobs drängt und indem die Polizei benutzt wird, um gewerkschaftliche Organisationen zu behindern. Moralische Gesetze können verändert werden, indem z. B. das Alkoholtrinken und das Glücksspiel legalisiert werden, um den Tourismus und das Kongreßwesen zu fördern« (Logan/Molotch 1987, 104).

Dabei spielt es keine Rolle, ob diese Faktoren wirklich Standortentscheidungen beeinflussen – schon der Glaube, daß sie Einfluß haben könnten, stimuliert lokalen Wachstumsaktivismus und bestimmt die politische Agenda. Logan und Molotch zeigen, wie Städte sich unter dem Wachstumsdiktat zum Handlanger von privaten Interessen machen.

18.5.1 Kritik an der Regimetheorie

Die Übertragbarkeit der empirischen Ergebnisse der Regimeforschung in den USA auf europäische und insbesondere auf deutsche Städte steht in Zweifel. Bei der Rezeption und Anwendung der Regimetheorie im europäischen Kontext wurde zum einen ihre Fixierung auf die lokale Ebene kritisiert (vgl. Harding 1994). Die zentralstaatliche Politik ist – in Form von finanziellen Zuwendungen und gesetzlichen Regelungen, aber auch in Form direkter Eingriffe – in Europa ungleich bedeutsamer für die lokale Politik als in den USA. Zum zweiten entspricht die Konzentration der Regimetheorie auf die Kooperation zwischen öffentlichen und privatwirtschaftlichen Akteuren nicht europäischen Verhältnissen. Diese Perspektive ist den institutionellen Grundlagen der amerikanischen Stadtpolitik geschuldet: Einen Finanztransfer zwischen Ländern und Städten wie in Europa gibt es in den USA nicht, die Städte sind daher sehr viel stärker auf die Kooperation mit finanzstarken privaten Partnern angewiesen. Zweitens spielt die Grundsteuer als Einnahmequelle der US-amerikanischen Städte eine entscheidende Rolle, und damit rükken das Immobilienkapital und seine Verwertungsinteressen an eine, wenn nicht die zentrale Stelle der Lokalpolitik. Und schließlich haben die amerikanischen Stadtregierungen sehr viel weniger Kompetenzen; um die Stadtentwicklung zu steuern, sind sie viel stärker auf Kooperationen angewiesen. In den USA spielen z. B. Banken und Versorgungsunternehmen für das Wachstum auf lokaler Ebene eine besondere Rolle, in Europa sind diese in der Regel überlokal organisiert. In Europa dominieren mithin häufig öffentliche Akteure innerhalb einer Koalition (vgl. DiGaetano/Lawless 1999). Besonders in Deutschland ist auf die starke Stellung der Verwaltung und der Bürgermeister hinzuweisen, für die es in den USA keine Parallele gibt.

Es gibt eine Spannung zwischen Government und Governance – wie stark diese ist, hängt von der Verfügung über Ressourcen und Kompetenzen der verschiedenen Akteure ab, von den Problemlagen, die sie zu bewältigen haben, und von der institutionellen Umwelt, in der sie agieren. Zu unterscheiden sind etwa Gesellschaften, in denen die Marktregulierung eine zentrale Rolle spielt (Großbritannien und Vereinigte Staaten), und solche mit »institutionalisierten Ökonomien« (Le Galès 2002, 483), für die entweder eine starke Staatsintervention (Frankreich) oder institutionalisierte Kompromisse im Rahmen eines Korporatismus (Deutschland, Skandinavien) typisch sind. In letzteren sind nach wie vor die Government-Strukturen von großer Bedeutung. Stadtverwaltungen in europäischen Städten sind professionelle und sehr einflußreiche Stäbe im Max Weberschen Sinne, das heißt, daß sie einen erheblichen Einfluß auf die Politikformulierung haben – sei es durch die Formulierung von Vorlagen für die politischen Gremien, sei es durch eigenes Handeln im Rahmen ihres gesetzlichen Auftrags (vgl. DiGaetano/Klemanski 1993). Die wichtigsten Akteure der deutschen Kommunalpolitik sind der Bürgermeister, herausgehobene Mitglieder des Rats, wie der Führer der Mehrheitsfraktion, und Angehörige der Verwaltung, seltener jedoch die Vertreter der privaten Unternehmerschaft. Im Gegensatz zur amerikanischen Regimeforschung (vgl. Gissendanner 2002) zeigen ältere deutsche Untersuchungen, daß die primäre soziopolitische Trennungslinie in der lokalen Politik zwischen der Politik und der Verwaltung verläuft und nicht zwischen privatwirtschaftlichen und politischen Akteuren (vgl. Banner 1982).

Das zeitweise in Hamburg propagierte Konzept der »Stadt als Unternehmen« kommt am ehesten dem Typus der Wachstumsmaschine nahe, es wurde jedoch nur in Ansätzen verwirklicht. Das verhindern die verfassungsrechtlich abgesicherten, starken institutionellen Strukturen der kommunalen Selbstverwaltung in Deutschland und auch die im wahrsten Sinne Stein gewordenen Ergebnisse einer langen Geschichte kommunaler Infrastruktur-, Wohnungs- und Sozialpolitik, wie sie sich in der Fülle kommunaler Einrichtungen und dem immer noch umfangreichen Segment der nicht marktgesteuerten Wohnungsversorgung niedergeschlagen haben. Dennoch ist nicht zu verkennen, daß auch hier neue Steuerungsformen unter Einschluß privater Akteure an Bedeutung gewinnen, da der Staat nicht länger das einzige und wichtigste Zentrum für die ökonomische und gesellschaftliche Steuerung ist.

In der politischen Praxis sind die großen Städte in Deutschland noch weit davon entfernt, dem Konzept der »unternehmerischen Stadt« zu entsprechen, nach dem Wachstumspolitik auf Kosten der sozialen Aufgaben und mit Ignoranz gegenüber den Fragmentierungs- und Marginalisierungsprozessen betrieben wird. Annäherungen, erzwungen durch Haushaltsnot und Städtewettbewerb, gibt es allerdings schon – wir haben sie in den Kapiteln 14 und 15 beschrieben. Empirische Untersuchungen zeigen, daß trotz der – weitgehend unabhängig von der Zugehörigkeit zu einer der beiden großen Parteien – von der politischen Spitze in den Städten betriebenen Wettbewerbsorientierung und Ökonomisierung die Berücksichtigung von sozialen Problemen und Armutsquartieren nicht aufgegeben wurde (vgl. Häußermann/Läzer/Wurtzbacher 2008).

18.5.2 Gibt es ein deutsches urbanes Regime?

Die amerikanische Theorie der Urban Regimes betont die Kooperation von öffentlichem und privatem Sektor sowie die Definition eines gemeinsamen Ziels. Es gehe im Kern um die Steuerungsfähigkeit in einer Umwelt, in der alles komplex und unübersichtlich geworden ist. Diese kann wenigstens partiell hergestellt werden, wenn verschiedene Partner ihre Ressourcen zusammenlegen und gemeinsame Ziele anstreben. Das kann eine Wachstumskoalition sein, eine Koalition zur Abwehr von Veränderungen, aber auch eine Umverteilungskoalition. In den amerikanischen Analysen hat der Begriff des Regimes die konzeptionellen Augen für die schwindende Bedeutung der Unterscheidung zwischen öffentlichen und privaten Akteuren geöffnet – und dies ist eine Beobachtung, die für die lokale Politikforschung auch in Europa von größter Relevanz ist.

Betrachtet man die deutsche Forschung, die früher unter dem Label »kommunalwissenschaftlich« stand und sich heute »lokale Politikforschung« nennt, dann fällt eine deutliche Fixierung auf den öffentlichen Bereich und seit Ende der achtziger Jahre auf die Reform der öffentlichen Verwaltung auf. Die wenigen empirischen Untersuchungen, die zur lokalen Politik existieren, konzentrierten sich auf die Entscheidungsprozesse innerhalb des politisch-administrativen Systems auf lokaler Ebene. Die kritische Forschung zur Stadtpolitik, die sich in der Tradition der marxistischen Theorie bewegte, setzte sich in den siebziger Jahren mit dem Thema der überlokalen Determination der lokalen Politik auseinander, weil die Reichweite der kommunalen Handlungsspielräume für eine Reformpolitik interessierte, denn sowohl die Stadtsanierung als auch die städtische Entwicklungsplanung erschienen stark an den Interessen des Kapitals ausgerichtet.

Ein anderer Strang der lokalen Politikforschung befaßte sich mit einer ähnlich gelagerten Fragestellung, nämlich derjenigen, ob es auf der lokalen Ebene überhaupt einen Unterschied ausmache, welche Partei die Mehrheit habe. »Does politics matter?« – »Macht Politik einen Unterschied?« – lautete die Frage, die Ende der siebziger Jahre die angelsächsische Politikforschung bewegt hat (vgl. Sharp 1981; Hoggart 1987). Die Antworten waren nicht eindeutig und lauteten zusammengefaßt: im allgemeinen kaum, im Detail aber durchaus. Zu einem ähnlichen Ergebnis kam auch eine vergleichende Untersuchung zur lokalen Sozialpolitik in Deutschland (vgl. Jaedicke u. a. 1991).

Banner (2001) hat die Spezifika der deutschen Kommunalverfassung in den siebziger Jahren mit dem Begriff der »Vorentscheiderstruktur« zu fassen versucht: Verwaltung und eine Reihe von Personen, die die leitenden Funktionen in Parteien, Fraktionen und der Verwaltung innehaben, bilden einen Zirkel, der Vorentscheidungen über die Thematisierung oder über die Richtung von Entscheidungen fällt, die dann in die Vorlagen für den Stadtrat eingehen. Die direkt gewählten Bürgermeister haben in diesem Oligopol eine besondere Schlüsselposition (vgl. Gissendanner 2002).

Der Gegensatz oder der Dualismus zwischen handlungsorientierten und strukturorientierten Ansätzen, der in den siebziger und achtziger Jahren besonders zugespitzt wurde, spielt inzwischen keine so große Rolle mehr, da er sich in der Regimetheorie in unterschiedlichen Dimensionen der Determinierung von lokaler Politik fassen läßt: Innerhalb von durch die Wirtschaftsverfassung, nationale Gesetze und die Finanzverfassung gesetzten Grenzen bestimmen die politischen Präferenzen und Aushandlungsprozesse die konkrete Gestalt der Stadtpolitik. Heinelt und Mayer (1993) verweisen dabei auf das »Zwei-Filter-Modell« von Elster, nach dem eine »institutionalistische Herangehensweise mit einer auf nutzenmaximierende Wahlhandlungen politischer Akteure orientierten Betrachtung zu verbinden ist« (S. 16). In einem ersten Filter werden demnach strukturelle Begrenzungen wie kulturelle Normen, ökonomische und technologische Bedingungen sowie politische Institutionen und Regeln wirksam und bestimmen den »Bereich von Möglichkeiten«, aus dem die lokalen Akteure dann auswählen können. Demnach machen vergleichende Untersuchungen *innerhalb* einer Gesellschaft sehr viel Sinn, um etwas über Bedeutung und Struktur lokaler Politik zu erfahren, länder*vergleichende* Studien der lokalen Politik verweisen dagegen in der Regel eher auf die unterschiedlichen Randbedingungen, um die Unterschiedlichkeit zu erklären. Wie die zwei Filter zusammenwirken und wer daran wie beteiligt ist, die jeweils gegebenen Möglichkeiten mit welchem Ergebnis auszunutzen, das ist dann eine Frage der Urban Governance, also der Zugehörigkeit zu den entscheidenden Netzwerken oder Regimes.

Rudolph, Potz und Bahn (2005) haben in ihrer vergleichenden Untersuchung zu den Standortentscheidungen für große Einzelhandelszentren auf die verschiedenen Regimes in den verschiedenen Ländern hingewiesen, von denen es abhängt, welchen Einfluß die lokale Ebene auf diese Entscheidungen nehmen kann. Sie haben aber auch gezeigt, daß es unterschiedliche Regimes im gleichen Land geben kann – womit die Bedeutung der lokalen Politik bestätigt wird. In der internationalen Literatur wird – in der Nachfolge marxistischer Theorien – sehr häufig auf den Regulationsansatz Bezug genommen, um lokale Politik zu erklären. Dabei wird davon ausgegangen, daß es einen Zusammenhang zwischen Akkumulationsregimes und Regulationsformen gebe (vgl. Heinelt/Mayer 1993, 8), der auch auf der lokalen Ebene zu beobachten ist. Akkumulationsregimes und Regulationsformen machen zusammen eine Regulationsweise aus, wie es z. B. der Fordismus war. Aber die konkrete Regulationsweise kann mit regulationstheoretischem Werkzeug nicht genauer bestimmt werden, sie ist Ergebnis lokaler Akteurskonstellationen (vgl. Mayer 1991). Die Regulationstheorie thematisiert die strukturellen Bedingungen für die lokale Politik, aber sie gibt darüber selbst keine Auskunft, denn sie ist eine Theorie der Makroebene. Regulationstheoretische Ansätze erklären ökonomische Kontinuität bzw. Transformationen zu einem guten Teil anhand politischer Prozesse. Dadurch gelangt man zwar zu guten Deskriptionen, jedoch wird das Zustandekommen der Regulationsmodi von der Theorie selbst nicht erklärt – es sei denn, daß man funktionalistische Aussagen als Erklärung akzeptiert, nach denen das, was ist, immer durch die Strukturen zu erklären sei. Die Bedeutung von Akteuren und Akteurskonstellationen und deren Einfluß auf die lokale Politik werden theoretisch dann allerdings unterschätzt.

In einer Untersuchung über die Frage, inwieweit sich in den großen Städten die Stadtpolitik bereits auf die Verfolgung der obengenannten Ziele (vgl. Kapitel 14) zurückgezogen hat und darüber die Berücksichtigung der Interessen der marginalen Quartiere vernachlässigt, wurde in einem Städtevergleich für Deutschland festgestellt, daß eine systematische Vernachlässigung der Quartiere, die durch die stärkste Konzentration von sozialen Problemlagen gekennzeichnet sind, nicht festzustellen ist (vgl. Häußermann 2006a). Obwohl die politische Rhetorik nach außen den Eindruck erweckt, es gehe der lokalen Politik nur um Wettbewerbsfähigkeit und ökonomisches Wachstum, kümmert sich die Verwaltung in Zusammenarbeit mit Verbänden und Institutionen der sozialen Arbeit zuverlässig um die marginalen Quartiere. Sie tut, was sie kann – aber sie kann nicht viel: Arbeitsmarkt und soziale Sicherungssysteme stehen ebenso außerhalb ihrer Zugriffs- und Steuerungsmöglichkeiten wie die funktionelle Ausrichtung und institutionelle Ausstattung von Quartieren. Sie besorgt Drittmittel, wenn solche von Land, Bund oder der EU angeboten werden, aber insgesamt bleibt das Ergebnis eine »verwaltete Marginalität«. Die Simultanität von Wachstums- und Bewahrungspolitik kann erklärt werden durch die Existenz zweier Regimes: eines Wachstumsregimes und eines Integrationsregimes – oder sollte man besser sagen: Wachstums- und Integrationskoalitionen? –, die aus verschiedenen Akteuren gebildet werden, aber sich auch stark überschneiden (vgl. Häußermann/Läzer/Wurtzbacher 2008).

Lokale Politikforschung in Deutschland war und ist bislang stark auf den politisch-administrativen Apparat konzentriert, weil dieser eine dominante Rolle in der lokalen Politik einnimmt bzw. einnahm. Gissendanner beobachtete, daß in Deutschland Vertreter von Rat und Verwaltung mit Repräsentanten der Fraktionen und Parteien ein urbanes Regime bilden, wobei Wirtschaftsvertreter in einigen Fällen dazugehören und in anderen nicht. Wenn die Betonung der Kooperation zwischen öffentlichem und privatem Sektor zum zentralen Merkmal eines Regimes gemacht werde, habe diese in der Vergangenheit entweder keine große Rolle gespielt oder sei eben nicht typisch für die deutsche Situation. Gissendanner spricht daher auch von einem spezifisch »deutschen Urban Regime«. Auch Elizabeth Strom kommt in der Untersuchung über den Städtebau in Berlin nach der Vereinigung zu dem Schluß, »daß die Regimetheorie die Berliner Stadtentwicklungspolitik nicht erklären kann« (Strom 2001, 225), weil sie sich als zu fragmentiert und instabil dargestellt habe.

Dafür macht sie fünf Merkmale der lokalen Governance verantwortlich, die für die Stadtpolitik in Deutschland verallgemeinert werden können (vgl. ebd.):

– Die politische Autorität ist größer als in amerikanischen Städten, weshalb auch der Zwang, mit privaten Partnern zu kooperieren, geringer ist.

– Die starke Rolle der politischen Parteien erschwert die Formation eines Regimes.

– Die lokale Wirtschaft bietet weniger Ressourcen für Partnerschaften.

– Experten und Berater haben eine größere Bedeutung für die Entscheidungsvorbereitung, so daß zusätzliche professionelle Akteure ins Spiel kommen.

– Die lokale politische Kultur ist entscheidend dafür, ob die Eliten öffentliche Unterstützung für ihre Koalitionen mobilisieren können.

Eine Möglichkeit, mit den neuen Begriffen Governance und Regime produktiv umzugehen, läge darin, sie als Erweiterung der auf das politisch-administrative System fixierten Politik- und Verwaltungsforschung zu verstehen. Government bezeichnet das Kerngehäuse der institutionalisierten Politik, den staatlichen Herrschaftsapparat; mit Governance wird das Netz von Akteuren bezeichnet, das sich um politische Projekte bildet und das angesichts größer werdender Steuerungsprobleme und abnehmender Steuerungskapazität des Staates zunehmend die organisatorische Einheit der Steuerungsanalyse sein muß. Spielt die Prägung der Governance durch lokale Traditionen, Präferenzen und Werthaltungen, kurz: durch die lokale Politik eine Rolle, dann läßt sich ein urbanes Regime identifizieren. Das heißt: Was in der einen Stadt »geht«, erscheint in einer anderen vielleicht als unmöglich, weil die lokale Öffentlichkeit eine starke Kraft darstellt, die nicht ohne weiteres übergangen werden kann.

Lokale Politikforschung wird sich jedenfalls nie darauf beschränken dürfen, Theorien und Forschungsergebnisse aus anderen Ländern einfach zu transferieren – sie bedürfen der institutionen- und kulturspezifischen Anpassung. Neue theoretische Anstöße bieten allerdings immer wieder Anlässe, die eigenen Fragestellungen und theoretischen Gewißheiten zu überprüfen. Die international vergleichende Forschung ist eine der wichtigsten Quellen für solche Innovationen.

19. Renaissance der Städte

Die wirtschaftliche und soziale Krise in Deutschland hat sich in Westdeutschland in den vergangenen drei Jahrzehnten vor allem in den großen Städten gezeigt. Während in den ländlichen und in den suburbanen Gebieten die Zahl der Arbeitsplätze und der Wohlstand wuchsen, verloren die Großstädte an wirtschaftlichem Gewicht und die Probleme wuchsen. Die Entwicklung der Städte in Ostdeutschland unterlag vor und nach 1989 besonderen Bedingungen (vgl. Kapitel 7 und 12), die die hier beschriebenen Tendenzen überlagerten – allerdings gelten die folgenden Überlegungen zu einer Renaissance der Städte auch für sie.

Die Arbeitslosigkeit war in den Großstädten seit den siebziger Jahren zum ersten Mal seit Beginn der Industrialisierung höher als auf dem Land, insbesondere der hohe Anteil von Dauerarbeitslosigkeit verwies auf strukturelle Probleme. Ursache dafür war der Abbau von Arbeitsplätzen in der industriellen Produktion, der insbesondere die Migranten betraf, die ja als Gastarbeiter für genau diese Arbeitsplätze angeworben worden waren. Zwar hat sich die Zahl der Arbeitsplätze in den Städten auch in dieser Zeit insgesamt erhöht, aber die Zuwächse wurden durch die vielen Einsteiger auf den Arbeitsmarkt (die »Babyboomer« und die Frauen) absorbiert, so daß die aus der Industrie ausscheidenden Arbeitskräfte eher in die Arbeitslosigkeit als in die Dienstleistungsbereiche abgedrängt wurden, wofür unter anderem die nicht passende Qualifikation verantwortlich war und ist. Der wachsende Anteil von Nichterwerbstätigen zwang die Städte zu höheren Sozialausgaben. Da aber gleichzeitig durch Betriebsschließungen und durch Änderungen von Steuergesetzen die Steuereinnahmen der Städte zurückgingen, entstand eine chronische Finanznot, die Ausgabenkürzungen nach sich zog und den Abbau bzw. die Privatisierung von Infrastruktureinrichtungen zur Folge hatte.

Dem Verlust von Fertigungsarbeitsplätzen stand das Wachstum von Dienstleistungstätigkeiten gegenüber. Einerseits nahm die Beschäftigung in den hochwertigen Dienstleistungen wie Beratung, Finanzierung, Versicherungen, EDV, Forschung und Entwicklung, Bildung und Gesundheit, Werbung und Medien zu, andererseits wuchs die Beschäftigung in unqualifizierten und gering entlohnten Dienstleistungen wie Reinigung, Bewachung oder Gastronomie. Sowohl der höhere Anteil von Arbeitslosen als auch die größere Ungleichheit der Einkommen in der Dienstleistungsbeschäftigung beförderten eine Tendenz zur sozialen Polarisierung, die sich nach und nach auch in der sozialräumlichen Struktur der Städte niederschlug.

Die wachsende Zahl von Armen wurde auf einem schrittweise liberalisierten Wohnungsmarkt in wenige Quartiere mit geringer Attraktivität gelenkt, in denen sich dann die sozialen Probleme konzentrierten. Deshalb zogen die einheimischen und die ausländischen Mittelschichten von dort weg, so daß sich die Segregation der sozial randständigen Bevölkerung verschärfte. In allen großen Städten sind solche Prozesse der *Residualisierung* von Stadtteilen mit einer hohen sozialen Problemdichte zu beobachten, dort ist in der Regel auch der Migrantenanteil vergleichsweise hoch.

Diese Krise der Städte hatte Ursachen in der Ökonomie und in der Bevölkerungsentwicklung. In ökonomischer Hinsicht waren es Verlagerungen und Rationalisierungen, die eine Deindustrialisierung bewirkten und zu einem weitgehenden Verschwinden der industriellen Fertigungstätigkeit aus den Städten führten; in demographischer Hinsicht war es die Suburbanisierung, die zur sozialen Entmischung der Großstadtbevölkerung beitrug.

Mit der Ausbreitung des Automobils und wachsender Kaufkraft setzte auch in deutschen Städten nach dem Zweiten Weltkrieg die massenhafte Abwanderung von jungen Familien mit überdurchschnittlichen Einkommen ins Umland ein (vgl. Kapitel 9). Die Mobilität von der Kernstadt ins Umland war sozial selektiv, das heißt, daß die Besserverdienenden die Städte verließen und in der Stadt die »A-Gruppen« zurückblieben, deren Konzentration sich dadurch verstärkte: Arme, Arbeitslose und Ausländer.

Seit Mitte der neunziger Jahre zeichnet sich für die Großstädte in Deutschland eine Trendveränderung ab, die auch schon als »Renaissance der Stadt« bezeichnet wurde. Anzeichen dafür sind die Wiederkehr des Wachstums von Arbeitsplätzen in den Städten und die Abnahme der Abwanderungen ins Umland. Erleben wir das Ende der Suburbanisierung und stehen die Städte am Beginn eines neuen ökonomischen Wachstums? Wirtschaftliche Trends und Bevölkerungsbewegungen sprechen tatsächlich dafür. Die lange Periode des Bedeutungsverlustes scheint sich ihrem Ende zu nähern. Der wirtschaftliche Wandel wirkt wieder zugunsten der Städte und das Umland verliert seine Attraktivität für die jungen Familien.

19.1 Eine neue Arbeitsteilung in der Stadtregion

Städte lassen sich heute nur als stadtregionale Verflechtungszusammenhänge mit vielfältig sich überlagernden Netzstrukturen und Raum-Zeit-Konfigurationen sinnvoll analysieren und zukunftsorientiert gestalten. Insofern gibt es keinen Weg zurück zur monozentrischen Stadt. Im Zusammenhang mit der gegenwärtig stattfindenden Neubewertung der Stadt zeichnet sich aber eine neue Arbeitsteilung zwischen Kernstadt und Umland ab, die den Städten wieder größere Chancen gibt. Um diese zu erkennen, darf man den Blick nicht nur auf die zentrifugalen Tendenzen der Suburbanisierung richten, vielmehr müssen auch die zentripetalen Dynamiken – also die Tendenzen einer Reurbanisierung – thematisiert werden.

Zur Verdeutlichung sollen – in bewußter Zuspitzung – zwei polare Typen der Arbeits- und Lebensorganisation gegenübergestellt werden (vgl. Läpple 2004c): ein Typus, der von dem städtischen Kontext weitgehend emanzipiert ist, und ein anderer, der sowohl durch die Produktionsweise der Unternehmen als auch durch die Lebensweise der Beschäftigten in hohem Maße von der Möglichkeit einer Einbettung in urbane Kontexte abhängig ist.

1) Die mehr oder weniger routineorientierten und standardisierten Produktions- und Dienstleistungsfunktionen, sogenannte »Normalbetriebe«, entgehen den Zumutungen der Stadt, indem sie sich neue Standorte im städtischen Umland oder der polyzentrischen »Zwischenstadt« suchen, sofern sie nicht ins Ausland abwandern. Die fordistisch oder neofordistisch orientierten Betriebe, die es – trotz der abnehmenden Dominanz des Fordismus – noch lange geben wird, sind kaum auf die Einbettung in funktionsgemischte Räume angewiesen. Sie bevorzugen spezialisierte Gewerbegebiete und Technologieparks oder funktionsspezialisierte Zonen auf der grünen Wiese wie z. B. Einkaufszentren oder Urban Entertainment Center.

In diesem routineorientierten Betriebstypus entspricht die Arbeitsorganisation – trotz zunehmender Erosions- und Deregulierungstendenzen – noch weitgehend dem Normalarbeitsverhältnis (in der Regel männlicher »Hauptemährer« mit unbefristeter Vollzeitbeschäftigung). Die Lebensorganisation ist geprägt durch einen suburbanen, kapitalintensiven Konsumstil. Als Wohnort, der in der Regel räumlich entkoppelt ist vom Arbeitsort, werden mit Vorliebe sozial homogene Wohnsiedlungen im Umland der Städte gewählt. Die bevorzugte Wohnweise ist das technisch aufgerüstete Eigenheim und die Mobilität ist bestimmt durch das Automobil.

2) Das Gegenmodell bilden die neuen Formen der Kultur- und Wissensproduktion mit ihren entgrenzten Organisationsformen und ihren komplexen, projektbezogenen Kooperationsbeziehungen, die sich sehr stark auf innerstädtische Quartiere mit vielfältigen urbanen Milieus konzentrieren. Je weniger die Unternehmen auf das Organisationsmodell eines »Normalbetriebes« und das Normalarbeitsverhältnis ausgerichtet sind, desto wichtiger werden für sie die spezifischen Qualitäten des urbanen Milieus. Da sie in ihrer betrieblichen Existenz auf eine Vielzahl von Kooperationsmöglichkeiten angewiesen sind und ständig wachsam sein müssen für neue Entwicklungen, bieten ihnen urbane Räume mit einer hohen ökonomischen, sozialen und kulturellen Diversität und einer baulich-räumlichen Vielfalt einen Zugewinn an Möglichkeiten.

Mit der Entwicklung neuer urbaner Organisationsformen der Wissens- und Kulturproduktion wird das tradierte Normalarbeitsverhältnis transformiert in vielfältige »bunte« Arbeitsbeziehungen, die sich im Spannungsfeld von prekären und autonomen Arbeitsbedingungen bewegen. In dieser neuen urbanen Arbeitsgesellschaft verflüssigt sich die traditionelle Trennung von Arbeiten, Wohnen und Freizeit. Eine funktionale Durchdringung und enge Integration von beruflichem, sozialem und persönlichem Leben ist eines der wesentlichen Merkmale der Arbeits- und Lebensweise dieses neuen Beschäftigungstypus. Aufgrund der zeitlichen und räumlichen Bedingungen ihrer Arbeit sowie ihrer Wertorientierung bildet sich bei den – in der Regel gut verdienenden – Kreativen und Wissensproduzenten ein arbeitsintensiver Konsumstil heraus, der auf ein dichtes, stadträumlich konzentriertes Netzwerk von Dienstleistern angewiesen ist.

Die Gegenüberstellung dieser beiden unterschiedlichen Produktions-, Arbeits- und Lebensmodelle ist bewußt idealtypisch zugespitzt. Beide Modelle stehen gegenwärtig aus jeweils unterschiedlichen Gründen unter einem hohen Anpassungs- und Veränderungsdruck. Insbesondere das fordistische bzw. neofordistische Modell ist mit vielfältigen Erosionstendenzen konfrontiert, was zu einer Verstärkung der Problemlagen und Konflikte in der alltäglichen Lebensführung des suburbanen Arbeits- und Lebensmodells führt. Aber auch das Modell urbaner Wissens- und Kulturproduktion ist kein Selbstläufer. In seiner jetzigen Strukturierung ermöglicht dieser dynamische Bereich der Ökonomie kaum eine sozial und ökonomisch nachhaltige Entwicklung, denn in diesem hochgradig flexibilisierten Arbeitsmarkt lassen sich gegenwärtig Beruf und Familie kaum vereinbaren. Außerdem entsprechen bisher weder unser Bildungs- und Ausbildungssystem noch die Funktionslogik des Arbeitsmarktes mit seinen Segmentations- und Ungleichheitsmustern im Hinblick auf Geschlecht und Alter den komplexen Qualifikations- und Rekrutierungsanforderungen dieser Wissens- und Kulturproduktion (vgl. u. a. Läpple/Thiel/Wixforth 2004).

Mit der idealtypischen Skizzierung dieser Modelle sollen zunächst der Entwicklungskorridor zukünftiger Wandlungsprozesse und die Konturen einer neuen Arbeitsteilung in der Stadtregion verdeutlicht werden. Ebenso wie sich Stadtregionen nicht mehr auf ein simples bipolares Raummuster wie »Zentrum – Peripherie« oder »Kernstadt – Umland« reduzieren lassen, sondern aus vielfältigen Zwischen- und Übergangszonen mit sehr unterschiedlichen Zentralitätsmustern bestehen, so werden auch die gesellschaftlichen und siedlungsstrukturellen Wandlungsprozesse zu vielfältigen Zwischenformen dieser idealtypischen Modelle der Arbeits- und Lebensorganisation führen.

19.2 Trends gegen die Suburbanisierung

Eine wesentliche Voraussetzung für die Suburbanisierung der letzten Jahrzehnte war Wachstum, vor allem ein mit der Entfaltung der Produktivkraft verbundenes ökonomisches Wachstum, das – als Resultat von Verteilungskämpfen – über viele Jahrzehnte hinweg für die Mehrheit der Bevölkerung zu einer steigenden Kaufkraft, weniger Erwerbsarbeitszeit und mehr frei verfügbarer Zeit geführt hat. Diese Folgewirkungen des ökonomischen Wachstums waren mit einer allgemeinen Aufstiegserwartung verbunden, also der Vorstellung, daß es – unter der Voraussetzung der Teilhabe an Erwerbsarbeit – in Zukunft allen immer besser gehen wird. Und zu den sozialstaatlichen Arrangements des deutschen Wohlfahrtsstaates gehörte die implizite Garantie der Vollbeschäftigung, verbunden mit einem flankierenden Netz wohlfahrtsstaatlicher Einrichtungen.

Das ökonomische Wachstum war begleitet von einem demographischen Wachstum. Zwar übertrifft in der Bundesrepublik seit über drei Jahrzehnten die Zahl der Sterbefälle die Anzahl der Geburten, der daraus resultierende natürliche Bevölkerungsverlust wurde jedoch bisher durch einen positiven Wanderungssaldo kompensiert. Zwischen 1960 und 2000 sind im Jahr durchschnittlich rund 250 000 Personen mehr in die Bundesrepublik zu- als Einwohner fortgezogen, wodurch – trotz einer regenerativ bedingten Schrumpfung – die Gesamtbevölkerung bis 2002 gewachsen ist.

Diese verschiedenen Wachstumsformen, die in das gesellschaftliche Grundverständnis einer Aufstiegsgesellschaft eingebettet waren, führten zu einem immer größeren Raumanspruch, und zwar sowohl durch größere Betriebsflächen und eine Vermehrung des persönlich verfügbaren Wohnraumes als auch durch eine Ausdehnung des Siedlungsraumes, verbunden mit dezentraleren Siedlungsstrukturen.

Gegenwärtig zeichnen sich bei den verschiedenen Wachstumsformen tiefgreifende Veränderungen ab. Das ökonomische Wachstum stagniert, bei vielen Bevölkerungsschichten auch das Einkommen. In der Folge des ökonomischen Strukturwandels, der anhaltenden Massenarbeitslosigkeit und der Auflösung tradierter sozialstaatlicher Arrangements ist in den letzten Jahren für eine immer größer werdende Gruppe nicht nur das Einkommen gesunken, sondern es wurde auch die Perspektive eines weiteren Aufstiegs durch die Angst vor einem Absturz in eine sich herausbildende Unterschicht verdrängt. Mit der Erosion des Normalarbeitsverhältnisses, der Zunahme prekärer Arbeitsverhältnisse und den verstärkten Risiken auf dem Arbeitsmarkt ist eine Kontinuität des Einkommens nur noch für einen kleiner werdenden Teil der Bevölkerung antizipierbar. Ein kontinuierliches, verläßliches Einkommen ist jedoch eine wesentliche Voraussetzung für die nachhaltige Finanzierung eines suburbanen Eigenheimes und der langlebigen – mit einem suburbanen Lebensstil verbundenen – Konsumgüter.

Eine deutliche Trendwende zeichnet sich auch bei der frei verfügbaren Zeit ab. So weist das DIW darauf hin, daß insbesondere die höher qualifizierten Arbeitnehmer heute in erheblichem Umfang Mehrarbeit leisten, von der ein großer Teil weder durch Freizeit noch durch Lohnausgleich entgolten wird (Brenke 2004). Bei verlängerten Arbeitszeiten und einer wachsenden Desynchronisation der Zeit innerhalb von Lebensgemeinschaften gewinnen innerstädtische oder innenstadtnahe Wohnlagen mit ihrer relativ hohen Dichte an Angeboten – also insbesondere Dienstleistungseinrichtungen und Beschäftigungsangeboten – wieder stärker an Bedeutung.

19.2.1 Bevölkerungsentwicklung

Die meisten Bevölkerungsprognosen gehen davon aus, daß sich zwischen 2010 und 2020 ein negativer Bevölkerungstrend durchsetzen wird. Bereits heute steigt wegen der geringen Geburtenzahlen und der Verlängerung der Lebenserwartung das Durchschnittsalter der Bevölkerung. Unter Bedingungen stagnierender oder schrumpfender Bevölkerungszahlen wird auch das Verhältnis von Kernstadt und suburbanem Raum innerhalb der Stadtregionen neu zu bewerten sein.

Da die Entscheidung für die Wahl eines suburbanen Wohnorts sehr stark abhängig ist vom Lebenszyklus, lohnt sich ein kurzer Blick auf den Altersaufbau der Bevölkerung. Die Suburbanisierungswellen der letzten Jahrzehnte wurden im wesentlichen geprägt durch die geburtenstarken Jahrgänge (die sogenannten »Babyboomer«). Inzwischen kommen die Jahrgänge des »Pillenknicks« (geboren zwischen 1964 und 1975) ins Suburbanisierungsalter. In dieser Generation gab es einen Geburtenrückgang von rund 40 Prozent. Damit ist auch die Anzahl der potentiellen »Suburbaniten« sehr viel kleiner als in den Jahren zuvor. Allein aus diesem Grunde wird die Zahl der Familien, die ins Umland abwandern, in den nächsten Jahren stark abnehmen. Aber auch Veränderungen im Bereich der Erwerbstätigkeit schwächen den Trend zum Leben im suburbanen Raum ab.

19.2.2 Ökonomie in der Stadt

Der Übergang von der Industrie- zur Dienstleistungsökonomie ist begleitet von einem Wandel der grundlegenden Prinzipien der wirtschaftlichen Organisation. Der Aufstieg der großen Industrie hat die Städte wachsen lassen, hat aber auch ihre ökonomische Vielfalt und Raumstruktur zerstört. Die Entflechtung oder Beseitigung der unübersichtlichen, funktionsgemischten Altbaugebiete gehörte ebenso zum Konzept des modernen Städtebaus, der stark von den Prinzipien des Fordismus beeinflußt war, wie die Entdichtung und die Standardisierung der Wohnformen. Eine klare Ordnung mußte geschaffen werden. Für alles und jeden einen Ort festzulegen und von zentraler Hand für ein optimales Funktionieren zu sorgen, war das Konzept der fordistischen Stadt. In den Großsiedlungen der Nachkriegszeit und in den suburbanen Familienheimgebieten, die beide in der Regel reine Wohngebiete waren, wurde dies ebenso sichtbar wie in den auswuchernden Verkehrsflächen und Gewerbegebieten in und am Rande der Stadt. Fordismus bedeutete die Auflösung der urbanen Stadt.

Die Bedeutung fordistischer Produktion ist in den industrialisierten Ländern inzwischen stark zurückgegangen – und in der postindustriellen, postfordistischen Ökonomie gewinnen urbane Orte wieder eine größere Bedeutung. Nachdem die unqualifizierten Fertigungstätigkeiten in Billiglohnländer ausgewandert sind, nehmen hochwertige Dienstleistungen in unseren Städten mit großen Wachstumsraten zu: Forschung und Entwicklung; Planung, Organisation und Finanzierung von Produktion; Beratungstätigkeiten, Kommunikation und Kulturproduktion. Die Grenzen zwischen Ökonomie und Kultur werden immer durchlässiger, für das ökonomische Wachstum ist die kulturelle Kreativität zentral geworden (vgl. Thiel 2005).

Die postfordistische Ökonomie unterscheidet sich von der fordistischen Organisation radikal dadurch, daß nicht mehr Großbetriebe die Stadtökonomie beherrschen, sondern vielmehr in wechselnden Kooperationen Unternehmen projektförmig zusammenarbeiten. Im Bereich der Kunst war dies schon immer gang und gäbe, nun wird dieses Modell verallgemeinert. In den Städten entwickelt sich eine Wissensökonomie, die sich nicht mehr auf Handarbeit, sondern vor allem auf intellektuelle Arbeit, Kreativität, soziale Interaktion und Vernetzung stützt. Entscheidend für das ökonomische Wachstum sind, um einen Begriff von Richard Florida zu benutzen, die »kreativen Klassen« – und diese bevorzugen urbane Orte zum Leben und Arbeiten (vgl. Florida 2005).

Für die »entgrenzten« und deregulierten Unternehmen sowie für die meist in Projektarbeit integrierten Beschäftigten der Wissensproduktion hat die Stadt bzw. der städtische Kontext die Funktion eines »Zufallsgenerators« für Kontakte, Informationen und Gelegenheiten. Für die Betriebe eröffnet dies vor allem die Möglichkeit einer *Reduktion von Risiken*. Durch die hohe Kommunikationsdichte werden Risiken schneller erkannt, wodurch auch flexibler reagiert werden kann. Die hohe Dichte an persönlichen Netzwerken in städtischen

Kontexten ermöglicht bzw. erleichtert Betrieben und Beschäftigten – gerade in Zeiten des Internets – *Suchprozesse*, die durch *sticky knowledge* geprägt sind. Und schließlich werden die entstandardisierten und zeitlich enttakteten Arbeits- und Konsumstile der Beschäftigten der Wissens- und Kulturproduktion erst dann in einem gewissen Umfang praktikabel, wenn ein dichtes Netz an Dienstleistern vorhanden ist, wie man es in der Regel nur in bestimmten urbanen Quartieren vorfindet.

19.2.3 Neue Balance zwischen Leben und Arbeiten

Gerade bei den akademisch Gebildeten wird die Berufstätigkeit beider Partner immer selbstverständlicher. Dies ist eine logische Konsequenz der Zunahme höherer Bildung auch bei den jungen Frauen und der damit verbundenen Veränderung der Frauenrolle. Die Aussicht, im suburbanen Eigenheim für den Fahrdienst, der die Kinder zu den verschiedenen Bildungs-, Freizeit- und Erziehungsstationen bringen muß, zuständig zu sein und die eigenen Qualifikationen verkümmern zu sehen, ist für immer weniger junge Frauen akzeptabel. Das Hausfrauenmodell erodiert gerade deshalb, weil sich die Frauen immer seltener wie selbstverständlich in die familiäre Privatsphäre zurückziehen. Der Suburbanisierung geht sozusagen das Personal aus.

Die Kosten für die tägliche Mobilität zwischen Arbeitsplatz und Wohnung mit dem eigenen PKW steigen, die staatlichen Subventionen werden abgebaut, außerdem wird die Trennung von Arbeiten und Leben, die für die Entwicklung der modernen Stadt so charakteristisch war, tendenziell aufgehoben. Die Anforderungen zeitlicher Flexibilität und die beständige Suche nach neuen Kontakten und Kooperationsmöglichkeiten sowie die Vereinbarkeit von Familie und Beruf sind in den multifunktionalen innerstädtischen Altbaugebieten sehr viel leichter zu organisieren. Funktionsmischung, vielfältige Infrastruktur und kurze Distanzen kommen den Anforderungen der Wissensökonomie ebenso entgegen wie den Lebensstilen, die sie hervorbringt.

Die neue Beschäftigungsdynamik in den (westdeutschen) Kernstädten ist wesentlich durch die starke Zunahme der Frauenerwerbstätigkeit geprägt. Damit ist die Frage zentral geworden: Wie lassen sich Beruf und Familie mit Kindern so verbinden, daß die Probleme nicht einseitig zu Lasten der Frau gehen? Führt die Erwerbsintegration der Frauen bei gleichzeitiger Erosion kollektiver Arbeitszeitstrukturen zu einem »Arbeiten ohne Ende« oder gar zu einem »Zeitkrieg« zwischen den Geschlechtern, der auf dem Rücken der Kinder ausgetragen wird (vgl. Hochschild 2002)? Mit Sicherheit kann man sagen, daß durch die Entgrenzung von Arbeit (vgl. Kapitel 10) die »Work-Life-Balance«, also das Verhältnis von Erwerbsleben und Privatleben in den Haushalten – insbesondere für Frauen –, deutlich spannungsreicher geworden ist. Die Arbeitszeit ist »für die Haushalte [...] die zentrale Größe für die Integration der Erwerbsarbeit in ihre Lebensweise« geworden (Baethge/Bartelheimer 2005, 22). Die heute stattfindenden Veränderungen der Arbeits- und Unternehmensorganisation lösen Standardisierungen auf, verschränken Erwerbs- und Nichterwerbsaktivitäten, verlangen von den Beschäftigten mehr individuelle Flexibilität und lassen anstelle eines dominierenden gesellschaftlichen Zeitregimes »eine Vielzahl unterschiedlicher Arrangements [entstehen], in denen Haushalte die Anforderungen des Arbeitsmarktes und der Lebensführung in Einklang zu bringen suchen« (ebd.).

Der Arbeitsmarkt ist unsicherer geworden. Feste Vollzeitstellen werden bald die Ausnahme sein, und vor allem Höherqualifizierte arbeiten heute länger und in unregelmäßigen Zeitrhythmen. Durch Doppelerwerbstätigkeit und die Erosion des gesellschaftlichen Zeitgefüges wird das familiäre Alltagsleben an suburbanen Standorten mit langen Wegen und Pendlerzeiten immer komplizierter. Und durch die Unsicherheit von Job und Einkommen werden sich deutlich weniger Menschen mit hohen Hypotheken auf ein Eigenheim im Grünen festlegen können oder wollen.

Vor diesem Hintergrund entdecken viele die Vorteile der Stadt wieder: Die Stadt bietet nicht nur ein breites Angebot an Beschäftigungsmöglichkeiten, sondern auch vielfältigste Dienstleistungen: Einkaufsmöglichkeiten, Betreuungsangebote für Kleinkinder, Kindergärten mit unterschiedlichen Öffnungszeiten, Schulen für unterschiedliche Begabungen, eine differenzierte Gesundheitsversorgung und ein breites Bildungs- und Kulturangebot – und auch bessere Möglichkeiten zur Selbsthilfe, denn aufgrund der höheren Einwohnerdichte finden sich leichter genügend Gleichgesinnte. Für alle, die keine Zeit für Haushaltsarbeiten haben oder diese Zeit anders verwenden wollen, gibt es Restaurants, Snacks, Lieferdienste, Wäschereien, Haushaltshilfen usw. Das hört sich besser an, als es in vielen Städten tatsächlich ist, denn in den Innenstädten wird kaum mehr gewohnt, und mit dem Wohnen sind auch die vielfältigen Dienstleistungseinrichtungen ausgedünnt, die einen urbanen Lebensstil erst möglich und attraktiv machen. Die Reurbanisierung der Städte wäre also ein stadtpolitisches Ziel, das sowohl die Aussichten auf ökonomische Stabilität als auch die Attraktivität für junge Familien verbessern würde.

19.2.4 Wachsende Disparitäten

Die Tendenzen einer möglichen Renaissance der Städte bringen jedoch nicht nur Gewinner hervor, sondern sind – wie wir in Kapitel 11 ausgeführt haben – mit einer wachsenden sozialräumlichen Differenzierung und neuen Formen sozialer Ungleichheit verbunden. Außerdem dürfen die Tendenzen einer urbanen Renaissance nicht darüber hinwegtäuschen, daß es große regionale Unterschiede gibt, die wahrscheinlich noch größer werden. Zum einen geht die Schere in der Entwicklung zwischen den weiterhin wachsenden und den schrumpfenden Städten immer weiter auseinander (vgl. Häußermann 2006b). Dies hat Folgen für die Wanderungsprozesse: Es gibt Städte mit hoher und solche mit niedriger Zuwanderung – was von der momentanen Nachfrage nach Arbeitskräften abhängt, aber langfristige Wirkungen für die Stadtentwicklung hat. Zum anderen bleibt das alte Süd-Nord-Gefälle weiterhin wirksam, auch wenn in Hamburg inzwischen durch den Wiedergewinn seines Hinterlandes der Schrumpfungsprozeß durch Wachstum abgelöst wurde. Nicht alle Städte profitieren also bereits von der neuen urbanen Ökonomie, in vielen dominiert die Deindustrialisierung die Entwicklung.

Eine anhaltende Renaissance der Städte würde – den Vorbildern London und Paris folgend – zu einer flächendeckenden Gentrification der innerstädtischen Wohngebiete führen und damit zu einer Vertreibung der Haushalte mit niedrigeren Einkommen an die Ränder der Städte. Daß die suburbanen Gebiete angesichts der demographischen Entwicklung und der unsicheren Einkommensperspektiven nicht mehr der bevorzugte Ort der Wohlhabenderen bleiben, sondern der der Bedürftigen und Diskriminierten werden könnte, mag zwar für heutige Ohren etwas abenteuerlich klingen, liegt aber durchaus im Bereich des Möglichen. Städte, die kaum noch über eigene Wohnungsbestände verfügen, werden es schwer haben, die soziale Kohäsion zu sichern.

Die demographische Entwicklung führt dazu, daß in Deutschland gegenüber 1998 bis zum Jahre 2030 die Zahl der unter Zwanzigjährigen von 18 auf 12 Millionen und die Zahl der Zwanzig- bis unter Vierzigjährigen von 25 auf 16 Millionen zurückgeht. Diese jüngeren Jahrgänge sind in der Regel diejenigen mit der modernsten Ausbildung, sie sind die sozial und ökonomisch aktivsten Bevölkerungsteile. Nur bei diesen Bevölkerungsgruppen hatten die großen Städte bisher eine positive Wanderungsbilanz – sie sind für die Stadtentwicklung eine unersetzliche Ressource. Das schrumpfende Potential wird zwangsläufig zu einer verschärften Konkurrenz der Städte um Zuwanderer führen. Städte, denen es nicht gelingt, junge und qualifizierte Arbeitskräfte anzuziehen, haben die schlechtesten ökonomischen Aussichten – und die qualifizierten Jungen gehen nicht überallhin. Wo kulturelle Minderheiten diskriminiert, wo ausgrenzende »Leitkulturen« hochgehalten werden, wo große Teile der Bevölkerung vom Zugang zu höherer Bildung ferngehalten werden, wird also nicht nur die urbane Qualität einer Stadt beeinträchtigt, sondern auch ihre ökonomische Entwicklung gefährdet.

Die Krise der Städte ist durch die beschriebenen Trends nicht automatisch überwunden. Teilweise entstehen dadurch auch neue Konflikte, etwa um innerstädtischen Wohnraum. Bornierte Anpassungsforderungen gegenüber Migranten gefährden ebenso wie rücksichtslose Wohnungspolitik oder ausgrenzende Sozialpolitik nicht nur den sozialen Frieden, sondern auch die ökonomische Entwicklung.

Die Integration der gesamten Stadt und die Koexistenz von sozialer und ethnischer Heterogenität auf engem Raum ist nicht nur eine moralische Forderung von »Gutmenschen«, sondern auch eine Voraussetzung dafür, daß die sich bietenden Chancen eines neuen ökonomischen Wachstums auch ergriffen werden können. Kulturelle Vielfalt ist daher nicht nur zu akzeptieren, sondern auch auf allen Ebenen zu fördern – und dazu gehört auch die Bildung von ethnisch segregierten Gebieten in verschiedenen Teilen der Stadt. Die Anerkennung der multikulturellen Realität ist ein Gebot urbaner Kultur und ökonomischer Entwicklung.

Literaturverzeichnis

Abelshauser, Werner, *Kulturkampf. Der deutsche Weg in die Neue Wirtschaft und die amerikanische Herausforderung*, Berlin: Kadmos 2003.

– *Deutsche Wirtschaftsgeschichte seit 1945*, München: Beck 2004.

Aglietta, Michel, *A Theory of Capitalist Regulation. The US Experience*, London/New York: Verso 2000.

Albers, Gerd, »Über das Wesen der räumlichen Planung«, in: *Stadtbauwelt* 21, März 1969, S. 10-14.

Albert, Michel, *Kapitalismus contra Kapitalismus*, Frankfurt am Main/New York: Campus 1992.

Altvater, Elmar/Mahnkopf, Birgit, *Grenzen der Globalisierung. Ökonomie, Ökologie und Politik in der Weltgesellschaft*, Münster: Westfälisches Dampfboot 1996.

Amable, Bruno, *The Diversity of Modern Capitalism*, Oxford/New York: Oxford University Press 2003.

Andersson, Roger/Bråmå, Åsa, »Selective migration in Swedish distressed neighbourhoods: can area-based urban policies counteract segregation processes?« in: *Housing Studies*, 19. Jg., 2004, S. 517-539.

Aring, Jürgen, *Suburbia, Postsuburbia, Zwischenstadt: die jüngere Wohnsiedlungsentwicklung im Umland der großen Städte Westdeutschlands und Folgerungen für die regionale Planung und Steuerung*, Hannover: ARL (Arbeitsmaterial/Akademie für Raumforschung und Landesplanung; Nr. 262) 1999.

– /Herfert, Günter, »Neue Muster der Wohnsuburbanisierung«, in: *Suburbanisierung in Deutschland*, herausgegeben von Klaus Brake/Jens S. Dangschat/Günter Herfert, Opladen: Leske + Budrich 2001, S. 43-56.

von Arnim, Hans-Herbert, *Korruption. Netzwerke in Politik, Ämtern und Wirtschaft*, München: Droemer Knaur 2003.

Bachrach, Peter/Baratz, Morton S., »Two faces of power«, in: *American Political Science Review*, Vol. 56, 1962, S. 947-952.

Bade, Franz-Josef, »Die regionale Entwicklung der Erwerbstätigkeit bis 2010«, in: *Informationen zur Raumentwicklung*, Heft 3/4, 2004, S. 169-186.

Baethge, Martin, »Übergänge wohin? Zur Reinstitutionalisierung der Gesellschaft im Spannungsfeld von Innovativität und Sozialität«, in: *Im Zeichen des Umbruchs*, herausgegeben vom Soziologischen Forschungsinstitut Göttingen, Opladen: Leske + Budrich 1995, S. 33-48.

– »Abschied vom Industrialismus: Konturen einer neuen gesellschaftlichen Ordnung der Arbeit«, in: *Die große Hoffnung für das 21. Jahrhundert? Perspektiven und Strategien für die Entwicklung der Dienstleistungsbeschäftigung*, herausgegeben von Martin Baethge/Ingrid Wilkens, Opladen: Leske + Budrich 2001, S. 23-44.

– »Ordnung der Arbeit – Ordnung des Wissens: Wandel und Widersprüche im betrieblichen Umgang mit Humanressourcen«, in: *SOFI-Mitteilungen*, Nr. 32, Göttingen 2004, S. 7-21.
– /Bartelheimer, Peter, »Deutschland im Umbruch. Ergebnisse und Perspektiven des sozioökonomischen Berichtsansatzes«, in: *SOFI-Mitteilungen*, Nr. 33, Göttingen 2005, S. 17-29.
Bagnasco, Arnaldo/Le Galès, Patrick (Hg.), *Cities in Contemporary Europe*, Cambridge: Cambridge University Press 2000.
Bahrdt, Hans-Paul, *Die moderne Großstadt. Soziologische Überlegungen zum Städtebau*, herausgegeben von Ulfert Herlyn, Opladen: Leske + Budrich 1998.
Bahrenberg, Gerhard, »Suburbanisierung und Verkehrsentwicklung«, in: *Festschrift für Martin Seger*, herausgegen vom Institut für Geographie und Regionalforschung der Universität Klagenfurt (= Klagenfurter Geographische Schriften 18) 2000, S. 1-16.
Banner, Gerhard, »Zur politisch-administrativen Steuerung der Kommunen«, in: *Archiv für Kommunalwissenschaften*, 21. Jg., 1982, S. 26-47.
– »Reform braucht Führung – die Modernisierung der kommunalen Verwaltung«, in: *Unternehmer Stiftung Bürger*, herausgegeben von Thomas Middelhoff u. a., Gütersloh: Bertelsmann 2001.
Battis, Ulrich/Krautzberger, Michael/Löhr, Rolf-Peter, *Baugesetzbuch – BauGB – Kommentar*, München: Beck [10]2007.
Bauman, Zygmunt, »Ein Wiedersehen mit dem Fremden«, in: *Flaneure, Spieler und Touristen*, herausgegeben von Zygmunt Baumann, Hamburg: Hamburger Edition 1997, S. 205-225.
BCSD, Bundesvereinigung City- und Stadtmarketing Deutschland e. V., *Business Improvement Districts (BID) – Ein Modell auch für Deutschland?!*, Internationales Expertenhearing des BCSD am 19. März 2003 in der Handelskammer Hamburg (= BCSD Schriftenreihe No. 2), Hamburg 2003.
Beauftragte der Bundesregierung für Migration, Flüchtlinge und Integration, *Sechster Bericht der Beauftragten der Bundesregierung für Migration, Flüchtlinge und Integration über die Lage der Ausländerinnen und Ausländer in Deutschland*, Berlin 2005.
Becker, Heidede/Schulz zur Wiesch, Jochen (Hg.), *Sanierungsfolgen. Eine Wirkungsanalyse von Sanierungsmaßnahmen in Berlin*, Stuttgart/Berlin: Kohlhammer 1982.
– /Jessen, Johann/Sander, Robert (Hg.), *Ohne Leitbild? – Städtebau in Deutschland und Europa*, Stuttgart/Zürich: Karl Krämer 1998.
Beer, Ingeborg, *Architektur für den Alltag. Vom sozialen und frauenorientierten Anspruch der Siedlungsarchitektur der zwanziger Jahre*, Berlin: Schelzky & Jeep 1994.

Benevolo, Leonardo, *Die Stadt in der europäischen Geschichte*, München: Beck'sche Reihe 1999.

Benke, Carsten, »Historische Schrumpfungsprozesse: Urbane Krisen und städtische Selbstbehauptung in der Geschichte«, in: *Jahrbuch StadtRegion 2004/05*, Schwerpunkt: Schrumpfende Städte, herausgegeben von Norbert Gestring u. a., Wiesbaden: VS Verlag 2005, S. 49-70.

Benz, Arthur (Hg.), *Governance – Regieren in komplexen Regelsystemen*, Wiesbaden: VS Verlag 2004.

Benzler, Susanne/Heinelt, Hubert, *Stadt und Arbeitslosigkeit. Örtliche Arbeitsmarktpolitik im Vergleich*, Opladen: Leske + Budrich 1991.

Bergander, Dirk, *Soziodemographische Strukturen schrumpfender Großsiedlungen in den neuen Bundesländern – Von ehemals bevorzugten zu sozial ausdifferenzierten Wohnquartieren? Das Beispiel Leipzig-Grünau*, Diplomarbeit am Institut für Sozialwissenschaften, Humboldt-Universität Berlin, März 2004.

Bergmann, Klaus, *Agrarromantik und Großstadtfeindlichkeit. Studien zur Großstadtfeindlichkeit und »Landflucht«-Bekämpfung seit dem Ende des 19. Jahrhunderts* (= Studien zur Politikwissenschaft, Bd. 20), Meisenheim am Glan: 1970.

Bericht der Kommission Wohnungswirtschaftlicher Strukturwandel in den neuen Bundesländern, Berlin: Bundesministerium für Verkehr, Bau- und Wohnungswesen 2000.

Bertram, Hans, »Lebensformen, städtische und ländliche«, in: *Großstadt. Soziologische Stichworte*, herausgegeben von Hartmut Häußermann, Opladen: Leske + Budrich 1998, S. 115-122.

Beste, Hubert, *Morphologie der Macht. Urbane »Sicherheit« und die Profitorientierung sozialer Kontrolle*, Opladen: Leske + Budrich 2000.

von Beyme, Klaus, *Der Wiederaufbau. Architektur und Städtebaupolitik in beiden deutschen Staaten*, München: Piper 1987.

– /Durth, Werner/Gutschow, Niels/Nerdinger, Winfried/Topfstedt, Thomas (Hg.), *Neue Städte aus Ruinen. Deutscher Städtebau der Nachkriegszeit*, München: Prestel 1992.

Birg, Herwig, »Demographische Konflikte«, in: *Frankfurter Allgemeine Zeitung*, Nr. 51, 02. März 2005, S. 39.

Bischoff, Ariane/Selle, Klaus/Sinning, Heidi, *Informieren. Beteiligen. Kooperieren. Eine Übersicht zu Formen, Verfahren und Methoden. Kommunikation im Planungsprozess*, Bd. 1, Dortmund: Vertrieb für Bau- und Planungsliteratur 2005.

Blanke, Bernhard/Benzler, Susanne (Hg.), *Stadt und Staat. Systematische, vergleichende und problemorientierte Analysen »dezentraler« Politik* (= PVS-Sonderheft 22), Opladen: Westdeutscher Verlag 1991.

Blasius, Jörg, »Verdrängungen in einem gentrifizierten Gebiet«, in: *Lebens-*

stile in den Städten, herausgegeben von Jörg Blasius und Jens Dangschat, Opladen: Leske + Budrich 1994, S. 408-425.

Bloem, Mario/Bock, Stefan, *Business Improvement Districts (BIDs). Untersuchungen von Business Improvement Districts in bezug auf Möglichkeiten einer Übertragung auf innerstädtische Geschäftsquartiere in Nordrhein-Westfalen*, Düsseldorf: Ministerium für Städtebau und Wohnen, Kultur und Sport des Landes Nordrhein-Westfalen 2001.

Blotevogel, Hans H., »Gibt es in Deutschland Metropolen? Die Entwicklung des deutschen Städtesystems und das Raumordnungskonzept der ›Europäischen Metropolregionen‹«, in: *Metropolen. Laboratorien der Moderne*, herausgegeben von Dirk Matejovski, Frankfurt/New York: Campus 2000, S. 139-167.

Bodenschatz, Harald, *Platz frei für das neue Berlin. Geschichte der Stadterneuerung in der größten Mietskaserne der Welt seit 1871*, Berlin: transit 1987.

– »Die Berliner ›Mietskaserne‹ in der wohnungspolitischen Diskussion seit 1918«, in: *Massenwohnung und Eigenheim. Wohnungsbau und Wohnen in der Großstadt seit dem Ersten Weltkrieg*, herausgegeben von Axel Schildt/Arnoldt Sywottek, Frankfurt am Main/New York: Campus 1988, S. 130ff.

– »Plädoyer für eine Bestandsentwicklungspolitik«, in: *Stadterneuerung in Berlin-West: Perspektiven einer Bestandsentwicklung*, herausgegeben von der Arbeitsgruppe Stadterneuerung, Berlin: Elefanten Press 1989, S. 32-40.

Boettner, Johannes, »Vom tapferen Schneiderlein und anderen Helden. Fallstricke des integrierten Handelns – Eine Evaluation«, in: *Soziale Stadt – Zwischenbilanzen*, herausgegeben von Uwe-Jens Walther, Opladen: Leske + Budrich 2002, S. 101-114.

Bogumil, Jörg, »Ökonomisierung der Verwaltung. Konzepte, Praxis, Auswirkungen und Probleme einer effizienzorientierten Verwaltungsmodernisierung«, in: *Politische Vierteljahreszeitschrift*, Sonderheft 34, 2004, S. 209-231.

– /Heinelt, Hubert (Hg.), *Bürgermeister in Deutschland. Politikwissenschaftliche Studien zu direkt gewählten Bürgermeistern*, Wiesbaden: VS Verlag 2005.

– /Holtkamp, Lars, »Liberalisierung und Privatisierung kommunaler Aufgaben – Auswirkungen auf das kommunale Entscheidungssystem«, in: *Liberalisierung und Privatisierung öffentlicher Aufgabenerfüllung – Soziale und umweltpolitische Perspektiven im Zeichen des Wettbewerbs*, herausgegeben von Jens Libbe/Stephan Tomerius/Jan-Henrick Trapp, Berlin 2002, S. 71-91.

– /Holtkamp, Lars/Schwarz, Gudrun, *Das Reformmodell Bürgerkommune. Leistungen – Grenzen – Perspektiven* (= Modernisierung des öffentlichen Sektors, Bd. 22), Berlin: edition sigma 2003.

Böhme, Helmut, »›Stadtutopien‹ und ›Stadtwirklichkeit‹. Über die Ambivalenz von idealem Stadtentwurf und totalitärer Gesellschaftserneuerung«, in: *Die alte Stadt*, Heft 1, 1996, S. 68-91.

Brake, Klaus, »Der suburbane Raum als Standorttyp«, in: Klaus Brake, Ingo Einacker und Heinrich Mäding, *Kräfte, Prozesse, Akteure – Zur Empirie der Zwischenstadt*, Wuppertal: Verlag Müller + Busman 2005, S. 10-67.

– /Dangschat, Jens/Herfert, Günter (Hg.), *Suburbanisierung in Deutschland*, Opladen: Leske + Budrich 2001.

Bremer, Peter, *Ausgrenzungsprozesse und die Spaltung der Städte*, Opladen: Leske + Budrich 2000.

Brenke, Karl, »Dauer der Arbeitszeiten in Deutschland«, in: *Wochenbericht des DIW*, Nr. 47, 2004, 731-737.

Breschi, Stefano/Lissoni, Francesco, »Localised knowledge spillover vs. innovative milieux: knowledge ›tacitness‹ reconsidered«, in: *Papers in Regional Science*, Vol. 80, Nr. 3, 2001, S. 255-273.

Brinkmann, Ulrich/Dörre, Klaus/Röbenack, Silke/Kraemer, Klaus/Speidel, Frederic, *Prekäre Arbeit. Ursachen, Ausmaß, soziale Folgen und subjektive Verarbeitungsformen unsicherer Beschäftigungsverhältnisse*, Bonn: Friedrich-Ebert-Stiftung 2006.

Brüggemann, Beate/Riehle, Rainer, *Das Dorf. Über die Modernisierung einer Idylle*, Frankfurt am Main/New York: Campus 1986.

Brunner, Otto, *Neue Wege der Verfassungs- und Sozialgeschichte*, Göttingen: Vandenhoeck und Ruprecht 1956.

Buck, Nick, »Identifying neighbourhood effects on social exclusion«, in: *Urban Studies*, Vol. 38, Nr. 12, 2001, S. 2251-2275.

Bullinger, Dieter, »Schrumpfende Städte«, in: *Schrumpfende Städte fordern neue Strategien für die Stadtentwicklung*, herausgegeben von der Deutschen Akademie für Städtebau und Landesplanung, Dokumentation des wissenschaftlichen Kolloquiums 2001 in Leipzig, Wuppertal: Müller + Busmann 2002.

Burbank, Matthew J./Andranovich, Gregory D./Heying, Charles H., *Olympic Dreams. The Impact of Mega-Events on Local Politics*, Boulder: Lynne Rienner Publishers 2001.

Burgess, Ernest W., »The growth of the city: an introduction to a research project«, in: *The City*, herausgegeben von Robert E. Park/Ernest W. Burgess, Chicago u. a.: University Press 1974, S. 47-62.

Cairncross, Frances, *The Death of Distance. How The Communications Revolution Will Change Our Lives*, Cambridge, MA: Harvard Business School 1997.

Cattacin, Sandro, *Stadtentwicklung zwischen Demokratie und Komplexität. Zur politischen Organisation der Stadtentwicklung: Florenz, Wien und Zürich im Vergleich*, Frankfurt am Main/New York: Campus 1994.

Champion, Anthony Gerard, »Urbanization, suburbanization, counterurbanization and reurbanization«, in: *Handbook of Urban Studies*, herausgegeben von Ronan Paddison, London/Thousand Oaks/New Delhi: Sage 2001, S. 143-161.

Christopherson, Susan, »Project work in context: regulatory change and the new geography of media«, in: *Environment and Planning A*, Vol. 34 (11), 2002, S. 2003-2015.

Conrads, Ulrich (Hg.), *Programme und Manifeste zur Architektur des 20. Jahrhunderts*, Braunschweig: Vieweg 1981.

Crowe, Timothy D., *Crime Prevention Through Environmental Design*, Stoneham: Butterworth-Heinemann 1991.

Dahl, Robert, *Who Governs?*, New Haven: Yale University Press 1961.

Dahn, Daniela, *Prenzlauer Berg-Tour*, Halle/Leipzig: Mitteldeutscher Verlag 1987.

Dahn, Daniela, *Wir bleiben hier oder Wem gehört der Osten*, Reinbek bei Hamburg: Rowohlt 1994.

Dangschat, Jens, »Gentrification: Der Wandel innenstadtnaher Wohnviertel«, in: *Kölner Zeitschrift für Soziologie und Sozialpsychologie*, Soziologische Stadtforschung, Sonderheft 29, herausgegeben von Jürgen Friedrichs, Opladen: Westdeutscher Verlag 1988, S. 272-292.

De Marinis, Pablo, *Überwachen und Ausschließen. Machtintervention in urbanen Räumen der Kontrollgesellschaft*, Pfaffenweiler: Centaurus 2000.

Deutscher Städtetag, *Leitbild für die Stadt der Zukunft*, Beschluß der 32. ordentlichen Hauptversammlung des Deutschen Städtetages am 15. Mai 2003 in Mannheim, Köln 2003.

Dieser, Hartwig, *Die »behutsame« Stadterneuerung zwischen Kapitalverwertung und Mieterinteressen. Eine Untersuchung unter der besonderen Berücksichtigung des Interessenstandpunktes der Mieter*, durchgeführt in Berlin-West, Frankfurt am Main: Fischer 1983.

DiGaetano, Alan/Lawless, Paul, »Urban governance and industrial decline: governing structures and policy agendas in Birmingham and Sheffield, England, and Detroit, Michigan, 1980-1997«, in: *Urban Affairs Review*, No. 34, 1999, S. 546-77.

– /Klemanski, John, »Urban regimes in comparative perspective: the politics of urban development in Britain«, in: *Urban Affairs Quarterly*, 29. Jg., 1993, S. 54-83.

Durth, Werner 1993, »Anmerkungen zur Planungsgeschichte«, in: *Eisenhüttenstadt, Vor-Ort-Seminar der Akademie der Künste*, Abt. Baukunst, Junge Akademie, Berlin 1994.

Durth, Werner/Gutschow, Niels, *Träume in Trümmern. Planungen zum Wiederaufbau zerstörter Städte im Westen Deutschlands 1940-1950*, Braunschweig/Wiesbaden: Vieweg 1988.

Eichstädt, Wulf, »Die Grundsätze der behutsamen Stadterneuerung«. in: *Idee, Prozeß, Ergebnis: Die Reparatur und Rekonstruktion der Stadt*, herausgegeben von Hardt-Waldherr Hämer, Berlin 1984, S. 111ff.
Engelbrech, Gerhard/Jungkunst, Maria, Erwerbsbeteiligung von Frauen: Wie bringt man Beruf und Kinder unter einen Hut? (= *IAB Kurzbericht*, 7/2001) Nürnberg 2001.
Esping-Andersen, Gøsta, *The Three Worlds of Welfare Capitalism*, Princeton: Princeton University Press 1990.
Falk, Bernd R., »Shopping-Center – Grundlagen, Stand und Entwicklungsperspektiven«, in: *Das große Handbuch Shopping-Center*, herausgegeben von Bernd R. Falk, Landsberg/Lech: Verlag Moderne Industrie 1998, S. 13-48.
Farwick, Andreas, *Segregierte Armut in der Stadt: Ursachen und soziale Folgen der räumlichen Konzentration von Sozialhilfeempfängern*, Opladen: Leske + Budrich 2001.
Feagin, Joe, Free Enterprise City: Houston in Political-Economic Perspective. New Brunswick: Rutgers University Press 1988.
Fehl, Gerhard, »›Stadt als Kunstwerk‹, ›Stadt als Geschäft‹. Der Übergang vom landesfürstlichen zum bürgerlichen Städtebau, beobachtet am Beispiel Karlsruhe zwischen 1800 und 1857«, in: *Stadterweiterungen 1800-1895. Von den Anfängen des modernen Städtebaus in Deutschland*, herausgegeben von Gerhard Fehl/Juan Rodriguez-Lores, Hamburg: Christians 1983, S. 135-184.
Fisch, Stefan, *Stadtplanung im 19. Jahrhundert: Das Beispiel München bis zur Ära Theodor Fischer*, München: Oldenbourg 1988.
Fischer, Ralf-Joachim, »Weniger bringt mehr – Chancen und Aufgaben des leerstandsbedingten Stadtumbaus am Beispiel Chemnitz«, in: *Schrumpfende Städte fordern neue Strategien für die Stadtentwicklung*, herausgegeben von der Deutschen Akademie für Städtebau und Landesplanung, Dokumentation des wissenschaftlichen Kolloquiums 2001 in Leipzig, Wuppertal: Müller + Busmann 2002, S. 71-85.
Fishman, Robert, *Bourgeois Utopias*, New York: Basic Books 1987.
– »Die befreite Megalopolis: Amerikas neue Stadt«, in: *Arch+*, 109/110, 1991, S. 73-83.
Fleiter, Rüdiger, »Kommunen und NS-Verfolgungspolitik«, in: *Aus Politik und Zeitgeschichte*, Nr. 14-15, 2007, S. 35-40.
Flierl, Bruno, »Stadtgestaltung in der ehemaligen DDR als Staatspolitik«, in: Marcuse/Staufenbiel (Hg.) 1991, S. 49-65.
Florida, Richard, *The Rise of the Creative Class*, New York: Basic Books 2004.
– *Cities and the Creative Class*, New York: Routledge 2005.
– /Feldman, Marshall, »Housing in US Fordism«, in: *International Journal of Urban and Regional Research*, Vol. 12, No. 2, 1988, S. 187-210.

Ford, Henry, *Mein Leben und Werk.* Unter Mitwirkung von Samuel Crowther, Leipzig: Paul List Verlag 1923.

– *Das Große Heute – Das Größere Morgen.* Unter Mitwirkung von Samuel Crowther, Leipzig: Paul List Verlag 1926.

Forsthoff, Ernst, *Die Krise der Gemeindeverwaltung,* Berlin: Junker und Dünnhaupt 1932.

Fried, Marc, »Trauer um ein verlorenes Zuhause«, in: *Sanierung – für wen?,* herausgegeben vom Büro für Stadtsanierung und soziale Arbeit, Berlin 1971, S. 84-103.

Friedrichs, Jürgen (Hg.), *Stadtentwicklungen in kapitalistischen und sozialistischen Ländern,* Reinbek bei Hamburg: Rowohlt 1978.

– *Stadtsoziologie,* Opladen: Leske + Budrich 1995.

– »Gentrification«, in: *Großstadt. Soziologische Stichworte,* herausgegeben von Hartmut Häußermann, Opladen: Leske + Budrich 2000, S. 57-66.

– /Blasius, Jörg, *Leben in benachteiligten Wohngebieten,* Opladen: Leske + Budrich 2000.

– /Galster, George/Musterd, Sako, »Neighbourhood effects on social opportunities: The European and American research and policy context«, in: *Housing Studies,* 18. Jg., Heft 6, 2003, S. 797-806.

– /Häußermann, Hartmut/Siebel, Walter (Hg.), *Süd-Nord-Gefälle in der Bundesrepublik?,* Opladen: Westdeutscher Verlag 1986.

– /Kecskes, Robert (Hg.), *Gentrification. Theorie und Forschungsergebnisse,* Opladen: Leske + Budrich 1996.

Fröberl, Folker/Heinrichs, Jürgen/Kreye, Otto, *Umbruch in der Weltwirtschaft,* Reinbek bei Hamburg: Rowohlt 1986.

Frotscher, Werner/Lange, Klaus, »Die öffentlichen Einrichtungen der Kommunen«, in: *Handbuch der kommunalen Wissenschaft und Praxis,* herausgegeben von Hans Peters, Bd. 3, 1983, S. 135-177.

Fuhrich, Manfred/Neusüß, Christel/Petzinger, Renate u. a.: *Neue Heimat. Gewerkschaften und Wohnungspolitik,* Hamburg: VSA 1983.

Gans, Herbert, *The Urban Villagers,* New York: Free Press 1962 und 1982.

Garreau, Joel, *Edge City. Life on the New Frontier,* New York/London/Toronto: Anchor Books 1991.

GdW, Bundesverband deutscher Wohnungs- und Immobilienunternehmen e. V. (Hg.), *Überforderte Nachbarschaften. Zwei sozialwissenschaftliche Studien über Wohnquartiere in den alten und den neuen Bundesländern* (= GdW Schriften 48), Köln/Berlin 1998.

Geißler, Clemens, »Zukunftschancen der Gesellschaft des langen Lebens – Schlummernde Potenziale in Niedersachsen?«, in: *Neues Archiv für Niedersachsen,* 2/2005, S. 47-61.

Geißler, Rainer, *Die Sozialstruktur Deutschlands.* Opladen: Westdeutscher Verlag 2002.

Gemeindefinanzbericht, »Stadtfinanzen: Rekorddefizite und Verfall der Investitionen«, in: *der städtetag*, Heft 01/2004.

Geppert, Kurt/Gornig, Martin, »Berlin: Potentiale einer neuen wirtschaftlichen Dynamik«, in: *Wochenbericht des DIW*, Nr. 44, 2005, S. 657-663.

– /– »Renaissance der großen Städte – und die Chancen Berlins«, in: *Wochenbericht des DIW*, Nr. 26, 2003, S. 411-418.

Gerlach, Siegfried, *Die deutsche Stadt des Absolutismus im Spiegel barocker Veduten und zeitgenössischer Pläne*, Stuttgart: Franz Steiner 1990.

Gesemann, Frank (Hg.), *Migration und Integration in Berlin*, Opladen: Leske + Budrich 2001.

Gestring, Norbert/Maibaum, Anna/Siebel, Walter/Wehrheim, Jan, »Verunsicherung und Einhegung – Fremdheit in öffentlichen Räumen«, in: *Diskurs – Stadt – Kriminalität. Städtische (Un-)Sicherheiten aus der Perspektive von Stadtforschung und kritischer Kriminalgeographie*, herausgegeben von Georg Glasze/Robert Pütz/Manfred Rolfes, Bielefeld: transcript 2005, S. 223-252.

– /Janßen, Andrea/Polat, Ayça: *Prozesse der Integration und Ausgrenzung. Türkische Migranten der zweiten Generation*, Wiesbaden: VS Verlag 2006.

Giddens, Anthony, *Konsequenzen der Moderne*, Frankfurt am Main: Suhrkamp 1996.

Giedion, Siegfried, *Die Herrschaft der Mechanisierung. Ein Beitrag zur anonymen Geschichte*, Frankfurt am Main: Athenäum 1987.

– *Raum, Zeit, Architektur: Die Entstehung einer neuen Tradition*, Düsseldorf: Patmos 1992.

Gilette, Howard, »The evolution of the planned shopping center in suburb and city«, in: *Journal of the American Planning Association*, 51/4, 1985, S. 449-460.

Gissendanner, Scott, »Urbane Regime in den USA und Deutschland: Eine Einführung«, in: *Planungsrundschau*, Heft 3-4, 2002, S. 173-187.

– »Mayors, governance coalitions and strategic capacity. Drawing lessons from Germany for theories of urban governance«, in: *Urban Affairs Review*, Vol. 40, No. 1, 2004, S. 44-77.

Glaeser, Edward L., »Why economists still like cities«, in: *City Journal*, Vol. 6, No. 2, 1996, S. 70-89.

– »Are cities dying?«, in: *Journal of Economic Perspectives*, Vol. 2 (2), 1998, S. 139-160.

Glasze, Georg/Webster, Chris/Frantz, Claus (Hg.), *Private Cities. Global and Local Perspectives*, London: Routledge 2006.

Glock, Birgit, »Umgang mit Schrumpfung. Reaktionen der Stadtentwicklungspolitik in Duisburg und Leipzig«, in: *Jahrbuch StadtRegion 2004/2005*, Schwerpunkt: Schrumpfende Städte, herausgegeben von Norbert Gestring u. a., Wiesbaden: VS Verlag 2005, S. 71-90.

– *Stadtpolitik in schrumpfenden Städten*, Wiesbaden: VS Verlag 2006.
– /Häußermann, Hartmut/Keller, Carsten, »Die sozialen Konsequenzen der Restitution von Grundeigentum in Deutschland und Polen«, in: *Berliner Journal für Soziologie*, 11. Jg./2001, S. 533-550.
Göderitz, Johannes/Rainer, Roland/Hoffmann, Hubert, *Die gegliederte und aufgelockerte Stadt*, Tübingen 1957.
Görlitz, Axel/Burth, Hans-Peter, *Politische Steuerung*, Opladen: Leske + Budrich ^{2}1998.
Gössner, Rolf, »Sicherheitsvideotie«, in: *taz magazin* vom 22. Januar 2000.
Gottl-Ottilienfeld, Friedrich von, *Fordismus. Über Industrie und technische Vernunft*, Jena: Gustav Fischer 1926.
Gottschall, Karin/Voß, Günter (Hg.), *Entgrenzung von Arbeit und Leben. Zum Wandel der Beziehung von Erwerbsarbeit und Privatsphäre*, München: Rainer Hampp 2003.
Grauhan, Rolf-Richard (Hg.), *Lokale Politikforschung*, 2 Bde., Frankfurt am Main/New York: Campus 1975.
Grimm, Gaby/Hinte, Wolfgang/Litges, Gerhard, *Quartiersmanagement. Eine kommunale Strategie für benachteiligte Wohngebiete*, Berlin: edition sigma 2004.
Großsiedlungsbericht 1994, Unterrichtung durch die Bundesregierung, Bundestagsdrucksache 12/8406.
Groth, Klaus-Martin/Helbrecht, Ise/Rommelspacher, Thomas, »Von der Disparität zur Differenz. Die Zukunft der ›Gleichwertigkeit der Lebensverhältnisse‹«, in: *Das neue Gesicht der Stadt. Strategien für die urbane Zukunft im 21. Jahrhundert*, herausgegeben von der Heinrich-Böll-Stiftung, Berlin 2006, S. 37-53.
Habermas, Jürgen, *Strukturwandel der Öffentlichkeit*, Frankfurt am Main: Suhrkamp 1990.
Hafner, Thomas, »Eigenheim und Kleinsiedlung«, in: *Geschichte des Wohnens*, Band IV: *1918-1945*, herausgegeben von Gert Kähler, Stuttgart: DVA 1996, S. 557-597.
Hain, Simone, »Reise nach Moskau: Wie Deutsche ›sozialistisch‹ bauen lernten«, in: *Bauwelt*, Heft 45, 1992, S. 2546-2558.
– »Die andere ›Charta‹«, in: *Städte bauen, Kursbuch 112*, Berlin: Rowohlt 1993, S. 47-62.
Hall, Peter/Mace, Alan/Gallent, Nick, *Manchester – Leipzig: A Comparative Study of Urban Decline and Public Policy Response*, 2003.
– /Taylor, Rosemary, »Political Science and the Three New Institutionalisms«, in: *Political Studies*, Vol. XLIV, 1996, S. 936-957.
Hall, Peter A./Soskice, David, »An Introduction to Varieties of Capitalism«, in: *Varieties of Capitalism. The Institutional Foundations of Comparative Advantage*, herausgegeben von Peter A. Hall/David Soskice, Oxford: Oxford University Press 2001, S. 1-68.

Hamm, Bernd, *Einführung in die Siedlungssoziologie*, München: Beck 1982.

Hannemann, Christine, *Die Platte: Industrialisierter Wohnungsbau in der DDR*, Berlin: Schelzky & Jeep ²2000.

– »Schrumpfende Städte in Ostdeutschland – Ursachen und Folgen einer Stadtentwicklung ohne Wirtschaftswachstum«, in: *Aus Politik und Zeitgeschichte*, Bd. 28, 2003, S. 16-23.

– *Marginalisierte Städte: Probleme, Differenzierungen und Chancen ostdeutscher Kleinstädte im Schrumpfungsprozeß*, Berlin: Berliner Wissenschafts-Verlag 2004.

– /Läpple, Dieter, »Zwischen Reurbanisierung, Suburbanisierung und Schrumpfung. Ökonomische Perspektiven der Stadtentwicklung in West und Ost«, in: *Kommune*, 5/2004, S. V-X.

Harding, Alan, »Urban regimes and growth machines: Toward a cross-national research agenda«, in: *Urban Affairs Quarterly*, 29. Jg., 1994, S. 356-382.

Hardy, Anne I., *Ärzte, Ingenieure und städtische Gesundheit*, Frankfurt am Main/New York: Campus 2005.

Harlander, Tilman, *Zwischen Heimstätte und Wohnmaschine. Wohnungsbau und Wohnungspolitik in der Zeit des Nationalsozialismus*, Basel/Berlin/Boston: Birkhäuser 1995.

– (Hg.), *Villa und Eigenheim. Suburbaner Städtebau in Deutschland*, Stuttgart: DVA 2001.

– /Fehl, Gerhard (Hg.), *Hitlers sozialer Wohnungsbau 1940-1945. Wohnungspolitik, Baugestaltung und Siedlungsplanung*, Hamburg: Christians 1986.

Hasse, Reimund/Krücken, Georg, *Neo-Institutionalismus*, Bielefeld: transcript ²2005.

Haus, Michael (Hg.), *Institutionenwandel lokaler Politik in Deutschland. Zwischen Innovation und Beharrung* (= *Stadtforschung aktuell*, Bd. 104), Wiesbaden: VS Verlag 2005.

– /Heinelt, Hubert/Stewart, Murray (Hg.), *Urban Governance and Democracy. Leadership and Community Involvement*, London: Routledge 2005.

Häußermann, Hartmut, »Wandel der Wohnverhältnisse von Arbeitern – eine Problemskizze«, in: *Das Ende der Arbeiterbewegung in Deutschland? Ein Diskussionsband zum 60. Geburtstag von Theo Pirker*, herausgegeben von Rolf Ebbighausen/Friedrich Tiemann, Opladen: Westdeutscher Verlag 1984, S. 646-660.

– »Die Bedeutung ›lokaler Politik‹ – neue Forschung zu einem alten Thema«, in: *Staat und Stadt. Systematische, vergleichende und problemorientierte Analysen »dezentraler« Politik*, herausgegeben von Bernhard Blanke/Susanne Benzler, PVS-Sonderheft 22, Opladen: Westdeutscher Verlag 1991, S. 35-50.

– »Die Krise der ›sozialen Stadt‹«, in: *Aus Politik und Zeitgeschichte*, B 10-11, 2000, S. 13-21.
– »Die europäische Stadt«, in: *Leviathan*, 29, 2, 2001a, S. 237-255.
– »Marginalisierung als Folge sozialräumlichen Wandels in der Großstadt«, in: *Migration und Integration in Berlin. Wissenschaftliche Analysen und politische Perspektiven*, herausgegeben von Frank Gesemann, Opladen: Leske + Budrich 2001b, S. 63-85.
– »Aufwachsen im Ghetto – Folgen sozialräumlicher Differenzierung in den Städten«, in: *Aufwachsen und Lernen in der Sozialen Stadt. Kinder und Jugendliche in schwierigen Lebensräumen*, herausgegeben von Kirsten Bruhns/Wolfgang Mack, Opladen: Leske + Budrich 2001c, S. 37-52.
– »Armut in der Großstadt. Die Stadtstruktur verstärkt soziale Ungleichheit«, in: *Informationen zur Raumentwicklung*, Heft 3-4, 2003 (Themenheft *Soziale Benachteiligung und Stadtentwicklung*), Bonn 2003, S. 147-159.
– »Stadtentwicklung«, in: *Wörterbuch Soziale Arbeit*, herausgegeben von Dieter Kreft/Ingrid Mielenz, Weinheim: Juventa 2005, S. 912-914.
– »Desintegration durch Stadtpolitik?«, in: *Aus Politik und Zeitgeschichte*, Nr. 40-41, 2006a, S. 14-22.
– »Stadt – Land«, in: *Deutschland – eine gespaltene Gesellschaft*, herausgegeben von Stephan Lessenich/Frank Nullmeier, Frankfurt am Main/New York: Campus 2006b, S. 256-272.
– /Holm, Andrej/Zunzer, Daniela, *Stadterneuerung in der Berliner Republik. Modernisierung in Berlin-Prenzlauer Berg*, Opladen: Leske + Budrich 2002.
– /Kapphan, Andreas, *Berlin: Von der geteilten zur gespaltenen Stadt? Sozialräumlicher Wandel seit 1990*, Opladen: Leske + Budrich ²2002.
– /Kronauer, Martin/Siebel, Walter (Hg.), *An den Rändern der Städte*, Frankfurt am Main: Suhrkamp 2004.
– /Neef, Rainer (Hg.), Stadtentwicklung in Ostdeutschland, Opladen: Westdeutscher Verlag 1996.
– /Siebel, Walter, *Neue Urbanität*, Frankfurt am Main: Suhrkamp 1987.
– /Siebel, Walter (Hg.), »Die Politik der Festivalisierung und die Festivalisierung der Politik«, in: *Festivalisierung der Stadtpolitik. Stadtentwicklung durch große Projekte*, herausgegeben von Hartmut Häußermann/Walter Siebel, *Leviathan* Sonderheft 13/1993, Opladen: Westdeutscher Verlag 1993a, S. 7-31.
– /Siebel, Walter, »Die Kulturalisierung der Regionalpolitik«, in: *Geographische Rundschau*, April 4/1993, 1993b, S. 218-223.
– /Siebel, Walter, »Neue Formen der Stadt- und Regionalpolitik«, in: *Archiv für Kommunalwissenschaften*, 33. Jg, 1994, S. 32-45.
– /Siebel, Walter, *Dienstleistungsgesellschaften*, Frankfurt am Main: Suhrkamp 1995.

– /Siebel, Walter, *Soziologie des Wohnens, Eine Einführung in Wandel und Ausdifferenzierung des Wohnens*, Weinheim/München: Juventa ²2001.
– /Siebel, Walter, »Schrumpfende Städte – Schrumpfende Phantasie«, in: *Merkur* 58, 8/2004a.
– /Siebel, Walter, *Stadtsoziologie. Eine Einführung*, Frankfurt am Main/New York: Campus 2004b.
– /Siebel, Walter, »Integration trotz Segregation – zum Stand der wissenschaftlichen Debatte«, in: *Handlungsfeld: Stadträumliche Integrationspolitik*, herausgegeben vom Verbundpartner Zuwanderer in der Stadt, Darmstadt: Schader-Stiftung 2007, S. 31-68.
– /Läzer, Kathrin-Luise/Wurtzbacher, Jens, *Fragmentierte Stadt und politische Integration. Das dichte Netz der dünnen Fäden*, Wiesbaden: VS Verlag (im Erscheinen, 2008).
HDE, Hauptverband des Einzelhandels, *Business Improvement Districts. Leitlinien zur Verwirklichung von BID-Projekten in Deutschland*, Berlin 2004.
Hegemann, Werner, *Das steinerne Berlin. Geschichte der größten Mietskasernenstadt der Welt*, Braunschweig: Vieweg ²1976.
Heine, Heinrich, »Reise von München nach Genua«, in: *Werke in fünf Bänden*, Bd. 3, herausgegeben von den Nationalen Forschungs- und Gedenkstätten der klassischen deutschen Literatur in Weimar: Volksverlag 1961.
Heineberg, Heinz, *Grundriß Allgemeine Geographie: Stadtgeographie*, Paderborn: Schönigh 2000.
Heinelt, Hubert/Mayer, Margit (Hg.), *Politik in europäischen Städten. Fallstudien zur Bedeutung lokaler Politik*, Basel/Boston/Berlin: Birkhäuser 1993.
Heinz, Werner (Hg.), *Public Private Partnership – ein neuer Weg der Stadtentwicklung?*, Stuttgart: Kohlhammer 1993.
– »Public Private Partnership«, in: *Handwörterbuch der Raumordnung*, herausgegeben von der Akademie für Raumforschung und Landesplanung, Hannover 2005, S. 824-829.
Heitmeyer, Wilhelm/Dollase, Rainer/Backes, Otto (Hg.), *Die Krise der Städte. Analysen zu den Folgen desintegrativer Stadtentwicklung für das ethnisch-kulturelle Zusammenleben*, Frankfurt am Main: Suhrkamp 1998.
Heitmeyer, Wilhelm/Anhut, Reimund/ (Hg.), *Bedrohte Stadtgesellschaft*, Weinheim: Juventa 2000.
Henckel, Dietrich/Eberling, Matthias/Grabow, Busso, *Die Zukunft der Arbeit in der Stadt*, Stuttgart/Berlin/Köln: Kohlhammer 1999.
Hennig, Eike/Homburg, Heiko/Lohde-Reiff, Robert (Hg.), *Politische Kultur in städtischen Räumen*, Opladen: Westdeutscher Verlag 1999.
Héritier, Adrienne (Hg.), *Policy-Analyse. Kritik und Neuorientierung* (= *Politische Vierteljahresschrift* Sonderheft 24), Opladen: Westdeutscher Verlag 1993.

Herlyn, Ulfert/Tessin, Wulf, *Faszination Wolfsburg 1938-2000*, Opladen: Leske + Budrich 2000.

Hill, André/Wiest, Karin, »Gentrification in ostdeutschen Cityrandgebieten? Theoretische Überlegungen zum empirischen Forschungsstand«, in: *Berichte zur deutschen Landeskunde* 78 (1), 2004, S. 25-39.

Hilpert, Thilo, *Le Corbusiers »Charta von Athen«. Texte und Dokumente*, Wiesbaden: Vieweg 1984.

Hinrichs, Wolfgang, *Wohnungsversorgung in der ehemaligen DDR. Verteilungskriterien und Zugangswege* (= WZB Discussion Paper P92-105), Berlin 1992.

Hirsch, Joachim/Roth, Roland, *Das neue Gesicht des Kapitalismus*, Hamburg: VSA 1986.

Hirsch-Kreinsen, Hartmut, *Wirtschafts- und Industriesoziologie. Grundlagen, Fragestellungen, Themenbereiche*, Weinheim/München: Juventa 2005.

HmbGVBl, Hamburgisches Gesetz- und Verordnungsblatt, Nr. 57/31. Dezember 2004, S. 525-527.

Hobsbawm, Eric J., *Die Blütezeit des Kapitals. Eine Kulturgeschichte der Jahre 1848-1875*, Frankfurt am Main: Fischer 1980.

Hochschild, Arlie Russell, *Keine Zeit. Work-Life-Balance. Wenn die Firma zum Zuhause wird und zu Hause nur Arbeit wartet*, Opladen: Leske + Budrich 2002.

Hoffmann, Jürgen, *Arbeitsbeziehungen im rheinischen Kapitalismus. Zwischen Modernisierung und Globalisierung*, Münster: Westfälisches Dampfboot 2006.

Hoffmann-Axthelm, Dieter, *Straßenschlachtung. Geschichte, Abriss und gebrochenes Weiterleben der Admiralstraße*, Berlin: Nishen 1984.

– *Die dritte Stadt: Bausteine eines neuen Gründungsvertrages*, Frankfurt am Main: Suhrkamp 1993.

– *Lokale Selbstverwaltung. Möglichkeiten und Grenzen lokaler Demokratie*, Wiesbaden: VS Verlag 2004.

Hofmeister, Burkhard, *Die Stadtstruktur*, Darmstadt: Wissenschaftliche Buchgesellschaft 1980.

Hogart, Keith, »Does politics matter? Redistributive policies in English cities 1949-1974«, in: *British Journal for Political Science*, Vol. 17, 1987, S. 359-371.

Hollingworth, J. Rogers/Boyer, Robert, »Coordination of economic actors and social systems of production«, in: *Contemporary Capitalism: The Embeddedness of Institutions*, herausgegeben von J. Rogers Hollingworth/Robert Boyer, Cambridge: Cambridge University Press 1997, S. 1-48.

Holtmann, Everhard, »Kommunalpolitik im politischen System der Bundesrepublik«, in: Aus Politik und Zeitgeschichte, B 25/90, 15. Juni 1990, S. 3-14.

Honneth, Axel, »Diagnose der Postmoderne«, in: *Desintegration*, herausgegeben von Axel Honneth, Frankfurt am Main: Fischer 1984, S. 11-19.
Horkheimer, Max/Adorno, Theodor W., *Die Dialektik der Aufklärung*, Frankfurt am Main: Fischer 1969.
Hoscislawski, Thomas, *Bauen zwischen Macht und Ohnmacht. Architektur und Städtebau in der DDR*, Berlin: Verlag für Bauwesen 1991.
Hunger, Bernd u. a. 1990, *Städtebauprognose*, Berlin: Technische Universität 1990.
Hunter, Floyd, *Community Power Structure: A Study of Decision Makers*, Chapel Hill: University of North-Carolina Press 1953.
IBA, Internationale Bauausstellung, (Hg.), *Projektübersicht*, Berlin 1987.
IfS, Institut für Stadtforschung und Strukturpolitik, *Die Soziale Stadt. Ergebnisse der Zwischenevaluierung. Bewertung des Bund-Länder-Programms »Stadtteile mit besonderem Entwicklungsbedarf – die Soziale Stadt« nach vier Jahren Programmlaufzeit*, Berlin 2004.
Illien, Albert/Jeggle, Utz, *Leben auf dem Dorf. Zur Sozialgeschichte des Dorfes und Sozialpsychologie seiner Bewohner*, Opladen: Westdeutscher Verlag 1978.
ILS, Institut für Landes- und Stadtentwicklungsforschung des Landes Nordrhein-Westfalen, *Demographische Entwicklung – schrumpfende Stadt*, Dortmund 2002.
Ipsen, Detlev, »Stadt und Land – Metamorphosen einer Beziehung«, in: *Stadt und Raum. Soziologische Analysen*, herausgegeben von Hartmut Häußermann u. a., Pfaffenweiler: Centaurus 1991, S. 117-156.
– »Über den Zeitgeist der Stadterneuerung«, in: *Die alte Stadt. Zeitschrift für Stadtgeschichte, Stadtsoziologie und Denkmalpflege*, Jg. 19/1992, S. 16-29.
Irmen, Eleonore/Bach, Anita, »Räumlicher Strukturwandel. Konzentration, Dekonzentration und Dispersion«, in: *Informationen zur Raumentwicklung*, Heft 7/8, 1994, S. 445-464.
Jacobs, Jane, *Tod oder Leben amerikanischer Städte*, Wiesbaden: Vieweg 1976.
Jaedicke, Wolfgang/Ruhland, Kurt/Wachendorfer, Ute/Wollmann, Hellmut/Wonneberg, Holger, *Lokale Politik im Wohlfahrtsstaat. Zur Sozialpolitik der Gemeinden und ihrer Verbände in der Beschäftigungskrise*, Opladen: Westdeutscher Verlag 1991.
Jessen, Johann, »Stadtmodelle im europäischen Städtebau – Kompakte Stadt und Netz-Stadt«, in: *Ohne Leitbild? – Städtebau in Deutschland und Europa*, herausgegeben von Heidede Becker/Johann Jessen/Robert Sander, Stuttgart/Zürich: Karl Krämer 1998.
Jungfer, Klaus, *Die Stadt in der Krise. Ein Manifest für starke Kommunen*, München/Wien: Hanser 2005.

Kaelble, Hartmut, *Auf dem Weg zu einer europäischen Gesellschaft. Eine Sozialgeschichte Westeuropas 1880-1980*, München: Beck 1987.
– »Die Besonderheiten der europäischen Stadt im 20. Jahrhundert«, in: *Leviathan*, 29, 2001, S. 256-274.
Kahl, Alice, »Leipzig – ungelöste Probleme führen zum Aufbruch«, in: Marcuse/Staufenbiel (Hg.) 1991, S. 66-78.
Kähler, Gert, *Geschichte des Wohnens*, Band IV: *1918-1945*, Stuttgart: DVA 1996.
Kantzow, Wolfgang, »Der Bruch in der Entwicklung der deutschen Städte, ausgehend von der preußischen Reformpolitik und dem veränderten Begriff des Bodeneigentums«, in: *Stadterweiterungen 1800-1895. Von den Anfängen des modernen Städtebaus in Deutschland*, herausgegeben von Gerhard Fehl/Juan Rodriguez-Lores, Hamburg: Christians 1983, S. 25-34.
Kapphan, Andreas, *Das arme Berlin*, Opladen: Leske + Budrich 2002.
Karrenberg, Hans/Münstermann, Engelbert, »Kommunale Finanzen«, in: Wollmann/Roth 1999a, S. 437-460.
Kaufmann, Franz-Xaver, *Herausforderungen des Sozialstaates*, Frankfurt am Main: Suhrkamp 1997.
Kautt, Dietrich, *Wolfsburg im Wandel städtebaulicher Leitbilder* (= *Texte zur Geschichte Wolfsburgs*, Band 11), Wolfsburg 1983.
Keller, Carsten, *Leben im Plattenbau. Zur Dynamik sozialer Ausgrenzung*, Frankfurt am Main/New York: Campus 2005.
Kessl, Fabian/Reutlinger, Christian/Maurer, Susanne/Frey, Oliver (Hg.), *Handbuch Sozialraum*, Wiesbaden: VS Verlag 2005.
Kieß, Walter, *Urbanismus im Industriezeitalter*, Berlin: Ernst + Sohn 1991.
Kil, Wolfgang, »Prenzlauer Berg – Aufstieg und Fall einer Nische«, in: H. G. Helms (Hg.), *Die Stadt als Gabentisch. Beobachtungen der aktuellen Städtebaupolitik*, Leipzig: Reclam 1992, S. 508-520.
Kil, Wolfgang, *Luxus und Leere. Vom schwierigen Rückzug aus der Wachstumswelt. Eine Streitschrift*, Wuppertal: Müller und Busmann 2004.
Killian, Werner/Richter, Peter/Trapp, Jan Henrik (Hg.), *Ausgliederung und Privatisierung in Kommunen. Empirische Befunde zur Struktur kommunaler Aufgabenwahrnehmung*, Berlin: edition sigma 2006.
Klein, Ansgar/Schmalz-Bruns, Rainer (Hg.), *Politische Beteiligung und Bürgerengagement in Deutschland. Möglichkeiten und Grenzen*, Bonn: Bundeszentrale für politische Bildung 1997.
Klenk, Tanja/Nullmeier, Frank, *Public Governance als Reformstrategie*, Düsseldorf: Hans-Böckler-Stiftung 2004.
Kodolitsch, Paul von, »Liberalisierung und Privatisierung und der institutionelle Wandel in den Kommunen«, in: *Liberalisierung und Privatisierung kommunaler Aufgabenerfüllung*, herausgegeben von Jens Libbe/Stephan Tomerius/Jan Hendrik Trapp, Berlin: Difu 2002, S. 39-70.

Korff, Gottfried, »Vibration der Mitte. Großstadtleben und Mentalitätsprägung«, in: *Hauptstadt Berlin – Wohin mit der Mitte?*, herausgegeben von Helmut Engel/Wolfgang Ribbe, Berlin: Akademie 1993, S. 67-78.

Kornemann, Rolf, »›Gesetze, Gesetze ...‹ Die amtliche Wohnungspolitik in der Zeit von 1918 bis 1945 in Gesetzen, Verordnungen und Erlassen«, in: *Geschichte des Wohnens*, Band IV: *1918-1945*, herausgegeben von Gert Kähler, Stuttgart: DVA 1996, S. 599-659.

Körner, Martin (Hg.), *Stadtzerstörung und Wiederaufbau. Destruction and Reconstruction of Towns*, 3 Bde., Bern/Stuttgart/Wien: Haupt 1999/2000.

Koschorke, Albrecht, »Moderne als Wunsch. Krieg und Städtebau«, in: *Leviathan*, 27, 1999, S. 23-42.

Kost, Andreas/Wehling, Hans-Georg (Hg.), *Kommunalpolitik in deutschen Ländern*, Opladen: Westdeutscher Verlag 2003.

Koziol, Matthias, »Triebkräfte des Stadtumbaus in Ost- und Westdeutschland – Szenarien für die Zukunft«, in: *vhw Forum Wohneigentum*, Heft 4, 2004, S. 194-198.

Krabbe, Wolfgang R., *Die deutsche Stadt im 19. und 20. Jahrhundert. Eine Einführung*, Göttingen: Vandenhoeck und Ruprecht 1989.

– »Städtische Wirtschaftsbetriebe im Zeichen des ›Munizipalsozialismus‹«, in: *Kommunale Leistungsverwaltung und Stadtentwicklung vom Vormärz bis zur Weimarer Republik*, herausgegeben von Hans Heinrich Blotevogel, Wien: Böhlau 1990, S. 117-135.

Krämer-Badoni, Thomas, »Urbanität und gesellschaftliche Integration«, in: *Deutsche Zeitschrift für Kommunalwissenschaften*, 40. Jg., Heft 1, 2001, S. 12-26.

Krätke, Stefan, *Stadt, Raum, Ökonomie*, Basel/Boston/Berlin: Birkhäuser 1995.

Kratzer, Nick/Sauer, Dieter, »Entgrenzung von Arbeit. Konzept, Thesen, Befunde«, in: *Entgrenzung von Arbeit und Leben*, herausgegeben von Karin Gottschall/Günter Voß, München/Mering: Rainer Hampp 2003, S. 87-123.

Krautzberger, Michael, »Strategien und neue Leitbilder auf Bundesebene«, in: *Schrumpfende Städte fordern neue Strategien für die Stadtentwicklung*, herausgegeben von der Deutschen Akademie für Städtebau und Landesplanung, Dokumentation des wissenschaftlichen Kolloquiums 2001 in Leipzig, Wuppertal: Müller + Busmann 2002, S. 98-103.

– »Kommunale Stadterneuerung«, in: Wollmann/Roth (Hg.) 1999a, S. 586-598.

Kronauer, Martin, *Exklusion. Die Gefährdung des Sozialen im hoch entwickelten Kapitalismus*, Frankfurt am Main/New York: Campus 2002.

Krummacher, Michael/Waltz, Viktoria, *Einwanderer in der Kommune. Ana-*

lysen, Aufgaben und Modelle für eine multikulturelle Stadtpolitik, Essen: Klartext 1996.
– /Kuhlbach, Rainer/Waltz, Viktoria u. a., *Soziale Stadt – Sozialraumentwicklung – Quartiersmanagement. Herausforderungen für Politik, Raumplanung und soziale Arbeit*, Opladen: VS Verlag 2003.
Kujath, Hans Joachim, *Regeneration der Stadt*, Hamburg: Christians 1986.
Lampugnani, Vittorio Magnago, »Visionen und Kahlschläge. Le Corbusiers Städtebau 1920-1940«, in: *Kursbuch 112. Städte bauen*, Berlin: Rowohlt 1993, S. 10-28.
Landtag Nordrhein-Westfalen (Hg.), *Zukunft der Städte. Bericht der Enquête-Kommission des Landtags von Nordrhein-Westfalen*, Düsseldorf/Dortmund: ILS-Verlag 2004.
Läpple, Dieter, »Zwischen gestern und übermorgen. Das Ruhrgebiet – eine Industrieregion im Umbruch«, in: *Bauplatz Zukunft. Dispute über die Entwicklung von Industrieregionen*, herausgegeben von Rolf Kreibich u. a., Essen: Klartext 1994, S. 37-51.
– »Transport, Logistik und logistische Raum-Zeit-Konfigurationen«, in: *Güterverkehr, Logistik und Umwelt. Analysen und Konzepte zum interregionalen und städtischen Verkehr*, herausgegeben von Dieter Läpple, Berlin: edition sigma 1995, S. 23-59.
– »Städte im Spannungsfeld zwischen globaler und lokaler Entwicklungsdynamik«, in: *Lokale sozio-ökonomische Strategien in Stadtteilen mit besonderem Erneuerungsbedarf*, herausgegeben vom Institut für Landes- und Stadtentwicklung des Landes Nordrhein-Westfalen, Dortmund 2000, S. 19-41.
– »Stadt und Region in Zeiten der Globalisierung und Digitalisierung«, in: *DfK-Deutsche Zeitschrift für Kommunalwissenschaften*, 40. Jg., 2001/II, S. 12-36.
– »Hamburger Arbeitsmarkt im globalen Kontext«, in: *Internationalisierung der Arbeitsmärkte. Beiträge zur Arbeitsmarkt- und Berufsforschung* 282, herausgegeben von Elmar Hönekopp/Rolf Jungnickel/Thomas Straubhaar, IAB Nürnberg: 2004a, S. 147-181.
– »Thesen zu einer Renaissance der Stadt in der Wissensgesellschaft«, in: *Jahrbuch StadtRegion 2003*, herausgegeben von Norbert Gestring u. a., Opladen: Leske + Budrich 2004b, S. 61-78.
– »Städtische Arbeitswelten im Umbruch – zwischen Wissensökonomie und Bildungsarmut«, in: *Das neue Gesicht der Stadt. Strategien für die urbane Zukunft im 21. Jahrhundert*, herausgegeben von der Heinrich-Böll-Stiftung, Berlin 2006, S. 19-35.
– /Soyka, Andrea, *Stadt – Zwischenstadt – Stadtregion. Raumwirtschaftliche Transformationen in der Stadtregion Frankfurt/Rhein-Main*, Wuppertal: Müller + Busman 2007.

– /Thiel, Joachim, »Auswirkungen der Internet-Ökonomie auf die Arbeitsmärkte in Metropolregionen«, in: *Räumlicher Strukturwandel im Zeitalter des Internets. Neue Herausforderungen für Raumordnung und Stadtentwicklung*, herausgegeben von der Wüstenrot Stiftung, Wiesbaden: VS Verlag 2004, S. 277-299.
– /Thiel, Joachim, »Neue raumzeitliche Herausforderungen an der Schnittstelle von Arbeitswelt und Lebenswelt«, in: *Zeitpolitisches Magazin*, Dezember 2005, S. 5-7.
– /Thiel, Joachim/Wixforth, Jürgen, *Chancen und Risiken in neuen Arbeitsfeldern der Informationsgesellschaft: Das Beispiel der Multimedia-Branche*, Schlußbericht eines ESF-Projektes, Technische Universität Hamburg-Harburg: Institut für Stadt- und Regionalökonomie 2004.
– /Walter, Gerd, »Frauenerwerbstätigkeit und Geschlechterverhältnisse in urbanen Milieus«, in: *Differenzierungen des Städtischen*, herausgegeben von Martina Löw, Opladen: Leske + Budrich 2002, S. 187-207.
– /Walter, Gerd, »Lokale Ökonomie und soziale Stadt«, in: *Bauwelt*, Heft 12, 2003, S. 24-33.
Lassak, Siegfried, »Zerstreute Städtebaugesetzgebung von gestern und die Erfordernisse von heute«, in: Marcuse/Staufenbiel (Hg.) 1991, S. 241-249.
Laurisch, Bernd, *Kein Abriß unter dieser Nummer. 2 Jahre Instandbesetzung in der Cuvrystraße in Berlin-Kreuzberg*, Berlin: anabas 1981.
Le Corbusier (1925), »Leitsätze des Städtebaus«, in: *Programme und Manifeste zur Architektur des 20. Jahrhunderts*, Braunschweig: Ulrich Conrads 1984, S. 84-89.
Le Galès, Patrick, *European Cities*, Oxford: Oxford University Press 2002.
Legnaro, Aldo/Birenheide, Almut, *Stätten der späten Moderne. Reiseführer durch Bahnhöfe, Shopping Malls und Disneyland Paris*, Opladen: VS Verlag 2005.
Lehmann-Grube, Hinrich, »Wohnungswirtschaftlicher Strukturwandel in den neuen Bundesländern, Kurzfassung aus dem Bericht der Kommission Wohnungswirtschaftlicher Strukturwandel in den neuen Bundesländern«, in: *Schrumpfende Städte fordern neue Strategien für die Stadtentwicklung*, herausgegeben von der Deutschen Akademie für Städtebau und Landesplanung, Dokumentation des wissenschaftlichen Kolloquiums 2001 in Leipzig, Wuppertal: Müller + Busmann 2002, S. 35-42.
Lenskyj, Helen Jefferson, *The Best Olympics Ever?: Social Impacts of Sydney 2000*, New York: State University of New York Press 2002.
Leyendecker, Hans, *Die Korruptionsfalle. Wie unser Land im Filz versinkt*, Reinbek bei Hamburg: Rowohlt 2003.
Libbe, Jens/Tomerius, Stephan/Trapp, Jan-Henrick (Hg.), *Liberalisierung und Privatisierung öffentlicher Aufgabenerfüllung – Soziale und umweltpolitische Perspektiven im Zeichen des Wettbewerbs*, Berlin 2002.

Lloyd, Richard/Clark, Terry Nichols, *The City as an Entertainment Machine* (prepared for presentation at the annual meeting of the American Sociological Association 2000), Research Report 454, University of Chicago 2000.

Logan, John/Molotch, Harvey, *Urban Fortunes: The Political Economy of Place*, Berkeley: University of California Press 1987.

Lütke-Daldrup, Engelbert, »Zwischen Schrumpfung und Wachstum: Stadtumbau in Leipzig. Auf dem Weg zur ›perforierten Stadt‹«?, in: *Deutsches Architektenblatt*, Jg. 35, 4, 2003, S. 8-10.

Lutz, Burkhart, *Der kurze Traum immerwährender Prosperität. Eine Neuinterpretation der industriell-kapitalistischen Entwicklung im Europa des 20. Jahrhunderts*, Frankfurt am Main/New York: Campus 1984.

Lynd, Robert S./Lynd, Helen Merrell, *Middletown in Transition. A Study in Cultural Conflicts*, New York: Harcourt, Brace & Co. 1937.

Mallett, William J., »Managing the post-industrial city: Business improvement centers in the United States«, in: *Area* 26, (3) 1994, S. 276-287.

Marschalck, Peter, *Bevölkerungsgeschichte Deutschlands im 19. und 20. Jahrhundert*, Frankfurt am Main: Suhrkamp 1984.

Martens, Michael, »Postolympischer Blues«, in: *Frankfurter Allgemeine Zeitung*, 12. August 2005, Nr. 186, 2005a, S. 7.

– »Ernüchternder Kassensturz«, in: *Frankfurter Allgemeine Zeitung*, 13. August 2005, Nr. 187, 2005b, S. 8.

Martin, Hans-Peter/Schumann, Harald, *Die Globalisierungsfalle. Der Angriff auf Demokratie und Wohlstand*, Reinbek bei Hamburg: Rowohlt 1996.

Marx, Karl/Engels, Friedrich, *Die Deutsche Ideologie. Bücherei des Marxismus-Leninismus*, Bd. 29, Berlin: Dietz Verlag ^{4}1960.

Matzerath, Horst, *Nationalsozialismus und kommunale Selbstverwaltung*, Schriftenreihe des Vereins für Kommunalwissenschaften e. V. Berlin, Nr. 29, Stuttgart u. a.: Kohlhammer 1970.

Mayer, Hans-Norbert/Siebel, Walter, »Neue Formen politischer Planung: IBA Emscher Park und Expo 2000 Hannover«, in: *DISP* 134, 07/1998, S. 4-11.

Mayer, Margit, »Lokale Politik in der unternehmerischen Stadt«, in: *Das neue Gesicht der Städte*, herausgegeben von Renate Borst u. a., Basel/Boston/Berlin: Birkhäuser 1990.

– »Neue Trends in der Stadtpolitik – eine Herausforderung für die lokale Politikforschung«, in: B. Blanke (Hg.), *Staat und Stadt. Sonderheft 22* der *Politischen Vierteljahresschrift*, Opladen: Westdeutscher Verlag 1991, S. 51-71.

Mayntz, Renate, *Soziale Dynamik und politische Steuerung*, Frankfurt am Main/New York: Campus 1997.

– /Scharpf, Fritz (Hg.), *Gesellschaftliche Selbstregelung und politische Steuerung*, Frankfurt am Main/New York: Campus 1995.

Michel, Boris, *Stadt und Gouvernementalität*, Münster: Westfälisches Dampfboot 2005.

Miller, Daniel/Jackson, Peter/Thrift, Nigel/Holbrook, Beverly/Rowlands, Michael, *Shopping, Place and Identity*, London/New York: Routledge 1998.

Mitchell, William J., *City of Bits*, Basel/Boston/Berlin: Birkhäuser 1996.

Mollenkopf, John Hull/Castells, Manuel (Hg.), *Dual City. Restructuring New York*, New York: Russell Sage Foundation 1991.

Molotch, Harvey, »The city as a growth machine: Towards a political economy of place«, in: *The American Journal of Sociology*, Vol. 82, No. 2, 1976, S. 309-332.

Mooser, Josef, *Arbeiterleben in Deutschland 1900-1970*, Frankfurt am Main: Suhrkamp 1984.

Mückenberger, Ulrich, »Der Wandel des Normalarbeitsverhältnisses unter den Bedingungen einer Krise der Normalität«, in: *Gewerkschaftliche Monatshefte*, Nr. 4/1989, S. 211-223.

Müller, Wolfgang/Rohr-Zänker, Ruth, »Amerikanisierung der Peripherie in Deutschland?«, in: *Suburbanisierung in Deutschland*, herausgegeben von Klaus Brake/Jens Dangschat/Günter Herfert, Opladen: Leske + Budrich 2001, S. 27-39.

Müller-Münch, Ingrid/Prosinger, Wolfgang/Rosenbladt, Sabine/Stibler, Linda u. a. (Hg.), *Besetzung – weil das Wünschen nicht geholfen hat*, Reinbek bei Hamburg: Rowohlt 1981.

Mumford, Lewis, *Die Stadt. Geschichte und Ausblick*, München: dtv 1979.

Münch, Richard, *Offene Räume. Soziale Integration diesseits und jenseits des Nationalstaats*, Frankfurt am Main: Suhrkamp 2001.

Murie, Alan/Musterd, Sako, »Social exclusion and opportunity structures in European cities and neighbourhoods«, in: *Urban Studies*, 41. Jg., Heft 8, 2004, S. 1441-1459.

Nassehi, Armin, »Dichte Räume. Städte als Synchronisations- und Inklusionsmaschinen«, in: *Differenzierungen des Städtischen*, herausgegeben von Martina Löw, Opladen: Leske + Budrich 2002, S. 223-232.

Neckel, Sieghard, »Blanker Neid, blinde Wut«, in: *Leviathan*, 27, 1999, S. 145-165.

– »›Leistung‹ und ›Erfolg‹. Die symbolische Ordnung der Marktgesellschaft«, in: *Gesellschaftsbilder im Umbruch. Soziologische Perspektiven in Deutschland*, herausgegeben von Eva Barlösius/Hans-Peter Müller/Steffen Sigmund, Opladen: Leske + Budrich 2001, S. 245-265.

Neumann, Franz L., »Die soziale Bedeutung der Grundrechte in der Weimarer Verfassung«, in: *Wirtschaft, Staat, Demokratie*, Frankfurt am Main: Suhrkamp 1978, S. 57-75.

Newman, Oscar, *Defensible Space – People and Design in the Violent City*, London: Architectural Press 1972.

Niethammer, Lutz, »Kein Reichswohnungsgesetz! Zum Ansatz deutscher Wohnungspolitik 1890-1898«, in: *Die Kleinwohnungsfrage. Zu den Ursprüngen des sozialen Wohnungsbaus in Europa*, herausgegeben von Gerhard Fehl/Juan Rodríguez-Lores, Hamburg: Christians 1988, S. 52-73.

Nolte, Dirk/Ziegler, Astrid, »Neue Wege einer regional- und sektoralorientierten Strukturpolitik in den neuen Ländern. Zur Diskussion um den Erhalt der industriellen Kerne«, in: *Informationen zur Raumentwicklung*, Heft 4, 1994, S. 255-265.

Nullmeier, Frank, »Wettbewerb und Konkurrenz«, in: *Handbuch zur Verwaltungsreform*, herausgegeben von Bernhard Blanke u. a., Opladen: Leske + Budrich 2001, S. 92-104.

Oberwittler, Dietrich, »Stadtstruktur, Freundeskreise und Delinquenz. Eine Mehrebenenanalyse zu sozialökologischen Kontexteffekten auf schwere Jugenddelinquenz«, in: Dietrich Oberwittler/Susanne Karstedt (Hg.), *Soziologie der Kriminalität*, Wiesbaden: VS Verlag 2004, S. 135-170.

Offe, Claus, *Strukturprobleme des kapitalistischen Staates*, Frankfurt am Main: Suhrkamp 1972.

– »Die Aufgabe von staatlichen Aufgaben: ›Thatcherismus‹ und die populistische Kritik der Staatstätigkeit«, in: *Staatsaufgaben*, herausgegeben von Dieter Grimm, Baden-Baden: Nomos 1994, S. 317-352.

Oltmer, Jochen (Hg.), *Migration steuern und verwalten. Deutschland vom späten 19. Jahrhundert bis zur Gegenwart* (= Schriften des Instituts für Migrationsforschung und Interkulturelle Studien, IMIS), Bd. 12, Göttingen: Vandenhoek und Ruprecht 2003.

Oswald, Franz/Baccini, Peter, *Netzstadt. Einführung in das Stadtentwerfen*, Basel/Boston/Berlin: Birkhäuser 2003.

Oswald, Ingrid, *Migrationssoziologie*, Konstanz: UVK 2007.

Pahl, Ray E., »The rural-urban continuum«, in: *Readings in Urban Sociology*, herausgegeben von Ray E. Pahl, Oxford u. a.: Pergamon Press 1968, S. 263-305.

Pensley, Danielle Silbener, »City planning and state policy in the GDR: The example of Neubaugebiet Hellersdorf«, in: *International Journal for Urban and Regional Research*, Vol. 19, 1995, S. 549-575.

Peters, Eckhart Wilhelm/Volmann, Karin, »Stadtanalyse und Schlußfolgerungen für die Stadtentwicklung«, in: *Schrumpfende Städte fordern neue Strategien für die Stadtentwicklung*, herausgegeben von der Deutschen Akademie für Städtebau und Landesplanung, Dokumentation des wissenschaftlichen Kolloquiums 2001 in Leipzig, Wuppertal: Müller + Busmann 2002.

Petsch, Joachim, »Auch Wohnungsmangel und Wohnungsbaupolitik haben Geschichte«, in: *Wohnungsbaupolitik*, herausgegeben von der Landeszentrale für politische Bildung, Stuttgart/Berlin/Köln: Kohlhammer 1993, S. 9-31.

Pfeil, Elisabeth, *Großstadtforschung: Entwicklung und gegenwärtiger Stand*, Hannover: Jänecke 1972.

Piore, Michael J./Sabel, Charles F., *Das Ende der Massenproduktion. Studie über die Requalifizierung der Arbeit und die Rückkehr der Ökonomie in die Gesellschaft*, Berlin: Wagenbach 1985.

Planck, Ulrich/Ziche, Joachim, *Land- und Agrarsoziologie*, Stuttgart: Ulmer 1979.

Pohlan, Jörg, »Monitoring der Städte und Regionen«, in: *Jahrbuch StadtRegion 2004/05*, Wiesbaden: VS Verlag 2005, S. 207-276.

– /Wixforth, Jürgen, »Schrumpfung, Stagnation und Wachstum – Auswirkungen auf städtische Finanzlagen in Deutschland«, in: *Jahrbuch StadtRegion 2004/05*, Wiesbaden: VS Verlag 2005, S. 19-49.

Porter, Michael E., *On Competition*, Boston: Harvard Business Review Book 1998.

– »Unternehmen können von regionaler Vernetzung profitieren«, in: *Harvard Business Manager*, Heft 3, 1999, S. 51-63.

Prigge, Rolf/Schwarzer, Thomas, *Großstädte zwischen Hierarchie, Wettbewerb und Kooperation* (= *Stadtforschung aktuell*, Bd. 105), Wiesbaden: VS Verlag 2006.

Rada, Uwe, *Hauptstadt der Verdrängung*, Berlin: Schwarze Risse 1997.

Ranft, Andreas/Selzer, Stephan (Hg.), *Städte aus Trümmern. Katastrophenbewältigung zwischen Antike und Moderne*, Göttingen: Vandenhoek und Ruprecht 2004.

Reichard, Christoph, *Umdenken im Rathaus. Neue Steuerungsmodelle in der deutschen Kommunalverwaltung*, Berlin: edition sigma 1994.

– /Röber, Manfred, »Konzept und Kritik des New Public Management«, in: *Empirische Policy- und Verwaltungsforschung. Lokale, nationale und internationale Perspektiven*, herausgegeben von Eckhard Schröter, Opladen: Leske + Budrich 2001, S. 371-392.

Reimann, Bettina, *Städtische Wohnquartiere: Der Einfluß der Eigentümerstruktur. Eine Fallstudie aus Prenzlauer Berg.* Opladen: Leske + Budrich 2000.

Reulecke, Jürgen, *Geschichte der Urbanisierung in Deutschland*, Frankfurt am Main: Suhrkamp ²1985.

Ribhegge, Wilhelm, *Stadt und Nation in Deutschland vom Mittelalter bis zur Gegenwart. Die Entstehung der Zivilgesellschaft aus der Tradition der Städte*, Münster/New York/München/Berlin: Waxman 2002.

Riesman, David, *Die einsame Masse*, Reinbek bei Hamburg: Rowohlt 1958 (1950).

Rodenstein, Marianne/Böhm-Ott, Stefan, »Gesunde Wohnungen und Wohnungen für gesunde Deutsche. Der Einfluß der Hygiene auf Wohnungs- und Städtebau in der Weimarer Republik und im ›Dritten Reich‹«, in: *Ge-*

schichte des Wohnens, Band IV: *1918-1945*, herausgegeben von Gert Kähler, Stuttgart: DVA 1996, S. 455-555.

Rodriguez-Lores, Juan, »Linkes Denken und Fordismus: W. I. Lenin und A. Gramsci«, in: *Zukunft aus Amerika. Fordismus in der Zwischenkriegszeit*, Dessau: Stiftung Bauhaus 1995, S. 44-63.

Rohr-Zänker, Ruth, »Bevölkerungsprognosen für Niedersachsen und Folgerungen für den Wohnungsmarkt«, in: *Neues Archiv für Niedersachsen*, 2/2005, S. 1-14.

Ronneberger, Klaus/Lanz, Stefan/Jahn, Walther, *Die Stadt als Beute*, Bonn: Dietz 1999.

Rose, Matthew D., *Berlin. Hauptstadt von Filz und Korruption*, München: Droemer Knaur 1998.

– *Eine ehrenwerte Gesellschaft. Die Bankgesellschaft Berlin*, Berlin: transit 2004a.

– *Warten auf die Sintflut. Über Cliquenwirtschaft, Selbstbedienung und die wuchernden Schulden der Öffentlichen Hand – unter besonderer Berücksichtigung unserer Hauptstadt*, Berlin: transit 2004b.

Rostow, Walt W., *Stadien wirtschaftlichen Wachstums. Eine Alternative zur marxistischen Entwicklungstheorie*, Göttingen: Vandenhoeck und Ruprecht 1960.

Roth, Jürgen, *Z. B. Frankfurt: Die Zerstörung einer Stadt*, München: Bertelsmann 1975.

Roth, Karl Heinz, »Städtesanierung und ›ausmerzende‹ Soziologie. Der Fall Andreas Walther und die ›Notarbeit 51‹ der ›Notgemeinschaft der deutschen Wissenschaft‹ 1934-1935 in Hamburg«, in: *Rassenmythos und Sozialwissenschaften in Deutschland*, herausgegeben von Carsten Klingemann, Opladen: Westdeutscher Verlag 1987, S. 370-393.

Roth, Roland, »Auf dem Weg zur Bürgerkommune?«, in: *Empirische Policy- und Verwaltungsforschung. Lokale, nationale und internationale Perspektiven*, herausgegeben von Eckhard Schröter, Opladen: Leske + Budrich 2001, S. 133-154.

Rudolph, Hedwig/Potz, Petra/Bahn, Christopher, *Metropolen handeln. Einzelhandel zwischen Internationalisierung und lokaler Regulierung*, Wiesbaden: VS Verlag 2005.

Rügemer, Werner, *Colonia Corrupta. Globalisierung, Privatisierung und Korruption im Schatten des Kölner Klüngels*, Münster: Westfälisches Dampfboot 2002.

Sachs, Wolfgang, *Die Liebe zum Automobil. Ein Rückblick in die Geschichte unserer Wünsche*, Reinbek bei Hamburg: Rowohlt 1990.

Sack, Detlef, »Staat, Markt und Partnerschaft? Zum institutionellen Wandel durch sektorenübergreifende Kooperationen«, in: *Institutionenwandel lokaler Politik in Deutschland. Zwischen Innovation und Beharrung*,

herausgegeben von Michael Haus, Wiesbaden: VS Verlag 2005, S. 132-154.
Saldern, Adelheid von, *Häuserleben: zur Geschichte städtischen Arbeiterwohnens vom Kaiserreich bis heute*, Bonn: Dietz 1995a.
– »Von der ›guten Stube‹ zur ›guten Wohnung‹. Zur Geschichte des Wohnens in der Bundesrepublik Deutschland«, in: *Archiv für Sozialgeschichte*, Bd. XXXV/1995b, S. 227-254.
– »Einleitung«, in: *Geschichte des Wohnens*, Band IV: *1918-1945*, herausgegeben von Gert Kähler, Stuttgart: DVA 1996a, S. 13-27.
– »Gesellschaft und Lebensgestaltung – Sozialkulturelle Streiflichter«, in: *Geschichte des Wohnens*, Band IV: *1918-1945*, herausgegeben von Gert Kähler, Stuttgart: DVA 1996b, S. 45-181.
– »Rückblicke. Zur Geschichte der kommunalen Selbstverwaltung in Deutschland«, in: Wollmann/Roth (Hg.) 1999, S. 23-36.
Sassen, Saskia, *Metropolen des Weltmarktes. Die neue Rolle der Global Cities*, Frankfurt am Main/New York: Campus 1997.
Sauer, Dieter, *Arbeit im Übergang. Zeitdiagnosen*, Hamburg: VSA 2005.
Schäfers, Bernhard, »Soziale Strukturen und Prozesse bei der Sanierung von Innenstadtbezirken«, in: *Zeitschrift für Stadtgeschichte, Stadtsoziologie und Denkmalpflege*, 2. Jg., 1974, S. 283-298.
Scheuch, Erwin K./Scheuch, Ute, *Cliquen, Klüngel und Karrieren*, Reinbek bei Hamburg: Rowohlt 1992.
Schildt, Axel/Sywottek, Arnold (Hg.), *Modernisierung im Wiederaufbau. Die westdeutsche Gesellschaft der 50er Jahre*, Bonn: Dietz 1998.
Schmidt-Relenberg, Norbert, *Soziologie und Städtebau*, Stuttgart/Bern: Karl Krämer 1968.
Schmoll, Fritz, »Thesen zum Stadtforum«, In: Arbeitsgruppe Stadterneuerung (Hg.), *Stadterneuerung in Berlin-West: Perspektiven einer Bestandsentwicklung*. Berlin: Elefanten Press 1989.
– »Schneller Wohnen. Zum allmählichen Aufstieg und rapiden Verfall des Leitbilds sozialstaatlicher Wohnungsversorgung und Stadtplanung«, in: *Das neue Gesicht der Städte. Theoretische Ansätze und empirische Befunde aus der internationalen Debatte*, herausgegeben von Renate Borst, Basel/Boston/Berlin: Birkhäuser 1990, S. 286-316.
Schmoller, Gustav, »Ein Mahnruf in der Wohnungsfrage« (1890), in: *Lesebuch zur Wohnungsfrage*, herausgegeben von Hartmut Frank/Dirk Schubert, Köln: Pahl-Rugenstein 1983, S. 159-174.
Schneider, Herbert, »Stadtentwicklungspolitik und lokale Demokratie in vier Großstädten«, in: *Aus Politik und Zeitgeschichte*, 18. April 1997, S. 20-29.
Schneider, Volker/Tenbücken, Marc (Hg.), *Der Staat auf dem Rückzug. Die Privatisierung öffentlicher Infrastrukturen*, Frankfurt am Main/New York: Campus 2004.

Schöller, Oliver, *Die Blockstruktur. Eine qualitative Untersuchung zur politischen Ökonomie des westdeutschen Großsiedlungsbaus*, Berlin: Hans Schiler 2005.
Schönborn, Ulrich, *Wohn- und Wohnungsbaupolitik im Dritten Reich*, Diplomarbeit im Studiengang Diplom-Sozialwissenschaften, Carl von Ossietzky Universität Oldenburg 2002.
Schröter, Eckhard (Hg.), *Empirische Policy- und Verwaltungsforschung. Lokale, nationale und internationale Perspektiven*, Opladen: Leske + Budrich 2001.
Schubert, Dirk, »Vom ›sanierenden Wiederaufbau‹ zur ›nachhaltigen Stadterneuerung‹: Kontinuitäten und Paradigmenwechsel«, in: Arbeitskreis Stadterneuerung (Hg.), *Jahrbuch Stadterneuerung 1998*, Berlin: TU Berlin 1998.
Schuleri-Hartje, Ulla/Floeting, Holger/Reimann, Bettina, *Ethnische Ökonomie: Integrationsfaktor und Integrationsmaßstab*, Darmstadt/Berlin: Schader-Stiftung/Difu 2005.
Schulz, Erika, »Bevölkerungsentwicklung in West- und Ostdeutschland – Vorausschätzungen bis 2050«, in: *Wochenbericht des DIW*, Nr. 33, 2004.
Schulz, Günther, »Kontinuitäten und Brüche in der Wohnungspolitik von der Weimarer Zeit bis zur Bundesrepublik«, in: *Stadtwachstum, Industrialisierung, sozialer Wandel – Beiträge zur Erforschung der Urbanisierung im 19. und 20. Jahrhundert*, herausgegeben von Hans- Jürgen Teuteberg, Berlin: Duncker & Humblot 1986, S. 135-173.
Schulz, Marlies, *Der Tauschwohnungsmarkt in der zentralistischen Planwirtschaft – das Beispiel von Ostberlin* (= *ISR-Forschungsberichte*, Heft 3), Wien: ISR 1991.
Schulze-Buschoff, Karin, *Vom Normalarbeitsverhältnis zur Flexibilisierung* (= WZB Discussion Paper P00-518), Berlin 2000.
Schumann, Wolfgang/Marcuse, Peter, »Wohnungsprobleme und widersprüchliche Wohnungspolitiken«, in: Marcuse/Staufenbiel (Hg.) 1991, S. 157-171.
Selle, Klaus (Hg.), *Planung und Kommunikation. Gestaltung von Planungsprozessen in Quartier, Stadt und Landschaft*, Wiesbaden: Bauverlag 1996.
Sharpe, L. J., »Does Politics Matter?«, in: *Urban Political Economy*, herausgegeben von Ken Newton, London: Frances Pinter 1981, S. 1-26.
Siebel, Walter, *Entwicklungstendenzen kommunaler Planung*, Schriftenreihe Städtebauliche Forschung des Bundesministers für Raumordnung, Bauwesen und Städtebau Nr. 03028, Bonn 1974.
– »Zur soziologischen Kritik der Sanierung«, in: *Soziale Welt 28*, Heft 3, 1977, S. 382-398.
– (Hg.), *Die europäische Stadt*, Frankfurt am Main: Suhrkamp 2004.
– /Ibert, Oliver/Mayer, Hans-Norbert, »Staatliche Organisation von Inno-

vation: Die Planung des Unplanbaren unter widrigen Umständen durch einen unbegabten Akteur«, in: *Leviathan*, 29, Heft 4, 2001, S. 526-543.
– /Wehrheim, Jan, »Sicherheit und urbane Öffentlichkeit«, in: *Deutsche Zeitschrift für Kommunalwissenschaften*, 42. Jg., 2003/I, S. 11-30.
Sievers, Karen, *Shopping-Center. Design – neue Formen der Kontrolle?* Diplomarbeit im Studiengang Sozialwissenschaften, Carl von Ossietzky Universität Oldenburg, Juni 2005.
Sieverts, Thomas, *Zwischenstadt. Zwischen Ort und Welt, Raum und Zeit, Stadt und Land*, Basel: Vieweg 1997.
Sieverts, Thomas/Koch, Michael/Stein, Ursula/Steinbusch, Michael, *Zwischenstadt – Inzwischen Stadt? Entdecken, Begreifen, Verändern*, Wuppertal: Müller + Busmann 2005.
Simmel, Georg, »Die Großstädte und das Geistesleben« (1903), in: *Gesamtausgabe*, Bd. 7: *Aufsätze und Abhandlungen 1901-1908*, herausgegeben von Otthein Rammstedt, Frankfurt am Main: Suhrkamp 1995, S. 116-131.
Simons, Katja, *Politische Steuerung großer Projekte. Berlin-Adlershof, neue Mitte Oberhausen und Euralille im Vergleich*, Opladen: Leske + Budrich 2003.
Smith, Neil/Williams, Peter (Hg.), *Gentrification of the City*, Boston: Allen & Hyman 1986.
Spee, Claudia/Schmid, Günter, *Beschäftigungsdynamik in Ballungsregionen. Entwicklung und Struktur der Beschäftigung des Berliner Arbeitsmarktes im Ballungsraumvergleich* (= WZB Discussion-Paper FS I 95-208), Berlin: 1995.
Spengler, Oswald, *Der Untergang des Abendlandes. Umrisse einer Morphologie der Weltgeschichte*, 2 Bde., München: C. H. Beck 1950.
Springer, Bettina, *Artful Transformation. Kunst als Medium urbaner Aufwertung*, Berlin: Kadmos 2007.
Stadt Leipzig (Hg.), *Leipzig 2030. Forschungsbericht im Rahmen des Ideenwettbewerbs Stadt 2030*, gefördert vom Bundesministerium für Bildung und Forschung, Leipzig 2004.
Staufenbiel, Fred, »Wohnen ohne Urbanität – zu Stärken und Grenzen der Stadtsoziologie«, in: Marcuse/Staufenbiel (Hg.) 1991, S. 11-31.
Stein, Ursula, »Die Erhaltungssatzung als Mittel zum Erhalt der Sozialstruktur«, in: Jörg Blasius/Jens Dangschat (Hg.), *Gentrification. Die Aufwertung innenstadtnaher Wohnviertel*, Frankfurt am Main/New York: Campus 1990, S. 154-174.
Stoker, Gerry, »Regime theory and urban politics«, in: *Theories of Urban Politics*, herausgegeben von David Judge/Gerry Stoker/Hal Wolman, London u. a.: Sage 1995, S. 54-71.
Stone, Clarence N., *Regime Politics: Governing Atlanta, 1946-1988*, Lawrence: University Press of Kansas 1989. – »Urban regimes and the capacity to gov-

ern: A political economy approach«, in: *Journal of Urban Affairs*, 15. Jg., 1993, S. 1-28.

Stracke, Ernst, *Stadtzerstörung und Stadtteilkampf in Frankfurt am Main*, Köln: Pahl-Rugenstein 1980.

Stratmann, Bernhard, *Stadtentwicklung in globalen Zeiten. Lokale Strategien, städtische Lebensqualität und Globalisierung*, Basel usw.: Birkhäuser 1999.

Streeck, Wolfgang, »German capitalism: Does it exist? Can it survive?« in: *Political Economy of Modern Capitalism: Mapping Convergence and Diversity*, herausgegeben von Colin Crouch/Wolfgang Streeck, London: Sage 1997, S. 33-54.

– »Globalisierung: Mythos oder Wirklichkeit«, Max-Planck-Institut für Gesellschaftsforschung, Working Paper 04/4, Köln 2004.

Strohmeyer, Klaus, *James Hobrecht (1825-1902) und die Modernisierung der Stadt*, Potsdam: Verlag für Berlin-Brandenburg 2000.

Strom, Elizabeth, *The Politics of Urban Development in Germany's Capital City*, Boston: Lexington Books 2001.

Svedberg, Richard, *Josef A. Schumpeter: Eine Biographie*, Stuttgart: Klett-Cotta 1994.

Szelenyi, Ivan, *Urban Inequalities under State Socialism*, Oxford: University Press 1983.

Taylor, Peter J., *World City Network: A Global Urban Analysis*, London: Routledge 2004.

Terlinden, Ulla, *Gesellschaftliche Modernisierung durch Stadterneuerung? Eine historisch-empirische Analyse sozialen Wandels und staatlicher Zielsetzungen an Beispielen*, unveröffentlichte Habilitationsschrift an der TU Berlin 1992.

Tessin, Wulf/Knorr, Thomas/Pust, Carola/Birlem, Torstein, *Umsetzung und Umsetzungsfolgen in der Stadtsanierung: Die individuellen Auswirkungen erzwungener Mobilität im Rahmen von Sanierungsmaßnahmen am Beispiel der Berliner Stadtentwicklung*, Basel/Boston/Berlin: Birkhäuser 1983.

Teut, Anna, *Architektur im Dritten Reich*, Frankfurt am Main: Ullstein 1967.

Teuteberg, Hans Jürgen/Wischermann, Clemens, *Wohnalltag in Deutschland 1850-1914. Bilder, Daten, Dokumente*, Münster: Coppenrath 1985.

Thiel, Joachim, *Creativity and Space. Labour and the Restructuring of the German Advertising Industry*, Aldershot: Ashgate 2005.

Tietzsch, Rainer, *Stadtsanierung ohne Verdrängung? Der Schutz der Gebietsbevölkerung in Sanierungsgebieten*, Berlin: Arno Spitz 1996.

Tönnies, Ferdinand, *Gemeinschaft und Gesellschaft – Grundbegriffe der reinen Soziologie*, Darmstadt: Wissenschaftliche Buchgesellschaft 1987.

Walther, Uwe-Jens (Hg.), *Soziale Stadt – Zwischenbilanzen: ein Programm auf dem Weg zur Sozialen Stadt?*, Opladen: Leske + Budrich 2002.

Walz, Manfred, *Wohnungsbau- und Industrieansiedlungspolitik in Deutschland 1933-39: dargestellt am Aufbau des Industriekomplexes Wolfsburg-Braunschweig-Salzgitter;* Frankfurt am Main/New York: Campus Verlag 1979.
Weber, Max, *Wirtschaft und Gesellschaft*, Teilbd. 5: *Die Stadt*, Studienausgabe der Max-Weber-Gesamtausgabe, Bd. I/22-5, Tübingen: Mohr 2000 (1921).
Wehler, Hans-Ulrich, »Der deutsche Fetisch«, in: *Spiegel spezial: Die 50er Jahre – Vom Trümmerland zum Wirtschaftswunder*, Heft 1, 2006, S. 108-109.
Wehling, Georg, »Rat und Bürgermeister in der deutschen Kommunalpolitik«, in: *Kommunalpolitik in den deutschen Ländern*, herausgegeben von Andreas Kost, Opladen: Westdeutscher Verlag 2003, S. 212-301.
Wehrheim, Jan, *Die überwachte Stadt*, Opladen: Leske + Budrich ^{2}2006.
Weihsmann, Helmut, *Bauen unterm Hakenkreuz. Architektur des Untergangs*, Wien: Promedia 1998.
Weimarer Verfassung (1919), in: *Die deutschen Verfassungen des 19. und 20. Jahrhunderts*, herausgegeben von Horst Hildebrandt, Paderborn: Verlag Ferdinand Schöningh ^{14}1971.
Werner, Frank, *Stadt, Städtebau, Architektur in der DDR: Aspekte der Stadtgeographie, Stadtplanung und Forschungspolitik*, Erlangen 1981.
Wießner, Reinhard, *Wohnungsmodernisierung – Ein behutsamer Weg der Stadterneuerung? Eine empirische Fallstudie in Altbauquartieren des Nürnberger Innenstadtrandgebiets*, Regensburg 1987.
– »Soziale und strukturelle Folgen von Modernisierungen in innerstädtischen Gebieten«, in: *Gentrification. Die Aufwertung innerstädtischer Wohnviertel*, herausgegeben von Jörg Blasius/Jens Dangschat, Frankfurt am Main/New York: Campus 1990, S. 301-324.
Willms, Johannes, *Paris. Hauptstadt Europas 1789-1914*, München: Beck 1988.
Wilson, William Julius, *When Work Disappears. The World of a New Urban Poor*, New York: Vintage-Books 1996.
Witt, Peter-Christian, »Inflation, Wohnungszwangswirtschaft und Hauszinssteuer. Zur Regelung von Wohnungsbau und Wohnungsmarkt in der Weimarer Republik«, in: *Wohnen im Wandel. Beiträge zur Geschichte des Alltags in der bürgerlichen Gesellschaft*, herausgegeben von Lutz Niethammer, Wuppertal: Peter Hammer Verlag 1979, S. 385-408.
Wohlfahrt, Norbert/Zühlke, Werner, *Ende der kommunalen Selbstverwaltung. Zur politischen Steuerung im Konzern Stadt*, Hamburg: VSA 2005.
Wollmann, Hellmut, »Das Städtebauförderungsgesetz als Instrument staatlicher Intervention – wo und für wen?«, in: *Leviathan* 2, 1973, S. 199-231.
– »Lokale Demokratie«, in: *Großstadt. Soziologische Stichworte*, herausgegeben von Hartmut Häußermann, Opladen: Leske + Budrich 2000, S. 136-143.

– »Zur ›Doppelstruktur‹ der lokalen Ebene: zwischen politischer Kommune und (›zivil‹)gesellschaftlicher Gemeinde«, in: *Lokale Politik, soziales Kapital und Bürgergesellschaft*, herausgegeben von Michael Haus, Opladen: Leske + Budrich 2001, S. 328-338.
– »Reformen der kommunalen Politik- und Verwaltungsebene in Großbritannien, Schweden und Frankreich. Ansätze, Verläufe und Ergebnisse«, in: *Status-Report Verwaltungsreform*, herausgegeben von Werner Jann u. a., Berlin: edition sigma 2004a, S. 36-51.
– /Roth, Roland (Hg.), *Kommunalpolitik. Politisches Handeln in den Gemeinden*, Opladen: Leske + Budrich 1999.
Wurtzbacher, Jens, *Sicherheit durch Gemeinschaft? Bürgerliches Engagement für öffentliche Sicherheit*, Opladen: Leske + Budrich 2004.
Yarbrough, C. Richard, *And They Call Them Games: An Inside View of the 1996 Olympics*, Macon: Mercer University Press 2000.
Yates, Douglas, *The Ungovernable City*, Cambridge: MIT Press 1977.
Young, Michel/Willmott, Peter, *Family and Kinship in East-London*, London: Pelican Books 1957.
Zapf, Kathrin, *Rückständige Viertel. Eine soziologische Analyse der städtebaulichen Sanierung in der Bundesrepublik*, Frankfurt am Main: Europäische Verlagsanstalt 1969.
Zimmermann, Clemens (Hg.), »Wohnen als sozialpolitische Herausforderung. Reformerisches Engagement und öffentliche Aufgaben«, in: *Geschichte des Wohnens 1800-1918. Das bürgerliche Zeitalter*, herausgegeben von Jürgen Reulecke, Stuttgart: DVA 1997, S. 503-636.
Zimmermann, Horst, »Regionaler Ausgleich versus Wachstum – eine Balance finden«, in: *Thüringer Raumordnungskonferenz 5. September 2003*, herausgegeben vom Thüringer Innenministerium, Erfurt: 2003, S. 19-38.

Inhalt